CONTROL AND MANAGEMENT
FOR ENTERPRISE GROUPS
SYSTEM, PRACTICE AND CASES

企业集团管控

体系、实践与案例

段 磊 编著

企业管理出版社
ENTERPRISE MANAGEMENT PUBLISHING HOUSE

图书在版编目（CIP）数据

企业集团管控：体系、实践与案例 / 段磊著 . —北京：企业管理出版社，2020.1（2021.11 重印）

ISBN 978-7-5164-2104-8

Ⅰ . ①企… Ⅱ . ①段… Ⅲ . ①企业集团—企业管理 Ⅳ . ① F276.4

中国版本图书馆 CIP 数据核字（2020）第 013422 号

书　　名：企业集团管控：体系、实践与案例
作　　者：段　磊
责任编辑：李　坚
书　　号：ISBN 978-7-5164-2104-8
出版发行：企业管理出版社
地　　址：北京市海淀区紫竹院南路17号　　邮编：100048
网　　址：http：//www.emph.cn
电　　话：编辑部（010）68414643　发行部（010）68701816
电子信箱：qiguan1961@163.com
印　　刷：三河市东方印刷有限公司
经　　销：新华书店
规　　格：170毫米×240毫米　16开本　35.75印张　530千字
版　　次：2020年3月第1版　2021年11月第2次印刷
定　　价：138.00元

前言

面向新时代的集团管控

八年前，我和同事出版了《企业集团管控：理论、案例与实践》一书，本书在出版的当年即售罄。此后，出版社几次要求再版，但我没有同意，原因在于，身处企业管理的最前沿，我清楚地看到，由于产业结构、理念、人与科技的快速变化，传统的集团管控理论正处在失效的边缘，已经不能圆满地解释企业生存与发展的逻辑，看上去很美，摸上去无感，对企业的指导作用不大，不如放一放，让子弹飞一会儿，且去看个两百家企业的沉浮，再思考有没有必要出这本书。

这一看，就是八年。八年间，我接触了近千家企业，也近距离地为三四百家企业开展了集团管控的咨询和培训，既包括大型央企、地方国资平台，也包括传统的民营企业集团，甚至移动互联网、新零售等“新势力”企业。我与这些企业的企业家促膝长谈，帮助他们梳理管控中的问题，共同寻找解决问题的方向。在这个过程中，与其说是我帮助企业，不如说是企业家们在用生生不息的实践告诉我：为什么要管控？管控什么，如何管？其中的困惑与沟坎在哪里？在管控的过程中，人与组织的关系该如何处理？法、理、情的关系又该如何摆布？看似不合理的组织架构背后，又有哪些难言之隐？同时，作为一家集团化企业的经营者，我也曾亲身经历了自家企业的管控变革，自然又有与其他专家所不同的、更为刻骨铭心的体验。这八年，让我重新认识了集团管控的内涵与价值。

首先，集团管控是一门治世之学，是企业的“上层建筑”而非简单的管理工具，做好管控体系的设计，既需要丰富的人生经验、管理经验、管理手段，更需要极高的智慧、魄力与耐心，要看得懂灰度，拐得了大弯儿。

其次，管控的对象是人，而非冰冷的组织，缺乏对于人心、人性的理解和把控，凭借“想当然”或者“理论当然”设计出来的管控机制，当作一本书看看可以，真正落地使用很可能马上遭遇反弹，终而黯然收场。

第三，管控必须与时俱进。企业的经营领域正在由重转轻，大数据、人工智能使得管理日趋透明，正在占据企业核心层的90后普遍接受了良好的教育，有明确的主张、充分的信息、独立的判断能力，传统经济背景下提出的管控思想必须改变和创新，方可适应今天日新月异的企业。

正是在这样的背景下，八年间我对集团管控的目标、方式、作用机理等进行了无数次思考，基于数百家企业的实践提出了“集团管控屋顶图”（Group Control House）理论。GCH理论明确了企业战略与管控的关系，突出了集团总部对下属企业的管控作用，将管理条线作为贯穿管控过程始终的线索，把权限、制度、流程、机制、内控的有机组合作为管控落地的重要手段，给了企业更多灵活的选择。同时，具有创新性地把信息化平台作为承载管控机制的技术载体，把绩效考核、内控评价、审计稽核作为管控实施效果的检验与反馈手段，使得集团管控体系形成闭环，具备自我评估与修复能力，这在一个快速变化的时代尤其重要。

随着GCH理论体系的提出与著作权申报，新时代集团管控体系的构想在我脑海中逐渐清晰起来。在这样的背景下，深度修订《集团管控》一书的雄心重新勃发。

有关于本书的定位，我希望能够做到“四个一”，即一部介绍集团管控概念最为系统、权威的教科书，一份揭示集团管控体系设计全流程的工作指导手册，一本内容丰富、介绍各类管控方法与应用实践的案例集，一个逻辑严谨，但在每个细节都可进行延展和挖掘的开放式研究系统。

基于以上考虑，全书分为十章，前五章遵循“集团—集团管控—管控体系框架—管控体系构建过程”的逻辑，令读者由浅入深地了解集团管控“是什么”“为什么”和“如何做”的问题。后五章聚焦重点，展开介绍“治理”“组织”“管控条线”“机制”“制度与内控”五大管控方式的设计与运行。

同时我也在考虑，对于艰深难懂的管控理论，如何让读者一目了然、心领神会？为此，全书用近三分之一的篇幅，精心安排了多达38个案例，尽可能让读者在每一节内容都能看到相应的案例。对于实际开展管控体系设计与运行的企业来说，这些案例一定具有借鉴和启发意义。

新时代，企业所处的环境快速变化，倒逼管理手段和方法必须紧跟变革的步伐，本书力求在最新的时空界面给读者呈现一个系统、具体、可触摸、可落地的集团管控体系，为此，在编写的过程中大量学习、广泛吸纳了国内外多位学者、专家的观点、理念和方法，在此一并表示感谢。

同时，也要特别感谢为本书出版付出辛勤努力的“三友诚品”出版团队，感谢参与本书修订的王明超、范斌、刘建平等各位同事，以及为本书提供素材、给予支持的各位企业家朋友们。

八年之后再写集团管控，虽然另有一番心得，但更加感到为学的道路如此漫长，愈发感觉个人的能力与见识的局限性，书中有不当、不妥之处，恳请批评指正。

“不畏浮云遮望眼，自缘身在最高层”，希望这本书能够让读者们站在一个更高、更宽、更深、更远的角度看待企业集团的运作管理，让管控回归本质：服务战略，管住风险，激活团队，创造价值。

段 磊

2020年1月于广州

目录

第一章
企业集团概述

自20世纪70年代后期改革开放开始，企业，作为我国国民经济发展的主体经历了由小到大、由弱到强的过程。特别是在2000年前后，随着社会经济的蓬勃发展，企业的产业拓展、产业链延伸明显加快，集团型企业应运而生且呈燎原之势。开放、稳健的经济形势，为民营企业的集团化创造了良好的条件；历次深化改革，使得国有企业集团浴火重生，正在朝着市场化、集约化、国际化的方向大步迈进。在这样的背景和前提下，大型企业集团已经日益成为我国经济的重要支柱，在保障社会稳定、促进经济发展、开拓国际市场、引领创新转型等方面正在发挥着越来越大的作用。

然而，也不可否认，集团企业作为一种独特的经济体形式，在管理方面的难度远远大于单体企业，管与不管、如何管、管到什么程度、怎样管好，这些问题伴随着集团的诞生就一直在困扰着企业家及其下属们。问题解决得好，集团企业将能够发挥出“1+1>2”的协同效应；解决得不好，很可能导致集团徒有其名而无其实，甚至由于过度管控而丧失活力。

本书要与大家探讨的，正是企业集团的管控之道。我们将从企业集团的产生与管理规律讲起，带领大家一步步搭建起一座完整的“集团管控大厦”（Group Control House）。

第一节　企业集团的概念与内涵

研究集团管控问题，首先要清晰界定“集团”的概念。这个词语大家耳熟能详，但如果认真研究，对于“什么是企业集团”“如何对企业集团进行分类”“企业集团有何特征”等问题，肯定还会是众说纷纭，莫衷一是。

一、企业集团的概念

“企业集团”这一概念在20世纪50年代首先出现在日本。在日本，对企业集团比较权威的定义是“日本和平经济计划会议垄断白皮书委员会”所提出的“同类型企业之间的结合体”。这是因为：日本的企业集团多是由若干个呈平等关系的核心企业组成，每个核心企业又有自己的子公司和关联公司，并由此形成控制与被控制的关系，这种关系的总体就构成企业集团（组合群）。从这个角度来看，企业集团可看作是若干个以核心企业为依托的企业群所构成的联合体。

在欧洲和美国，企业集团主要是以垄断形式存在的卡特尔（Cartel）、辛迪加（Syndicate）、托拉斯（Trust）和康采恩（Konzern）以及其他利益集团，是为了形成垄断或独占优势而联合（或合并）产生的经济组织。

在我国，新中国成立以来一致沿用苏联的计划经济体制，企业集团不具备产生条件。直到1987年，国家体改委、经委联合发布《国家体改委、国家经委关于组建和发展企业集团的几点意见》，“企业集团”这一术语才首次出现在国家规范性文件中。至今，我国《公司法》中没有“集团”的概念，只有“有限责任公司”“股份有限公司”的说法，只有国家工商局《企业集团登记管理暂行规定》对此有明确的诠释：“企业集团是指以资本为主要联结纽带，以母子公司为主体，以集团章程为共同行为规范的母公司、子公司、参股公司及其他成员企业或机构共同组成的、具有一定规模的企业法人联合体”，这也是迄今为止集团企业依法存在的唯一法定依据。

为明确本书的研究对象，方便我们对企业集团的管控问题进行深入的研究，综合国内外现有的研究成果，我们给予企业集团的定义如下：企业集团是以资本、契约或行政指令为纽带，由多个具有独立法律地位的企事业单位组成的，以母子公司为主要存在方式的，在生产经营、市场开拓、技术研发、资本运作等方面紧密协作的经济联合体。

二、企业集团的类型

1. 依据股权关系的分类

依据股份持有形式，可将企业集团分为集团成员企业单向持股的母子公司型企业集团和集团成员企业间双向持股的财团型企业集团。

①母子公司型企业集团。母子公司型企业集团以特大型公司为核心，通过控股、参股、契约等形式实现对子公司的影响和控制，从而形成关系紧密的经济联合体。其组织形态是以母公司为集团核心，控制和协调整个企业集团的运作，子公司是母公司掌握绝对控股权的下属企业，关联公司是母公司拥有影响的参股企业。母公司以资产纽带控制下属公司，以契约方式控制其他成员企业，以业务资源牵引、拉动和协调子公司、孙公司及关联公司关系，形成具有明确共同利益的经济体。

②财团型企业集团。财团型企业集团往往以银行和金融机构为核心，集团没有统一的投资机构，经营范围广泛，各成员间呈环状持股，多元结合，集团内部各企业之间是横向独立关系，成员企业主要出于减少市场风险、相互提携业务的目的而结合。通常情况下，该类企业集团的规模都比较庞大，实力较为雄厚，但门槛较高，总数通常比较少，往往一个国家只有几家真正的财团，例如：韩国的三星、现代等。

2. 依据业务关系的分类

依据成员企业的业务关系，可将企业集团分为纵联型企业集团、横联型企业集团和混联型企业集团。

①纵联型企业集团。纵联型企业集团是由某种产品生产经营活动中的上下游企业组成的联合体。这一类企业集团通常包含产品研发、原料采购、生产制造、市场销售、物流运输等各种类型的成员企业，各成员在业务上存在前后顺承的关系，因此，称为纵联型企业集团。由于此类集团的成员企业在业务上往往存在较大的差异，对集团的管理也就带来更高的要求。

②横联型企业集团。横联型企业集团是由生产同种产品或从事同种业

务的企业所组成的联合体。这类集团通常依托某种产业或行业而形成，其优势在于：由于产品或业务具有较强的相似性，容易实现管理的统一化、标准化、高效化，但问题也是明显的，就是缺乏避险机制，容易受到上下游市场和政策的影响。

③混联型企业集团。混联型企业集团，兼有纵联型集团与横联型集团的特征，它涉及不同行业、不同产品，属于多元化经营集团。混联型企业集团，可能来自横联型企业集团向上下游延伸，或若干纵联型企业集团横向联合。

3. 依据成员关系维系方式的分类

依据企业集团成员关系维系方式的不同，可分为契约型企业集团和合资型企业集团两类。

①契约型企业集团。契约型企业集团是指通过签订协议、合同或制定章程等方式，将成员企业组织在一起的联合体。以契约为纽带是此类企业集团得以形成和维系的基础，也是企业之间在较低层次上联合时经常采用的方式。

②合资型企业集团。合资型企业集团是指主要成员企业彼此以投资、入股等方式组成的联合体，在这种集团形式下，资金纽带将合资各方结成共同体，成员之间关系紧密，交易成本低，有利于最大限度地发挥集团优势。

三、企业集团的特征

虽然不同类型的企业集团在股权关系、业务关系、成员维系等方面存在较大的差异，但都具备以下七个共同的特征，我们归纳为“四多、三性”。

①多个法人。这是企业集团最基本的特征，集团由多个具有独立法人资格的企业组成，企业集团本身不是独立的经济实体。

②多种纽带联结。集团的各成员企业之间具备一些能够体现整体利益、

对成员企业有一定约束力、能够维持集团相对稳定的纽带，从而将各成员企业紧密联系在一起。其中最重要的是因控股、参股而产生的资本纽带，此外，原材料、技术、人事、契约、管理等方面的纽带对于集团的运营也非常重要。

③多层次的组织结构。企业集团内部往往有一个或几个核心企业，其他成员企业依靠股权关系与核心企业相联系。由于控股关系与控股比例等方面的原因，各成员企业与核心企业之间的紧密关系有所不同，从持股关系和依存度来看，一般可将企业集团的组织结构分为核心层、紧密层、半紧密层、松散层四个层次：核心层是企业集团的中坚力量，通常具有母公司性质；紧密层通常由核心企业全资或控股的子公司组成；半紧密层一般由核心企业持股的企业组成；松散层是指与上述企业具有稳定战略合作关系的企业群。

④多元化经营。企业集团的经营范围比较广泛，通常具有多元化的特点，不仅包括相关产品的多元化，还包括不相关多元化，对于集团企业来说，多元经营有助于集团建立规模优势、分散经营风险、提高资源的综合利用效率，但也为集团的管理带来了更大的难度。

⑤领军企业的核心性。企业集团内部至少存在一个核心企业，核心企业既可以是从事生产经营和资本运营的实体企业，也可以是专门从事股权投资与资本运营的金控型平台。核心企业是整个集团的决策领导机构，它必须具有强大的经济实力和控制能力，能够通过支配或影响其他成员企业的投资决策、资源配置、结构调整、人事安排等控制、主导成员企业的发展，促进成员企业的协作，推进集团整体战略的实现。

⑥成员企业的整体性。尽管企业集团由多个独立的企业法人组成，但是所形成的企业群是通过特定的机制紧密联系在一起的整体，集团通过必要的集中管控，实现生产、经营、投资、竞争等活动的统一运作，成员企业充分发挥各自优势，联合、集合成为具有凝聚力的联合体，从而体现集团的优越性。

⑦组织边界的动态性。企业集团可根据发展需要引入或清退成员企业，也可通过股权变更实现全资变控股、控股变参股、股权控制变战略合作或

反向操作，从而构建不同的股权关系，在市场化机制下，企业集团是开放性的组织，组织边界具有很强的动态性。

第二节　全球范围内企业集团的发展

经过近四十年的发展，企业集团在我国经历了从无到有、逐渐壮大的过程，而在其他市场经济发展时间较长的国家，企业集团的历史则更为悠久，运营模式也更为成熟，因此，研究全球范围内企业集团的发展，不仅有助于我们了解企业集团在全球范围内的发展动因，更有助于汲取其发展过程中的经验，从而使我们对集团管控问题的研究能够有的放矢，事半功倍。

以下选取美国、日本、韩国三个国家企业集团的发展历程进行分析和研究。

一、美国企业集团的发展历程

美国拥有相对自由的市场经济环境，为了生存和发展，小企业在激烈的市场竞争中通过不断扩大规模来与竞争者相抗衡，部分有实力的小企业在竞争中脱颖而出，它们拥有更强的实力吸引人才、技术、资金等资源，通过横向并购或纵向并购抢占市场。经过不断发展，部分企业最终发展成为多层次、跨行业乃至跨国的大型企业集团。因此，美国企业集团的产生和发展史，也就是美国企业兼并和重组的历史。归纳起来，美国从 19 世纪末至今，共经历了五次兼并浪潮。

1. 第一次兼并浪潮（1896 ~ 1904 年）

1896 ~ 1904 年间，美国历史上出现了第一次企业兼并浪潮，此次兼并浪潮的特点是以“横向兼并”为主，在企业兼并总量中，有 5 家以上同类企业的兼并案约占 75%，10 家以上的占 26%。此次兼并浪潮出现的原因包括以下两点。

①社会发展对于基础设施建设的迫切需求。工业发展和资本积累首先要求建立完善的基础设施，只有在较高水平的基础设施基础之上，才能不断扩大企业规模，加速生产发展。19世纪末，美国国内市场的迅速发展对铁路运输系统及邮电网络的发展提出了更高的要求，经营交通及通讯系统的公司通过采用新技术、加强管理等方式，确保这些基础设施能够满足经济发展的需求，为其他行业扩大生产规模及销售市场提供了有力的支持，使不同地区企业的合作成为可能。

工业化的发展通常以交通运输业为先导，没有便捷的交通运输网络系统，生产、分配、交换及消费各环节都难以在全国范围内形成规模，小型的、分散的运输网络根本无法支撑庞大的工业体系。19世纪末，美国的铁路事业开始迅速发展，为工业化的发展提供了必要的支持。与此同时，铁路公司之间的竞争日益加剧，企业家们为了生存与发展，纷纷凭借各自的经济实力开展大规模的兼并活动。19世纪70年代至90年代期间，美国6家大型铁路集团先后进行了790起铁路兼并活动，兼并资本额高达90.2亿美元，占美国铁路资本总额的96%，兼并铁路线里程达16.4万英里，占美国铁路线总里程的86.3%。铁路行业的兼并重组将大量短距离的铁路线连接起来，在全国范围内形成了规模庞大的铁路网络，极大地促进了国家经济的发展。

通信作为另一项基础设施，对于集中管理跨区域的生产经营、促进生产发展、形成全国性统一市场具有重大作用。美国电话电报公司先后兼并了36家公司，将全国绝大部分地区的电话电报业务以及遍布全国的电话电报网络集中到自己手上，这一举措有助于构建畅通的全国通讯网络，促进经济发展。

②金融业的进一步发展。美国证券市场的形成和发展是第一次兼并浪潮形成的重要原因之一，相继成立的纽约股票交易所、波士顿股票交易所以及费城股票交易所对规范工业股票上市发挥了重大作用，而工业股票上市进一步为企业兼并提供了金融资源。此外，投资银行在企业的兼并重组中也发挥了重要作用，它们不仅为企业兼并提供巨额资金，还积极充当兼

并企业与被兼并企业的中介人。据统计，在第一次兼并浪潮期间，美国有将近60%的兼并案是在股票交易所完成的，近1/4的兼并活动是由投资银行协调完成的。

2. 第二次兼并浪潮（1922～1929年）

第二次兼并浪潮发生于20世纪20年代，除第一次兼并浪潮中较为集中的行业外，汽车制造业、石油工业、冶金业等行业也加快了集中的过程。

此次兼并浪潮主要以纵向兼并为主，纵向兼并的企业大约占此阶段全部兼并案的75%。导致这一情况的原因，一方面是1914年通过的《克莱顿法》已经开始限制形成和积聚垄断力量，明确规定：导致垄断的公司间兼并违法，由此导致横向兼并行为受限。另一方面是因为在第一次兼并浪潮中取得垄断地位的企业为巩固其市场地位，更有效地组织生产，需要将生产上下游的各环节打通和联系起来，以上原因导致纵向兼并在此次兼并浪潮中占据了主导地位。

第一次世界大战不仅没有给美国经济造成破坏，还为其经济发展创造了有利条件。由于战时和战后初期企业的生产能力没有及时扩充，以及战时延长的消费需求，战后国内市场快速扩张，有力地刺激了美国经济的发展。更重要的是，随着战后经济复苏，一战期间经济受到创伤的欧洲各国都需要大量购进生产原料，更新生产设备，这些生产资料和消费资料都需要由美国供给，从而为美国企业创造了大量的需求，强力推进美国企业快速发展。

除了市场需求增加以外，美国大企业管理水平的提高也为企业兼并进程的加快奠定了基础。在第一次兼并浪潮以及"一战"期间，美国大企业为巩固其市场地位，逐步完善管理方法和管理程序，优化生产和分销过程，这类企业以及这类企业所在的行业乃至整个社会经济结构，都已具备了管理现代化的雏形。

在此次兼并浪潮中，金融资本的集中和垄断比工业资本更加迅速，资本的集中程度迅速提高。随着金融资本的集中，工业企业对其依赖也在迅速增加，大型企业集团在组建和扩张中所需要的资金大部分是通过投资银

行等金融机构以发行公司债券或直接贷款的形式获得，企业兼并经纪人，尤其是投资银行家发挥了重要的推动作用，

第一次兼并浪潮相比，此次兼并浪潮具有以下几点显著区别。

①兼并形式不同。第一次兼并浪潮主要以形成各行业的垄断企业为目的，以同一行业内的横向兼并为主要形式；第二次兼并浪潮主要是将某一行业的各生产环节兼并于同一企业集团内，形成统一运行的联合体，以纵向兼并为主要形式。

②兼并规模不同。第一次兼并浪潮是在没有形成垄断前提条件下的兼并，所兼并的企业规模比较小，数量比较多，实力有限；第二次兼并浪潮则是在国民经济主要部门已形成垄断的背景下进行的，兼并规模更大。

③兼并对象不同。第一次兼并浪潮主要是将大量中小型企业合并成少数大型企业，成为各行业占据统治地位的垄断公司；第二次兼并浪潮主要是已形成的垄断公司通过兼并其他企业，加强自身实力，扩展势力范围。

3. 第三次兼并浪潮（20 世纪 60 年代中期 ~ 70 年代初）

在 20 世纪 60 年代中期至 70 年代初期，在美国出现了第三次企业集团兼并浪潮，出于迎合战后新一轮产业结构调整及企业多元化发展的需要，混合型兼并成为此次兼并浪潮的主要兼并形式。这种兼并方式帮助企业有效缓解或分散了经济波动对企业经营带来的风险，促进了企业集团的平稳发展。

20 世纪 60 年代期间，美国进行了大规模的固定资产投资，经济实力也得到了大幅度的提高，特别是科学技术有了新的突破，诸如电子计算机、激光、核能、合成材料等新兴工业部门相继产生，此类部门的兴起必然要求强大的资金实力作为支撑——只有大型企业才能大量集中生产材料、劳动力、资金等生产要素进行大规模集中生产，只有大规模生产才能够有足够的资金实力从事科学研究、引进新装备、探索新领域。

就大型企业自身而言，也有通过混合兼并的方式进入新兴行业的内在需要，原因在于：战后的美国经济在新科技的推动下从劳动和资本密集型向技术密集型转变，物质生产部门的专业化和协作化程度快速提高，消费结

构和消费水平发生了巨大变化，市场竞争日趋激烈，为避免市场需求波动对公司的不利影响，很多企业采取混合兼并的形式进入其他行业，实施多元化经营。企业实行混合型并购战略，不仅能比专业化发展更易获得投资资金，且能够有效增强兼并后企业的整体抗风险能力，明显降低风险的发生概率。

4. 第四次兼并浪潮（1975 ~ 1992 年）

美国的第四次兼并浪潮发生在 1975 ~ 1992 年，其中 1985 年最具典型性和代表性。此次浪潮持续时间较长，且比以往任何一次兼并浪潮的规模更大，方式更多。

进入 20 世纪 70 年代以来，美国经济在经过 20 多年的高速发展后陷入“滞涨”阶段，在日本及复兴后的欧洲等国际竞争力量面前，美国的一些大型企业集团明显力不从心，国际竞争力的削弱迫使美国经济政策、产业结构及企业组织结构面临重大调整。在此期间，以微电子、半导体、生物工程、激光技术、新能源等为代表的新兴产业部门迅速崛起，逐渐成为经济热点。此外，金融业的管制有所放松，新出现的金融工具及各类衍生工具也为企业间的资本运作提供了便利。

20 世纪 80 年代，世界进入产业结构调整的重要时期，科学技术迅速发展，新工艺不断产生，新产品不断涌现，新部门、新行业不断形成，各行业企业间的关系日益密切，各部门企业相互作用，逐渐形成了一些跨行业的大型企业集团。因此，产业结构的调整是促使企业通过兼并调整相互关系的重要原因。

此次兼并浪潮出现了大量原本无关联的企业相互结合而成的混合型联合企业，很多企业采用混合兼并主要是受短期利润驱使，虽然在成立初期获得了一定利润，但也有不少兼并而成的企业集团由于内部弊端而难以为继。因此，此次兼并浪潮对调整多元化经营集团的内部结构提出了更高的要求。

生产与资本国际化成为这一时期世界经济发展的重要趋势，在国际化发展过程中，以资本输出为主要形式的货币资本国际化逐渐取代商品资本国际化，在资本输出基础上形成的生产资本国际化主要表现为国际直接投资，跨国公司逐渐成为生产和资本国际化的主要承担者。20 世纪 80 年代以来，跨国企业对外直接投资和兼并成为世界经济发展的重要趋势。

第四次兼并浪潮具有以下几点特征。

①范围广泛、形式多样。此次企业集团兼并浪潮发生在食品、烟草、化学、医药、石油、钢铁、通信等多个产业领域内，横向、纵向和混合兼并三种兼并形式并存，以优化资源配置、促进生产力发展为目标。

②新型兼并方式出现。在此次兼并浪潮中，除了存在大企业之间相互兼并的现象外，还出现了多起小企业兼并大企业的“小鱼吃大鱼”现象。

③投资银行发挥重大作用。投资银行在此次兼并浪潮中发挥了重大作用，它们不仅提供兼并所需的资金，还充当兼并促办人的角色，将近 1/4 的兼并案是由投行促成。

5. 第五次兼并浪潮（1994 年至今）

第五次兼并浪潮是美国历史上规模最大的一次兼并浪潮，以“强强联合”为主要特征。推动此次兼并浪潮的主要力量是经济全球化的发展、新科技革命的兴起、企业经营管理方式和组织结构的重大革新、美国政府管制的放松等。其中，以信息技术进步为代表的新科技革命是最重要的主导因素，也是其他因素形成和发展的源泉。在此背景下，大企业纷纷扩大规模，联合行动，以此来增强整体竞争实力。

与以往四次兼并浪潮相比，第五次企业兼并浪潮主要呈现出以下特征。

①企业兼并规模巨大。从数量上看，美国 1994 和 1995 年每年都发生 5000 起以上的兼并案，而前四次兼并浪潮在高峰期企业兼并的数量分别为 530、916、1650 和 3000 起。从交易额上看，第三次兼并浪潮中，年均交易额仅为 300 亿美元，80 年代后期升至近 3000 亿美元，而 1994 年美国企业并购交易额达 3419 亿美元，1995 年达 5190 亿美元，1996 年达 6588 亿美元，1997 年收购兼并总额为 9260 亿美元，1998 年并购额已达 1.6 万亿美元，企业兼并的规模快速增长。

②兼并重心转向第三产业。本轮企业兼并浪潮的行业特点尤为明显，

主要集中于第三产业，如1997年兼并金额最高的是通信业，兼并总额963亿美元；商业银行和银行控股公司排在第二位，兼并总额842亿美元；居于第三位的是自来水、电力等公共事业公司，兼并总额804亿美元。

③以横向兼并为主。20世纪90年代中后期，企业经营的重点已由过去注重全面发展逐渐转向更加专注于核心业务，企业逐渐由多元化经营转变为一体化经营，通过集中精力发展自身的强项业务来谋求长远发展，横向兼并已成为企业扩大生产规模，降低经营成本，争夺国际市场和世界垄断地位的主要手段。

④强强联合的兼并方式产生。强强联合成为此次兼并浪潮的主要兼并方式，从参与并购的企业实力来看，很多参加兼并的企业本身都是实力很强的大公司，这些大企业为了追求长期的战略优势，纷纷与以往的战略对手合作，结成战略联盟，通过优势互补共同研究和开发新产品，增强市场控制力，形成规模效益，这也是许多行业和产业垄断程度越来越高的原因。著名的“强强联合”并购案包括：1995年迪斯尼公司以190亿美元收购美国广播公司，1996年波音公司以133亿美元收购麦道公司，1998年美国最大的石油公司埃克森石油公司以770亿美元兼并美孚石油公司，等等。

⑤政府在兼并中发挥重要作用。在第五次兼并浪潮中，很多大规模的兼并行为都在一定程度上获得了政府的支持和默许。随着经济全球化进程的加快，大企业在国内国际市场上制定垄断价格的能力被极大削弱，各国政府纷纷从全球战略出发，从企业经营效率的角度对兼并计划进行审查，有意允许或支持本国跨国公司的战略扩张。因为，在经济全球化进程中，谁能占有更大的国际市场，谁就能在经济全球化中占据更有利的位置，由政府引领大型企业抢占并垄断国际市场，已成为全球化进程中大国竞争的新态势。

美国企业集团的五次兼并浪潮充分展现了美国企业集团产生和发展的轨迹，以及企业集团由初级到高级、由松散联合到规范化集团的发展趋势。

二、日本企业集团的发展历程

1. 日本企业集团的产生

第二次世界大战以前，日本是一个生产和资本高度集中的国家，国内几大重要行业都被大公司垄断，日本的资本主义，特别是垄断资本主义得以迅速发展，逐渐形成了三井、三菱、住友和安田等四大财阀。在此基础上形成的企业集团，保留了旧财阀的特征，以产权为纽带，通过控股公司对子公司进行垂直控制，形成“树状”的产权形式。其特征是以家族、血缘关系为基础，带有浓重的封建色彩，是以自然人为代表的家族性经济势力，并不是现代意义上的企业集团。

二战后，以美国为首的占领军对日本经济进行了民主化改革，财阀由于支持日本军国主义而被解散。依据盟军总司令部的指示，财阀的下属企业也不能继续使用财阀原有的厂名和商标，卡特尔、托拉斯、康采恩等形式的企业联合也在禁止之列，任何企业对其他企业的持股比例不得超过5%。

随着朝鲜战争的爆发，美国开始改变其全球策略，将日本定义为远东的军需工厂和反共堡垒。在此期间，日本财界以引进外资为借口要求削弱禁止垄断的政策，为通过卡特尔等企业形态、合法重建垄断机构创造了可能性。旧财团系企业也以此为契机恢复了企业间的相互持股关系。自此，住友、三菱、三井等旧财阀以残存的财阀银行为中心，又重新集结起来。

美军在解散三菱、三井、住友等大财阀的同时，还解散了一些二三流财阀以及一些独立的产业公司。当旧财团系企业集团重新成立时，这些二三流财阀和独立产业公司为与之抗衡而与富士、三和、第一银行等银行结合，以大银行为中心建立了系列贷款体制，芙蓉、三和、第一劝业就是通过这种方式结合而成的金融系企业集团，此类企业集团成员之间相互持股，采取横向持股的方式来规避法律对集团模式的限制。金融系企业集团内没有母公司，每家成员企业都拥有自主经营权，经营上保持相互独立，银行在集团中处于主导地位。由于成员企业相互交叉持股且涉足多个行业，当某一行业受到冲击时，金融系企业集团能够有效分散风险，减少对集团的负面影响，当外界市场竞争激烈时，成员企业又能够相互合作，形成集团优势，不失为当时的一种先进的经济组织方式。

旧财团系企业集团与金融系企业集团共同组成了日本的财团系企业集团，三菱、三井、住友、芙蓉、三和、第一劝业就是著名的六大企业集团。财团系企业集团在日本现代经济中发挥着重大作用，在政界拥有极大的影响力，日本大部分具有代表性的企业都加盟了六大集团中的某一家，且每个成员企业都拥有多家关联企业和子公司。

2. 日本企业集团的发展

归纳而言，财团系企业集团经历了以下两个高速发展的浪潮。

①第一次发展浪潮（1955 ~ 1961 年）。1955 ~ 1961 年间，日本产业结构出现急剧变革，在此期间，财团系企业集团实现了第一次快速发展。战前，日本的工业产业结构以棉纺业为主，战后逐渐转向钢铁、机械为代表的基础产业，汽车、家用电器为代表的耐用消费品产业以及化学、电子、原子能等为代表的新兴产业。旧财团系集团大多以煤炭、矿山为中心，因而受到了产业结构变动的巨大冲击。在发展石油化学、原子能等新兴工业的过程中，新兴企业通过“借贷经营”，即高度依赖银行、从银行大量借款以及在技术和资本两方面加强与外资的联系，获得了较快的发展。由于成员企业之间互持股票，各企业自身的发展又能够促进其他企业甚至整个集团的进一步发展。由此，产业结构的变动引发了财团系企业集团的第一次发展浪潮。

②第二次发展浪潮（1966 ~ 1970 年）。从 1966 年开始，日本经济逐步回升并出现迅速增长的局面，实现了由资本输入国向资本输出国的转变。这一时期，企业集团的力量更加强大，并积极向航空、信息、能源开发等新兴产业扩展，而且不同企业集团的金融机构加强了业务联系，集团间协调贷款比率加大，集团间协调关系有所加强，这标志着日本企业集团的发展达到成熟阶段。

两次发展浪潮，进一步奠定了在新的时期日本企业集团向财团制方向发展的基础。

三、韩国企业集团的发展历程

韩国与中国香港、中国台湾以及新加坡一同被并称为“亚洲四小龙”，其经济发展曾被称为“汉江奇迹”。其中，大型企业集团的发展在带动韩国经济发展中发挥了重大作用，其发展模式曾被看作是亚洲尤其是东亚地区新兴工业化国家经济发展模式的成功探索，是发展中国家效仿的楷模。

1. 韩国企业集团的产生

虽然韩国一些企业集团的母公司早在日本殖民统治时期就已成立，但通常认为，韩国的企业集团起源于20世纪50年代末。

在20世纪40年代后期，日本殖民地经济的崩溃导致大量韩国企业的生产萎缩、衰落，而以本地经济为依托的民营企业得以迅速发展，这些民营企业充分发挥自身在购置原材料、筹集资金、挖掘生产潜力、降低生产成本、提高生产效率、扩大市场等方面的优势，迅速扩张。但是，由于企业自身的局限性，当时韩国的民营企业主要以地方性经济为主战场，还不具备国际竞争力，未进入国际经济循环。生产垄断、资本集中、先进技术等作为集团企业的必要条件还不完备，还不是真正意义上的企业集团。

为了弥补二战时期的财政赤字，韩国大量增发新币、国债，这在战后初期引发了严重的通货膨胀，进而直接或间接改变了社会财富在各产业、各阶层间的分配结构，进一步加速了生产和资本的集中。此外，由于大部分美国及联合国对韩国经济开发的援助资金都用于消费品生产部门，导致这些部门的生产和资本更为集中。正是在这种生产和资本加速集中的背景下，借助政府的扶持和保护，通过引进外资和现代生产技术，韩国企业集团逐步占据各行各业的垄断地位并逐渐发展起来。

由于韩国的企业集团是伴随着政府的扶持、在家族企业背景下成长起来的组织，因此，具有以下特点。

第一，所有权与经营权没有明确划分。韩国的大企业集团一般都具有比较浓厚的家族色彩，决策层多是以血缘、亲缘和地缘关系为基础，企业的经营者大多是集团的大股东，这是韩国企业区别于发达国家的一个重要特征。领导企业集团的多为创始人的家族或姻亲，还有同学（如大宇）或同乡（如创始初期的三星），所有权和经营权经常混杂在一起。

第二，政企不分，集团发展过多依赖政府扶持。韩国企业集团大多是韩国经济的重要支撑，并且在政府的扶持下发展起来，因此，对韩国经济产业的发展具有重大影响。在此情况下，韩国政府也会通过政策或优惠措施等支持和干预企业的经营发展，甚至会依靠行政手段命令企业完成特定目标。同时，有些大企业集团的家族人员在政府、军界均会担任重要职务，并且会利用这种政治权利来为自己的家族企业谋取利益，促使自己的企业快速发展，更加剧了政企不分的情况。

第三，资产负债率过高，债务约束力不够。由于政府采取多项优惠措施，特别是鼓励海外投资，韩国企业集团一直秉承积极的海外扩张政策。一是通过大量的海外兼并迅速扩大规模，二是追求多元化经营，而规模和产业扩张所需的资金主要来自于贷款，造成企业集团过度负债。最严重时，1996 年韩国排名前 30 位的企业集团平均资本率仅为 24%，其中位居 12 的汉拿为 4.8%，位居 19 的真露为 1.2%。且不少企业集团债务中短期负债比例过高，大量企业将短期贷款当作长期投资使用。

第四，管控模式偏集权管理。韩国企业集团的成员企业虽然具有独立的形式，但实质上是集团的一个所属部门。通常，领导者也是集团的大股东，集团在资本、人事、技术与变革等方面的重大决定主要由集团领导决定。同时，韩国大企业集团的家族式特点也决定了企业的高层管理职位大多被家族成员占据，家族的共同利益，必然促进企业集团更容易出现强势的领导人物，代表家族对企业进行有效控制。

2. 韩国企业集团的发展

1945 ~ 1961 年期间，韩国政府面临的首要任务就是扩大消费资料的生产、稳定物价、完善生产设施。在此背景下，韩国政府所实施的经济政策不可能有效提高产业组织的效率或规范产业内部的竞争秩序，有些政策措施甚至还会限制产业组织的发展。

1962 ~ 1972 年期间，韩国政府开始推行五年计划，大力促进经济增长。为了高效利用有限资源，韩国政府采用非平衡增长战略，在出口产业与进口替代品产业中优先发展出口产业，在轻工业与重工业中优先发展轻工业，在大企业与小企业中优先发展大企业，这虽然导致了垄断及寡头垄断现象的产生，但也极大地促进了韩国企业集团的发展。

20 世纪 70 年代，韩国产业政策从以轻工业为主逐渐转向重工业，国家在过去十年所推行的旨在提高产业组织效率的经济政策在这一时期发挥了重大作用。这些政策不仅在产业结构的升级过程中，通过合理化制定产业秩序来提高生产效率，降低生产成本，增强企业的风险应对能力，提高其国际竞争力，还通过引入国外竞争来缓解国内市场上的垄断及寡头垄断对经济发展造成的限制，为大企业在公平有序的市场竞争环境下开展正当竞争创造了有利条件。

20 世纪 80 年代，韩国政府除了大幅度调整产业结构政策之外，还将产业政策的重心由产业结构政策逐步转向产业组织政策，在产业组织政策的保护下，韩国大企业逐渐在经济中占据主要地位。可以说，韩国企业集团主要是依靠政府扶持、保护而逐步形成的，比较典型的包括三星、现代、LG 等。

进入 90 年代，韩国的大企业集团发展一直都比较顺利。虽然在 1997 年经历了东南亚金融风暴的影响，致使韩国的部分大企业集团进入到前所未有的困境，并导致一些企业集团破产，但韩国政府在此期间也对国内的大企业集团提供了诸多的政策支持以及金融、贷款、税收等方面的优惠。加之三星、现代、LG 等大企业集团已经形成了较为全面的产业结构布局，深入到全球产业链的诸多方面，因此，这些领先的企业集团得以渡过难关。

进入 21 世纪后，伴随着互联网、半导体、通讯等科学技术的发展，韩国的大企业集团抓住了这次信息技术革命，除在轻工业、重工业、交通运输、商品流通、对外贸易等传统领域继续保持优势之外，三星、LG 等大集团企业以科技为主业迅速发展，成为支撑韩国新世纪经济的重要支柱。

3. 政府对企业集团的扶持政策

韩国经济是典型的政府指导下的市场经济，政府通过经济开发计划、财政、税收、金融等手段或必要的行政手段直接或间接干预经济发展。

①政府为企业集团发展提供资金及政策支持。在韩国的工业化过程中，政府往往会为重点发展的企业集团提供必要的资金支持。例如，为发展钢铁工业，对具有钢铁生产能力的企业以及提供铁矿等原材料的企业给予减免营业税、法人税等税收方面的优惠；为发展石化工业，制定《石油化学工业发展法》，规定对石油化工企业免税 5 年；为发展造船工业，为造船企业提供专项低息长期贷款，等等。政府在资金及政策方面的支持，极大激发了企业在该领域的投入热情，并快速的构建起韩国的工业体系。

②引进外资支持重点产业发展。发展初期的企业集团资金实力薄弱，经常面临资金短缺问题。政府一方面运用利率政策鼓励储蓄，用财政政策加重国民所得税，减轻对企业投资人的课税，另一方面，政府积极引进外资，把国外提供的低息贷款优先贷款给企业集团，并帮助其进口大型先进设备和原材料，扶持其发展。

③鼓励企业集团出口。韩国政府在 20 世纪 70 年代制定发展出口战略工业的政策，对于出口型企业在金融扶持、税收等方面制定优惠政策，如：实施出口奖励补助，向出口企业提供低息贷款等。这些政策促使企业集团更快的走向全球舞台。三星、现代、大宇等韩国企业也正是在这一阶段进入国际市场。

第三节　中国企业集团的产生与发展

一、中国企业集团的产生

新中国成立初期，我国采用苏联的计划经济体制，企业集团的产生缺乏必要的条件。随着我国经济体制改革的深入，企业逐步开展横向经济联合，集团企业逐渐产生并发展壮大。

改革开放初期，根据经济发展的需要，国家制订了一系列推动企业横向兼并的政策，以此打破地区封锁、部门分割，扩大企业自主经营权，从而为我国企业集团的产生创造了有利条件。

自 1979 年开始，国家在一些地区和部门实行工业改组，进行企业联合试点。20 世纪 80 年代以来，国家为了鼓励和规范企业联合颁布了一系列政策法规，如：国务院于 1980 年颁布《关于推动经济联合的暂行规定》，于 1986 年再次颁布《关于进一步推动横向经济联合的若干问题的规定》，政府首次在该文件中使用“企业集团”这一概念。1987 年 4 月，国务院批转了国家计委《关于大型工业联合企业在国家计划中实行单列的暂行规定》；1987 年 12 月，国家经委发布《关于组建和发展企业集团的几点意见》，该文件首次以政府文件的形式对“企业集团”进行定义，详细规定了“企业集团”的组建原则、条件以及其他管理问题。

二、中国企业集团化发展的六次浪潮

在中国现代企业的发展过程中，共经历了六次集团化浪潮，每一次浪潮都为企业集团的发展带来新的动力和机遇，推动我国企业集团的发展迈上一个新的台阶。

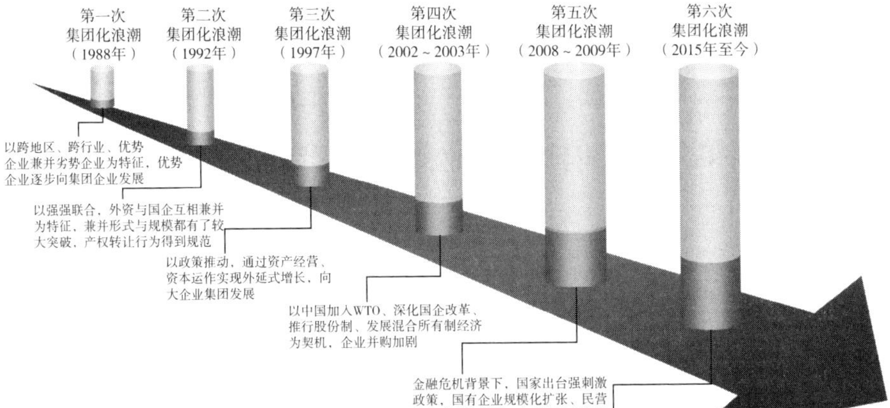

图 1-1　中国企业集团化发展的六次浪潮

（1）第一次浪潮（1988 年）

1988 年出现了我国企业的第一次兼并浪潮，据统计，我国共有 20 多个省、自治区、直辖市在 1988 年出现企业兼并，由原先集中的少数城市开始向全国扩展，并出现了由本地区、本行业内企业的兼并向跨地区、跨行业兼并发展的趋势，兼并形式也由最初的一个优势企业兼并一个劣势企业的“一对一”单个兼并逐渐发展成为一个优势企业兼并多个企业的复杂兼并方式，优势企业在此过程中逐渐发展为集团企业，兼并目标也由最初“消灭亏损企业”的被动目标向“优化经济结构”的主动目标转变。

（2）第二次浪潮（1992 年）

1992 年邓小平同志发表了南方谈话，为我国经济发展确立了市场经济的主体方向，企业兼并无论是形式还是规模都有了较大的突破，出现了强强联合的兼并形式，不仅有大量外资企业兼并国有企业，还出现了实力较强的国有企业兼并国外企业的现象，政府加大了对产权交易市场的培育力度，极大地规范了企业兼并活动中的产权转让行为，也促成了中国企业集团的大量产生。

（3）第三次浪潮（1997 年）

1997 年党的十五大提出“以资本为纽带，通过市场形成有着较强竞争实力的跨地区、跨行业、跨所有制和跨国经营的大企业集团”的方针，为大规模的企业集团建设明确了方向，有条件的大型企业再次产生了通过资产经营、资本运作实现外延式增长的冲动，从外部环境来看，低且平稳的通膨率为实施大规模兼并重组创造了良好的财务环境，我国企业的集团化扩张在 1997 年再次掀起高潮。

（4）第四次浪潮（2002 ~ 2003 年）

2001 年 12 月，中国正式加入世贸组织，此后的一年里，中国在政策层面进一步表明了改革开放的决心，财政部、经贸委、证监会等单位联合发布《关于向外商转让上市公司国有股和法人股有关问题的通知》和《利用外资改组国有企业的暂行规定》等重要文件，同时，中国经济的高速增长也为外资进入提供了良好的机遇，由此拉开了外资企业进入中国的序幕。从国内企业来看，一方面，经过 20 年的改革开放，已经形成了一批有实力的产业企业，同时，十六大报告明确指出，要深化国有企业改革，积极推行股份制，发展混合所有制经济，这就使得 2003 年成为民营经济大有作为的一年。并购活动的加剧，促进了集团企业的形成与集团化管理的需要。

（5）第五次浪潮（2008 ~ 2009 年）

2008 年 9 月，国际金融危机全面爆发，中国经济面临硬着陆的风险。为应对这一危局，中国政府于 2008 年 11 月推出了扩大内需、促进经济平稳较快增长的十项措施，也就是通常所称"四万亿计划"。在政策的推动下，中国经济在全球经济萧条的背景下一枝独秀，由此也带来了新一轮的企业扩张，一方面是国有大型企业的规模化扩张，一方面是民营企业的多元化发展，两类发展模式都伴随着大量的并购与资本运作，在一定程度上促进了企业集团的进一步发展。

（6）第六次浪潮（2015 年至今）

2015 年是中国的全面深化改革年，在国资改革方面，国有资本投资与运营公司的改制或成立，使得国有集团型企业的数量显著增加，同时，国有集团企业的管控模式也更为丰富。到 2018 年底，最后一批全民所有制企业改制完毕，使得国有集团企业的序列内又增加了一大批成员。在经济结构转型的过程中，一大批以互联网、新零售、新能源等为代表的新兴企业快速发展，迅速兼并传统企业，正在形成以新经济、新技术为核心的新兴产业集团，以上三个方面的趋势使得中国企业集团的队伍再次扩容，随着中国经济转型升级的加速，企业集团的排序也发生了很大的变化，以阿里、腾讯为代表的新经济产业集团正在逐步取代以钢铁、矿业、房地产等为主业的传统产业集团的领先地位。

第四节　企业集团化运作的三大优势

之所以如此多的企业希望成立集团或者以集团的方式进行组织运作，究其原因还是集团化所能为企业带来的独特优势，这些优势可以归纳为

"规模、协同、结构"六个字。

一、规模效应优势

规模经济是指在企业生产技术不变的前提下，随着生产规模的扩大，单位产品成本不断降低，固定成本分摊不断摊薄，从而使得利润不断提高的现象。它表现为规模收益递增，即：随着生产规模的扩大，收益增加的幅度大于规模扩张的幅度。集团企业的优势，首先就是体现在规模优势。

（1）横向兼并产生的规模效应

在企业生产经营中，只有生产规模达到一定程度才能进一步细化分工，实行专业化生产，提高劳动效率。只有生产规模达到一定程度，才能大规模采购原材料，采购成本才能降低，因为大型企业集团通常是某种原材料的主要需求者，完全有能力依赖其市场地位影响原材料的价格。同时，作为集团企业，往往比单体企业更有实力进行技术研发和新产品开发。集团企业横向兼并之后的规模效应是最直接的，也是最显著的。

（2）纵向一体化降低的交易成本

由于技术、资源、政策等方面的原因，很多企业的关键部件制造、下游销售等都掌握在其他企业手中，这就决定了有些企业貌似规模很大、很风光，但实际利润并不高，因为关键环节的成本不可控。更进一步，如果上游突然中断供应，企业甚至连正常生产都困难。在这样的背景下，很多企业谋求通过纵向兼并掌握上下游资源（主要是原材料、技术、关键部件供应、销售等），将之前分散在企业之外的经营活动纳入内部，使企业间的市场活动转变为集团的内部交易，从而大大减少了采购过程中的交易成本，并通过建立、协调内部交易机制，使得产业链各企业的综合成本都有所降低，经济效益显著提高。

（3）规模带来的政府与金融机构的支持

由于企业集团拥有较大的产值、纳税额和吸纳就业能力，能有力促进当地经济增长和社会进步，带动周边的配套企业发展，其往往是地方政府关注和支持的对象，在基础设施配套、财税政策扶持、土地等关键资源供应、人力资源供给等方面能得到超出其他企业的更多的支持。

相比单一企业而言，企业集团往往拥有更大的资产规模和营业收入，以及良好的信用形象，一般也更容易得到金融机构的信任，获得充分的授信额度和贷款，从而有力地支持业务的快速发展。

二、协同效应优势

大家都知道经济学上的“囚徒困境”效应，由于交易各方无法协同，从而导致了交易成本的上升；企业之间也是如此，由于各自都是利润主体，企业必然会从自身利益出发，谋求效益的最大化。而集团公司可协同下属企业的管理动作，使下属企业在关键问题上步调一致，从而大大降低交易成本，从而避免囚徒困境的产生（注：囚徒困境是1950年美国兰德公司提出的博弈论模型。两个共谋犯罪的人被关入监狱，不能互相沟通情况。如果两个人都不揭发对方，则由于证据不确定，每个人都坐牢一年；若一人揭发，而另一人沉默，则揭发者因为立功而立即获释，沉默者因不合作而入狱八年；若互相揭发，则因证据确实，二者都判刑五年。由于囚徒无法信任对方，因此倾向于互相揭发，而不是同守沉默）。

	不坦白	坦白
不坦白	A：判刑1年 B：判刑1年	A：无罪释放 B：判刑8年
坦白	A：判刑8年 B：无罪释放	A：判刑5年 B：判刑5年

图1-2　囚徒困境模型

（1）战略协同

集团企业不同于单体企业，除了各成员企业有各自的利益之外，集团还有整体的发展规划和发展目标，集团战略制定和实施的水平，直接影响到集团各家企业的终极利益。因此，对于集团企业来说，会站在整体的角度认真审视每一家下属企业的战略规划，使之符合集团的整体方向。同时，集团战略一经制定，必然要转化为具体的管控指标，渗透到下属企业经营管理活动的方方面面。

因此，对于集团内的二三级企业来说，业务定位问题、资源争抢问题、客户争夺问题、价格竞争问题、上下游之间定价问题、重复建设问题等，都会在集团的统一战略安排下得到解决，从而大大降低各家企业的交易成本，集中优势力量，枪口对外，在外部市场的激烈竞争中全力以赴。

（2）生产协同

集团是多个企业的联合体，与单个企业相比，集团整体的研发水平、生产能力、抗风险能力、市场竞争力必然更强，成员企业通过协调配合能够共同完成单个企业无法完成或完成不经济的生产任务，增强集团整体的市场竞争力。

以全球大型汽车集团——大众汽车为例，在乘用车的开发方面，它们所开发的一款乘用车底盘可以使用在集团不同企业的不同车型上，这就大大降低了产品的开发成本，加快了新产品的研发周期，也大大提高了零部件的通用性，降低了成本。同时，对于全球畅销的车型，大众可以安排在全球数个工厂同时生产以快速供应市场，这就是生产协同。

对于产业链型的集团，上下游企业的生产协同可以显著降低库存和缺料，实现生产效率的提高，这是另一种类型的生产协同。

（3）人才协同

集团化运作不仅有助于各下属企业科学、合理地利用人力资源，还能通过集团内人力资源整合与配置，实现知识、技能、经验的共享，提高企业集团人力资源的整体产出水平。

随着企业集团的出现，下属企业的组织管理方式也发生了改变，由直线职能制向矩阵式、扁平化组织转变，这就使得人力资源协同管理更加重要。企业集团的人力资源协同管理能够放大企业的人力资源开发能力，降低人力资源的平均开发成本，为成员企业在知识、经验、技能、信息等方面的共享创造条件。

此外，人力资源的协同管理还有助于合理构建企业集团的组织架构，改善工作流程，减少非核心工作环节，降低总体人工成本。在集团内部交换和配置人力资源，又能够显著提高人力资源的利用效率和增值速度。

（4）管理协同

管理协同是指集团总部通过各种管理手段和管理活动，在充分尊重各成员企业自主性的基础上，强化成员企业在客户资源、设备能力、资金资产及运行机制等方面的协作与融合。

例如，很多集团下属企业都设有研究院（所）、后勤服务公司等，在全国各地都设有分公司或办事处，对同一目标客户往往不同企业各自去“攻关”。通过管理协同，集团可以把各下属企业的研究机构进行整合，提高其综合实力与科研水平，实现集团科研能力与成果的共享；有的集团企业对下属企业的各地分公司进行整编，既降低了运营成本，又维护了公司的统一形象；对于重点客户，有的集团专门设立了“协调办公室”，定期召开工作协调会，甚至开发了“工作协调信息系统”，使得各下属企业面向同一客户的营销工作门槛大大降低，效率大大提高，甚至产生倍增效应。

（5）文化协同

企业集团的文化协同是指在集团的建立和发展过程中将各成员企业中相异或矛盾的文化特质进行整合，使各成员企业的发展愿景、使命、战略目标与核心价值观总体方向一致。集团文化不同于单一企业的文化，是多种文化的结合体，它通过构筑共同愿景、规范价值取向以及有效的制度安排，引导成员企业的员工思维同向，行动一致，同心同德，共谋发展，从而增强集团的整体凝聚力，提高企业的执行力与面向市场的战斗力。

此外，文化协同也有助于集团塑造统一、良好的外部形象，为集团的持久发展奠定基础。

三、结构效应优势

所谓结构效应，是指由于集团内存在不同类型的企业，其彼此之间的差异性组合构成独特的“结构优势”，能够令集团在稳定发展、提升效益、确保利润等方面更进一步。

（1）风险规避效应

大型企业集团通常涉足多个不同的产业领域。如果企业的主营业务发展势头良好，有足够的人力、物力、财力，开展其他领域的经营活动可获得更大的经济效益，扩展企业的经营边界，谋求更为广阔的发展空间。

由于不同产业的生命周期不同，波峰波谷时点不同，影响因素不同，集团同时开展多产业的经营活动，往往能够有效规避政策导向变化、市场需求变化、生产技术变化等对某一产业带来的风险，即：当集团某一产业受到冲击、效益不佳时，可通过其他产业的发展弥补这一影响，从而规避单一经营的风险，维持集团整体经营活动的稳定。

（2）空间互补效应

多数企业面临的情况是，在某一区域市场领先，而在其他区域市场则未必。对于在不同地区设有子公司或关联企业的集团来说，由于存在地域差异，各地区的产品与生产能力很可能与本地市场不匹配，但从全局来看，通过集团的调配，产品的生产与销售就能够实现最有效的衔接。

此外，空间互补效应还体现在当某区域的经营效益受到外界因素（如政策因素、自然灾害等）影响时，由于该地区市场只占集团全部市场的一部分，集团整体效益并不至于受到过大的冲击。

（3）现金流平衡效应

由于集团内企业经营性质的不同，现金流结构也必然有所不同，有的业务现金流流动速率较快但利润较低，有的业务则现金流速率较慢但利润丰厚，对于集团来说，上述业务的组合带来了集团整体现金流的相对平衡。

同时，通过结算中心或内部银行的方式，集团可以协调需求资金的下属单位向当前现金流充裕的下属单位以内部借款的形式拆借流动性，从而减少集团整体的负债率与财务成本。

（4）赢利组合效应

出于发展的需要，集团往往会从事赢利能力不同的各项业务活动，从而形成“金字塔式”的赢利结构：赢利能力强的业务位于塔顶，赢利能力相对较弱的业务位于塔底，起到“防火墙”的作用，抵御外部市场对高利润业务的冲击，确保集团的基本赢利水平。在保持低利润业务充分发展的前提下，尽量参与高利润业务，提高集团整体的赢利能力。

对于处在发展初期的成员企业，集团可依靠主营业务获得的高额利润在筹集资金、拓展市场等方面对其进行支持，增强其市场竞争力，从而将其培育成为未来的“现金牛”，使得集团的利润池保持动态稳定、不断扩容。

（5）税收结构效应

企业集团的不同二级单位，其税收标准不尽相同，尤其在各地方政府积极出台各项产业优惠政策的前提下，这种差异正在以各种形式体现出来，如地方政府的退税政策、减免政策、专项补贴政策等等，实际上都是变相地降低了企业的税费。

在这样的前提下，企业集团可以对成员企业的税收进行统一筹划，将某些公司的利润通过内部交易转移到税收标准低或政策补贴丰厚的公司，从而实现集团整体纳税水平的降低，促进企业加大技术研发等持续性投入，迅速实现规模化发展。

第五节　企业集团化运作常见的四大问题

正如西方谚语所说“每个硬币，都有两面”，企业集团化运作的优点是三大优势效应，但运作起来也并非易事，也必然会面临比单体企业更多的问题，归纳而言有四个方面。

一、总部定位与分工问题

（1）集团总部的定位模糊或不准确

一个准确、合理的总部定位对于集团的运转非常关键，但遗憾的是，大部分企业集团的总部都采取了近乎雷同的自我定位，都自称“战略决策中心”“资本运作中心”“资源配置中心”“业务管控中心”等，而为什么采取这一定位，如何实施这一定位，这一定位实现之后又会对下属企业创造何种价值？这些问题都没有思考清楚。

还有的企业，为了体现对于一线业务部门的支持，将总部定位为“服务中心”，核心功能是服务一线。这一说法看起来非常亲民，也颇得很多领导的认可，但也大有问题。集团的存在是为了引领企业群的发展，把总部简单定义为“综合服务公司”，这也是一种对总部功能的矮化和曲解。

（2）总部对新业务管理失控，沦为简单出资人

对于集团企业来说，往往配置了大量不同类型的业务，而由于集团成立背景、人员来源、能力结构等方面的原因，总部对于自己的传统业务往往体现出较强的认知与管理能力，而对于很多新兴业务、投资业务、产业链业务则并不了解，对其经营管理抓不住要点，要么是把所有事都牢牢抓在手里，让下属企业无所适从；要么是盲目授权、盲目轻信，最终沦为毫无管控能力的“肥羊型”出资人，不得不为下属企业的行为和结果买单。

（3）过多或过少的管理层级

对于企业集团究竟应设立几个管理层级，有不同的说法，判断的依据也很多，各项业务的成熟度、管理团队的成熟度、业务市场的变化程度、内部信息化程度等，都会对管理层级的设定带来影响。近年来，管理扁平化的呼声日高，似乎只有压缩管理层级才是正确的选择，其实可能未必，管理层级过多自然会带来信息的失真，影响决策效率，但管理层级过少，也会导致集团的管理幅度过大、决策过于集中、干部缺乏必要的锻炼发展平台与成长通道等问题。因此，过多或过少的管理层级，对于企业集团都不是明智的选择。

二、运行机制问题

（1）关键管控机制不到位

企业集团的管控活动可以划分为多个“子体系”或“条线”，总部未必事必躬亲，但对于关键的管控活动，总部则必须要管控到位，例如：对下属企业的战略规划及其执行情况，很多集团企业认为是不需要、不可能也不应该管的事项，但事实上，恰是由于战略方向混乱、盲目投资、对于业务缺乏科学评估等给企业带来的伤害最大，远远大于一般意义上的跑冒滴漏。

（2）事中干涉多，事前事后控制少

很多集团总部的部门热衷于各种检查，参与下属企业的各种经营活动，

或者把下属企业经营管理活动中的一段切出来、拿上来处理，大家普遍认为，集团管控就是要在出现问题的时候集团的关键部门能够第一时间出现在现场。

当然，能够在关键时刻出现是必要的，但更为重要的是如何进行前后两端的管理，把这种“关键时刻”降低到最少，所谓“抓两头、放中间”，即：抓住前端的战略规划、计划预算、制度输出，以及后端的战略复盘、考核评价与审计稽核，放开中间的运行环节，让下属企业在既定的轨道上自行运转，最大程度地发挥能动性。

（3）缺乏跨部门的资源调配与业务协同机制

集团成立的期望是达到“1+1>2”或更高的效果，这就要求集团总部能够推进下属企业的跨业务协同与资源共享，包括组织各下属企业共同开拓同一客户的不同需求，帮助各下属企业之间完成内部交易，将某些企业闲置的资源盘活为其他企业提供服务等，这其中的核心，一是由集团出面建立各下属企业之间的内部交易与结算机制，二是组织和加强各企业之间的信息共享，共同面对外部竞争者和市场。

三、能力与人才问题

（1）总部缺乏必要的职能结构与实现能力

集团要管好某些工作，就必须在总部配备相应的职能，这种职能未必是设立部门，也可以是一个专门的岗位或某一岗位上的某些特定职责和职权，例如：当前很多企业都在向资产管理型总部过渡，那么，在资产评估、资产经营、资产处置、资本市场沟通这些资产管理工作的关键环节，总部就要配置相应的部门或岗位，并赋予这些部门、岗位相应的资源和职权，使总部能够建立起对应于以上定位的专业能力，这样才有可能实现预期的目标。

（2）科学的资源配置能力欠缺

多企业、多业务经营，客观上要求集团有能力将资源科学地分配到每一个领域，但由于集团的资源有限（甚至不足），并非在每个想发展的领域都有充足的资源支持，这就要求集团总部必须具有一套科学的评判机制，以最为有效地投放资源。如果资源的投放和配置方向发生了错误，必然会导致集团陷入“资源危机”，连日常经营都难以维持，发展就更无从谈起。

（3）总部人员能力或数量不足

伴随着多轮国企改革，精简总部部门设置和人员配置一直是改革的主流，不能否认，精简机构确实有助于提升管理效率，但也应当看到，作为行使必要管理职能的总部，毕竟要开展一定量的工作、做到一定的标准，人员还是应当有相对充分的配备，表面上总部精简了两三个人、一两个部门，从绝对数量上看是精简了，但如果这些工作因此而无法开展或者开展质量打了折扣，这个损失其实远大于精简带来的效益。

还有一个问题就是总部人员的“文职化”问题，即：多由博士、硕士等高学历的、缺乏基层工作经验的人员组成，或者是由一线退下来的人员、一线人员的家属等组成，这样的配置相对于总部的功能定位来说显然难以满足要求，既无法有效帮助下属企业开展业务，也无法起到有效的监督作用，大家感觉上总部总是高高在上，拿出来的制度规定总是难以执行，总部也因此离一线越来越远。

四、管理文化问题

（1）人治超越法制

对于企业集团来说，在战略决策、业务发展策略、投资决策、人事任免等重大问题上往往有明确的制度或规定，但在实际执行过程中却往往存在领导层自行决策、脱离既定决策流程，或者决策程序成为形式、简单为结论服务等问题，不可否认，领导层的经验和直觉有时能够为企业带来决策红利，但经验主义、鲁莽决策、违背客观规律、好大喜功带来的决策风险，案例也比比皆是。

（2）命令跨越部门

对于大型企业来说，集团领导层往往也兼任或兼管各下属企业，或者兼任下属企业的董事长、董事、监事等，这种兼职管理本身无可厚非，但可能造成的情况是，下属企业跨越职能部门直接与主管领导取得联系，主管领导也会直接对下属企业的要求和请示进行批复，如此也就客观上架空了总部的职能部门，削弱了部门的专业管理，也使得部门的专业性无法得到发挥，这种现象是值得警惕和应予避免的。

（3）下属企业各自为战

集团做到战略协同难度很大，原因在于成员企业都有各自的利益，这些目标很可能不一致，甚至相互冲突。在发展过程中，每个成员企业都希望得到总部的重视，希望总部在制定战略、配置资源等方面给予倾斜。同时，为了企业利益最大化，集团内企业在市场上也会相互竞争，甚至产生恶性竞争。尽管理论上集团的整体发展会使所有成员企业受益，但短期利润对企业的激励作用更为直接和可见，如果缺乏统一的文化和强大的执行力，下属企业各自为战的情况将会愈演愈烈。

第六节　国有集团企业常见管控问题

一、国有企业集团的类型划分

国有经济是我国经济发展的骨干力量，而国有企业集团则是国有经济的主体。站在集团管控的角度，从中央直属、地方直属国资企业的业务方向来分，可以大致划分为实体型企业集团、投融资平台型企业集团、国有资本投资运营公司、金融控股集团四大类。

①实体型企业集团。是指以能源、制造、工程、化工、运输等为主业的企业集团，如中石油、北汽集团、中交集团、东方航空等，这些企业集团的使命首先是经营好自身的主业，确保国家命脉产业的稳定运行。

②投融资平台型企业集团。是指以城市建设、服务民生为目的而建立的，以外部融资为主要资金来源的建设投资型企业集团，各地的城投、建投、交投等都属于此类。一方面，这些企业作为融资平台融得建设所需资

金，另一方面，在投资完成建设任务的过程中也形成了各种类型的下属公司，成为后续管理和运行这些公司的企业集团。

③国有资本投资运营公司。是在本轮国资国企改革中提出的、优化国有资产出资人结构、强化国有资产监管与运营能力的重要举措。改制或新设立的国有资本投资或运营公司自身不开展具体业务，而是持有实体国有企业的股权，通过参与投资企业的战略规划、整合与配置关键资源、推动资产证券化、买入或卖出股权等措施促进所投资企业竞争能力的提升，从而实现国有资产的保值增值。

④金融控股集团。与国有资本投资运营公司的运作模式类似，但不同点在于其参股和控股的企业主要是金融企业，包括银行、保险、基金、证券、信托、融资租赁、期货、典当、小额贷款、互联网金融、支付结算等，上述业务普遍需要获得中国银保监会的金融牌照，具有较高的专业性，从控制风险、便于管理的角度，在上述类型国资公司较多的省市区一般会成立金融控股集团，对上述金融企业进行集中管理。

由于各类国企集团业务定位的差异，也带来了集团管控方面各自不同的问题。

二、实体型集团的常见管控问题

实体型企业集团，是指以经营实体业务为核心的企业集团，为了实现业务的有效性、规模性、低成本运营，上述集团也会在产业链的周边进行布局，从而形成以主业为核心、以周边产业为依托的集群型企业。

以大型国有航空公司为例，一般来说，航空公司的主业是客运，但也有货运物流业务、飞机维修业务、航空食品业务、票务旅游业务、航机传媒业务、进出口业务，由于有相关基地，可能还会有工程建设及地产业务，由于行业需要的资金巨大、现金流巨大，甚至可能有自己的财务公司、投资公司、金融租赁公司等。具体到不同的航空公司，有时还会参股或控股其他小型航空公司或其他企业。

对于实体型企业集团来说，集团内往往有一家或数家大型的骨干企业，还有数十家甚至上百家周边参控股企业，业务链条长、覆盖面广，企业规模、市场化程度、经营风险的差异非常大，而作为集团总部来说，往往对于主业有非常深刻的认识和丰富的管理经验，而对产业链上的其他公司，点多面广，往往仅仅是任命干部、统计报表、年终考核，对于上述业务缺乏有效的管控。

三、投融资平台型集团的常见管控问题

投融资平台型企业集团，一般是以政府信用背书的，以城市建设、服务民生为核心任务的，以外部融资为主要目的而成立的企业集团。为了达到融资目的，地方政府会装入部分重资产的项目或设施以做大企业的资本规模，同时，融资后建设完成的项目发展成为企业，自然也在平台公司的名下。在建设业务开展的过程中，一些理念超前的平台公司也在主业之外形成了自己的特色业务，典型的如土地整理、房地产开发、基建、建材、环保、教育、医疗、文化等，甚至拥有了自己的上市公司，对于绝大多数平台企业来说，“融资—开发—建设—城市运营”是其主要的发展路径。

近年来，伴随清理、整顿地方政府融资平台的政策趋势，平台型公司的融资功能正在逐步丧失，加之地产市场的政策性调整，融资平台型公司向实业转型的呼声甚高，但其高企的资产负债比、单一的业务形态、偏低的收益能力、非市场化的管理团队（绝大部分企业）正在阻碍其向市场化转型的道路。

平台型集团虽然下属企业众多，但基本上资金安排、资产管理、业务管控、人事任免都控制在总部，有的公司财务由总部代管，只有不超过十个人，甚至只是具有法人资格的空壳公司。当前，对于平台型集团来说，主要是战略和业务层面的考量，如何解决以融资建设为主向可持续经营的转型问题，以及在这个转型过程中对于下属企业、项目公司、多级公司的清理和整理问题。在管控方面，一是避免下属企业或个人滥用集团资质的借贷、投资、担保、工程分包、业务合作等问题带来的风险，二是考虑下属各企业业务的独特性，对于前景良好、经营优良的企业给予差异化的管

控策略，留出空间，鼓励下属企业的独立发展。

四、国有资本投资运营公司的常见管控问题

国有资本投资运营公司是在本轮国资改革中提出的，自身不开展具体业务，而是持有实体国有企业的股权，通过参与投资企业的战略规划，整合与配置关键资源，推动资产证券化，促进所投企业能力提升，实现国有资产保值增值。

自十八届三中全会明确提出“完善国有资产管理体制，以管资本为主加强国有资产监管，改革国有资本授权经营体制，组建若干国有资本投资运营公司”以来，《中共中央、国务院关于深化国有企业改革的指导意见》《国务院关于改革和完善国有资产管理体制的若干意见》等陆续对改组组建国有资本投资运营公司提出了具体要求。设立国有资本投资运营平台公司，目的就是要打破“政府—企业”的两层管理结构，变成“政府—资本投资公司/运营平台—实体企业”的三层管理结构，实现政企分离。

《意见》中针对国有资本投资运营公司的管控模式、治理结构与功能定位指出了明确的方向。

第一，明确了政府出资人与企业之间的责权关系。《意见》中明确指出，应“权责明晰，实现政企分开、所有权与经营权分离，理顺政府与国有企业的出资关系，推进国有资产监管机构职能转变”。

第二，在法人治理机构优化方面，提出应“推动监管企业不断优化公司法人治理结构，把加强党的领导和完善公司治理统一起来”，“强化国有资产监督，加强和改进外派监事会制度，建立国有企业领导人员分类分层管理制度。”

第三，在管控模式确定方面，将依法应由企业自主经营决策的事项归位于企业；加强对企业集团的整体监管，将延伸到子企业的管理事项原则上归位于一级企业，由一级企业依法依规决策。提出“以财务性持股为主，建立财务管控模式，重点关注国有资本流动和增值状况”，“对战略性核心业务以控股为主，建立以战略目标和财务效益为主的管控模式，重点关注

所出资企业执行公司战略和资本回报的状况。”

国有资本投资运营公司的参照模型是新加坡的淡马锡。作为一种管理创新，这类投资机构既有别于传统的实体企业，又有别于纯粹的金融控股企业，对所投资企业采取的是财务战略混合型管控模式，既参与下属企业的战略制订和推进，包括关键的人事任免，重大经营活动的决策，又给予下属企业充分的自主权和业务经营权，所管控的企业行业跨度大，规模差异大，业务的竞争程度不一。而作为一个精干的总部，如何管控好这样一盘巨大的资产，无论对于总部的管控机制、管控手段还是人员素质，都是巨大的挑战。

从当前我国国有资本投资运营公司的改革实践来看，投资运营公司多由原来地方政府的国资股权持有及管理平台（如上海实业、北控集团、粤海发展、川发展）或具有行业绝对领导地位的实体型企业集团（如中粮集团）等改组而成，这一组建方式较为明智，至少确保了国有投资运营公司对于下属投资企业的了解与掌控能力。

而从国有资本投资与运营管理公司的建设目标来看，上述改组后的集团总部在对下属企业的管控方面仍然面临四大问题：一是由过去单纯的股权持有（甚至是替政府、国资委代持）转变为真正的股东，如何全面行使股东权利，促进投资企业的转型发展，即实现“由看门人到领航者”的转变；二是由过去确保国有资产保值增值的思维，转向构建具有国际竞争力（或区域、行业竞争力）企业的思维，这就要求总部更加了解产业、了解企业、了解行业竞争要素，能够在下属企业的发展中起到指导、引领的作用；三是由过去管好企业、管好资产向推动混合所有制改革、推动资产证券化、推动下属企业充分利用资本市场的转型，这就要求总部不仅应当是产业经营的专家，还应当是资本市场的行家里手，这样才能做到资产的优化配置与进退自如；四是由过去的准行政管理模式向现代企业管理模式的转型，过去的此类投资运营公司，领导由国资委同等级领导担任，干部很多也来自政府部门，对下属企业的管理大量沿袭行政命令式的政府管理模式，而要真正转变为现代企业，总部有的不仅仅是权威，更是专业和能力，这就对总部的管理模式、人才结构等提出了更高的要求。

五、金控型集团的常见管控问题

金融控股集团，一般是地方政府为了将金融类企业或资产纳入统一管理而成立的国有资本投资及运营公司。地方政府成立金控集团，往往是期望通过金融类资产的整合，带动本地金融业发展，提高本地金融资产规模，支持实体经济发展和地方建设。

由于金控集团所投资、控股或参股的企业绝大部分在金融领域，其经营管理的专业性很强，风险的隐蔽性高，风险发生所造成的损失和影响巨大，因此，上述集团所面临的管控问题包括：①如何建立面向各类业务的、具有较高专业性的内部控制与风险管控体系，并通过上述体系的运转，充分把控经营风险；②如何根据国家的宏观经济形势和改革要求，适时指导各下属企业调整发展节奏与发展方向，紧密结合实体经济的发展，趋利避害；③金融业务的风险产生关键在人，如何建立强有力的监督管理体系，避免人为决策风险、利益相关人风险和操作风险，实现业务的稳健运行。

本质上，金融业就是在风险和收益之间进行平衡的行业，作为下属企业的出资人，金控类集团的管理责任更为巨大，几天之间、一项投资决策的失误可能给企业带来千万甚至数亿的损失，这种损失往往不是一家下属企业在今后的经营中可以弥补的，责任都需要集团总部来承担，这在实体型集团、投融资平台、国资公司等出现的概率都不大，因此，对于金融集团来说，如何让风险管理的理念深入人心，通过建立高度专业化的队伍，有效把控各项风险，是做好集团管控与可持续经营的基本前提。

案例1-1　　BP成功兼并阿莫科

在20世纪90年代全球第五次并购浪潮中，BP（英国石油公司）对阿莫科（AMOCO，美国石油公司）的兼并尤为引人瞩目。

BP创建于20世纪60年代，1988年收购Britoil公司后，成为北海地区最大的油气生产商，到1997年已发展成为英国最大的企业及世界第三大石油企业，仅次于壳牌和埃克森。BP的核心业务包括BP勘探、BP石油和BP化工，在所在领域具有非常强的竞争力，拥有世界领先的聚乙烯技术。

阿莫科最初为洛克菲勒标准石油托拉斯的一员，原名标准石油公司。在1921～1930年期间，陆续兼并了一些炼油公司，并分两次获取了辛克莱管道公司的全部股权和泛美石油及运输公司81%的股份。到20世纪50年代中期，公司的资产已超过20亿美元，在美国大型石油公司中，位列埃克森和美孚公司之后，排名全美第三。在并购之前，阿莫科的大燃气储备量位列北美第一，是北美最大的天然气生产商。阿莫科的上游勘探和开发活动遍及世界19个国家和地区，所拥有的得克萨斯州得克萨斯城炼厂和印第安纳州怀廷炼厂分别是美国第一和第三大炼厂。此外，阿莫科还是世界上最大的PTA和PX的生产商，世界上第二大聚丙烯生产商以及世界上最大的聚丁烯生产商。

1998年，世界石油市场陷入前所未有的危机，由于出现严重的供给过剩，油价降至1973年以来的最低水平，平均每桶仅为12美元。供过于求使许多石油企业利润下降，经营状况恶化，壳牌、埃克森等大型石油企业尚可通过规模效益、先进技术来降低成本，通过在世界范围内选择投资机会来增加利润来源，而其他中小型石油企业投资相对集中，容易受到市场波动影响，抗风险的能力比上述企业要低很多。这时进行并购可大大节约并购成本。BP正是抓住了此次市场机遇，以较低的价格兼并了阿莫科，顺利实现自身战略调整。并购协议公布于1998年，按照协议，并购资产案值863亿美元，方式为收购。并购后的公司以两家公司联合命名，即BP-Amoco，总部沿用BP总部，BP拥有新公司60%的股份，阿莫科拥有40%的股份。

总体来看，这次并购是非常成功的，合并后新公司当年的经营收入由上年的683.04亿美元升至835.66亿美元；通过减少雇员、降低供应商价格以及油气勘探费用等措施，BP-Amoco的税前成本至少节省了20亿美元。每股盈利由16.77美分增加到25.82美分，税后利润由32.83亿美元增加到51.46亿美元，综合计算BP-Amoco在1999年的资本回报率为13%，比1998年增加了3个百分点。

案例启示

此次并购成功的原因主要有以下三点。

1. 实现规模效应

长期以来，BP与壳牌和埃克森相比，在资产、利润和营业收入方面都相差一半左右，从油气产量和炼油能力来看，BP的油气产量只有壳牌的54%，埃克森的78%，炼油能力只有壳牌的40%，埃克森的43%。BP并购阿莫科属强强联合型并购，并购后，BP-Amoco迅速跻身世界超级石油企业之列，企业规模迅速扩大，成本大大降低。有关数据显示，此次合并至少为BP-Amoco的税前成本节约了20亿美元，其中，减少雇员6000人可节省成本10亿美元；增强与供应商的谈判实力使其降低价格，可节省成本2.5亿美元；降低勘探费用，可节省3亿美元；从两个公司中选择更多、更好的项目，可节省4.5亿美元。

在降低成本的同时，BP-Amoco还通过提高全球市场份额来增强其在全球石油市场上“呼风唤雨”的能力。新公司的联合油气储量将达到148亿桶油当量，油气产量将近300万桶油当量，上游业务的市场地位升至全球第二，超过了埃克森公司。合并后的新公司垄断势力大为增强，在控制市场价格、设置价格壁垒、攫取更高的垄断利润等方面更具优势。

2. 实现结构效应

BP收购阿莫科可以充分享有多元化发展的好处，首先，阿莫科在美国油品零售市场上具有强大的优势，BP收购阿莫科之后，可充分利用阿莫科的油品零售渠道以及强大的管道、陆地和海洋运输系统，使其下游业务出现更高的增长，在当地油品销售市场上占据主导地位。除此之外，阿莫科有着丰富的天然气业务海外经营经验，是北美最大的天然气厂商和第二大天然气储量拥有者。BP与阿莫科合并可迅速增强天然气业务的实力，成为世界第三大天然气厂商，以及仅次于壳牌和巴斯夫公司的世界第三大化工企业。

多元化发展可以帮助BP-Amoco有效规避单一产业经营的风险，抵御市场冲击给企业收益造成的波动。而且，油品销售业务、天然气业务与BP原有的主业相关性较强，实施相关多元化战略可以在共享资源、技术、行业信息、客户基础的同时产生更高的经济效益，塑造更好的企业形象，谋求更广阔的发展空间。

3. 实现协同效应

相较并购之前，BP-Amoco的竞争实力得到大幅度提高，其中的重要原因之一在于双方较好地实现了优势互补。

BP和阿莫科的勘探和生产地区重叠很少，BP的业务主要集中在北海和阿拉斯加，阿莫科则集中在洛基山脉西部、加拿大西部和特立尼达。由于重叠地区少，合并后BP-Amoco的勘探和开采业务可以更广泛地分布在主要油气产区，从而获得更多的机会。可以说，BP-Amoco非常好地实现了地区协同，当某一区域的业务受到市场冲击时，其他地区可以在资源、财务等方面给予支持，不至于因企业业务过于集中而使整体效益受到过大影响。

在生产技术方面，BP是欧洲主要的聚乙烯生产商，拥有先进的丙烯腊生产技术，而阿莫科是世界最大的精对苯二甲酸（PTA）和对二甲苯（PX）的生产商，拥有先进的NDC——一种聚酯中间体生产技术，并已成功实现技术商业化。近年来，石油产品的专有技术已成为衡量石化企业竞争力的重要标准。BP与阿莫科的联合可以实现技术优势互补，在化工领域的竞争中占据一席之地。

对于BP-Amoco而言，互补型优势可以帮助新公司更快地扩展市场，充分利用原有的市场基础，以更强大的垄断势力抢占市场份额，而且还能通过共享资源、信息以及企业研究成果，降低科技研发成本，减少资金的重复投入，在高新技术创新方面获得跳跃式发展，从而大大领先于竞争对手。

案例1-2 宝钢的并购整合之路

中国宝武钢铁集团有限公司（以下简称“宝钢”），是国务院国有资产监督管理委员会监管的国有重要骨干中央企业，总部位于上海和武汉。中国宝武钢铁集团有限公司是中国最大、最现代化的钢铁联合企业。

2005 年，国家出台《钢铁产业发展政策》，其中第二章第三条“通过钢铁产业组织结构调整，实施兼并、重组，扩大具有比较优势的骨干企业集团规模，提高产业集中度”，即支持钢铁企业进行战略重组。在政策推动下，宝钢钢铁主业以宝钢股份为核心企业，通过优化战略布局，实现规模发展：2007 年，重组八一钢铁；2009 年，重组宁波钢铁；2010 年，重组福建德盛；2012 年，重组韶关钢铁；2012 年 5 月，湛江钢铁基地项目开工建设。

2016 年 9 月 22 日，国资委同意宝钢集团与武汉钢铁（集团）实施联合重组，宝钢集团有限公司更名为中国宝武钢铁集团有限公司，作为重组后的母公司，武汉钢铁（集团）公司整体无偿划入，成为其全资子公司。如今，宝钢已成为国内最大钢企，2017 年钢材产量 6539.27 万吨、约占国内总产量 7.8%，规模居世界第二。

案例启示

宝钢成功并购众多钢铁企业的意义：

1. 实现规模效应

进入 21 世纪后，世界钢铁行业的并购浪潮愈演愈烈，改变了整个国际产业竞争格局。2005 年，欧盟 15 国前 7 家钢产量占总产量的 87.46%；日本前 4 家钢产量占总产量的 74.29%；韩国前 2 家钢产量占总产量的 79.80%，美国前 3 家钢产量占总产量的 61.09%。

与跨国钢铁企业相比，我国钢铁行业的产业集中度较低，行业中富有技术与经济实力的大企业偏少，中小企业数量众多，从而造成钢铁产业生产力布局不合理，低水平产能盲目扩张但高端产品自给率不足，铁矿石采购议价谈判在国际上失去话语权，资源、能源、环境压力过大等问题对我国钢铁行业的持续健康发展和提高国际竞争力带来严重的影响。通过并购重组可以提高我国钢铁产业的集中度，打造大型的钢铁企业。

另一方面，自2005年以来，跨国钢铁企业米塔尔先后与华菱管线、八一钢铁、莱钢集团、包钢等中型钢铁企业进行并购协商。其中，米塔尔成功收购华菱管线36.67%股权，成为华菱集团第二大股东；安赛乐与山东省国资委达成协议，溢价购买莱钢集团38.41%的股权。国外强势企业的直接进入，对我国钢铁企业构成了新的威胁。

钢铁产业属于典型的规模经济产业，通过有效的兼并收购活动，适当减少企业的数量，企业间实现优势互补，在更合理的规模上有效配置资本、资源、人力、技术等各种生产要素，合理安排装备、产品、产量、原料，可以达到节约投资、降低成本、改善品种结构、提高经济效益的目的。基于国际环境，也基于自身战略发展需要，宝钢作为国内钢铁企业的老大，理应担当起整合国内钢铁行业的重任。

2. 实现协同效应

①战略协同。以八一钢铁为例，在并入宝钢集团之前，八钢的发展战略界定为“规范化资本运营做大集团；低成本兴科技做强主业；重市场择优势做活辅业”。并购后，宝钢集团在“十二五”规划中将八钢纳入战略的整体布局，提出“两角一边”的战略布局，“一边”即指八钢所代表的西北边；其次，宝钢集团“十二五”战略规划中规模目标是6600万吨以上，其中八钢的规模规划是1500万吨，所以八钢的规模扩张也成为集团战略中的重点。

②管理协同。以宁钢为例，并购之前，尽管宁钢在信息化建设的基础上建立了基本的业务流程和规范，但是体系制度还不够完善。重组后，宁钢的业务流程取得了明显的改善、提升和优化，在百日整合期间，共梳理完成流程185个，其中关键业务流程16个，在随后的两年中，宁钢进一步梳理了各类关键业务流程61个，其中48个流程在信息化系统实现了有效管控，大大提高了宁钢的管理效率和水平。

③生产协同。以武钢为例，宝钢股份与武钢股份实施合并重组后，有利于统筹平衡内部产能，对不同生产基地和不同产线实施协同整合，避免重复建设，实现提质增效。

通过合并重组，宝钢股份和武钢股份可以快速移植和整合各自在汽车板、硅钢、镀锡（铬）板、工程用钢、高等级薄板等领域的成果，迅速提升钢铁制造能力；通过整合各自的研发人员和经费，大幅提高研发效率，减少重复投入；通过集中整合销售、剪切、激光拼焊能力，明显降低服务成本，大幅提升产品增值能力和对全球客户的服务能力；优化统筹原材料供应和物流配送，降低采购和物流成本；整合管理资源，提升管理效率，为合并后上市公司提质增效奠定了基础。

总结

兼并重组本身是手段而不是目的，兼并之后的整合共进才是至关重要的。整合的内容是多方面的，影响整合效果的因素也是多种多样，唯有做好长期的并购整合计划，按步实施，特别注意在管理能力、技术能力、采购能力、营销能力上实现有效的整合，才能达到并购重组的目的，努力实现成为“全球最具竞争力的企业”和“最具投资价值的上市公司”的愿景。

第二章

集团管控概述

前已述及，集团化运作为企业带来了规模效应、协同效应、结构效应等优势，也令集团不得不面对总部定位与分工、运行机制、能力与人才、文化相容等各方面的管理难题，这些问题如果处理不好，企业非但不能依靠集团化发展壮大，还会走向内耗和衰落。近年来，随着中国企业集团规模与数量的增加，“如何管好集团型企业”的问题越来越多地摆在企业家们的面前。在这样的背景下，如何建立一套科学、系统、有效的集团管控体系，已经成为众多企业的迫切需求。

什么是集团管控？集团管控管什么？如何管？集团管控体系由哪些部分组成？集团管控体系如何构建？让我们带着这些问题进入本章的学习与讨论。

第一节　集团管控的定义与特征

在研究管控体系之前，首先要对管控、集团管控、集团管控的特点有一个清晰的认识。

一、管控的概念

管控，从字面意义理解就是“管理”和“控制”。

①关于管理。管理，既可以管人也可以管事，伴随着人类的发展史而产生和发展。真正把管理上升为一门科学的是弗雷德里克·温斯洛·泰勒（Frederick Winslow Taylor），他在1911年出版了《科学管理原理》一书，首次提出“科学管理”理论，也标志着管理学的正式诞生，因此，泰勒也被称为“科学管理之父”。《科学管理原理》一书中提出：管理，就是管理者确切地知道要被管理者做什么，并使被管理者用最好的方法去做。

古典管理学派的另一位代表人物亨利·法约尔（Henri Fayol）是“管理过程学派”的开山鼻祖，他于1916年出版了《工业管理和一般管理》一书，他在书中提出，管理是所有人类组织都有的一种活动，这种活动由五项要素组成，分别是计划、组织、指挥、协调和控制。其他管理学者对于管理的认识则各有不同，例如，诺贝尔奖获得者西蒙（Simon）提出了“管理决策理论”，他认为：管理就是决策。

一般来说，现代管理的概念扩展于法约尔的一般管理理论，即：管理就是设计和维持一种环境，并在这种环境下对组织所拥有的资源进行有效的计划、组织、领导和控制，以达到设定的组织目标的过程。在这一过程中，要用尽可能少的成本实现既定目标，或者以现有的资源实现目标的最大化。

②关于控制。控制的概念起源于工程技术领域，诺伯特·维纳（Norbert Wiener）在1948年出版的《控制论——关于在动物和机器中控制和通讯的科学》一书中，首次对“控制”一词进行了明确的界定。维纳认为：控制，是为了改善或发展某个或某些受控对象的功能而获取信息，并以信息为基础而加之于对象之上的作用。通俗地说，控制就是某一主体按照设定的目标和给定的条件对控制对象实施影响的行为和过程。对于管理学而言，管理的过程应当看作控制的过程，控制既是管理的一项重要职能，又贯穿于管理的整个过程。

③关于管控。结合“管理”和“控制”的含义，管控，可以理解为“管理”+“控制”的复合体，即：设计和维持特定的环境，在此环境下，根据设定目标和条件，由控制主体对控制客体进行有效的计划、组织、控制，使客体按照既定的轨迹运行并能够有效达成主体期望目标的过程。

二、集团管控的概念

近几年来，随着集团企业的兴起，企业界和学术界日益认识到，集团管控已经成为影响集团企业发展壮大与健康发展的关键因素，“集团管控”一词开始成为探讨企业管理的重要和热门概念，对此，国内外企业管理者和学者进行了大量的研究。

1. 国外学者对集团管控的研究

Vancil（1979）认为，集团公司对所辖各子公司的控制，可依据集团总部授予各子公司自主性的大小而划分出不同的形态，分为“高自主性”和“低自主性”两种形态。Garnier（1982，1984）的研究也沿用此角度对跨国企业总部管理、控制其国外子公司的形态进行界定。

Willianmson 和 Bhargava（1986）尝试用控股公司、战略控制、过渡性调整、作业决策、适度部门化五种控制动作的差异界定集团对其子公司的控制形态，并将控制形态划分为六种：①单一形态，指以传统的职能型总部控制所属子公司；②控股公司形态，指对所属子公司授予最大自主权；③多部门形态，指总部保有战略决策权，而将作业决策权授予子公司；④过渡多部门形态，指正在调整中的多部门控制形态；⑤集权化多部门形态，指总部对子公司各项活动介入很深的管控形态；⑥混合形态，指同一总部对各子公司采用不同的控制形态。

Goold（1985）和 Campbell（1987）认为，集团公司在与各子公司的互动关系上扮演三种重要角色，分别是：规划与分配资源，控制与稽核绩效，提供共同的服务项目。基于上述功能的实现，集团公司可通过对子公司规划与控制过程的影响来管理子公司，基于“规划影响”及“控制影响”两个维度，可以定义出集权化、战略规划、战略方案化、战略冒险（集团公司高投入低参与）、战略控制、财务方案化、控股公司、财务控制等八种形态，其中以战略规划、战略控制及财务控制三种形态最为普遍。战略规划型，指母公司深度介入下属业务单位的决策形成过程；战略控制型，指母公司将规划计划的权力下放给业务单位，但仍保留对计划进行核准和评价的权力；财务控制型，指母公司将规划计划权彻底下放给业务单位，业务单位拥有自行决定战略和计划的权力。

Ouchi 研究了母公司对子公司的管控方法，认为一般有三种类型，即：官僚式管控、市场式管控和团体式管控。官僚式管控是指母公司利用规则、政策、权威、文件等官僚机制来标准化子公司的行为；市场式管控是指母公司利用竞争性价格评估子公司的产出和生产效率，通过市场化的手段对子公司的业务活动进行干预、支持或调整；团体式管控是指企业高层将整个集团当成一个充满合作精神的团队，通过对下充分授权来调动其主观能动性，通过自我约束来规范经营单位的行为。总体来看，官僚式管控是一种集权模式，市场式管控是分权模式，团队式管控介于两者之间。

Hill（1988）将集团公司控制形态定义为集团公司总部与各事业部之间的关系形态，这种关系形态可利用三个维度来界定：①作业控制维度，是指集团总部对子公司各作业功能的介入及集权程度，分为集权和分权两个极端。②市场控制维度，是指以个别、客观、绝对报酬率等作为控制工具的程度，如：设定奖励措施与客观报酬率的相关程度。③战略控制维度，是指各分子公司能否在集团总部所赋予的战略使命下开展经营活动及业务布局的程度。

以上分析显示，国外学者对企业集团管控的形态和模式进行了大量的研究，并尝试以战略规划、组织结构、介入程度、市场化措施等维度对集团管控形态进行定义和划分。

2. 国内学者对集团管控的研究

改革开放以来，我国经济持续快速发展，企业规模逐步由小变大，由单一企业发展成为企业集团，在这一背景下，我国学术界与企业界也跟随企业形态的变化对集团管控开展了大量的研究，这些研究分别从集团管控定义、集团管控机制、集团管控职能等方面进行了阐述。

张文魁对大型企业集团组织结构与管理控制的关系进行了研究，选取的研究对象是以母子公司制为基础、同时存在事业部或直线职能管理单元的大型企业集团，在这些企业集团中，母公司至少对一个或若干子公司控股，同时，母公司也可能直接经营自己的业务。研究结果表明，母公司对子公司的管理控制主要通过公司治理机制来实现，管理控制系统的建立比组织结构的选择更加重要，对子公司的管理控制应保持与公司治理体系的协调一致。

丁敬平（2005）认为，确定企业集团管控模式主要涉及三个层面的问题：一是狭义的管理模式，即总部对下属企业的管控模式；二是广义的管控模式，不仅包括狭义的具体管控模式，也包括确定公司的治理结构、总部及各下属公司的角色定位与职责划分、公司组织架构的具体形式选择（直线职能制、事业部制、矩阵制、子公司制、多中心网络制等）、对集团重要资源的管控方式（如对人、财、物的管控体系）以及绩效管理体系的建立；三是考虑管控模式相关的一些重要外界因素，如战略目标、人力资源管理、工作流程体系以及信息系统等。

3. 概念及定义

综合国内外学者的理论研究与企业界的实践，我们给予企业集团管控两种形式的定义。

（1）完整、系统的学术性定义

所谓管控，是在企业战略的指引下，利用多元化的管理手段，构建完备的管理构架，明确各层级的工作职能、权限、程序与标准，促进各项经营活动依法、合规进行，促进组织经营效能的提高、经营目标的实现，促进组织整体竞争力的提升。

在这定义中有四个要点。

首先，是在企业战略的指引下，不同的战略将直接影响到集团管控模式的设定。

其次，是利用多元化的管理手段，这里说明了集团管控这一管理体系的独特性，即：没有一种管理工具或形式文件叫做“集团管控文件”，但集团管控却是设计各种管理体系文件的基本点和出发点，是率领千军万马的“管理将军”。

第三，是构建完备的管理架构，明确工作职能、权限、程序、标准。所谓管理架构，是指包括治理结构、组织架构、制度流程等在内的基本管理体系，这些体系的有效运转，需要依靠职能职责、权限、程序文件、管理标准等的有效支撑，这些都是企业管控体系的显性输出内容。

第四，是集团管控要达成的目标——“三个促进”，即：促进各项经营活动依法、合规进行，促进组织经营效能的提高、经营目标的实现，促进组织整体竞争力的提升。依法合规、提升效率是对管控体系的基本要求，更进一步，管控体系的建设和运行还要有利于企业核心竞争力的持续提升，这是根本诉求。

（2）清晰、简要的概括性定义

所谓集团管控，即母公司对分子公司干预活动的总和。

这一定义更加清晰易懂，即母公司对分子公司采取的各项管理干预活动的总和，虽然未必完全精确，但也反映了集团管控的本质性特点，更容易为一般管理者所理解和接受。

三、集团管控的特征

在研究集团管控之前，首先应深刻了解集团管控的三大特征。

（1）战略性

企业集团管控是关系到企业发展的战略性问题，是战略落地的最直接、最有效的支撑，以至于相当一部分企业直接把管控体系的设计纳入战略规划的范畴，可见其与战略的紧密程度。因此，一个好的管控体系的设计首先应站在战略的高度，能够对集团的整体发展有所关照和考虑，而不是局限在一城一池的得失，纠结在细节方面。

企业集团既要研究集团整体商业模式的构造问题，也要关注单个分子公司的业务发展，还要关注集团内部的协同效应，并通过对分子公司的合理授权，激发各业务单位的活力与积极性。如何在“管”与“放”之间找到平衡，是关系到集团长远发展的战略性问题。

（2）系统性

企业集团管控不是一个简单的管理工具，在体系设计的过程中既要考虑战略层面的问题，也要考虑具体的落地措施、工具和方法，例如：管控模式选择、总部职能定位、组织结构设计、管控条线设计、配套机制、制度与流程建设等，都有相应的工具和方法。可见，集团管控体系不是某一个方面的管理措施，而是一项系统工程，涉及到企业管理的方方面面。

更进一步，集团管控体系的构建还要考虑到人的因素、文化的因素、管理习惯因素、历史因素，等等，因此，还不仅仅是科学性的问题，还有艺术性成分，这就使得这个系统的建构更为复杂。

（3）动态性

与其他管理手段一样，集团管控体系并非一成不变，而是要根据外部环境的变化和经营活动的开展而不断优化。企业集团面临不同的情境条件会选择不同的管控模式，这是对外在影响因素的响应；一旦选定某种管控模式，就需要对体系的各构成要素进行调整、匹配和协调以形成一个整体；随着内外环境的变化，管控模式所赖以存在的外部条件消失或变化，管控模式也应适时调整。现实中，既不存在适合任何情境的管控体系，也不存在一成不变的管控体系，对各管控要素进行动态调整，是对企业集团管控工作的基本要求。

第二节　集团管控的对象、基本模式与目标

一、区分企业集团与集团化运作

（1）企业集团

一般意义上，企业集团是指具有独立法人资格的、名称中含有“集团”字样的有限责任公司或股份有限公司。我们通常所说的“××集团”，全称肯定是“××集团有限公司”或“××集团股份有限公司”。当然，通常大家也把有控股关系的母公司和他的子公司都称为“××集团”。

最早对企业集团给出定义的国家规范性文件是《国家体改委、国家经委关于组建和发展企业集团的几点意见》（1987年12月颁布）。

随着市场经济的初步建立，上述规定已经不能囊括所有企业集团，1991年，《国务院批转国家计委、国家体改委、国务院生产办公室关于选择一批大型企业集团进行试点请示的通知》（国发【1991】71号）重新对其定义为：“企业集团是适应中国社会主义有计划商品经济和社会化大生产的客观需要而出现的一种新的经济组织。”

1992年5月，国家工商局、国家计委、国家体改委、国务院生产办联

合发布《关于国家试点企业集团登记管理实施办法（试行）》，随后，国家工商局又制定了《企业集团登记管理暂行规定》，规定第三条指出：“企业集团是指以资本为主要联结纽带，以母子公司为主体，以集团章程为共同行为规范的母公司、子公司、参股公司及其他成员企业或机构共同组成的、具有一定规模的企业法人联合体。企业集团不具有企业法人资格。”

上述定义对于企业集团的法律地位已经有了非常清晰的界定。

（2）集团化运作

本书所研究和探讨的集团管控体系，并非完全针对于上述法律意义上的企业集团。这也是我们一直以来所提出的观点：科学区分法律意义上的企业集团与现实运作中的类集团型组织。法律意义上的企业集团可能未必采用集团管控模式，典型的情况如房地产行业，为了业务开展的合法化，一般每个地产项目都会成立一个独立公司，但母公司一般会将这个独立公司视为一个内部项目进行管理，项目结束，项目公司的使命自然中止而非永续经营。

而我们此处所探讨的集团化运作，适用的范围却不仅是集团公司，只要在一家企业之下有多个存在关联关系的业务单元，就应当以集团化运作方式进行管理。

所谓集团化运作，就是在母公司的主导下，各关联企业或业务单元在研发、采购、制造、销售、管理等环节紧密联系、协调运转的一种协同工作方式。

二、集团化运作的四种情况

前文已述，无论集团公司是否正式注册，只要一家公司能够控制若干相互关联的业务单元，就可以开展集团化运作。现实中的集团化运作主要包括四种情况。

（1）母公司—子公司模式

这是按照《企业集团登记管理暂行规定》最为规范的模式。规定中指出：“企业集团由母公司、子公司、参股公司以及其他成员单位组建而成。

母公司应当是依法登记注册，取得企业法人资格的控股企业。子公司应当是母公司对其拥有全部股权或者控股权的企业法人。企业集团的其他成员应当是母公司对其参股或者与母子公司形成生产经营、协作联系的其他企业法人、事业单位法人或者社会团体法人。”

特别需要说明的是，这一规定中所指的子公司，是指母公司拥有全部股权或者控制权的法人企业，也就是通常所说的全资或控股子公司，这是当然要纳入集团公司管控范围的企业群。

（2）总部—分公司模式

分公司是指在业务、资金、人事等方面受总公司管辖而不具有法人资格的分支机构。《公司法》第十四条规定：公司可以设立分公司。设立分公司，应当向公司登记机关申请登记，领取营业执照。分公司不具有法人资格，其民事责任由公司承担。

现实中，各企业总部对于分公司的管辖方式各有不同，有的企业分公司已经具备在当地独立开展业务的能力，总部也赋予了它们较大的财务权、人事权与经营决策权，分公司也逐步形成了自己的发展规划和经营策略，对于这些分公司的类集团化管控，自然也就成为总部的管理内容，尽管分公司并不在《暂行规定》所指明的企业集团成员的范围。

（3）总部—事业部模式

由阿尔佛雷德—斯隆在通用汽车首倡的“事业部制”，开创了企业组织分权式管理的先河，一直沿用至今。事业部制管理的基本原则叫作“自主核算，自计盈亏”，这与法人企业的“自主经营，自负盈亏”的区别在于，事业部具有相对独立的业务，但成立独立公司的条件尚不成熟，或者总部希望各业务单位专注于市场、生产，而把一些基础功能交由总部统一管理，这就形成了对事业部管理模式的需求。

现实中企业的事业部规模千差万别，有的企业事业部之下还管理着多个全资或控股的公司甚至上市公司，事业部已经成为公司内部的相对独立的业务集团，有的拥有数千甚至上万人的规模。在这样的背景下，总部对于事业部的管理，毫无疑问也应纳入集团管控的范畴，尽管事业部在法律意义上并不是独立法人。

（4）核心企业—外围公司模式

所谓外围公司，是指以某家企业集团为主要合作对象的公司，这种合作可以有多种形式，但核心的一点是：中心企业控制了外围公司的某些核心资源，典型的如市场（销售渠道）、原材料（矿产）等，因此，虽然中心企业不持有外围企业的股份，但对外围企业具有几乎完全的控制权，可以要求外围企业将某一部件在某一时间送到某一位置或者无偿参与本企业的系统研发而不支付费用，典型的如汽车制造企业、周边会有一大批服务于这家工厂的小型零部件加工企业，整车厂对他们具有绝对的影响力，从某种意义上，完全可以视为自己的生产基地或车间，在绝大多数方面纳入中心企业的统一管理，这种情况下，中心企业对外围公司的管理也可以使用或部分使用集团企业的运作管理方式。

三、集团管控的目标

就单个企业而言，经营的是产品利润和企业利润，而企业集团所能够获得的，还包括集团利润。集团通过把握机遇，实施集团战略，发挥协同效应，进行产业组合和宏观调控，从而取得集团利润。对于集团企业来说，产品利润和企业利润仅仅是下属企业发展的起点，它是集团作为一个整体给集团内部每个企业带来的额外利润，亚里士多德的著名命题“整体大于部分之和”圆满诠释了这一现象，集团利润才是企业扩大发展的加速器和倍增器。

归纳而言，集团管控体系的构建和运行，其核心目标在于以下三个方面。

（1）协调统一努力方向，齐心聚力

集团管控的目标之一，就是能够通过各种管理措施的牵引，使得集团及各下属企业朝着一个共同的目标而努力。现实中的企业集团往往面临着“多法人冲突”，每个分子公司都有自己的利益诉求，都会期望按照各自利益最大化的方式规划布局、整合资源、开拓业务，而各分子公司之间可能存在对未来发展方向判断的差异、资源的争夺、市场的竞争，以及各自资源的闲置与不足，集团管控的目标就是要尽可能统一下属企业的努力方向，减少内耗，通过各种管理措施使得集团企业整体朝着一个方向努力。

（2）集中办理重大事项，事半功倍

集团管控的目标之二，就是由集团公司集中处理共性的、重大的事项，达到各分子公司所难以取得的效果。例如，在政府合作方面，同一集团的每一家下属企业都单独与政府洽谈合作，不如集团与政府洽谈，形成一揽子的框架合作协议，对于双方都更有吸引力。再比如，对于以同类工厂为基础的集团企业，战略性集中采购往往可以锁定最好的供应商、最好的价格。近年来，很多企业在推行集团范围内的人力资源共享服务中心，对于减少各下属企业的管理负担，提高人力资源管理和使用的效率，有很大的帮助。这些都是集团企业的母公司可以也应当开展的工作。

（3）着力构建协同机制，共谋发展

集团管控的目标之三，就是在母公司的引导下，各业务单位协同作战、共同发展。企业要想可持续发展，就要最大化企业价值，而获得利润是企业最大化自身价值的主要方式之一，这里需要对“三个利润”加以区分。首先是产品利润，产品利润可以理解为单个产品的销售收入减去其成本，这个利润是企业的基本利润，没有这个利润企业就无法实现再生产。其次是企业利润，企业利润就是企业的营业收入减去营业成本、费用以及税金后的结余，企业利润不能简单地看作是产品利润的累加，企业在精细化管理、品牌建设、技术创新等方面的努力都可能增加企业利润。最后是集团利润，同样，集团利润也不是下属企业利润的简单加合，它是集团作为一个整体给集团内部每个企业带来的额外红利，亚里士多德的著名命题“整体大于部分之和”，说的就是这个道理。当一个企业集团的各个下属公司之间不是简单的叠加，而是有机结合、协调运作，那么企业集团就将产生1+1>2的效果，集团利润也将随之产生。

因此，对于集团总部而言，要积极构建下属企业的内部交易机制，推进各下属企业之间的业务协同。同时，要着力打造集团整体的战略性资产，为各下属企业所共享，为未来的竞争做好准备。

只有达成上述三大目标，集团管控体系才能认为是有效的和高效的。

案例2-1　海信的集团管控

一、海信集团概况

海信集团的前身是青岛无线电二厂，成立于1969年，目前已发展成为我国特大型电子信息产业集团。海信集团以强大的研发实力为后盾，以优秀的国际化经营管理团队为支撑，形成了以数字多媒体技术、现代通信技术和智能信息系统技术为支撑，涵盖多媒体、家电、通信、智能信息系统和现代地产与服务的产业格局。

当前，海信集团拥有海信电器（600060）和海信科龙电器（000921）两家在沪、深、港三地的上市公司，持有海信（Hisense）、科龙（Kelon）和容声（Ronshen）三个中国驰名商标。海信集团的核心产品包括电视、空调、冰箱、手机等。在全球设有15个海外分支机构，产品远销130多个国家和地区。

2018年，海信集团实现销售收入1266亿元，在中国电子信息百强企业中名列前茅。

二、母公司的功能定位

海信集团的母公司是控股公司，是青岛市政府授权的国有资产经营机构，对国有资产保值增值负责。母公司是国有独资公司，不设股东会，设有董事会、监事会和总裁班子。

集团母公司对投资企业行使出资人权利，按照持股比例享有资产收益、重大决策和选择经营者等职权，具体包括：制定集团总体战略和发展规划；培育集团的市场、技术、品牌等可共享资源；负责集团资本运营和投融资决策；选拔培养子公司的经营班子；对子公司实行监控和考评，等等。

三、母公司对子公司的主要管控手段

海信集团对下属子公司的主要管控手段包括指挥、监控与预警、考核与评价三种。

①指挥。由集团分管领导（有的兼任子公司董事长）承担，该分管领导是总裁办公会意志的代言人和决策的执行者，需要掌握分管子公司的经营管理，对其进行业务制导，参与重大事项的决策，并起到主导作用，对子公司重大决策负有责任，并对其经营业绩负领导责任。子公司的总经理要向分管领导按月填报《工作任务书》，汇报当月经营管理情况和下月计划，并获得分管领导的批准后才能实施。母公司的职能部门是董事会和总裁办公会的参谋机构，为减少职能部门对公司正常经营活动的干扰，原则上只有总裁办、计财部、人力资源部具有职责范围内的组织指挥权。

②监控与预警。监控指由母公司每月对子公司的经营计划、重大事项和管理标准等进行监督、检查和控制，目的是对子公司的经营管理工作进行提醒和指导，建立母子公司间的沟通渠道；预警与监控相联系，目的是有效地防范经营风险，保证集团经营正常运行，做到未雨绸缪、防患未然。部门要对监控时发现的问题进行分析、及时报告并发布预警。预警的范围包括：影响集团整体经营业绩的指标预测分析，危害集团生产的各类潜在损失预警，对市场销售可能造成重大影响和损失的因素预警，等等。

③考核与评价。考核着眼于经营成果，属于结果管理，它的依据是集团下达的年度经营计划及相关指标、年度经营大事等规定的目标和要求。评价是对子公司经营结果的评估，通过与同行业竞争对手的横向比较，以及与公司过去的纵向比较，来评估公司的经营实力和能力大小。考核与评价每半年进行一次。

考核指标包括经营业绩指标（主营业务销售收入、利润总额、经营活动净现金流量、资产负债率、劳动生产率、综合早返率、流动资产周转率），管理改善指标（集团大事完成情况、被重复预警的次数、经营革新活动开展情况）；评价指标为公司经营能力指标，包括财务类指标（净资产收益率、总资产报酬率、总资产周转率、流动资产周转率、资产负债率、不良资产比率、主营业务收入增长率、主营业务利润率、盈余现金保障倍数、技术投入比、培训投入比），人事劳资类指标（劳动生产率、员工满意度）和市场类指标（市场占有率、顾客满意度）等。

四、集团财务管控子体系

海信集团在财务管控方面的设计包括：集中的财务管理与稳健的财务政策。

①集中的财务管理。集团财务中心设立了“内部银行（资金结算中心）”，资金由母公司统一调度、统贷统还，实现了集团内部各类账户资金的全面监控及集团内部资金的调剂使用，调度资金的瞬时到位，提高了资金使用效能；母公司上收子公司的投融资权、收益分配权和工资总额控制权，子公司在集团财务的监督下，仅有预算内的资金调配权。

②稳健的财务政策。海信集团认为，财务安全比盈利更重要，一定要坚持稳健性原则，宁肯降低收入也要保证资金安全，宁肯提高资金成本也要保证负债合理，宁肯错过市场机遇也不过度投资，宁可减缓发展速度也不能破坏财务状况，严格控制企业资产负债率，提高资金周转速度，降低资金占用。

可见，海信集团母公司对下属子公司的财务管理是一种相对集权的管理模式。

综合上述分析，海信集团母公司对下属子公司享有重大决策、收益分配和选择管理者等三大权利。母公司的高管人员进入子公司担任董事长或董事，贯彻执行母公司的决策。在集团内部集分权掌握上，母公司着重对财务的集权管理，控制了投融资和现金流通，其他管理权基本上都在子公司，如子公司的供应、生产、销售业务均自行决策、独立开展，享有充分的自主权。为防止母公司职能部门对子公司正常经营活动的干涉，从制度上规定只有母公司的总裁办、计财部、人力资源部等三个部门可以行使组织指挥权。

这种适度集分权的管理方式，有效控制了经营风险，同时也有效调动了子公司的主观能动性和积极性，确保了海信集团经营方针和目标的实现。

第三章

集团管控的理论与现实

老子《道德经》中有“道生一,一生二,二生三,三生万物”的说法，在集团管控的理论与现实中，也有着若干个“三”，演化、组合成了千姿百态的集团管控形式，其中最著名的有三个三，在此一一介绍和说明。

第一节　集团管控的“三分法”

一、“三分法”概述

讨论集团管控，就不得不谈到迈克尔·古尔德提出的著名的“三分法”。迈克尔·古尔德认为，集团公司对下属企业的管理风格可以分为财务管控型、战略管控型、操作管控型三种类型。

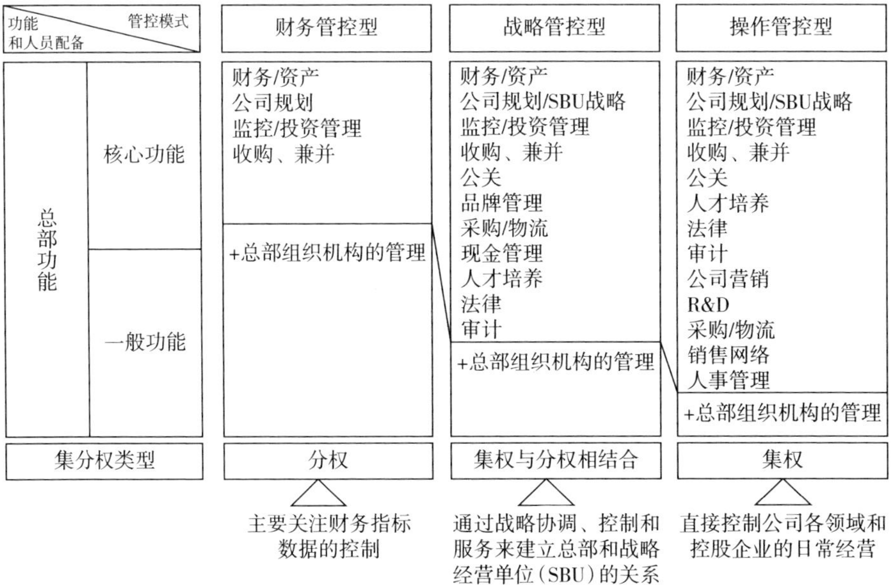

图 3-1　集团管控三分法示意图

1. 财务管控模式

财务管控模式，是指以财务指标为核心对成员企业进行管理的管控模式。这种模式下，集团主要关注对下属企业的投资回报，通过对下属企业投资的增减或业务组合的优化来实现集团价值的最大化，是一种高度分权型的管控模式。通俗意义上讲，类似于我们投资购买了某一家上市公司的股票，我们只会关注投资收益，一般不去、也不可能去参与这些公司的运作管理。如果企业具有好的投资价值，我们会考虑继续买入；如果投资价值降低，我们会考虑卖出。

财务管控型公司的总部一般不设业务管理部门，管控的主要手段是法人治理、财务控制与审计，以及投资后的股权管理（产业链整合、规模化整合、买入卖出等）。

2. 战略管控模式

战略管控模式下，总部具有自己的整体战略规划，并且对成员企业的战略施加影响，关注集团业务组合的协调发展以及战略协同效应的培育，是一种介于集权与分权之间的管控模式。战略管控型集团的总部一般设立战略规划、投资管理、预算资金、人力资源等核心部门，并视情况设置具体业务部门（如战略采购中心、环保业务管理中心等），管控的主要手段包括：战略规划管控、投资活动管控、全面预算管理、关键人事任免、业绩考核，等等。

3. 操作管控模式

操作管控模式，又称运作管控模式，主要是通过总部业务管理部门对下属企业对口业务活动的直接参与而对成员企业构成影响，关注重点是成员企业经营活动的统一性，以及对行业成功因素的集中控制。这是一种典型的集权式管理模式，强调资源统一调动与高效执行，要求总部本身具有较强的业务操作和管理能力，管控活动涵盖“营销—采购—生产—服务”为核心的主业务链条，以及“人、财、物、信息”为核心的主要管理支撑环节。

二、“三分法”的局限性

“三分法”管控模式提出以来，因其定义明确、区分清晰、简单易记而被广为传播和使用，国内集团管控的理论研究者和咨询机构也多以此为蓝本开展工作。然而，必须要认识到的是，“三分法”本身只是探索集团管控的一种思考范式，并非绝对真理，现实中的企业多种多样，其股权结构、成长路径、业务特点、公司文化各有不同，各家分子公司的战略地位、行业特点、管理现状也各具差异，把一种理论模型硬性地、简单地套用到所有集团企业，就好比给所有人只配发三种型号的衬衣，虽然基本可以遮蔽身体，但一定不会特别合身。

因此，一方面，对于“三分法”要进行实践中的完善与权变调整，另一方面也要明确，集团管控定位仅仅是一个定性的概念，管控体系的落地还必须大量的管理工具和手段进行支撑，简单的“三分”不具有操作意义。

三、“四分法”与“五分法”

1.“四分法”

“三分法”的提出已有相当长的时间，在这段历史过程中，集团企业的形态发生了很大的改变，简单地把企业集团的管控划分为财务、战略、运作三种类型，与现实的差距越来越大，基于此，在“三分法”的基础上，有的专家提出了改良性的“四分法”模式。

“四分法”把企业集团的管控模式分为四种类型。

①孵化财务型。这种模式类似于“三分法”中的财务管控，即：集团通过购并、整合、拆分等方式培育和发展新的业务单元，关注于资本运营、业务培育与孵化、业务组合管理等关键活动，最终的着眼点是下属企业的

财务状况和资产收益率。

②战略指导型。这种模式针对的是下属企业业务相关度不高的情况，这时的集团总部主要是从战略指导、财务监督、风险控制等方面对下属企业进行管控，业务运营则授权成员单位自行决策和实施。

③战略协同型。这种模式针对的是下属企业业务相关度较强的情况，这时的集团是从推动下属企业充分利用资源优势和经营优势入手，推动业务协同与互补，发挥“1+1>2”的统合效应，从而提高集团整体的竞争力。这种模式要求集团本部对业务有深入的了解，具有较高的协作管理水平。

④运营操作型。这种模式类似于“三分法”中的运营管控型，这种模式下的集团本部对下属单位的各个方面都要施加管理，一统到底，这就要求集团拥有一个功能强大、配备充分、人员专业度高、管理力度大的总部，要具备精耕细作的能力，以避免“权力收上来却没有管好”的尴尬。

2.“五分法”

所谓“五分法”，是受到“权变管理理论”的影响，在传统的“三分法”的基础上增加了两种管控类型，即：在“财务型”与“战略型”中间增加了“财务战略型”、在“战略型”与“运营型”中间增加了“战略运营型”两种中间型管控模式。

顾名思义，“财务战略型”比“财务型”管控对企业的介入更为深入，在关注下属企业财务活动的同时，要对企业的战略方向进行一定的关注、引导与管理。

“战略运营型”管控模式，是企业在战略管控的基础上，增加了对业务活动中最核心、最关键环节的管控深度，达到直接干预的级别，这也是实际中企业集团常用的管控模式。

需要特别说明的是，无论“三分法”“四分法”还是“五分法”，都仅仅是对集团总部管控模式的一种初步的定位，具体的管控行为能否落地，还需要后续大量基础管理手段的设计与推行来支撑和保障。

第二节 集团管控的人治、法制与综合治理

现实中企业集团的管控，多见于以下三种管控范式。

一、人治法

1. 定义、前提与场景

顾名思义，人治法就是依靠企业领导人的个人能力进行公司治理的方法，现实中的大量民营企业正是采用这一方式进行治理，方法无所谓好坏，有的企业业务规模已经数百亿，拥有多家上市公司，业务跨越多个国家，但不可否认的是，企业的核心驱动力还是来源于创始人本人，著名的华人企业——和记黄埔就是一个典型的例子。

当然，一家企业采用人治法也要有一些基本的前提条件，首先，企业家本人具有极高的威望，是企业的创立者或者在企业的关键转型期发挥了巨大的作用，深孚众望；同时，他本人又有良好的个人素养，包括对于所从事业务的超常的前瞻力，对于企业本身的高度自省，以及对于个人的严格自律。其次，在核心人之外应当有一个基本团队，能够高度信任、思维互补、彼此制衡。第三，在人治的内核之外，还应当有一套相对完备的组织、制度与规范体系，尽管决策层面是人治，但反映到经营层、执行层则仍然需要与其他企业相似的现代企业制度，如此，才能使得企业的底层运作保持与社会同类企业的一致和可比。

人治法的应用场景最为广泛，企业初创阶段几乎没有规章制度，就是凭借某个人的能力来管理企业。企业集团也是如此，开始时可能就是直接从总部派人到子公司开展业务的经营与管理，进而逐步进化到现代化的管控模式。如果能够在人治与法制之间找到平衡，像和记黄埔这样规模的巨型企业，人治法仍然可以适用。

2. 使用的局限性

当然，人治法也有一定的局限。一是人的能力问题，单纯的靠人管，肯定会有累的一天，也会有能力局限的一刻。二是人的品德问题，谁能保证派去的人不变心，也可能派去的人本来不变心，但在子公司待久了，难免就会从子公司的角度考虑问题，可能有一天就会觉得母公司的做法不对，就有可能不按照母公司的命令去开展工作。三是人的流动问题，即使总部派去的这个人能力、精力超常，也一直与总部保持步调一致，然而一旦出现某种原因导致此人离开，可能马上就会出现“人亡政息”的局面，给子公司造成很大的危害。

因此，尽管人治法也有和记这样成功的案例，但我们还是不得不承认：人治，从大范围来讲，还是在一定时期、一定条件下能够发挥作用的一种特殊的治理方式，并不适用于大多数永续经营的大型企业集团。

二、法治法

1. 定义、前提与场景

法治法，顾名思义，就是按照法律和制度的要求去管控下属企业，也就是国外企业经常所说的“公司治理”。在社会与企业发展的过程中，西方的企业经营者认为，依靠人治的企业很容易陷入个人决策失误带来的影响，确保企业基业长青，必须依靠规则，依靠集体决策，依靠制衡。

企业集团的法治法管控，从根本上说就是依靠法律法规体系的支撑，建立一套能够保证企业集团价值最大化的制度体系，确保在母公司不介入子公司直接管理的情况下，仍然能够有效保护集团的出资利益。

具体来说，在顶层设计方面，有国家层面颁布的法律法规；在公司章程和议事规则方面，应明确股东会、董事会、监事会、经理层各自的职责、权限、责任目标，通过彼此之间的授权、监督、制衡，实现企业的稳定运转；同时，在公司内部，也应制订各项规章制度，规定经理人如何进行日常管理，员工如何按照既定的制度、流程开展经营活动。这种规章制度体系也是有区别的，有的规定的是股东、董事会、经理层的权利和义务，有的解决的是企业经营管理者内部的运行机制问题，前者是治理的范畴，后者是管理的范畴，两者相辅相成，缺一不可。

当前，法治法主要的应用场景一是上市公司，二是采用职业经理人模式（或者契约化管理）的非上市公司。

对于我国上市公司来说，必须按照证监会和交易所的要求建立现代企业制度，即董事会、监事会以及配套的议事规则。因此，对于任何一家集团控股的下属企业，如果是上市公司，必然要采取法治法，但究竟是程序上的法治还是内涵上真正做到了法治，无法进行度量和统计。但有一点是肯定的，就是上市公司的法治化程度肯定要比非上市公司高。

所谓职业经理人模式，即集团的某一下属企业，全部聘请外部的、与本企业没有关联的职业经理人进行管理。在这种模式下，对于股东、经理人双方来说，由于缺乏充分的信任和了解，就必然要建立一整套契约以约束双方的行为、责任和权利，这种契约以法律为前提，以充分保障双方的责任与权利为目的，经理人和股东应按照契约的约定解决集团与子公司的合法管控问题。

对于股东和出资人来说，首先要考虑如何通过治理手段保护自己的出资不受侵害。尤其是在出资人对子公司的业务不熟悉，需要职业经理人代替自己经营管理的时候，出资人如何维护自身的权益，保证职业经理人的行为不损害股东利益，保证子公司不被内部人控制，就显得更为突出和迫切。

具体来说，母公司在对子公司的管理中可以扮演多种角色，最基本的角色是出资人，这个角色决定了母公司有三项最基本的权利，即对所出资企业的知情权、决策权、分红权。所有国家的法律都明确提出保护这三项权利。更进一步，母公司可以成为“积极的股东”，不仅拥有上述权利，还可以通过设计合理有效的企业内部条款放大这三项权利，激励职业经理人团队做出更好的业绩，为母公司创造更大的价值。

2. 使用的局限性

法治法的使用局限在于三个方面。

首先，是人格问题。此处所说的人格包括股东的企业人格和下属企业经理人的个人操守，如果集团股东是信守承诺的，职业经理人也是勤勉敬业、夙夜为公的，大家都在法治约定的范畴之内开展工作、讨论问题、兑现承诺，法治法当然是可以有效运行的。但如果一方的人格方面存在问题，则总是能够找到理由不兑现承诺，或者在法治条款之下找到空隙，法治法的运行环境也就不复存在。

其次，是立法的滞后性问题。外部环境总是不断变化的，经营结果也是千差万别的，约定的规则永远无法在全部的时间内覆盖全部的事项，即使能够覆盖，其内涵和深度也无法随时跟得上环境、技术的变化，安然、凡士通这些当年声名赫赫的五百强企业，倒在内部的风险失控之下，缺乏的不是治理规则，而恰恰是规则所无法完全覆盖的管理漏洞。

第三，是对于业务环境和发展趋势的正确判断。这一契约制订的前提是对于业务发展趋势的一致判断，如果趋势的判断是错误的且没有及时进行纠正，则必然导致业务目标达不到预期，这时就容易触发如上所说的“人格问题”：股东认为是职业经理人没有努力或能力达不到要求，而职业经理人则认为这是大势，不可改变，自己已经非常努力。由此就很容易带来大家彼此的信任丧失，为后续的合作埋下不好的伏笔。

总体来看，法治法是一种理想状态下的集团管控方法，它需要集团、下属企业经理层双方高度的法治意识和契约精神。同时，所制订的法治系统要能够精确覆盖业务运行的全部关键点和关键风险，这就对管理的专业化提出了很高的要求。因此，一般来说，法治法也仅仅能够作为集团管控的主要方式而非全部。

三、综合治理法

1. 定义、前提与场景

综合治理法，顾名思义，就是综合采用多种方式构建符合集团和下属企业特点的管控模式。

综合治理法的开始，首先要对集团和各下属企业各自的经营环境进行分析，在此基础上，确定集团总部的定位以及面向不同下属企业的管控模式，根据不同的管控模式进行治理结构、组织功能、管控条线、核决权限的设计，并据此构建管控机制、制度和流程，以及通过信息技术、绩效考核、内控评价、审计稽核等手段确保管控机制的实现，并能够根据环境的变化对管控机制进行动态调整。

在此基础上，站在集团的角度，还要不断提高总部的价值创造能力，不断开展面向下属企业的宏观调控与变革推动，以助推这套综合治理体系的有效运行。

综合治理法无论听起来还是实际操作起来都比前两种方法复杂，但也有其优点。首先，只要按照以上程序操作，就能够逐步构建起完备的管控体系；其次，由于这套方法结合了管控体系落地的各种工具，包括制度、流程、信息系统等，使得管控不是仅仅浮在表面，而是能够深入到下属企业的每一个关键操作环节；第三，这套方法自带评估和监控机制，如果能够严格运行，是可以及时发现管控运行中的漏洞和风险并加以弥补的。

综合治理法看似复杂，但它有可遵循的程序，相对于人治法和法治法来说并不需要太多的特定条件，在实际执行中反而更容易操作和复制，是适合于所有类型企业集团的管控方法。

2. 使用的局限性

综合治理法使用的局限性主要在三个方面，一是对集团的管理基础有较高的要求，尤其是对总部，要具备建设和运行各项管控手段和工具的人才和能力；二是要有相对清晰的发展思路，如此才能使得体系的建设更为有效，不至于出现体系建了立刻变，建了不执行或体系与公司发展目标不匹配、束之高阁的局面；三是要有坚定的信心，不能期望罗马一天建成，要容忍短期投入不见效甚至招致负面评价的情况，稳步、扎实地推进体系建设。

第三节　集团管控的集权、平衡与分权

企业集团的整体发展有赖于母公司的资源管控与整合能力，以及通过对下属企业的集授权所激发出的下属企业的原生创造力。根据母公司对下属企业集分权的程度，大致可分为集权型、平衡型与分权型三种管理模式。

一、集权型管理模式

集权型管理模式是指权力主要或绝大部分集中在集团本部的管理模式，具体又可分为绝对集权和相对集权两种，各有不同的特征和适用场景。

1. 绝对集权模式的特征与适用条件

绝对集权模式下，集团本部高度集权，对集团几乎所有事项都要进行决策并组织实施。

绝对集权模式的主要特征包括：

①绝对集权模式适用于集团战略目标高度明确的条件，此时，下属子公司经营目标可以紧密围绕集团目标展开，集团管控易于实现统一化。

②绝对集权模式下，集团母公司不仅管理和控制投资决策中心、运营管理中心，还直接开展具体的经营管理活动，具体负责企业发展战略计划、经营计划、财务指标的制定与考核，下属子公司仅是一个执行组织，能做的只是具体执行。

③绝对集权模式下，集团母公司掌握整个集团的各项决策，集中控制和管理集团的各项资源，直接介入集团各下属企业的具体经营活动。由此可能导致母公司规模大、人员多、组织复杂，容易出现“脑袋大，身子小”的问题。

尽管集团要加强管控，但绝对集权模式并不适用于所有企业，其适用条件包括：

①从控股权角度来看，一般来说，集团母公司只有对下属子公司高比例持股才能从法律意义上实施绝对控制，下属子公司也才不会违背集团意

志，而这样的持股模式必然要消耗母公司大量的财务资源。

②从子公司数量来看，“事必躬亲式”集中决策与经营模式使得集团没有精力管理太多的子公司。因此，这种模式下要求子公司的数量不能太多，否则必然会导致母公司的力不从心。

③从业务角度来看，集团业务范围不能太宽且各子公司之间的业务要有较高的相关性和相似度，这样，才能保证集团对下属子公司的决策和管理集约高效。

④从组织结构角度来看，企业的组织结构应尽量采用直线式结构，这就可以保证母公司的决策和经营管理能够快速下达。同时，为了提高决策效率，应尽量压缩组织层级。

正因为绝对集权模式有上述适用条件，企业集团如果采用这种模式将必然面临如下问题：

①绝对控股带来资金需求的增加，可能导致母公司在资金使用效率上略显不足，不能充分发挥财务的杠杆作用，由此影响到企业的扩张规模与速度。

②集中决策、集中运营，势必带来母公司巨大的决策和管理工作量，如何科学合理地设置部门和配备称职的人员是母公司必须解决的问题。

③集团掌控子公司的决策和运营管理权，势必削弱下属子公司的主动性和积极性，如何有效激励下属子公司主动创新，积极主动地推进集团战略，也是企业面临的重要问题。

2. 相对集权模式的特征与适用条件

与绝对集权模式相比，相对集权模式是指母公司对下属企业实施战略管理和集中决策，子公司分散经营的管理模式。

相对集权模式的主要特征有：

①集团母公司和子公司各有分工。母公司集中决策，定位于企业集团的决策中心、监督中心和服务中心；下属子公司分散经营，定位于经营中心。母公司负责制定集团发展战略和重大投资项目，并审核子公司战略及执行情况。下属子公司在集团发展战略的指导下开展各自的经营活动，并

接受母公司的资源支持、管理和监督。

②母子公司之间的协同运作。该模式强调在集团母公司集中决策的前提下实现下属子公司的分散经营，这就要求母子公司之间要有很好的协同效应，母公司的侧重点应放在协调、平衡集团整体效益和母子公司利益关系上。

③由于相对集权型管理模式仍然是以集权为主，因此，集团整体的规模也不会很小。

相对集权模式也有一定的适用条件，具体包括：

①从授权角度来看，集团母公司要给予下属子公司一定的经营管理授权，才能够做到分散经营。由于还是集权型管理，这种授权并不要求完全，一般只对子公司其授予经营管理权，并不授予战略决策权。

②从子公司数量角度来看，企业集团母公司虽然把经营管理权分散到了子公司，但仍需要母公司的集中决策和协助管理，因此，企业集团规模不应该过大，子公司的数量也不能太多，否则会给集团母公司的集权决策和协调管理带来困难。

③从业务能力角度来看，集团下属子公司要有一定的经营管理能力，否则无法完成母公司分配的任务，但这种经营管理能力是在集团母公司的监督和协助下的，因此，能力要求并不需要很高，仍然在集团的控制之下。

④从组织结构角度来看，企业集团的组织结构应尽量采用直线职能式组织，同时，为了提高决策和管理效率，也应尽量使组织扁平化。

可以看出，相对集权模式下，集团采用集中决策方式，有效保证了集团发展战略的整体统一性。而分散经营的方式，则有效地调动了各下属子公司的经营积极性，提高了集团的经营效率。由于只是给予下属子公司经营管理权，而决策权仍在母公司手上，母公司可以派出经营管理专家指导子公司，子公司的经营管理数据也可以集中到集团总部，一定程度上可以降低信息不透明导致的经营管理风险。

相对集权模式有上述优点，但也会面临如下两个问题。

①降低了企业集团应对市场变化的反应速度。当集团下属子公司在经营管理过程中面临复杂多变的问题时，如果不能够及时应对，或者集团没

能及时给予指导，必然会降低下属企业的反应速度。

②容易出现决策信息失真，导致决策失误。集中决策、分散经营，必然导致母公司决策层离下属子公司的经营管理现场较远，母子公司之间容易出现信息断层，在上传集团的过程中信息容易失真，而在决策时掌握的信息失真或不完整，可能会引起决策失误。

二、平衡型管理模式

平衡型管理模式指的是母子公司在权力分配方面取得平衡的管理模式，这种模式要求母公司和下属子公司在战略决策权和经营管理权方面平衡处理。

1. 平衡型管理模式的主要特征

①集团重要事务不再只是由母公司决策，下属子公司也有决策权。经营管理权也是由母子公司分享，这种权力的划分达到一个相互平衡的状态。

②集团发展战略考虑更多的是集团整体的利益，而下属子公司考虑的则是公司短期内的经营业绩表现，平衡型管理模式使得长期战略和子公司短期业绩之间取得平衡。

2. 平衡型管理模式的适用条件

平衡型管理模式的适用条件包括：

①从组织结构角度来看，集团应采用事业部制或子公司制，这样才能够充分发挥子公司的战略决策和经营管理能力，从组织角度保障母子公司之间平衡型管理模式的有效实施。

②从授权角度来看，相对于集权型管理模式而言，在平衡型管理模式下，集团母公司要给予下属子公司更多的授权，这就要求企业集团各方面要均衡发展，治理结构运行要偏重于法理，人才分布也要平均，只有这样，才能达到母子公司的授权平衡。

③从子公司数量角度来看，由于子公司得到了充分授权，子公司数量

可以稍微多一些。

④从业务能力角度来看，面对市场的变化，子公司需要具备一定的决策和经营管理能力，能够及时调整经营管理策略，否则，得到的权力也会因为自身的能力不足而无法行使。

集团采用平衡型管理模式，通常会面临如下两个问题：

①由“平衡”引起“扯皮”。平衡型模式的本意是消减集权管理的色彩，达到母子公司之间的平衡管理，但是实际操作中也可能会出现母子公司之间的“扯皮”现象：当出现经营管理问题时，由于权力的平衡，双方相互推卸责任，无法集中、迅速决策。

②由“平衡”而带来的效率低下。集权管理如果应用得当，有助于提高管理效率，而权力上的平衡势必会导致集团权力的分散，当面临需要决策的问题时，集团和下属子公司要共同协商而不能由母公司说了算。这看似决策公平，但无形中消耗了资源，加大了沟通成本，可能导致集团决策和管理效率的低下。

三、分权型管理模式

分权型管理模式要求集团与下属子公司之间合理分配权力。通常情况下，集团主要负责制定财务制度，下达财务指标，下属子公司在集团制度的约束下各自相对独立地开展经营管理。

1. 分权型模式的主要特征

分权型模式，侧重于在集团统一财务制度之下的分权经营，其主要特征如下。

①充分授权。集团的主要任务就是制定严格的财务制度和财务指标，并对这些指标进行考核。下属子公司是独立公司，有独立的业务并且是独立的利润中心，子公司不需要得到集团的审批就可以进行经营决策，拥有高度的经营自主权。

②资本是母子公司之间的联系纽带。集团要实现资本价值最大化，子

公司只是实现这一目标的工具。在分权型管理模式下，两者的终极联系就是资本或金融市场：集团母公司通过投资或在股票市场上买进或卖出股票等金融工具来影响下属子公司。即使暂时无法达到这一要求，集团也会按照资产回报率等财务指标去计算和对比，以评估投资于子公司的资金是否实现了合理的回报。

③集团母公司规模精简。由于集团母公司主要职能集中在财务管理和资本运作上，而财务工作、投资工作不同于生产运作管理，需要的人数较少，因此，母公司人员规模一般也不大。企业集团的业务范围分布广泛，但这主要集中在子公司身上，对于集团母公司一般也没有业务能力的具体要求。

2. 分权型管理模式的适用条件

分权型管理模式的适用条件如下。

①从集团的能力来看，母公司应有很强的财务管理和资本运作能力，能够掌握多种金融工具，根据需要从事高水平的资本运作活动。

②从子公司的能力来看，由于母公司只是从财务上对子公司进行管理，绝大部分战略决策和运营管理都要靠子公司自己完成，这就要求集团下属子公司有很强的运营管理能力，只有具备了这些能力，才能在母公司不提供帮助的情况下也能管理好公司。

③另外，分权型管理模式下，集团下属子公司之间的业务相关性可以小一些，可以向集团母公司涉及的更多业务领域扩展。

案例3-1 华润集团的6S管控

一、华润集团简介

华润集团，是一家在香港注册和运营的国有多元化控股集团，其前身是1938年成立于香港的“联和行”，1948年改组更名为“华润公司”。1983年，华润将所管理的下属机构经重组转为以股权为纽带的公司，在此基础上成立了华润（集团）有限公司（以下简称“华润”或“华润集团”)。当前，华润集团的业务涵盖大消费、大健康、城市建设与运营、能源服务、科技与金融五大业务领域，下设7大战略业务单元、19家一级利润中心，实体企业约2000家，在职员工42万人。2017年，华润集团营业额5513亿元，利润658亿元，实现收入、利润双双高速增长，并获得国资委2017年度经营业绩考核A级；2018年，华润集团再居中国社科院发布的年度企业社会责任排名第一位。

这些成绩的取得，不禁会让人想到20世纪90年代末华润集团纷繁复杂的经营局面，以及引领华润集团由大乱到大治的著名的“6S体系”。

二、华润的发展困境

大量研究认为，多元化与高速扩展战略是在发展中国家开展业务的成功选择，在发展中地区，专一化企业影响力较小，多元化集团具备诸多优势；速度是占有更多稀缺资源的关键，高速发展意味着机遇的放大。集团化过程中跨行业、跨地域、跨管理模式的快速发展必然导致一个集团的组织能力缺位与资源被摊薄，因此，对于一家大型企业集团来说，在多元化扩张中遇到的困境不是选择何种产业，而是找到一套扩张的制度和集团化的管控模式，以达成集团业务的战略协同。

90年代末期的华润集团就正在经历这样的过程。

此时的华润，抓住改革开放的机会积极涉足内地经济中大量有机会的产业，逐渐演变为多元化发展的综合性企业集团，整个组织被分为集团、二级公司、三级公司等，下属公司数目迅速增多、机构层次重叠、业务庞杂、交叉经营严重。典型问题包括：很多子公司都经营房地产和酒店业务，相同加工企业不断在各个子公司重复出现，上下游的产品分属不同子公司经营，等等。收入分配方面，每一级公司都与相应的行政级别相对应，也与待遇挂钩，非常僵化。

三、6S体系的1.0版本

针对多元化发展中面临的问题，1999年，华润创造性地提出了一套以强化管理为出发点的“6S集团公司管理体系”，包括利润中心编码制度、报表管理制度、预算管理制度、业务评价体系、审计体系、经理人考核体系等六个部分。

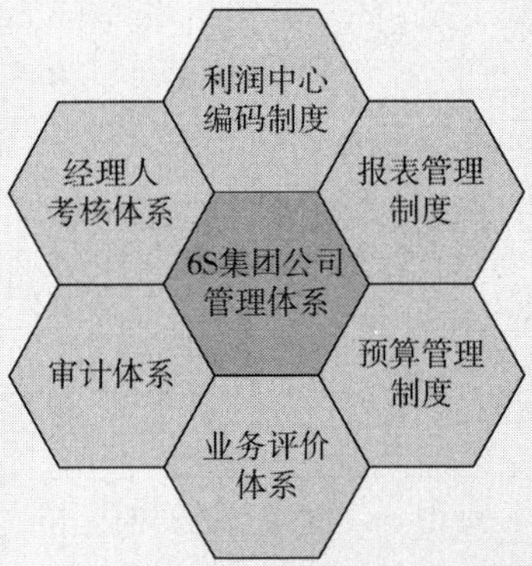

6S 体系 1.0 版本

6S 本质上是一套财务管控体系，使财务管理高度透明，防止了绝大多数财务漏洞。通过 6S 预算考核和财务管理报告，集团决策层能够及时、准确地获取管理信息，加深了对每个一级利润中心实际经营状况和管理水平的了解。根据管理报告制度和预算控制制度，各下级单位只有投资建议权，投资决策权掌握在集团手中。

同时，6S 管理体系也是一个综合信息管理体系、业务监测体系以及评价考核体系。它以战略业务单元为出发点，以全面预算为切入点，以管理信息为关注点，以内部审计为支持点，以评价考核为落脚点，理顺了华润的各项业务，在清晰业务的基础上促进了各项业务的专业化发展。

但是，任何集团化企业的整合都涉及两个层面，一是集团管控层面，二是战略协同层面。华润集团以利润中心编码为基础的 6S 管理体系从财务的角度梳理和控制了多元化的产业，对于集团的扩张起到了控制和稳定的作用。但它明显的弱点在于并没有在多元化的过程中有力推进战略协同效应的形成。当集团达到一定规模时，其运营成本和内部管理往往会成为制约发展的瓶颈，建立内部战略协同体系是解决这个问题的关键。

四、6S 体系的 2.0 版本

2000 年之后，华润集团在内地大举扩张面临的严峻挑战是如何加强并购企业与原企业的战略协同，包括：集团与利润中心的战略职能定位，如何向已购并企业注入新的管理资源，如何整合被并购企业与华润的经营理念与企业文化等。同时，在处理集团与利润中心关系时，集团要为自己并未在第一线亲自参与的各个不同行业制定战略，确定其发展方向，极易造成与现实脱节，甚至可能阻碍各利润中心的正常发展。

正是在这样的背景下，2003 年，华润开始引入与战略管理密切结合的管理工具—平衡计分卡（BSC），以补充 6S 体系战略协同的不足，将 6S 中的第一个“S”—利润中心编码体系转变成利润中心战略体系，由此把对一级利润中心的战略管理提到了新的高度。

创新后的 6S 是从战略开始的，而且涵盖战略制定、战略实施和战略检讨等整个战略管理过程，其中，通过“业务战略体系”构建和确定战略，通过“全面预算体系”落实和分解战略，通过“管理报告体系”和“内部审计体系”分析和监控战略，通过“业绩评价体系”和“经理人考核体系”引导和推进战略，因而，与战略的联系更加紧密，内容也比以前更为充实。另一方面，战略还要细化到关键成功因素，再进一步追溯到关键业绩驱动力。驱动关键业绩的评价指标紧扣战略导向，评价结果则检讨战略执行，同时决定整个战略业务单元的奖惩，通过有效奖惩推动战略执行力，从而使 6S 真正变身成为一套战略管理系统。

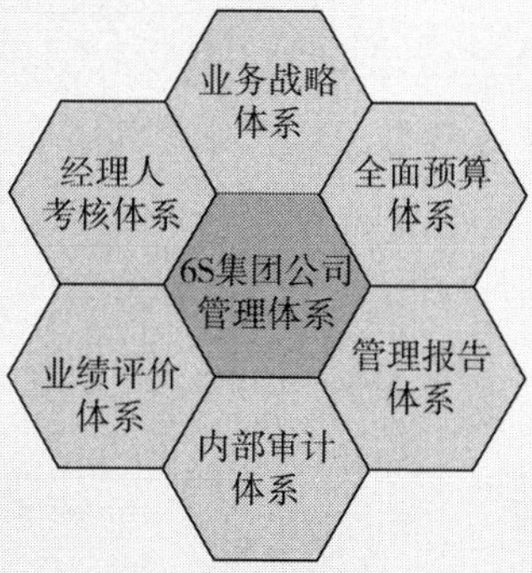

6S 体系 2.0 版本

五、总结：6S体系，具有华润特色的集团管控体系

华润集团的6S管理，正是一套具有企业特色的、投资控股型集团公司的管控模式。

在管控层面，集团总部主要做好四件事。首先是管战略，确定利润中心的发展速度、规模、方向；第二是管财务，包括资金政策、财务报表政策，各企业统一的会计政策等；第三是管人，决定主要利润中心一把手及班子成员的组成；第四是管预算和考核，审核、批准各利润中心的预算，考核各利润中心的经营业绩，开展必要的审计活动。

在整合层面，集团总部主要是做好整体协调与统一形象这两件事情。华润集团的蓝图，是在集团控股的情况下帮助各（行业）利润中心打通国际资本市场通道，最终将华润集团打造成为由多个上市公司组成的综合性控股集团。

分析华润集团管控体系建设的历程，为目前多元化、远程化和大型化发展的企业集团管理提供了鲜活的案例。任何一个多元化的企业集团想要解决企业扩张中的整合难题，根本之道在于集团管控与战略协同体系的建设。

案例3-2 万科管控模式的发展与演变

一、万科的成立与发展

万科企业股份有限公司成立于1984年，1988年进入房地产行业，1991年成为深圳证券交易所第二家上市公司。经过三十多年的发展，万科已成为国内最大的住宅开发企业，业务覆盖珠三角、长三角、环渤海三大城市经济圈以及中西部地区共53个城市，年均住宅销售规模6万套以上，2012年公司销售额超过1400亿，销售规模持续居全球同行业首位，2016年公司首次跻身《财富》“世界500强”，位列榜单第356位；2017年营业收入2429亿元，再度上榜。

二、万科集团管控模式的演变过程

（1）操作型管控模式（1993年之前）

1993年之前的万科采用的是多元化战略，业务涉及影视、贸易、房地产等五大产业，其中房地产项目数量较少，在众多主业中并不突出。

万科集团采用操作型管控模式，直接负责下面各项目的日常管理。

（2）财务型管控模式（1993～2000年）

1993年之后，万科集团逐步砍掉其他产业，只保留房地产业务作为主攻。房地产业务发展迅猛，开始走向全国，但由于发展速度过快，万科的项目管理能力没有跟上，出现了重大项目管理问题，导致战线收缩。

这一时期，由于管理能力不足，万科采用财务型管控模式，各项目公司相互独立运作，只负责向集团上缴部分利润，而集团也只设立简单的管理组织结构。在这种管控方式下，万科集团自身的专业技术能力很难积累，规模难以迅速扩大。

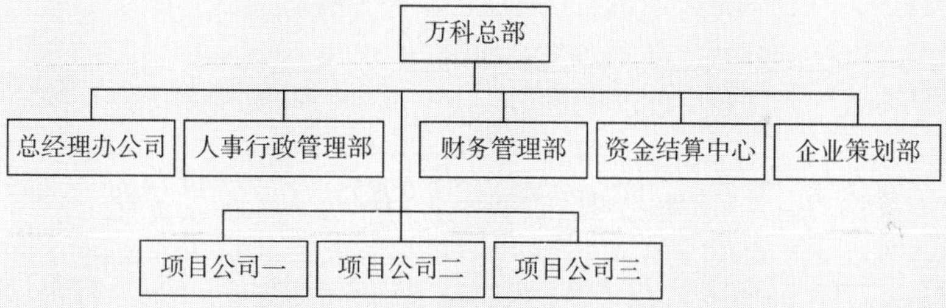

1993～2000年，万科集团组织架构

（3）操作性管控模式（2000～2004年）

2000年以后，万科培养出了大量的专业型高素质人才，并开始在集团总部设立齐全的专业管理部门，而各地的项目负责人和关键岗位，也由集团统一外派。

集团对一线公司采用以矩阵式运作为核心的操作型管理模式，在这种管控方式下，提高了集团对一线业务的影响力和控制力，一线公司对项目采用弱矩阵管理，在迅速扩张的同时得以保证各专业口的“万科水准”。

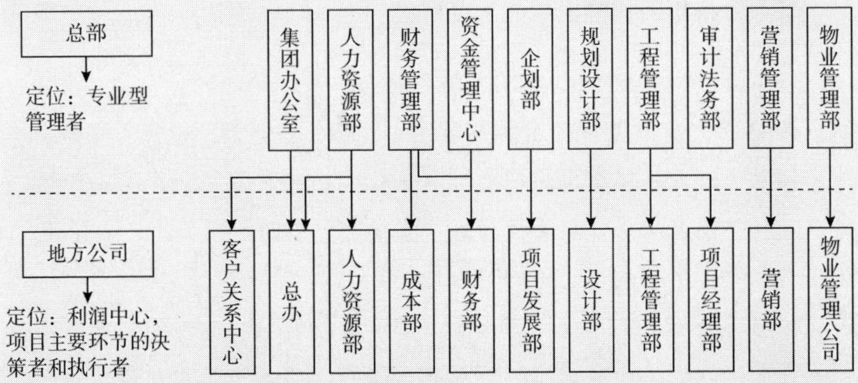

2001 ~ 2004 年，万科集团组织架构

（4）战略型 + 操作型管控模式（2005 年以后）

2005 年起，围绕集团的新战略，万科对集团的定位作了重新调整，开始向战略型总部转型，总部对区域中心的管控从操作型转变为战略型，区域中心对一线公司仍采用操作型管控。

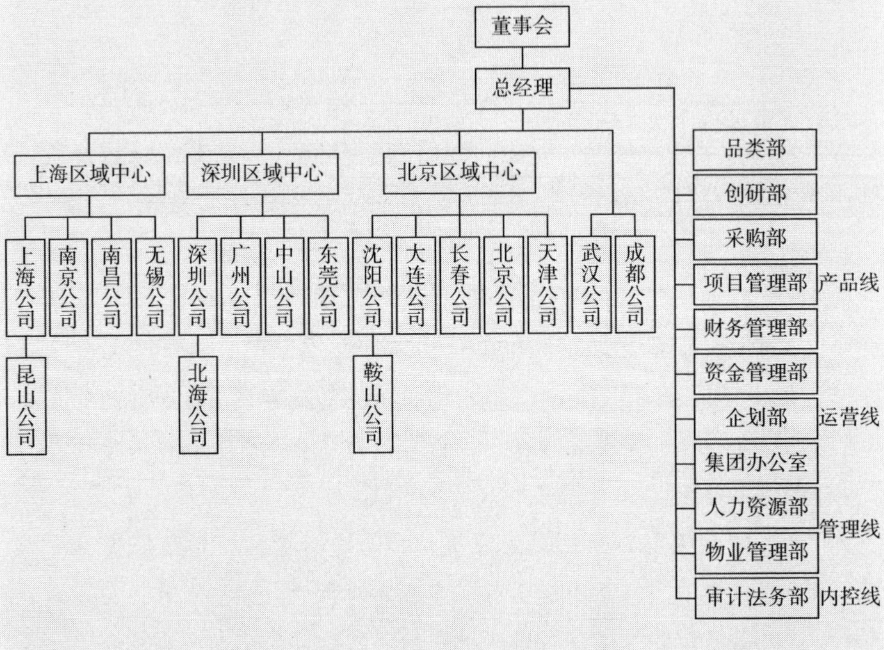

2005 年，万科集团组织架构

三、现阶段万科的管控模式总结

当前万科的管控模式，其核心可以归纳为四个方面。

（1）四级管理主体定位明确

①集团是战略、资本运营、经营监控、产品创新、品牌建设和售后服务中心；

②区域管理中心：在三大区域内实现资源共享、风险受控；

③地区公司：项目开发中心；

④项目部：施工管理中心。

（2）统一和标准化的开发模式

万科已经实现了开发模式的统一化，在目标客户确定、产品路线、营销策划、成本管理等方面均实现了标准化。统一的开发模式保证了万科在不同城市所开发产品的统一品味、风格和稳定的质量。

（3）集权与分权相结合

①对于财务、资金、规划部门，高度集权；

②对于研发和物业管理，集中到总部；

③对于营销企划等，总部通过制定政策和制度来指导、服务子公司。

（4）规范的制度流程

企业建立了规范的、具有极高可行性的制度、流程和标准，以法治代替人治，确保了万科在人员高流动率的前提下能够保持高效运转，不受影响。

第四章

集团管控体系架构

第一节　管控体系架构的“三分”思维

构建企业集团管控体系，需要关注以下三个“分”。

一、分对象管控

由于企业集团往往有多家下属企业，每家企业的规模、业务模式、竞争态势、对集团整体业绩的影响程度等都不一样，因此，集团管控体系的构建过程中，应将管控对象进行分类，针对不同类型的下属企业制定有针对性的管控策略，真正做到“一企一策”和“因企施策”。

二、分层级管控

当前企业集团的组织管理主要包括两级管理、三级管理两种形式。两级管理模式下，集团本部直接面对所属企业。三级管理模式下，集团本部偏重于财务战略型管控，本部之下有二级集团（专业集团）负责所辖具体业务和相关公司的管控。有时，在二级集团层面还有区域集团，以协调地理区域内各项业务的开展。

如此，一家三级下属公司，既要受到专业集团（事业部）的管理，也要受到区域集团（事业部）的管理，以及来自集团本部职能系统（各中心）的管理，这就是所谓的“三维矩阵”模式。

无论采取何种层级结构，明确划分各层级组织的功能定位和管理权限，是确保各级管理层各司其职的关键。

三、分条线管控

企业是通过不同业务职能或管理职能开展经营活动的，其中，在业务职能方面有研发设计、市场营销、生产制造（工程建设）、采购供应、质量工艺、安装交付、售后服务等环节，在管理职能方面有战略规划、财务资本、人力资源、信息化、党群工作、企业文化、行政管理、后勤服务等环节，每个环节之下又有若干项活动，如行政管理方面包括会议管理、公文管理、车辆管理等具体活动，对于这些业务或管理环节，我们称之为“管控子体系”；对于各环节中的具体活动，我们称之为“管控条线”。

一般来说，同一类型企业集团的管控条线是基本一致的，不同类型企业集团的管控条线则差异较大。即使在同一行业，由于各企业的战略、文化等不同，对于管理的看重点不同，管控条线也有可能合并或拆分，以体现本企业特色。

建立管控条线是我们后续开展权限设计、管控子体系设计与制度流程设计的基础。只有把管控模式具体细分到不同的管控条线，分条线考虑管控问题，管控体系才能更加适合企业的特点，更具有针对性和可执行性。

第二节　GCH 集团管控模型及其原理

一、GCH 模型介绍

在多年企业集团管控体系设计与研究的基础上，汉哲咨询提出了符合中国企业集团实际、具有较强可操作性的集团管控模型，我们称为“集团管控屋顶图”（Group Control House），简称为 GCH 模型。

模型的构成如图 4–1 所示。

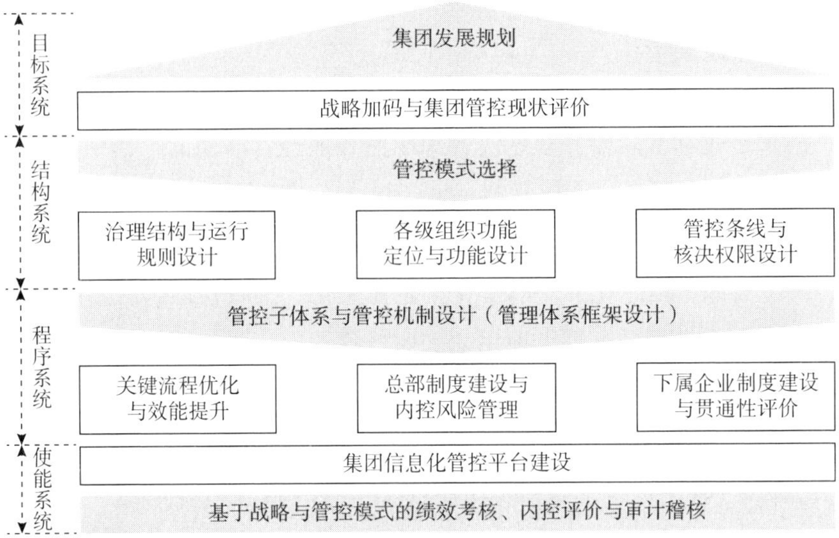

图 4-1 集团管控 GCH 模型

二、GCH 模型的四大系统与十二个功能模块

GCH 模型分为目标系统、结构系统、程序系统、使能系统四个大的系统，具体由 12 个功能模块组成。

①目标系统。所谓目标系统，是指通过战略解码和内部评估科学确定集团管控的定位与目标，这一阶段又具体分为“明确集团战略与战略解码”与“集团内部管控现状评价”两个功能模块，这是集团管控体系设计的根本点和出发点。

首先，企业必须建立清晰的战略规划，因为对集团管控的需求是从支撑战略实现的角度提出的。其次，企业必须要通过系统的方法找到当前运营管控中存在的问题，做到心中有数。“基于战略”与“问题导向”是确定集团管控目标的基本依据。

②结构系统。所谓结构系统，是指从企业集团的组织机构和运行控制方面能够“看得见、摸得着”的组织管控要素。

基于管控环境信息和管控目标，首先进行管控模式的定位，在此基础上，陆续开展总部及各层级的组织功能定位、公司治理结构与运行机制设计、集团管控条线梳理与核决权限设计三项重要工作，从而初步搭建起集团管控的基本结构体系（治理、组织、管控条线、权限），有的研究者也将此称为“静态管控体系”。

③程序系统。所谓程序系统，是管控目标、管控模式在组织与流程运转中的具体体现。

程序系统的设计起始于两个方面的中观思考，一是根据管控目标、各管控子体系（如集团对下属企业的战略管理）究竟应当如何运转，二是未来集团在对下属企业的管控过程中可能会采用哪些机制和方式。只有这两个问题想清楚了，后续开展的制度与流程建设工作才能真正超越现实，反映管控思想。

基于以上思考，我们把动态管控体系的设计又分为三个方面，首先是集团总部的制度与风险管理体系建设，这是集团动态管控体系建设的基础。在此基础上，督导所属企业开展相应的制度流程建设并确保制度的一致性、贯穿性。在加强控制的同时，还要考虑体系的运行效能问题，对关键流程（如战略性供应商选定）要进行评估和优化，以实现加强管控和提升效能的平衡。

④使能系统。所谓使能系统，是促进和保障集团管控体系有效、持续运行的方法和手段，包括集团信息化管控平台建设、绩效考核、内控评价与审计稽核工作。

随着信息技术的普及，将管控体系的设计成果纳入信息系统运行及管理既可以提高效率，又可以确保管控动作执行不走样。从更深远的角度来看，随着信息技术、云计算、大数据和人工智能的普及，越来越多的经营管理活动可以通过音频、视频、数据等技术手段远程执行或监控，这将使得企业管控活动的实时性、现场性、准确性大幅度提高，管控成本大幅度降低，组织更加扁平和高效。

绩效考核、内控评价、审计稽核三大手段，共同作为管控体系运行的评估、纠错和反馈手段。其中，绩效考核侧重于对企业运转效率与效果的评估，从经营数据和结果的角度对管控体系的运行进行评价；内控评价更多地基于内部控制与合规的要求，对经营过程中存在的风险进行揭示；审计稽核主要是以财务体系、会计准则为基础，对重要经济活动、财务会计活动的合规性进行评估。三者分别从管理视角、风险视角和财务视角对集团管控体系的运行情况进行评估和诊断，以促进管控体系的健康运转。

三、GCH 模型的四大特点

GCH 模型是在集团管控、组织设计、公司治理、流程再造、风险管理等相关理论研究的基础上、结合一大批企业集团的管控实践而提出的，具有以下四个方面的特点。

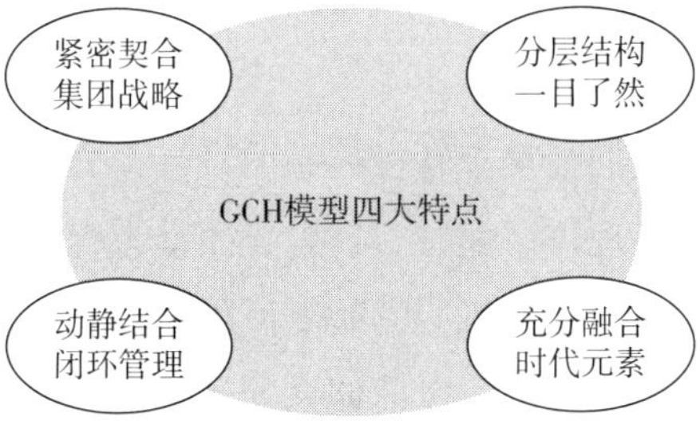

图 4-2　GCH 模型“四大特点”

①紧密契合集团战略。CGH 模型从“目标系统”出发，基于战略解码和管控现状评估开展集团管控体系的设计工作，源于战略且具备与战略的天然契合度。

②分层结构一目了然。CGH 模型将集团管控分为目标、结构、程序、使能四大系统，解决了从抽象的管控模式到具体的管理活动之间的延续性问题、连续性问题、承接性问题，实现了横向到边、纵向到底的系统性管理建构。

③动静结合闭环管理。CGH 模型由“结构系统”负责管控组织要素方面的设计工作（即通常所说的静态管控），“程序系统”负责管控流程与制度方面的设计工作（即通常所说的动态管控），做到了动静结合。同时，由“目标系统”明确管控体系的设计理念，由“使能系统”负责管控体系的固化与效果评估，实现了从目标到运行再到反馈的闭环运转，使得系统具备了自我诊断和优化的能力。

④充分融合时代元素。传统的管控体系主要聚焦在公司治理、权限、

组织机构等方面的研究上，而 CGH 在关注以上问题之外，增加了很多当前企业所关注的管理工具和方法，这些工具和方法实际上已被企业纳入管控体系的范畴。

很多企业强调，管控体系的建设不但要管住风险，更要为业务赋能，要对繁琐的业务流程进行优化以提升效率，因此，CGH 体系在制度流程建设的同时增加了对于“关键流程优化和效能提升”的考虑，对管控体系应用效果的考虑更为全面和符合企业的实际要求。

当前很多企业尤其是上市公司已经开始或完成了内控体系、风险管理体系的建设，这些体系与制度流程是什么关系，与集团管控体系又是什么关系，在既往的集团管控理论中没有定位和描述，本模型对这一问题做出了系统解释。

随着信息技术的普及，采用信息系统进行管理已经非常普遍，在管控体系的设计中忽视信息系统的存在，显然是不合时宜的，也为未来管控体系的落地带来诸多的不便。因此，CGH 模型将信息系统作为管控体系的使能环节来设计，明确认可信息技术在管控体系建设与运行中的关键地位。

将上述问题纳入考虑，有利于赋予集团管控体系以时代特色，更加符合社会发展与企业经营管理的实际，也更有利于管控体系在企业集团的改革与转型发展中更好地发挥作用。

案例4-1　华能集团管控体系建设历程

一、华能集团简介

中国华能集团公司是经国务院批准成立的国有重要骨干企业，注册资本 200 亿元，主营业务包括电源开发、投资、建设、经营和管理，电力（热力）生产和销售，金融、煤炭、交通运输、新能源、环保相关产业及产品的开发、投资、建设、生产、销售、实业投资经营及管理。

二、华能集团管控体系调整的外部环境

“十二五”期间，国际金融危机爆发，国际国内形势发生了许多新

的变化。华能集团对此有着清醒的认识，在体制机制束缚、布局散乱、内耗竞争、封闭自给等不利条件下进行了持续的变革。变革主要针对以下四大管控难题展开。

①电力行业企业众多，资产规模庞大，服务人口多，服务区域广。从当时的情况来看，电力行业面临从生产导向型向市场导向型的巨大转变。在电厂和电网方面，面临提高运行可靠性的强烈需求。行业正在进行改革，企业不但担负着保障供电的社会责任，还要积极参与市场化竞争，未雨绸缪。

②电力生产有着发、输、配、用同时完成，不能储存的特点。电力系统生产的产品是电能，其发输配售同时完成，由发电系统向供电系统售电，供电系统将电经由高压电网送往全国各个城市并售给每个用电户，其中的资金结算由电网的计量关口电能表确定，各个动作几乎同时完成且不可储存，是一个复杂严密的过程。

③电力行业是资金密集型行业，电力企业的运营需要庞大的设备支撑。这些资产来源广，种类多，数量大，对安全的要求高，需要实时监控和定期检修维护。电力行业是国民经济的基础行业，每年对电力行业投资巨大，这些投资大多体现在工程项目建设上，电力行业的工程建设数量多，金额大。

④集团整合资源、协同作战与证券监管要求的上市公司独立性之间的差距。集团管控的目的是在推进现代企业制度建设的同时统筹旗下成员企业的优势资源，协同作战，集团事实上扮演的是“产业组织者”的角色，而证券监管相关政策的设计出发点是保护中小股东利益，避免控股股东对上市公司更多干预，在关联交易、信息披露、人事安排等诸多方面与集团管控要求不一致，国资委等部门的监管要求与证券监管“打架”现象时刻存在，如何管控上市子公司是集团型企业普遍面临的问题。

三、华能集团三级管理架构的搭建

为了适应外部经营发展环境的变化，满足华能集团发展战略的要求，公司按照《关于继续推进管理革命完善公司管理体系的意见》的要求，深入推进管理革命，按照现代企业制度要求，华能集团不断规范和完善公司治理结构与管理模式，形成了以资产为纽带、以母子公司为主、总分公司结合的管理架构，优化了总部部门设置，建立了集团公司总部—区域公司（产业公司）—基层企业三级管理体系。

在华能集团的三级管理体系中，各层级都有明确的职能定位：公司总部是战略规划中心、投融资决策中心、资源配置中心、绩效管理中心、重大问题决策中心；区域公司（产业公司）是开发建设与生产经营活动的责任主体和利润实现中心；基层企业是公司安全生产责任主体和成本控制中心。

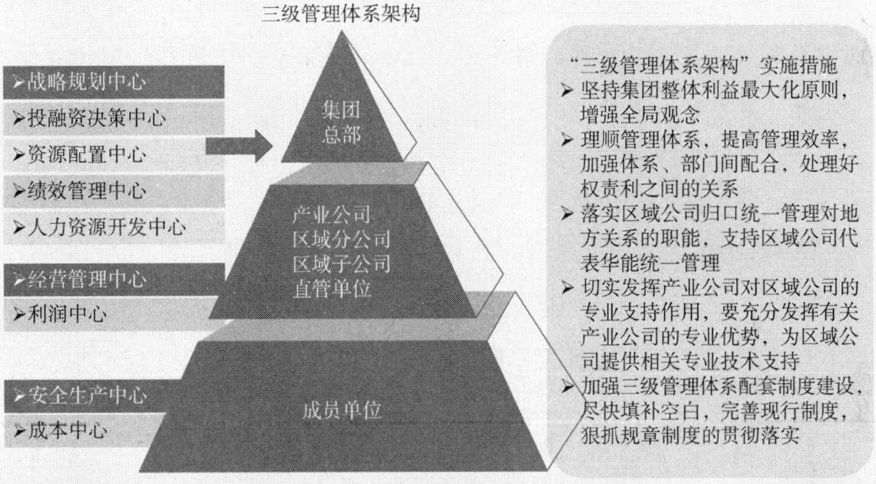

华能集团三级管理架构示意图

四、总部组织管理架构的优化

为了适应外部经营发展环境的变化，华能集团不断调整总部管理架构，以适应业务发展和管理需要的变化。

2007 年集团总部调整设立了规划发展部、预算与综合计划部、运营协调部、企业管理部 4 个部门。

2008 年，为适应集团总部职能变化的需要，调整了开发公司、股份公司等产业公司领导体制，组建了科技事业部（华能集团技术创新中心）。

2010年，成立煤炭部、新闻中心，组建燃料公司，完成北京产业公司与新升物业公司，综合产业公司、大厦公司与集团事业部的资产重组和管理整合，进一步明确集团公司与开发公司、股份公司等在规划发展、燃料采购、受托管理等方面的职责划分和管理体系。

2011年，公司设立煤炭事业部、核电事业部、煤化工办公室，强化集团公司层面对煤炭、核电、煤化工产业的统一管理和专业化管理，提高了集约化管理能力与管理水平。

优化后的华能集团，设有17个部门，2个事业部，3个直属单位，其中：

部门包括：办公厅、规划发展部、预算与综合计划部、企业管理与法律事务部、运营协调部、财务部、资本运营与股权管理部、安全监督与节能环保部、基本建设部、国际合作部、人力资源部、监察部、审计部、思想政治工作部、工会工作委员会、科技环保部、煤化工办公室。

事业部包括：核电事业部、煤炭事业部。

直属机构包括：信息中心、技术经济研究院、党校。

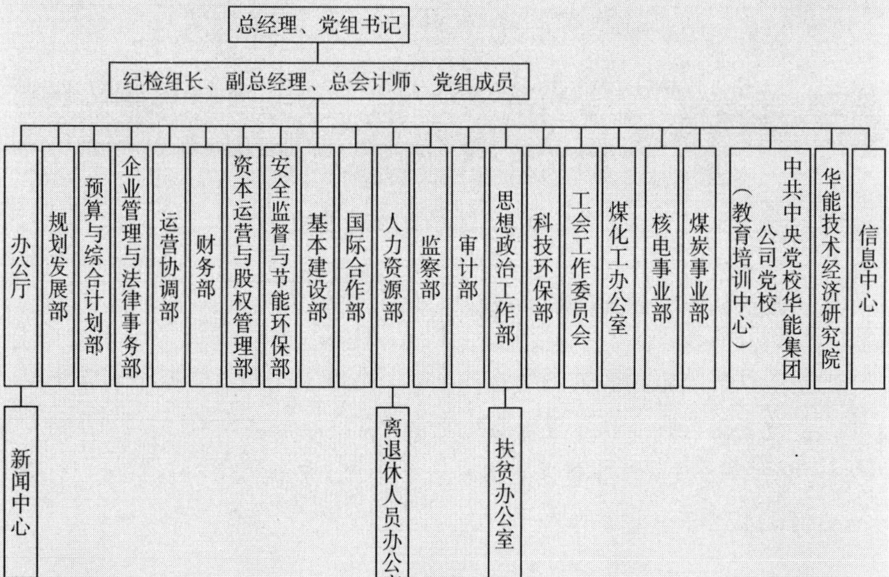

华能集团总部组织架构

五、实施效果

①总部建设有新突破。集团以创先争优活动为契机，开展总部建设“效率年”活动，围绕提高工作效率的主题，着力解决各层面的突出问题，着重研究加强总部建设、提高工作效率的思路和举措，致力于建设政治坚定、运转高效、管理科学、服务有力、勤勉和谐的公司总部，在建设具有国际竞争力的世界一流企业的进程中更好地发挥总部的核心和统领作用。

②区域公司建设有新成果。本着“以事定制、因地制宜、虚实结合、循序渐进”的原则，提出关于加快省级公司设立和深化机构改革的意见；按照“资源统一配置、管理统一划分、所有权和管理权可分离”的原则，制定印发《关于进一步加强区域公司建设的指导意见》。自2007年，陆续成立区域公司32家。

③优化流程取得新进展。为适应业务增长和集团化管理的要求，与组织结构调整相配套，公司积极推进以充实管理职能、加强归口管理、清晰管理界面为重点的管理流程优化工作。通过理顺管理关系、缩短管理链条、整合管理资源来提高管理效率，提升集团化管控能力。

④基层企业建设有新举措。进一步加强电厂和班组建设，举办华能系统电厂党政主要负责人培训班，召开推进班组建设水平动员会。成立上海电力检修培训中心，构建技能人才培训网络，强化生产技能人员培训，建立技能培训和职业认证的联动机制。

第五章
集团管控体系的构建过程

集团管控体系的构建过程，起于对战略的理解，终于建立一套有效推进管控体系落地实施的使能系统，我们将其中的关键步骤归纳为十二步，分别是：

①集团发展规划确定；

②战略解码与管控现状评价；

③集团管控模式选择；

④治理结构与运行规则设计；

⑤各级组织功能定位与功能设计；

⑥管控条线与核决权限设计；

⑦管控子体系与管控机制设计；

⑧总部制度建设与内控风险管理；

⑨下属企业制度建设与贯通性评价；

⑩关键流程优化与效能提升；

⑪集团管控信息化平台建设；

⑫基于战略与管控模式的绩效考核、内控评价与审计稽核。

集团发展规划是战略管理的范畴，不在本书讨论，以下将就第二步开始的各步骤逐一进行讨论和研究。

第一节　战略解码与集团管控现状评价

集团管控体系的构建过程，是对企业战略落地与管控问题系统思考的过程，是从管控思维到定位，到程序设计，再到实施反馈的过程，也是解决企业运行现实中管控问题的过程。因此，一个好的管控体系必然是从战略梳理和分析出发，从当前管控问题评估诊断入手。

一、战略解码与管控目标确定

集团管控是与集团战略规划密切相关的管理体系：谈到战略规划，就必然会讨论“应当采用何种管控模式确保战略落地”。谈到管控模式，也必然会问到“集团的战略是什么，它需要何种管控体系进行支撑”。战略与管控的关系如此密切，以至于大多数集团业将它们一同进行设计，以确保两体系的吻合。

在集团管控体系的设计过程中需要重点关注哪些战略问题呢？我们可以归纳为五个方面。

首先，集团的战略定位。一般来说，集团可以有多种战略定位，例如：聚焦某一领域的专业化集团（如万科、格力等），同步运营 2 ~ 3 个主业的管理型集团（如复兴、和记黄埔等），围绕一条产业链布局业务的综合型集团（如各地的轨道交通集团等），以投资控股为主的资本运营集团（如各地的国资公司等）。通过这一定位，我们可以清晰地解读到集团未来要对下属企业采取何种管控方式，管控的重点是什么，这些定位最终会反映为集团本部的组织机构和管控条线的设置，包括各业务板块可能的组织方式，如事业部、事业群或单体公司等。

第二，集团业务的市场化程度。如集团下属企业从事的是市场化程度较高的业务（如超市、餐饮、物流等），则集团宜采用授权型管控模式；如果下属企业从事的都是资源型业务，如地产、矿业、港口等，资源的来源主要是集团本部，每一项业务的开展对于集团的生存和发展都至关重要，则应采取“集权＋授权”相结合的方式，在关键管控子体系集权，仅在各项业务的运营子体系部分授权。

第三，集团的战略转型与布局调整。一家集团企业要向新的业务方向转型，就需要对拟发展业务给予更多的重视，对传统业务进行合并管理，降低关注级别。这一变化反映在集团管控方面，可能有的业务需要上升为集团直接管理，而有的则可能合并管理甚至并入一家公司管理，这些都是集团战略转型或业务调整在管控方面的体现。

第四，集团的集分权愿望与下属企业的整合难度。如果集团在战略中明确提出“要整合 ×× 业务或 ×× 资源以做大做强或避免内部竞争”，同时领导层也显示了坚定的决心，则对上述业务的管控就应采取相对集中、收紧的策略。此外，也要看集团与下属企业的成立时间、规模、业务成熟度等，例如，一家新成立的、几十人的省级企业集团按指令整合三家成立五十多年的、万人级别的工厂，在整合的初期肯定不太可能采取集中管控的方式，因为总部的管理能力还不够成熟。

第五，外部同类企业对比。如果同行业其他企业都采取的是相对一致的管控模式，而本企业的管控模式与众不同，就需要深入分析原因：是在业务和人员方面确实有特殊要求，还是过去没有在这方面多加考虑？一般来说，行业各家企业共同采取的管控模式，应当是经过试错之后的普遍最优方案。

二、企业集团管控现状评价

对于企业集团管控现状的评价，一般可分为体系性评价与关键问题查找两个层面。

体系性评价，可以参照 GCH 模型，从管控定位与战略的匹配性、各级组织机构设置的合理性与职责的清晰性、公司治理体系及运行的有效性、管控权限体系的清晰度与合理性、制度与流程体系的完备性、流程系统的运转效率、各管控子体系（如研发、营销、供应链）的运转质量、绩效考核体系、内控与审计体系运行的有效性等方面进行评价，根据各维度的表现、与最佳实践的差距等进行打分。

关键问题查找，则直接从问题出发，跳过对系统性的评价，聚焦在管控体系运行中的某些关键问题上，如组织机构职责交叉、职责权限不对等、供应商管理体系缺失、制度流程不完善、审计监察未充分发挥作用等，针对问题，梳理现象，查找根本性原因，提出解决方案。

无论体系性评价还是关键问题查找，都是要为管控目标的确立、管控体系的建设明确方向、奠定基础。

三、集团管控目标的确立

集团管控体系的建设必然要有目标，这个目标要基于战略，也要基于对当前管控现状的评估来确定，通常集团管控的目标体现在以下几个方面。

①稳定压倒一切。在多个企业整合的初期这一策略往往被采用。

②权力集中化。把分散在集团各层级的某些或全部权限上收，以整合资源，加强顶层的控制力。

③提高基层积极性。与权力集中化相反的策略，目的是“让听得见炮火的人指挥战斗”，从而充分激活基层人员积极性，提高企业面向市场的响应速度。

④分权管理与就近管理。为了加强对一线单位的业务管控或支持，建立区域运营中心或专业板块，通过增加管理层级的方式强化对业务的本地化、专业化处理能力。

⑤组织扁平化。拆掉中间的管理层，提高总部与一线的沟通效率，提高一线的反应速度。

⑥大部门制。对部门进行合并，压缩部门数，减少跨部门沟通的频率，提高人均工作效率。

⑦职责分设：把企业的关键职责或执行—监督职责分设在不同部门，以降低个人因素给组织带来的风险。

⑧事业部或板块制。把同类业务合并在一起管理，提高业务管理的集中性，经营管理责任明确。或者为新业务设立独立的事业部，以享有更为灵活的政策和机制，促进新业务的快速发展。

集团管控目标的确立往往是基于战略和现实问题在以上目标中进行选择或组合，以下的体系设计工作正是围绕这一目标开展。

第二节　管控模式选择

一、管控模式选择的方法和步骤

管控模式选择，是集团管控体系设计的第一步。就管控模式选择工作本身而言，是科学也是艺术，通常采用的方法包括专家评分法、德尔菲法等，在此基础上，还要进行修正和调整，一般步骤如下。

1. 对企业内外部影响因素进行分析

企业集团管控在本质上是对企业的业务活动进行集分权控制，而这种集分权往往受到企业发展阶段、发展战略、规模布局、行业特点、管理水平、信息化水平和企业文化等多种因素影响。因此，需要结合企业自身特点对影响集分权的因素进行分析，为管控模式定位奠定基础。

影响因素	集权	集权与分权	分权
发展阶段	创业期（规模小、地域集中、业务单一、组织简单）	成长期（规模迅速扩张、业务趋于复杂、组织逐渐庞大）	成熟期（规模大、多点布局、业务复杂）
发展战略	一元化（业务单一，业务单元差异小）		多元化（业务多样，业务单元差异大）
企业规模	规模小（人员、资产少，组织简单）		规模大（人员、资产多，组织复杂）
业务布局	单点布局（业务集中在单个区域）		多点布局（业务集中在2个以上区域）
行业特点	业务单元关联度高（运作需要业务单元之间相互协作与支持）		业务单元关联度低（业务单元可以独立完成生产、服务过程）
管理水平	企业管理水平低（各业务单元难以有效做出经营决策）		企业管理水平高（各业务单元能有效做出经营决策）
信息化水平	信息化水平低（信息的收集、处理能力差）		信息化水平高（信息的收集、处理能力强）
企业文化	集权文化（总部具有权威、决策和统一性）		分权文化（业务单元积极性高、追求决策速度）

图 5-1　影响管控模式选择的企业内外部因素示意图

2. 运用管控模式选择模型进行量化评价

结合企业现状，运用管控模型进行量化评估。通常，将每个影响因素按照两种极端情况进行假设，并分别赋予 1 和 5 分，中间的情况则根据评估者的理解进行赋分。

影响因素	1 分← – – – – – – →5 分			分值
发展阶段	创业期	成长期	成熟期	4
发展战略	一元化		多元化	3
企业规模	规模小		规模大	3
业务布局	单点布局		多点布局	3
行业特点	业务单元关联度高		业务单元关联度低	2
管理水平	管理水平低		管理水平高	2
信息化水平	信息化水平低		信息化水平高	2
企业文化	集权文化		分权文化	3
最终得分				22

图 5-2　集团管控模式选择模型

在此基础上，组织企业高管、外部专家等针对模型的各维度进行打分，得出管控模式的总评价分数。

3. 根据评分匹配管控模式

将管控模式的总评价分值与管控模式选择模型进行匹配，定位该企业集团在管控模式选择模型中的具体位置，据此确定企业的管控模式类型。

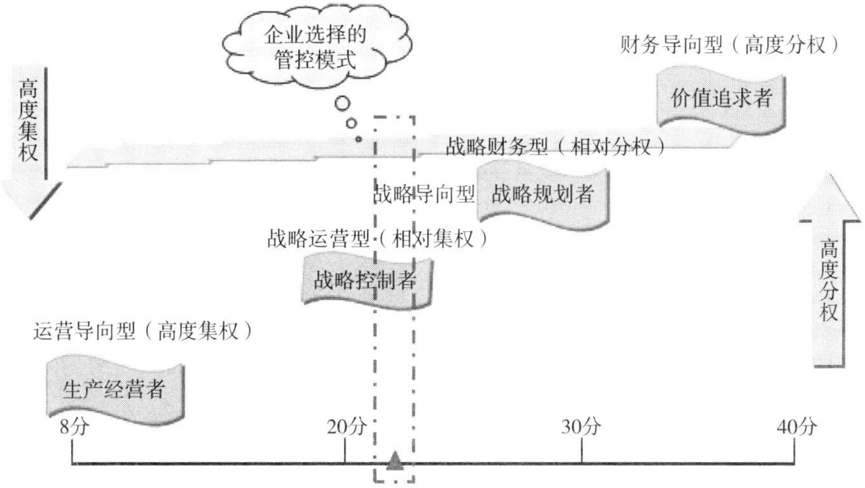

图 5-3　总评价分值与管控模式选择模型匹配

4. 配套管控措施设计

管控模式确定后，企业应结合自身行业特点与业务发展布局，对需要管控的各职能条线与业务条线进行梳理，明确各业务条线的核心管控事项，并通过组织、权限、治理、制度、流程等多个体系将管控落到实处。

二、常见管控模式选择指标

集团对下属企业的管控模式，取决于集团和下属企业两个层面。

1. 集团角度的管控模式选择指标

①集团管理的成熟度。如果一家单体企业刚刚向集团化转型，要做好战略管控或财务管控是不容易的，往往是采取操作管控的方式或对某些关键环节的战略管控方式，随着集团的逐步成熟，管理人才的逐步充实，才有可能自如地选择其他管控模式。

②集团业务的资源相关度。指集团总部掌控的资源与各单位之间的关联程度，以及各单位之间的业务协同程度。资源相关度越高，越倾向于采用集权的管控模式。

③集团的业务结构。指下属企业的多元化程度、业务的覆盖区域以及业务的专业化程度。业务越多元化、区域范围越大、业务管理的专业性越高，越应考虑分权管控模式，如财务管控型、战略管控型等。

2. 下属企业角度的管控模式选择指标

①企业业务在集团中的地位。指该下属企业业务在整个集团战略中所处的位置，例如：营业收入占比、利润占比等。战略地位越高，越倾向于集权的管控模式，以确保集团经营活动的安全。

②企业业务的成熟度。下属企业业务模式越成熟，可预测、可管控的成分越大，越适合于采用分权制的管理模式。

③主要业务的竞争环境。下属企业主要业务的市场环境变化越快、竞争越激烈，对于决策的效率要求越高，越倾向于采取分权的管控模式。

④企业管理的成熟度。下属企业在管理方面越成熟和规范，集团就越可能采取分权的管理模式。

实际操作中，可以结合本集团的实际从以上指标中选取部分指标赋予权重，由集团的核心管理层和专家等进行打分，最终确定集团对各下属企业的管控模式。

案例5-1　某集团对下属企业的管控模式选择

一、企业概况

某水务环保集团是根据当地市委、市政府“建设全域统筹的现代市政服务体系，打造投融资能力强、辐射范围广、服务水平高的新型城市水务与水环境治理平台”的要求，经市人民政府批准成立的国有大型企业，于2013年1月挂牌，注册资本10亿元，员工3500余人。集团以区域水务投资与基础设施投资运营为主体，涉及城乡水务项目投资、建设、设计、施工与监理，市政工程设计及技术咨询服务，管道材料销售，水务领域投融资及市场开发等业务。

成立之初，集团总部设立八个部门，同时，下设八个分子公司，在下设分子公司中，供水、污水处理、城市排水是三个主要业务子（分）公司；另有两个是与各区县合资成立的区域型分公司，负责当地各项业务的统筹管理；在产业链上，还有投资公司、工程公司、物资材料公司三家上下游企业。由于各分子公司的业务类型不同、在集团承担的功能不同、各公司的发展阶段不同、管理成熟度不同、竞争环境也不同，如何实现对上述企业的科学管控，就成为集团成立之初首先要考虑的基本问题。

二、管控模式设计的基本原则

基于以上现状，经深入讨论，该集团管控体系设计的六项原则包括：

准确定位。体系设计要充分体现集团特点和集团定位，对下属企业的管理事项、范围、深度等都要准确界定。

责权清晰。体系设计要明确集团与各下属企业间的权责划分，形成有序的管理机制。

有效集权。集团初建不久，为有效协调资源，在不影响下属单位正常运营的前提下，应逐步加强集权管控力度。

分层管理。管控体系设计要综合考虑公司总部部门、二级单位（分子公司）和三级单位（站队）三个层面的关系，更关注对二级单位的管控。

适度前瞻。管控体系的设计不仅要满足集团当前的需要，还要符合企业未来发展的方向，具有一定的前瞻性。

动态调整。体系设计采用系统设计方法，随着业务的发展和下属企业成熟度的提高，管控模式可以随时进行相应调整。

三、管控模式选择方案

1.明确集团管控模式选择的影响因素

经过充分讨论，在借鉴“汉哲管控模式选择指标体系”的基础上，确定本次管控模式选择的评价要素包括：

①战略重要性。指某下属单位在整个集团战略中所处的位置。战略地位越高，越倾向于采用集权的管控模式。

②业务相关度。指集团总部掌握的资源与各单位之间的关联程度，以及各单位间的业务协同程度。相关度越高，越倾向于采用集权的管控模式。

③产业环境。指下属单位的产业市场变化特征以及竞争激烈程度。市场化程度越高、变化越快、竞争越激烈，越倾向于采用分权的管控模式。

④发展状态。指下属单位目前所处的发展阶段以及管理成熟度。下

属单位越处于低级的发展阶段，其抗风险能力越弱，就越倾向采用集权的管控模式。反之，企业越成熟，越适用于分权的管控模式。

⑤业务结构。指下属单位的多元化程度、业务区域以及业务领域的专业化程度。业务越多元、区域越大、管理越专业，越倾向于采取分权的管控模式。

2.根据各分子公司的现状进行打分

通过对各分子公司在五大影响因素上的表现程度进行打分，得到集团对各下属企业的管控模式得分。

战略模型选择影响因素打分表

公司类型权重		指标	战略重要性	业务相关度	产业环境	发展状态	业务结构	合计
		0.3	0.2	0.2	0.2	0.1	1	
运营类单位	下属企业1	各项得分按照5分制进行定性打分：3.5分以上需采用操作管理型的控制方式，2分以下需采用财务管理型的控制方式，而在两者之间则需采用战略管理型的控制方式	5	4	5	1	5	4
	下属企业2		4	4	4	2	4	3.6
	下属企业3		4	3	5	1	5	3.5
新增重点业务单位	下属企业4		4	4	2	4	2	3.4
区域管理中心	下属企业5		3	3	3	4	3	3.2
	下属企业6		3	3	3	4	3	3.2
运营支撑类单位	下属企业7		2	4	4	2	3	2.9
	下属企业8		2	4	3	4	2	3

3.在管控模式矩阵中进行标注

将上述得分在管控模式矩阵中进行标准。企业得分越高，说明越需要进行集权控制；反之，则需要适度的分权。根据之前的计算结果，各下属企业的管控模式分布如下图所示。

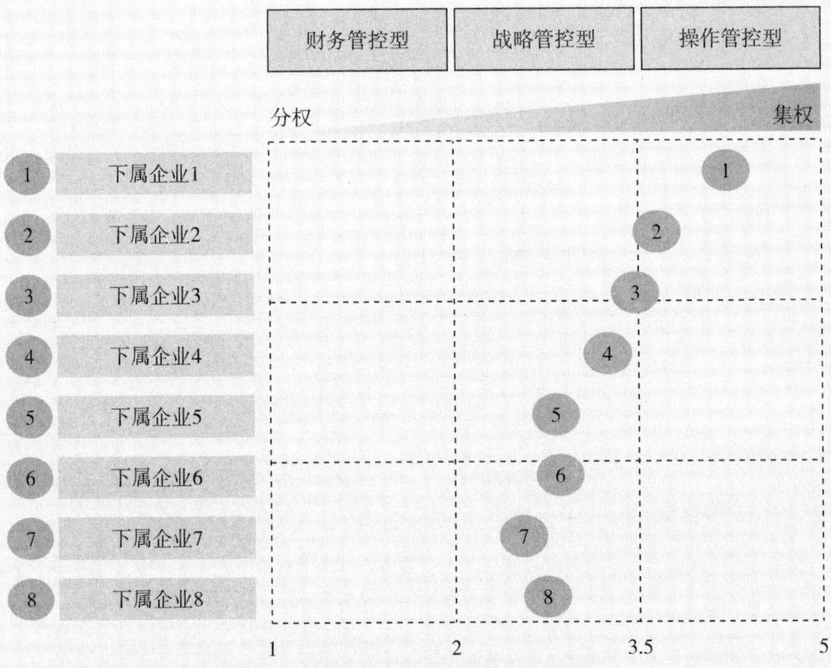

某环保集团下属企业战略模式选择模型

从上图可以看出，下属企业1、2、3得分最高，应采取操作型管控模式；下属企业4、5得分居中，适合采用战略型管控模式；下属企业6、7、8得分最低，更适合采用财务战略型管控模式，适度开展授权经营管理。

4.管控条线：管控模式落地的关键

在各下属企业管控模式基本确定后，需要进行管控宽度和深度的深化设计，也就是管控条线和权限的梳理。一般来说，简单的方法会将下属企业的管控条线分为业务类、管理类、辅助类子体系，在此之下进行条线的设计工作。

以下属公司1、2、3为例，因其管控定位基本相同，故而采用相同的三类子体系划分方式，在三类之下具体细分在11个条线，未来将根据上述条线进行流程的设计与权限的规划，从而确保管控模式能够落到实处。

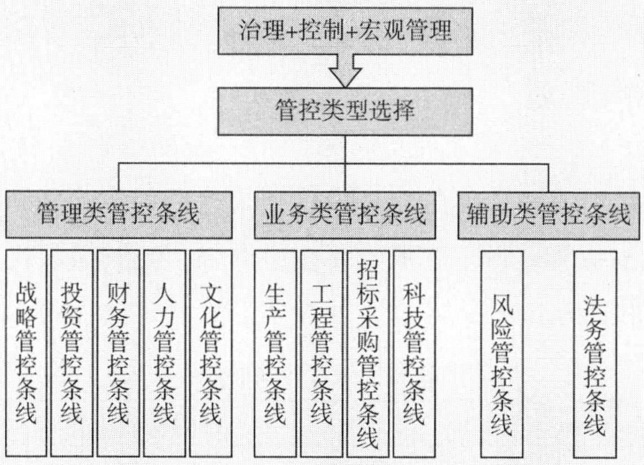

某环保集团下属企业战略模式选择模型

四、实施效果

通过建立面向不同下属企业的管控模式，集团做到了集权有道、分权有术，既实现了对关键业务、民生业务的全面深入管控，又能够在产业链业务、市场化业务上做到充分授权，从而大大激发了上述业务团队的积极性，优化了集团的资源配置效率以及配置方向，加强了集团不同业务管控的精细化程度，有效降低了管理资源的浪费与内耗，无论在功能性任务保障还是在市场化业务拓展方面，该集团在之后的三年内都有不错的建树。

第三节　治理结构与运行规则设计

公司治理，是由公司所有者、董事会和高级经理人员组成的一种组织结构，这种结构中的三者是相互制衡的关系。公司所有者将资产交由公司董事会托管；高级经理层受雇于董事会、在董事会的授权范围内经营和管理公司事务；董事会通过对高级经理人员的聘用、管理、奖惩影响公司的运营决策；监事会（监事）受所有者委托对董事会、经理层的决策和履职行为进行监督。

这一体系的有效运行，基于以下几个方面的系统安排。

一、股权结构筹划

首先，公司所有权层面的合理设计，是之后构建治理结构、设计科学的议事规则的前提和基础。在股权结构方面，不同的持股比例对应着不同的权利，大致的划分如下：

表 5-1　持股比例与权利对应表

持股比例	对应的权利
100%	最昂贵的完全控制线
75%	IPO 发行后发起人股东股权比例
66.67%（2/3）	最低的完全控制线（公司股东会重大决议的控制线）
51%	具有相当控制力的较强控制线（股东大会普通决议控制线）
33.33%（1/3）	最低成本的否决线（可对股东会特别决议进行否决）
30%	突发全面要约收购的最低线
25%	IPO 公众股东最低股权比例
10%	提议召开临时股东大会的最低线
5%	要约收购最低举牌线

因此，在股权结构的设计中，需要对多方的持股比例进行科学的设计。这一原则适用于两家企业设立合资公司，与适用于一家企业进行混合所有制改革和引入战略投资者，以及一家企业成立持股平台对人员实施股权激励，等等。只要属于对股权结构造成实质性影响的股权变更，都应在科学管理的范畴之内。

由于股权结构不合理造成治理体系构造畸形、运行不畅，有可能把本来可以做得很好的公司引入方向不明、急功近利、内部争斗、决策迟缓的漩涡，最终导致业务发展的失败。

二、治理结构设计

集团对于下属企业重大事项的参与，首先要透过治理结构开展。因此，对于下属企业董监事会的建设，是最基本的要求。

在此基础上，如果下属企业规模较大，或者经营业务较为特殊，为了对下属企业的核心管控更为精准、有效，有时还需要成立董事会之下的专业委员会，从客观、专业的角度对各领域的工作进行研究，为董事会的决策提供支持。通常来说，企业可选择设立的委员会包括战略投资委员会、财务预算委员会、人事委员会、技术创新委员会，等等。

为了确保集团对下属企业的管控，以及及时了解下属企业的情况，董监事及关键岗位人员派驻制也是治理结构设计中的一项重要规则。在公司章程、附件或合资协议中应明确说明：集团对下属企业派驻哪些关键岗位的人员，这些人员在下属企业中承担何种职责，具有何种权限。通常股东单位对下属企业可能派驻的人员包括董事、监事、总经理、副总经理、总监（财务总监），部分关键部门甚至可派驻部门经理。

这些设计，都是首先从结构上确保治理的有效性，避免因信息不对称、不全面或者重要权限未事先说明而导致下属企业的经营决策与集团的期望偏离。

三、治理规则设计

有了一个看似完善的治理结构，不等于治理体系运行有效。作为公司建立和存续的法律基础，治理结构一般都是不缺少的，但关键在于这一结构采用何种规则去运作，不作为的治理结构，形同虚设。

在治理规则的设计方面，历来有“积极股东”和“消极股东”的区分。消极股东主张“用脚投票”，对于不好的公司选择卖出，但认为不宜过度干预董事会、经理层的决策和经营。积极股东则正好相反，他们主张“用手投票”，要积极参与企业的经营决策，发挥监督作用，促进企业的良性运转。而要参与下属企业的经营决策，就需要在治理结构基础架构的基础上对若干治理活动进行设计，例如，董事会的召开频次，经理层的授权体系，公司的核心制度体系的设计与评估，重大经营活动的定期评估等等，这些方面在公司治理结构基本文件中有的有最低限度要求，有的则根本没有要求，但作为积极的董事会，这些规则都需要自行研究和设计，以确保治理体系的运行更为深入和实效。

以香港联交所上市公司香港地铁为例，公司的治理结构由董事局、董事局委员会、执行总监会、其他执行委员会组成。董事局是公司的最高权力机构，负责重大决策及监管；董事局授权执行总监会管理公司的日常事务，而董事局委员会负责为董事局人事财务方面的决策提供支持，多个执行委员会负责为执行总监会的决策提供支持，并督导各项业务工作的开展。这一规则体系的设计就比较符合地铁行业业务领域覆盖面广泛、注重安全与服务品质的特性，通过多个委员会的分兵把口，把各项事务管住抓牢，为公司业绩的稳健发展奠定了坚实的基础，由此也使得香港地铁成为全球地铁行业的楷模和标杆。

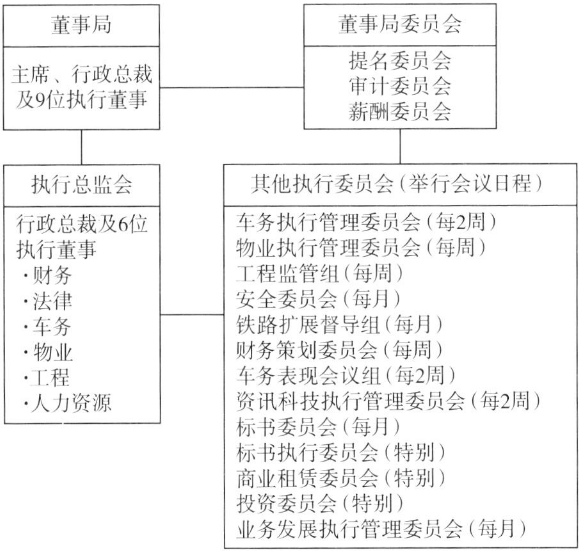

图 5-4　香港地铁公司治理结构

四、治理体系的有效运作

治理体系的运作，是在结构合理、规则清晰的基础上如何使得治理结构发挥效果的问题，本质上是人的问题，这方面的典型问题包括：

①董监事和派出人员的资格问题。作为参与下属企业决策的董事会成员，本身既要能够代表股东利益，更要有能力对下属企业的经营决策作出关键判断，这个要求是比较高的，而我国的现状是：经常由大股东本人或代表人作为下属企业董事，无论从专业性还是对业务的理解程度等有时都很难胜任，要么是退守到“消极股东”的底线，管住风险、看好资产；要么是作为大股东，但不充分调研的前提下指手画脚，违背行业规律，要求大干快上。这些都会对投资企业的经营管理带来不利的影响。

②对于外派董事的考核和激励问题。因为种种原因，我国相当多的集团把外派投资企业担任董事作为一种工作安排或组织信任，属于兼职，不能影响正常工作，没有激励，当然也就没有考核和评价。这一执行方式必然带来的结果是，外派董事仅仅是把集团的意图带到和表示，并不会对下属企业的经营决策起到实质性的影响。

③对于外派董事及高管的沟通与支持问题。外派董事要对下属企业的重要经营或管理决策发表意见，需要对本专业的精确了解，这对于任何一个董事来说都是有难度的，因为每个人不可能所有方面都非常精通，这就需要集团的各个专业部门提供对应的研究与决策支持，同时，对于各下属企业的情况，集团要有一套机制，定期听取外派董监事的声音，最终要变孤立的外派董监事为集团整体管控体系的一员，共同完成管控的目标。

案例5-2 老凤祥的股权重组

创始于公元1848年的老字号民族品牌老凤祥，是国内文化底蕴深厚的、跨越三个世纪的珠宝首饰品牌。然而，这样一家有着170余年历史的老字号，因为历史悠久，也存在许多遗留问题。其中，股权固化问题便是许多年来困扰老凤祥的头号问题。

一、股权固化——老凤祥迫切寻求改革

上海老凤祥有限公司（以下简称“老凤祥有限公司”）是老凤祥股份有限公司（以下简称“老凤祥股份”）最核心的下属企业，20世纪90年代末，上海老凤祥有限公司设立职工持股会，职工以现金和历年工资

结余形式出资入股，后又实施自然人（经营者和技术骨干）持股。截至2018年9月，老凤祥有限公司的股权中，职工持股会持有15.99%，自然人持有6%，两者共计21.99%。

在职工持股会设立初期，由于经营者和技术骨干持股，使得他们的利益与企业的效益密切挂钩，极大地增强了积极性和主观能动性，为老凤祥近二十年的快速发展奠定了强大的基础。但时移世易，随着公司的高速发展，职工持股所导致的股权固化问题逐渐显现。

问题一，企业的资金需求越来越大，资金成本压力渐增，而老凤祥股份作为上市公司受制于老凤祥有限公司的股权结构问题，难以将市场融资直接用于有限公司发展需要。

问题二，2009年为确保上市公司重组顺利进行，职工股股权暂停进退，使得目前70%以上的持股经营者超过退休年龄，股权相对固化制约了企业发展。

在这种情况下，老凤祥有限公司迫切需要作出改革，解决其在股权、股东架构方面存在的历史遗留问题，打破股权固化僵局，同时，实施有效激励，发挥经营技术骨干的核心作用，真正与企业实现利益共享、命运共担，共同推进公司的转型升级。

为此，老凤祥从2009年开始就谋划进行混合所有制改革，但由于各方面条件的限制，一直没有找到突破口，改革难以顺利推进。

二、股权置换——市场化手段规范进退

就在老凤祥苦苦寻觅改革之路时，国务院国资委开始部署“双百行动”。“双百行动”是指国务院国有企业改革领导小组选取百余户中央企业子企业和百余户地方国有骨干企业，在2018～2020年期间全面落实国有企业改革“1+N”政策要求，深入推进综合性改革，力求在改革重点领域和关键环节率先取得突破，打造一批治理结构科学完善、经营机制灵活高效、党的领导坚强有力、创新能力和市场竞争力显著提升的国企改革尖兵，凝聚起全面深化国有企业改革的强大力量。

“双百行动”无疑为老凤祥改革之路的破局点亮了一盏明灯，在接到区国资委关于申报双百试点的消息后，老凤祥连夜召开会议，拟定了申请试点改革方案，决定将经营者和技术骨干股权转让，引入战略投资者，并最终选定中国国新控股有限公司全资子公司——国新控股（上海）有限公司（以下简称“国新上海公司”）作为战略合作伙伴。

国新上海公司通过统筹协调，发起设立总规模30亿的老凤祥专项基金，收购职工持股会及自然人持有的21.99%股份。在具体操作过程中，通过明晰股权、明确权属，做到持股会260名成员及44名自然人（经营者）出资人对各自的持股情况及股权数额没有任何争议，并做到及时披露信息，改革全程公开透明。从原有股权退出到战略投资者引进，完全依照市场规律办事，真正把改革的过程交给了市场。

同时，为了保证骨干员工的积极性，在股权转让过程中，38名经营技术骨干将所得股权转让款的50%参与老凤祥专项基金投资，间接持股老凤祥有限公司。

通过5个月的时间，老凤祥借着“双百行动”的改革机遇，顺利完成了改革，实现了股权重组。

三、凤翔于天——企业迎来新起点

根据最新的业绩报告显示，2018年老凤祥股份全年实现营业收入437.8亿元，同比增长9.98%；完成利润21.6亿元，同比增长9.89%。在股权重组后，老凤祥的营业收入和利润刷新了历史最高水平。

老凤祥有限公司的股权改革之路还没有完，公司根据“双百行动”的要求继续推进改革，后续会启动新的股权激励，公司治理结构、激励机制将再次得到显著优化。

老凤祥董事长石力华说：“老凤祥将抓住‘双百行动’的改革契机，争取形成更多的试点经验，以‘敢想、敢做、敢突破’的精神，实现企业‘更好、更快、更强’的发展。”

第四节　各级组织功能定位与功能设计

集团管控中的组织功能定位，集中反映为集团总部的定位与下属公司的定位两个方面。

一、总部的五种典型组织功能

基于集团的发展战略和对下属企业的管控模式，集团总部有五种基本的定位要素，分别是：

①控制。在这种定位下，集团总部侧重于对最为重要的成本、价值驱动因素的管控，以强化对现有业务经营状况的改进和优化为目标。

②发展。在这种定位下，集团总部侧重于利用自身的资源，通过兼并收购、战略联盟、全球化拓展等，积极谋求业务规模和市场份额的快速扩张。

③衔接。在这种定位下，集团总部致力于对集团内各项业务建立联系，形成内部协同效应，从而实现集团整体利益的最大化。

④杠杆。在这种定位下，集团总部致力于建立某些特别的资源或能力，从而使得各下属企业在使用这些资源和能力之后能够起到杠杆一样的倍增效果，在某些经营环节上实现快速突破。

⑤交易。在这种定位下，集团总部主要致力于各项业务的投资与买卖，并能够在“低价买入—产业整合—培育放大—价值增值—资本化—高价卖出”的价值链条中获益。

现实中的大型企业集团，总部的组织定位往往会倾向于以上五种定位要素的一两种，如：有的倾向于“控制 + 发展”，有的则倾向于“杠杆 + 交易”，这是由集团战略（向上）和管控模式（向下）所决定的，这种组织定位直接决定了未来在总部要设立哪些部门，配备哪些职能，以及配备何种能力的人员。

二、下属公司的组织功能定位

下属公司的组织功能定位，一般都可以归纳为四种类型：产品型、方案型、成本型、平台型。

①产品型组织。围绕独特的、具有绝对竞争力的产品（或服务）构建组织架构。这类企业的经营核心在于某一类具有独特性的、与竞争对手形成明显差异的产品或服务，企业的一切活动都在思考：如何确保产品的最高品质、最优性能与最佳客户体验，如何通过创新保持在本领域的领导地位，典型企业如苹果、宝马、劳力士等。

②方案型组织。围绕面向不同客户提供有针对性的解决方案构建组织架构。这类企业的经营核心在于对客户需求的深刻理解、强大的知识管理与共享、优秀的方案设计与交付团队。虽然企业有部分模块也可以标准化，但仅仅是作为支撑解决方案的一个环节，企业经营的核心还是在于如何实现"从线索到回款"的最佳流程，典型企业如华为，IBM 等。

③成本型组织。成本型组织围绕如何低成本、高时效、高质量向客户提供产品构建组织架构。这类企业的经营核心在于效率和成本，由此也决定了它必然要对生产经营的各个环节实施精密的管理，典型企业如富士康、小米等。

④平台型组织。平台型组织的特点是搭建平台，吸引、促成各方在平台交易，从而在为交易提供服务的过程中盈利（直接收费或间接经营）。因此，对于平台型企业来说，必须解决的是"产品—推广—运营—服务—增值"的全链条问题，还要做好投入与产出的平衡、商业模式的构建与调整等，同时，平台的开放性也决定了业务的服务对象广泛不特定，业务变化速度快，需处理的异常事件多，管理难度较大，典型企业如链家、美团等。

三、组织功能分析与组织优化

明确了集团总部和各下属企业的组织定位，就可以通过一整套组织设计的方法，在借鉴其他同类企业的基础上搭建起集团本部和各下属企业的组织架构。需要特别说明的是：

①在组织设计的过程中，我们通常采取的方法叫做“组织功能分析”或“组织分析”，就是把集团总部的组织职能、下属企业的组织职能梳理出来，再根据职能的接近性、所需资源或能力的相似性预估工作量的大小，把不同职能放到部门结构中去。相对于“拍脑袋”的经验性组织设计，这种方法具有更强的结构性和逻辑性，更便于分析、对比和调整，也有利于与其他管控工具的衔接。

②一般来说，企业组织机构的设计分为组织优化和组织再造两个层次。所谓组织优化，也就是在现有组织架构的基础上，对于不合理的职能设置、部门设置等进行局部的优化调整；而组织再造则是面向集团战略的、对于总部组织、下属企业组织的全面重新设计。组织再造往往发生在企业并购、整合或业务发生重大调整的时间点，与此同时也会发生流程再造、人员竞聘等一系列幅度较大的管理变革。

第五节　管控条线与核决权限设计

一、管控条线与管控子体系

所谓管控条线，是指某项具体的管理事项，如年度目标计划管理。在集团企业的管理中，这项工作往往既存在于集团总部，也存在于下属企业，且总部与下属企业在这项工作上还有互动关系。所谓管控子体系，是以若干相近的管控条线和核决权限为基础、针对于某一组织功能的专项管控体系。

管控条线帮助我们理清了“有哪些事项需要管控”，核决权限帮助我们理清了“这些事项的决定权在哪一管理层级”，而“管控子体系”则告诉我们，在既定的事项和权限之下，某一专项体系该如何组织和运作，既能够达成管控目标，又能够保证体系的先进性与组织效能。

以集团的“战略管控子体系”为例，可能包括的管控条线有“市场信息管理”“战略研究与规划”“年度目标计划”“重大战略决策”“战略运行评估”等等。

二、核决权限设计

所谓核决权限，也就是针对每一管控条线、集团总部与各下属单位的权利划分。一般来说，企业集团的权限可以概括为财务权、人事权、经营决策权、知情与监督权等四大类型。以人事权为例，又包括人事聘用、干部任免、考核权、薪资决定权等若干二级权限。在二级权限之下，还有更为具体的三级核决权限，如下属企业副总经理级人员的聘用权等。这些权限的核定，往往是根据管控条线进行设定。

指导集团总部设计核决权限的原则，就是集团对下属企业的管控模式，而管控模式的落地，在很大程度上也是依托于授权体系。在某些企业，有专门的《授权手册》《权限管理手册》等文件，详细、明确地说明集团对下属企业、企业负责人的授权。

第六节 管控子体系与管控机制设计

管控体系设计的下一步将是具体的制度与流程设计。而在此之前，基于集团管控模式的选择，对于公司治理、总部/下属企业的组织机构、管控条线与核决权限等管控的“静态、结构性问题”已经进行了探讨。如何使管控体系“动起来”，就需要把各个管控子体系如何运转、有哪些配套机制要纳入进来考虑清楚，在此基础上形成的制度和流程才能真正反映集团意图，具有先进性和可操作性。

一、管控子体系运行机制设计

管控子体系的设计，基于前面已梳理形成的管控条线与核决权限，具体讨论的是某一个管控子体系如何运转的问题。

在这个子体系的设计过程中，首先，要考虑集团战略的要求是什么？其次，要看行业内在这一领域的最佳实践是怎样操作的？有何创新的模式能够拿来应用？第三，要看集团当前需要解决的管理问题，有哪些可以通过本体系的设计和运行解决。

以战略管控子体系为例，在“年度目标计划”条线，各企业的做法就有很大的差异。有的企业在当年10月份左右召开“战略务虚会”，对当年经营情况进行总结，对次年的市场进行初步分析；在10月份至次年1月份的三个月之中，总部经营计划部门与下属企业的企管、规划、财务等部门会有多轮的上下沟通，在年度目标、目标分解、保障措施等方面都形成相对系统的方案之后，再报送集团领导层、下属企业董事会讨论通过。当然，也有集团企业的做法比较简单草率，12月底下个通知，各单位在年底报上数据即可。这两种管控的结果自然是可想而知。因此，对于一家集团企业来说，要结合自己的实际和先进的管理经验，把“应当如何做”以制度的形式确认下来。管控子体系的探讨，恰恰就是为了满足这一要求。

二、管控机制设计

所谓机制，是指维持某一系统或组织正常开展工作的运转方式，顾名思义，管控机制就是维持集团管控有效开展的运转方式。

与制度相比，机制是内生的、自发的、非文本性的运行规则，但它对于企业的运转非常重要。我们经常看到，有的企业没有特别完整的制度和流程，但它仍然能够有效地甚至高效地运转，其实就是有一套内部的管控机制在发挥作用。

企业内部究竟有哪些机制对于集团管控在发挥作用呢？见表5-2。

表 5-2　管控机制的作用

序号	管控机制	内涵介绍	可否制度化
1	决策机制	决策机制是企业在享有充分的法人财产权的情况下，对生产、经营等经济活动做出抉择的机制。包括决策主体的确立、决策权划分、决策组织、决策方式等多个方面	√
2	战略审视机制	战略审视机制是指当外部的社会环境、经济条件、技术趋势、客户需求等发生变化时，企业战略应进行重新审视，对企业的发展方向、产品特征、技术要素等进行分析，寻找与该变化的差距与不足、不断进行调整与优化的机制	√
3	资源分配机制	资源分配机制是指企业根据战略以及竞争要求，将其所掌握的各种资源在质和量上进行分配，其目的是形成战略所需要的经营结构或战略能力	
4	计划预算机制	计划预算是指利用系统分析与成本效益等方法，将目标设计、计划拟定与预算编制及控制融为一体，旨在提升计划的准确率与预算的执行效果	√
5	报告机制	报告机制是指下级采用正式或非正式的方式将需要请示的事项、汇报的内容、重要紧急情况、需知晓的事宜等以规范的格式向上级报告，报告机制的核心是传递效率与报告质量	√
6	会议机制	会议机制是指通过召集开展各类会议，商讨或决策某些事项的管理活动	√
7	契约化管理机制	契约化管理，就是采用各种职责、制度、规程等相对固定、清晰的契约，约定各层级、各方面的职能、责任、权限与权益关系	
8	竞争机制	竞争机制就是在企业内部建立良性竞争，激发企业活力，激励员工工作积极性，从而提升企业绩效	
9	激励机制	激励机制就是运用多种激励手段，通过物质、精神等多种方式、多个层面对激励客体施加影响，使之按照期望的方向开展活动	√
10	变革推动机制	变革推动是指基于内外部环境变化策动管理变革，革除弊端，改良组织，调整利益分配机制，使得企业按照更为优化的方式运转	

续表

序号	管控机制	内涵介绍	可否制度化
11	跨职能协同机制	跨职能协同是指两个或以上的不同部门或个体，协同一致地完成某一任务或目标	
12	内审机制	内部审计是指企业内部人员按照既定的目标和程序对企业内部控制的有效性、财务信息的真实性和完整性、经营活动的效率和效果等开展的评价活动	√
13	立标推广机制	立标推广是指在企业内部树立标杆，进而号召全系统学习标杆经验、提升业绩与管理水平的活动	

以上管控机制中，有些可以制度的形式明确和固化，有些则仅仅只能作为一种隐形的机制存在，但它的作用却不可忽视。

第七节　总部制度建设与内控风险管理

管控体系建设的初期，属于顶层设计阶段，可能只有少量经营层和管理者参与，而管控体系要真正落地，需要的是全公司上下人员的一致遵守和执行，这就需要把抽象的管控模式转化为大家日常使用的制度、流程、操作标准等管理文件。

一、总部制度与流程框架设计

集团企业的制度与流程建设，必然先从总部开始；而总部的制度流程建设，必然是先从框架的设计开始。

制度流程框架的设计，主要包括两个方面的内容。

①制度（或流程）的管理体制。一是制度的分类与分级，二是不同类型制度文件的命名方式，如：制度、办法、规定等；三是制度文件的编写形式，如：结构要求、文字要求等。对于以流程为核心文件的企业，还需要搭建流程体系框架，也要分层分级，对于不同层级的流程要有明确的定义，

并且规定流程文件所需要的附件、附表等。

②制度（或流程）的清单目录。包括拟编制制度（或流程）的名称、内容、管控要点、主导部门、当前相关文件等，这是为后续的制度流程梳理和优化奠定基础。

二、制度（流程）梳理与优化

这一阶段一般包括两项工作，一是制度流程梳理，二是制度流程评估与优化。

①制度流程梳理。要对现有的制度和流程进行搜集、整理、归并、分类，所有与制度流程执行有关的文件、通知、规定、办法、上级发文等，都应视为收集和整理的对象。

同时，如果要进行流程体系建设，还需要把现有制度等文件中的未正式形成的流程按照标准化的要求绘制成为流程图，并编制配套的流程说明文件。

②制度流程评估和优化。要采用科学的评估工具对现行制度和流程进行评估，如有可能，还要选取外部企业的同类型制度或流程进行对标，在此基础上，对制度和流程进行调整和修改。

一般来说，这种调整和修改都要经过多轮的讨论和征求意见，有的制度甚至还要经过上级主管部门的审批才能发布生效。

三、内控与风险管理体系建设

近年来，除上市公司有明确要求之外，越来越多的集团企业开始进行内控和风险管理体系的建设。2010 年，财政部发布《企业内控基本规范》配套指引，进一步明确了企业内控评价、审计和应用的具体方法。而全面风险管理则是在制度流程与内控体系的基础上建立的风险定义、评估与管理体系，相对于内控体系，全面风险管理体系范围更宽、风险的定义范围更为广泛。

内控与全面风险管理体系建设不是本书重点，但需要特别说明的是：

①制度体系、内控体系、全面风险管理体系共同构成了企业的风险管理体系，只是各自的定义和侧重点不同，实际运行中缺一不可。没有制度流程的支撑，内控体系无法发挥作用；没有制度和内控体系，全面风险管理更是无从谈起。三者之间是层次递进、层层支撑、共同作用的关系，如图 5-5 所示。

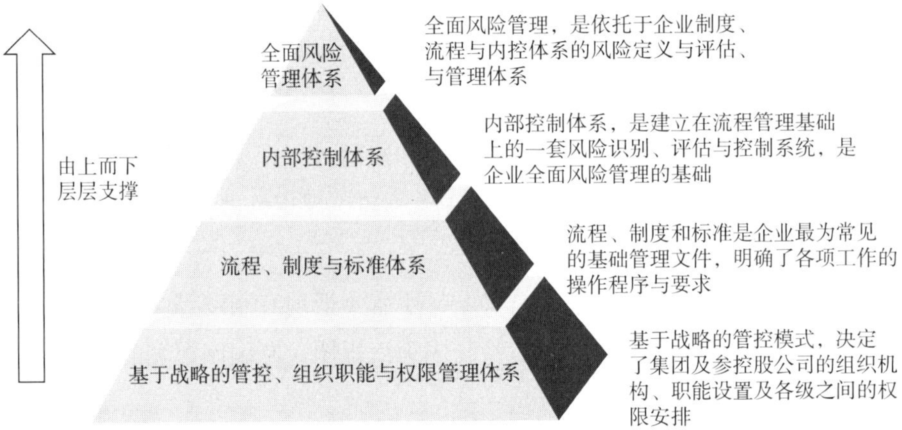

图 5-5　企业风险管理体系

②全面风险管理体系的构建一般是由集团总部牵头，各下属单位基于集团全面风险管理体系的规划建设各自的“风险管控子体系”，整个体系需要在集团统一管理之下协同运行，集中调度，集中报告，集中管控，集中干预，从而避免个体风险对集团整体（如品牌、资金、关键生产设备等）的影响。

③制度、流程、内控、风险管理，都可以视为是集团法制性文件的组成部分，它们向上承接管控模式与结构系统的要求，向下面对全体执行者发挥承上启下的“顶梁柱”作用，非常关键和重要。

第八节　下属企业制度建设与贯通性评价

之所以把“下属企业制度建设”作为一个单独的步骤或工作模块来设

计，首先是源于一个错误的观点，大多数集团企业认为，制度建设是下属企业自己的事，集团公司不应当、也没有必要进行干预。

这种观点其实是错误的，我们所说的集团管控，强调的是“一贯到底”，设想一下，如果集团管控模式、子体系、权限都梳理清楚了，集团总部也制订了相应的制度，但下属企业因为种种原因（如不重视、管理人员缺乏、管理制度不健全、人为屏蔽等等），并没有制度或流程对相应的管控条线进行承接，这一管控事项最终无法落地，风险也无法得到有效控制。从某种程度上，由于集团要承担对下属企业的管理责任，结果是集团背上了责任和风险，对下属企业却是束手无策。

因此，对于集团企业来说，在下属企业的制度管理方面，需要做三件事。

①明确界定集团哪些制度是下属企业可直接使用或转化为企业内部文件使用，不应进行更改的。

②对集团总部的管控思想、制度框架、制度管理规范等进行介绍，指导下属企业制订符合自身业务特点的制度与流程框架。

③在制度与流程框架中圈定重点制度或流程，由下属企业自行编制，集团相关部门审核，以确保与集团管控体系保持一致。

第九节　关键流程优化与效能提升

一说到制度与风险管理，很多企业的做法都是加强、规范制度建设，但是，我们也应当看到，对于企业来说，也会存在“过度管理”的风险，即为了管住下属企业，在方方面面做了大量的约束和规定，束缚了下属企业自主开展业务的权利，影响了下属企业的积极性和主动性，无意间培养了凡事请示汇报、责任上交的心态和风气，在市场竞争日益激烈的今天，这样的“管控”背离了服务企业发展的大目标，同样是不应提倡的。

因此，在管控体系的设计过程中，我们需要关注的不仅仅是规范，还有效率，一个缺乏效率的管控体系在企业面向市场的经营和竞争中是无法生存的，因此，在管控体系构建的过程中同步开展关键流程的优化，也成为近年来管控体系设计的最新趋势。

一、企业的关键流程

在流程管理方面，有一个非常著名的价值链理论，如图 5-6 所示。

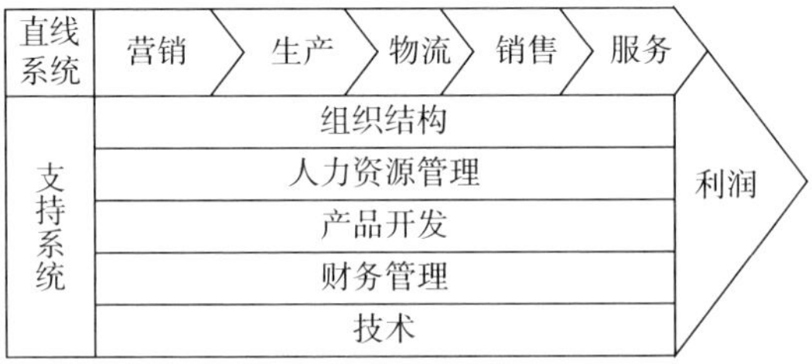

图 5-6 价值链理论

一般来说，处于企业主价值链上的环节基本都是企业的关键流程；处于支持系统的环节，视各企业的情况有些也会被确定为关键流程。流程管理思想的本质就是对关键流程的关注和优化。因为，对关键流程的优化往往能够快速提升效率和效益，解决企业面临的问题。例如，华为就提出了要重点关注“从线索到现金”（LTC）的流程，这就是所谓的关键流程。

二、流程优化与效能提升的方法

流程优化与效能提升的方法很多，最为知名的就是 ESIA 方法，即：通过清除、简化、整合、自动化四种方式优化流程运行方式，提高效能。

ESIA 方法的工作内容如表 5-3 所示。

表 5-3 ESIA 方法工作内容汇总表

清除	简化	整合	自动化
过量生产	表格	工作	脏活
等候时间	程序	团队	难活
运输	沟通	顾客	险活
加工	技术	供应商	乏味的工作

续表

清除	简化	整合	自动化
库存 缺陷、失误 重复 重排格式 检验 协调	流程 子流程 问题区域		数据采集 数据传送 数据分析

现实应用中，往往是综合采用几种方法对流程进行优化，以达到提高效能的目标。

第十节 集团管控信息化平台建设

现代企业管理离不开信息系统与信息化，同样，管控体系的建设和应用也离不开信息化的有力支持。对于企业来说，集团管控与信息化的关系是怎样的？如何基于集团管控的要求进行信息化规划和信息系统建设？本节对此进行讨论和研究。

一、集团管控与信息化建设的关系

信息系统的建设是为了服务既定的管理目标，一般来说，规划先行，企业集团的信息化建设应从信息化规划开始，而集团的信息化规划则应在集团战略、集团对下属企业管控模式清晰的基础上开展。对于信息化规划来说，如果能在管控子体系、总部乃至分子公司的制度和流程体系都基本完善的基础上再开展，肯定是最为精确和实效的，但事实上，绝大多数企业集团还不具备这样的条件。实际工作开展中，信息化规划的最低条件是：企业集团的战略规划、业务模式、对下属企业的管控模式这三个问题必须明确。

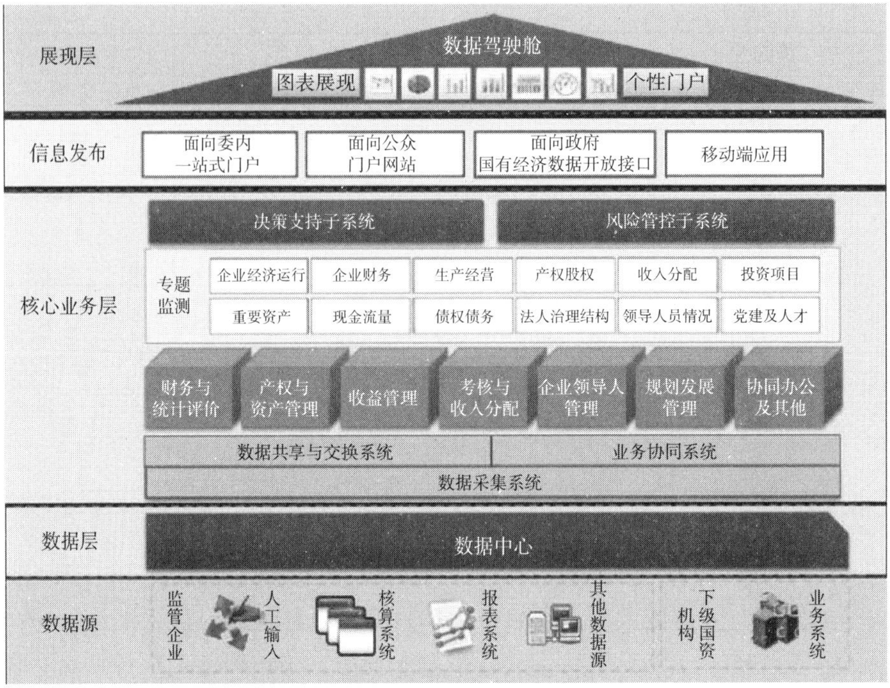

图 5-7　某集团信息系统的整体构架示例

二、集团管控体系的不同模块与信息化的结合

一般来说，企业的信息系统可以分为业务信息系统和管理信息系统。

业务信息系统是支持企业业务主价值链运行的信息系统，进销存系统、ERP 系统等都属于企业的业务信息系统。

管理信息系统主要是指与业务数据不直接产生关联的、支持各项管理活动的信息系统，如财务系统、协同办公系统、客户管理系统、人事管理系统、管理驾驶舱，等等。

对于一家单体企业来说，最重要的是业务信息系统，因为它直接与业务关联，而对于集团企业来说，绝大多数不是直接管理下属企业的具体业务动作（如生产安排、备料等），因此，从集团管控的角度，上下级企业发生互动的主要是管理信息系统。

一般来说，企业集团的财务与资产管控主要在财务管理信息系统的流程和权限配置中体现；人力资源管控主要在人事管理信息系统中体现；营销管控主要在客户关系管理系统中体现；信息化管控主要通过集团信息管理部门对下属企业信息化规划、信息系统选用的干预来实现。除此之外的大多数管控条线和权限安排往往都在企业的协同办公系统（OA）中得以体现，如工作报告、任务管理、请示审批、费用审批等。

对于没有全面开展信息化建设的企业集团来说，财务 +OA+ 人事系统，即可构成基础的企业信息化管控平台，能够满足集团管控的基本要求。

第十一节 基于战略与管控模式的绩效考核、内控评价与审计稽核

按照管理学的基本原理，任何管理体系的运行都要形成闭环，才能实现对体系运行效果的动态反馈、评估与修正，从而确保体系的有效运转。

集团管控体系也不例外，其运行闭环是通过绩效考核、内控评价和审计稽核系统的运行而实现的。

一、绩效考核与集团管控的关系

绩效考核，是集团对管控体系执行情况进行评价的最重要手段，其中：

①对于下属企业战略执行情况、年度经营目标完成情况的评价，是战略管控和财务管控的重要内容。

②集团各部门对于下属企业各项重点工作的检查和评价，是对各管控子体系落地情况的全面检查。

③对下属企业的考核，也等同于对下属企业核心管理层的考核，也是对干部进行激励和聘免的重要依据，是确定下属企业年度人工成本增减的重要参考，因此，也是人事管控体系的重要内容。

二、内控评价与集团管控的关系

内控评价是内控体系的重要构成环节，是根据内控体系的要求对企业具体执行内控体系的情况进行定期评估和检查的过程。

内控评价中，主要对下属企业的经营决策、经济活动、投资行为的合规性进行检查，是对下属企业战略决策、财务投资、经营活动、采购供应、生产安全等关键管理活动合规性的客观评价，尤其是对潜在风险的发现和提示，相当于对集团管控所要求行为的负面清单评价，对于管控体系的完善和改进具有非常重要的作用。

三、审计稽核与集团管控的关系

所谓稽核，是指企业内部对会计凭证、会计账簿等进行审核、复查的过程，是由会计人员进行的会计业务监督，是一种内部管理行为。而审计则是指由有资质的专业机构依照法律法规对企业的财务收支和重大项目进行事前和事后审查的独立性监督活动，不受企业及部门的限制，具有较强的独立性与权威性。

定期开展面向下属企业、重点项目的稽核与审计工作，是对财务管控、资产管控体系落地执行情况的客观评估，是对重大经济活动合规情况的客观评估，对于弥补管控漏洞，强化重点条线的管控力度，具有明确的指向作用。

案例5-3　某国有投资控股集团管控体系优化

一、公司概况

某投资控股公司是隶属市政府的国有独资公司，是政府授权范围内国有资产的运营主体，公司成立于2000年12月，注册资本9亿元，资产总额178亿元，公司的主要职能：一是承建重点市政公用基础设施项目，二是代政府融集建设资金，三是授权经营国有资产，保值增值。十几年来，公司业务涉及城市建设融资、投资，市政公用基础设施改造、建设，土地整理，公租房的开发建设，智能交通监控系统建设，长途客运系统建设和运营，物流项目建设和运营，城中村综合改造开发，等等。

二、管控体系现状

公司实行董事会领导下的总经理负责制，下设2个全资子公司、6个控股公司、12个参股公司，现有员工2000余人，通过系统评估和诊断，该集团在组织管控方面存在的问题包括：

①多级管控的各级定位不清晰，认识不一致。作为多级管控的最顶层，集团总部对于自身的定位不够系统和明确，导致对下属单位的管理和支持太少，部门的各项工作也得不到下属企业的响应。

②自上而下的信息传递不畅，各项指令向下传达都是通过文件形式，文件数量庞杂、发文流程问题突出，需会签的人员非常多。

③制度流程归口部门缺失，各部门根据各自的工作内容制定制度和流程，缺乏统一规划，制度流程基础管理不规范，表现形式各异，缺乏有效性和合理性，对工作的指导意义不大；制度流程宣贯不彻底，基层员工缺乏统一认识、执行力较差。

④组织设置方面，公司按照以往单体企业的模式构建集团的组织架构，在核心业务板块的部门设置上采用了共用部门的办法，虽然节省了人工成本，但部门只能满足基本的事务性工作，无法支撑公司战略。

⑤从部门设置来看，前台部门功能单一，中台部门过于弱化，后台部门庞大，对于产业板块管理的核心部门，反而缺乏系统考虑，不能支撑集团的整体运作。

⑥由于缺乏公司角度的组织分析，导致部分功能缺失、功能错位、功能弱化，部门职责界定不清，严重影响了部门功能发挥；部门间相互推诿现象严重，沟通协作有障碍。

⑦由于组织设计不清晰、不明确，对员工的要求也相应不会明确，管理者水平参差不齐，存在权责不对等现象，同岗位员工的工作也存在忙闲不均的问题。

三、管控体系优化的原则

基于上述问题，确定本次管控体系优化的原则如下。

①战略导向原则。战略是管控体系的引领，设计管控模式必须满足总体战略的需要。

②价值创造原则。以能为集团带来最大价值，能给各经营单位带来超出各自简单相加的业绩效应为目标，实现“1+1>2”的组合价值。

③分类管控原则。集团管控模式不可“一刀切”，而要根据各子公司的股权关系、战略定位、行业特性和管理能力等进行分类管控，一企一策。

④能力匹配原则。管控模式要与集团和子公司的管理能力相匹配，一方面集团公司要具备与不同管理模式相匹配的管理资源和管理能力，另一方面，也要根据下属单位的业务成熟度、管理能力成熟度等进行管控模式的动态匹配。

四、管控体系优化的步骤

针对该企业的管控体系设计分为管控模式选择、管控条线与权限设计、组织分析与组织优化、制度流程设计四个阶段。

1.集团管控模式选择

企业集团的管控模式通常分为财务管控型、战略管控型和运营管控型三种类型，如下图所示。

采用专家打分法，根据该公司当前的运行状况以及未来的发展规划，对影响管控模式选择的五大要素（产业环境、业务结构、业务关联度、发展状态、管理风格）等进行评分。

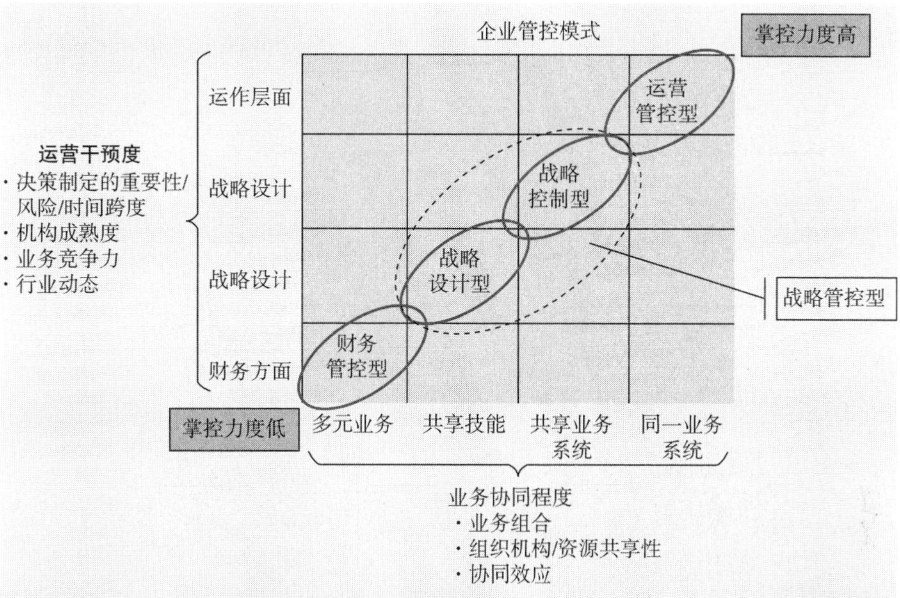

企业管控模式

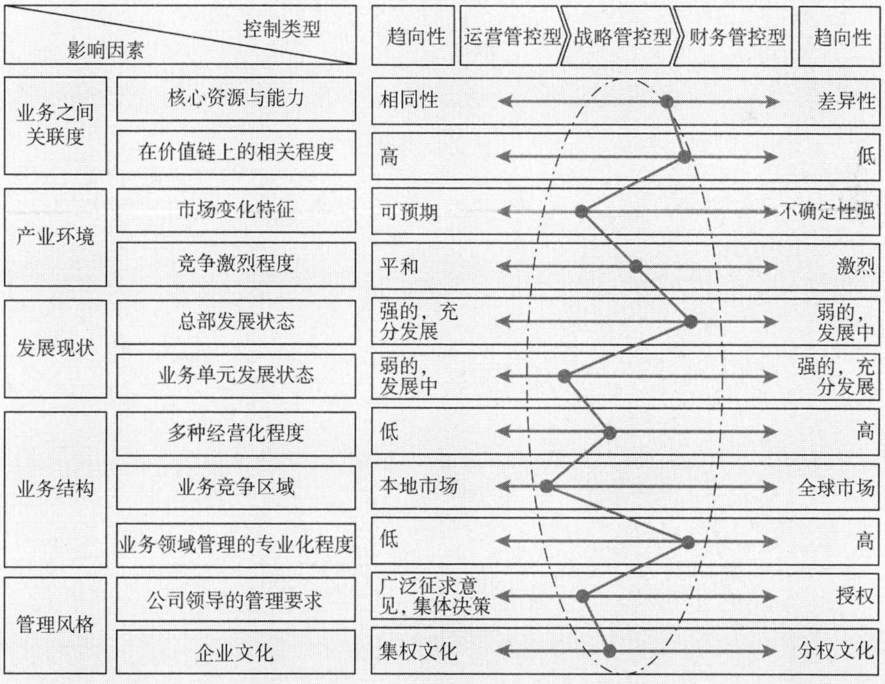

影响管控模式选择的五大因素

基于五大因素的评分结果，初步确定，该集团比较适宜采取“战略管控型”为基础的管控模式。

2.管控条线及关键权限划分

在管控模式确定的基础上，按照静态和动态两个维度，对集团的管控条线进行梳理，初步确定为十大管控条线。

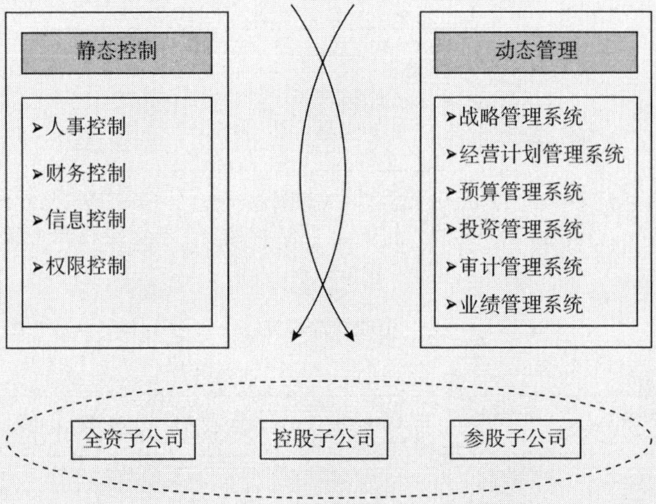

十大管控条线

管控条线确定之后，基于静态控制与动态管理的要求进行权限划分，如下所示。

（1）静态控制权限

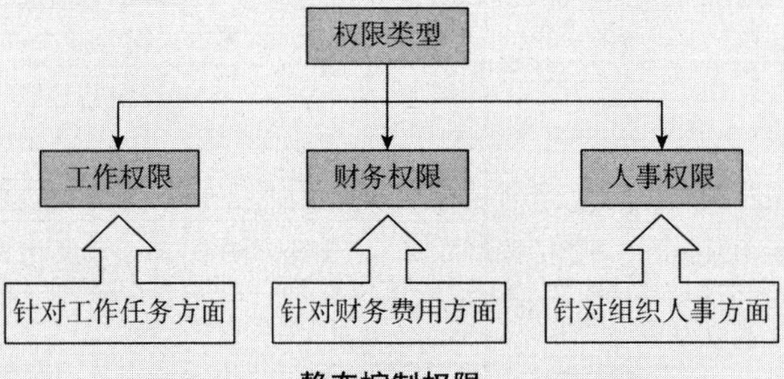

静态控制权限

（2）动态管理权限

权限划分 权力类别		总部制定与推行	报总部审批	报总部备案	子公司自行决定
★	战略规划	√			
★	经营计划		√		
★	兼并重组	√			
★	投融资管理	√			
★	预算管理	√			
	审计管理	√			
★	高层人事任免	√			
	中层人事任免	√			
	绩效管理	√			
★	品牌管理	√			
★	研发与设计	√			
	采购/物流		√		
	生产管理		√		
★	市场营销管理		√		
备注	“★”号表示属于关键的权责分配				

动态管理权限

（3）组织功能分析与组织优化

基于战略与管控模式定位，开展组织功能分析与优化，设计组织层次、部门结构与组织职权，其中，组织层次的划分主要解决组织的纵向结构问题，部门的划分主要解决组织的横向结构问题，组织职权的划分主要解决各层级、各部门之间权力的分配和制衡问题。

基于以上分析：

①在业务部门方面，设立工程项目管理部、公益性项目建设部、投资与资产管理部三个部门，分别负责市场型项目建设、公益项目建设、资产管理与投资三大类业务。

②在管理部门方面，设立财务结算中心、法务部、人力资源管理部、企业管理部。

③在党政部门方面，设立党委办公室、总经理办公室、纪检监察室等部门。据此，形成集团本部的组织架构，并在此基础上开展了岗位梳理与岗位职责的设计，确保各项管控工作在总部均有所归属和承担。

（4）制度与流程设计

制度和流程是集团管控落地的重要保障，基于组织机构、管控条线、管控权限等方面的设计，形成该公司的制度流程体系构建，如下表所示.

某控股集团总部制度与流程体系架构

流程架构		制度架构	
人力资源管理流程	LJ-P-RL	人力资源管理制度	LJ-S-RL
行政后勤管理流程	LJ-P-XZ	行政后勤管理制度	LJ-S-XZ
企业经营管理流程	LJ-P-QY	企业经营管理制度	LJ-S-QY
财务会计管理流程	LJ-P-CW	财务会计管理制度	LJ-S-CW
资金预算管理流程	LJ-P-ZJ	资金预算管理制度	LJ-S-ZJ
地产营销策划管理流程	LJ-P-DYX	地产营销策划管理制度	LJ-S-DYX
地产工程管理流程	LJ-P-DGC	地产工程管理制度	LJ-S-DGC
工程市场拓展管理流程	LJ-P-GSC	工程市场拓展管理制度	LJ-S-GSC
工程投标管理流程	LJ-P-GTB	工程投标管理制度	LJ-S-GTB
工程成本合约管理流程	LJ-P-GCB	工程成本合约管理制度	LJ-S-GCB
工程采购物控管理流程	LJ-P-GCG	工程采购物控管理制度	LJ-S-GCG
工程技术管理流程	LJ-P-GJS	工程技术管理制度	LJ-S-GJS
工程质量管理流程	LJ-P-GZL	工程质量管理制度	LJ-S-GZL
工程安全与文明施工管理流程	LJ-P-GAQ	工程安全与文明施工管理制度	LJ-S-GAQ
工程施工管理流程	LJ-P-GSG	工程施工管理制度	LJ-S-GSG

为将核决事项、管控权限落实到每一项工作，需要在制度与流程架构的基础上进一步深化，按照分层分解的方式，明确各管控体系具体需要的一级、二级或三级制度，以人力资源管理制度（流程）为例，经细化后的三级制度与流程，如下表所示。

人力资源管理制度与流程体系三级架构表

序号	制度编号	一级制度	二级制度	三级制度
1	LJ-S-RL	人力资源管理制度		
2	LJ-S-RL-01		人力资源规划管理制度	

续表

序号	制度编号	一级制度	二级制度	三级制度
3	LJ-S-RL-02		公司组织及岗位管理制度	
4	LJ-S-RL-03		招聘管理制度	
5	LJ-S-RL-03-01			招聘渠道管理规定
6	LJ-S-RL-03-02			外部招聘管理规定
7	LJ-S-RL-03-03			内部竞聘管理规定
8	LJ-S-RL-04		培训管理制度	
9	LJ-S-RL-04-01			外部师资管理办法
10	LJ-S-RL-04-02			内部师资管理办法
11	LJ-S-RL-04-03			培训教材管理办法
12	LJ-S-RL-04-04			培训学分管理办法
13	LJ-S-RL-05		薪酬管理制度	
14	LJ-S-RL-05-01			员工薪资调整管理规定
15	LJ-S-RL-05-02			员工薪酬发放管理规定
16	LJ-S-RL-06		绩效管理制度	
17	LJ-S-RL-06-01			个人绩效考核实施办法
18	LJ-S-RL-06-02			个人绩效考核指标库管理办法
19	LJ-S-RL-06-03			个人绩效面谈实施细则
20	LJ-S-RL-07		人才开发管理制度	
21	LJ-S-RL-07-01			职业生涯规划管理制度
22	LJ-S-RL-07-02			员工能力素质管理办法
23	LJ-S-RL-07-03			员工专业资格职称管理办法
24	LJ-S-RL-07-04			大学生培养管理办法
25	LJ-S-RL-07-05			骨干人才培养管理办法
26	LJ-S-RL-08		人事管理制度	
27	LJ-S-RL-08-01			员工入职管理办法
28	LJ-S-RL-08-02			员工离职管理办法
29	LJ-S-RL-08-03			员工异动管理办法
30	LJ-S-RL-08-04			劳动合同管理办法
31	LJ-S-RL-08-05			人事档案管理办法
32	LJ-S-RL-08-06			员工调户管理办法

续表

序号	制度编号	一级制度	二级制度	三级制度
33	LJ-S-RL-09		福利管理制度	
34	LJ-S-RL-09-01			五险一金管理办法

通过以上制度与流程的梳理，把管控定位、组织职能、权限划分等方面的管理要求整合起来，落实到制度与流程中，通过对制度流程的宣贯和推行，实现推动管控体系落地的目的。

五、实施效果

通过对该投资集团管控问题的诊断与管控模式的定位，对管控条线与关键权限的梳理，对集团总部组织机构的优化，以及对制度流程体系的系统设计，为该公司建立了与战略相匹配的组织管控模式，各级组织的管控定位岗位准确和清晰；总部各部门职责更为明确、对下支撑和管理的力度加强，横向协调更为高效；纵向各条线的权限更为清晰、信息传递更为通畅；同时，制度覆盖率大大提高，横向到边纵向到底，保障了公司各项业务的有序、规范、高效运转；企业的经营效益连年提高，风险管控更为得力，国有资产保值增值，企业服务社会的能力不断加强，在市场化业务中的竞争力也在同步提高。

第六章

治理结构与运行规则设计

以上我们对集团管控体系的构建过程进行了简单的介绍，以下将就集团管控的关键内容逐一进行详细的分析和研讨。在集团管控模式确定之后，第一个需要研究的内容就是公司治理结构与运行规则的设计。

企业集团不同于单体企业，是由多家企业组合而成的，是一个多法人的联合体，如何解决所有权和经营权分离的问题，如何保护母公司投入子公司的资产不受侵害，如何确保集团整体利益最大化，这些问题的回答，都涉及到集团的治理问题。

那么，什么是公司治理？公司治理的结构是怎样的？集团公司的治理与单体企业治理有哪些区别？如何设计和组织运作？这些正是本章要讨论的内容。

第一节　公司治理概述

一、公司治理的本质

公司治理，或公司治理结构，一直以来都是国内外企业界与管理学界讨论的热点，其原因在于，治理结构直接关系到公司的控制，而控制问题又进而影响到公司的决策、发展、盈利、分配等诸多方面。

国外学者关于公司治理的主要论述包括：

Tricker 在 1984 年完成《公司治理》一书，书中的主要观点是：公司治理所关注的并不是公司的日常运营管理，而是监督和控制企业管理者的行为，目的是满足公司利益主体的预期要求，这个利益主体就是公司的股东。可见，Tricker 认为，公司治理解决的主要是股东与管理者之间的关系问题。

Hart 于 1995 在《经济学杂志》上发表了一篇关于公司治理的文章，他认为，公司中存在着“委托代理问题”。什么是“委托代理问题”呢？比如说，一个有钱人开了一家公司，但他觉得自己没有能力管理公司，于是就请了一位专业人士替他管理这家公司，那么这个有钱人就是“委托人”，而他请来的专业人士就是“代理人”，这两个人之间的关系就是“委托代理关系”。Hart 认为，当委托人与代理人之间的利益不一致、发生冲突的时候，按照刚才的那个例子，也就是当专业人士和有钱人的利益诉求不一致的时候，就需要设计一套机制和办法，有效管控代理人的行为，保障委托人的权益，使得双方的利益达到平衡，公司治理，就是要解决这样的问题。

我国学者也对公司治理进行了研究，典型的论述包括：

著名学者张维迎认为，公司治理应分成广义和狭义两种定义，广义的公司治理是关于公司控制权和剩余价值索取权分配的一整套法律、文化和制度安排，这些安排决定公司的目标，谁在什么状态下实施控制，如何控制，风险和收益如何在不同企业成员之间分配，等等。而狭义的公司治理是关于公司董事会的功能、结构、股东的权利等方面的制度安排，此处所说的“广义的公司治理”，与企业所有权安排的意思比较接近。

著名经济学家吴敬琏认为，公司治理结构可以看作是由公司所有者、董事会和高级经理人员组成的一种组织结构。这种组织结构中，公司所有者、董事会和高级经理人员三者之间是一种相互制衡的关系。通过这种结构，公司所有者将自己的资产交由公司董事会托管；公司董事会拥有对高级经理人员聘用、奖惩以及解雇的权力，是公司的最高决策机构；高级经理人员组成对公司具体事务进行管理的执行机构，受雇于董事会，在董事会的授权范围内经营和管理公司事务。

通过以上各家观点的对比，我们发现，公司治理就是当公司的所有权和经营权发生分离后，公司各利益相关者为协调、安排利益关系而形成的一整套规则和制度安排。这套规则和制度的管理对象包括股东大会、董事会、经理层，具体内容涉及公司的控制权如何配置和行使，激励约束机制如何设计和实施，等等。这些制度会影响到企业的目标和行为，以及决定了在各利益相关者中由谁来控制企业，如何控制风险，如何在不同成员之间分配收益等核心问题。

二、公司的各项权利

在我们剖析和研究公司治理之前，首先要了解下面几个概念。

1. 产权

产权这个概念大家都不陌生，但是如果让我们准确无误地说出“产权到底是什么”，“它都包括哪些权利”，恐怕也不是件容易的事情。其实，产权就是我们通常所说的财产权，这个概念很宽泛，它是经济所有制关系的法律表现形式，是帮助人们界定、规范和保护相互之间的经济关系，形成与他人交易的合理预期，激励人们努力工作的一项权利。试想一下，如果你拥有一家小饭馆的产权，在获取利益的驱使下，你就会非常努力地工作，因为产权是你的，赚了钱是你自己的；而如果你仅仅是这家小餐馆的打工者，工作就一定不会像老板那样拼命，因为，餐馆赚得再多也是老板的，我只要工作到能够拿到正常工资水平就可以了。

具体来说，产权不是一项权利，它是法定主体对财产所拥有的各项权利的总和。这里所说的各项权利包括财产的所有权、占有权、支配权、使用权、收益权和处置权。

产权包括那么多权利，是不是这些权利必须集于一身呢？其实不然，产权这个权利束是可以分离的。还是以那个小餐馆为例，现在小餐馆发展成大餐馆了，并且还开了几家连锁店，老板不可能同时管理几家店，怎么办呢？老板就请了专门的经理来替他打理这些连锁店。在这种情况下，老板仍然拥有餐馆的所有权和收益权，但是把餐馆的支配管理权交给了经理，由此也就实现了所有权和经营权的分离。

2. 所有权

所有权是以财产所有权为基础的社会性行为权利，是所有人依法对自己财产所享有的占有、使用、收益和处分的权利。所有权是一种财产权，因此所有权也称为财产所有权。所有权是由法律规定的主体（所有人）对于客体（财产）的最高的、排他性的独占支配权，对于圆满实现所有权过程中遇到的妨碍，所有权人有权排除。从这个概念我们可以看出，所有权的两个非常重要的特性，一是排他性，表明客体在使用、流转的过程中所有人所享有的绝对排他权利，二是支配性，表明所有人对客体的绝对独占支配权。

产权是一个较大的概念，所有权是产权中的一个权利。但是，所有权是产权权利束的核心，对产权的所有人来说，最重要的权利是对经济剩余的索取和对财产的处置。

3. 法人产权

在说法人产权之前，先说一下法人的概念。我们每个人都是自然人，法人则是相对于自然人的一个概念。法人实际上是一个组织，比如公司、非政府性组织等等，只不过这个组织在法律上具有了人格化的称谓，使其能够依法独立享有民事权利和承担民事义务。

公司的法人产权就是公司的财产物权，是公司作为法人对公司财产的排他性占有权、使用权、收益权和转让权。在公司取得法人资格的同时，就拥有了对公司财产的实际控制权。这个实际控制权能够保证：不论由谁投资形成的公司资产，一旦形成投入运营，产权就归公司，而原来的投资者就与现实资产的运营不再有关系。

4. 经营权

公司是法律层面赋予的概念，本身不是行为主体，需要依靠公司内的某个人代表公司行使法人权利，这种被代表行使的权利既包括对财产的所有权，也包括对财产的经营权。经营权应该是实现所有权的一项基本权利，只有通过经营权才有可能实现对企业财产权的保值、增值、处置。离开了经营权，所有权仅是一项不能发挥作用、不能产生效益的固定权利。一般来讲，所有权与经营权应该是统一的，但是，由于管理幅度、管理能力等原因，许多企业的所有者并不直接参与公司经营，而是将经营权委托给其他人行使，这就造成了所有权与经营权的分离。

三、公司治理结构

1. 谁是企业的主人

有人会说，这个问题还用问，当然是企业的老板了，老板出钱办的公司，公司就应当是老板的。其实这只是一种观点，那就是认为股东是出钱的人（或者出其他东西也能够取得股东身份），股东就是企业的主人。只有股东是企业的主人，才能够追求企业价值最大化（这里就变成了股东价值最大化），才能够使企业的经济效率增加。

他们认为，让经理人对所有相关者负责，最后会变成对谁都不负责，从而为经理人捞取个人利益寻找借口，必须是“资本雇佣劳动”，才能够实现对企业发展的激励，也就是说人力资本必须以物质资本为基础才能发挥作用，对物质资本的所有也就成了对人力资本控制的依据。这方面，我国经济学家张维迎教授用严格的数学假设前提证明了“资本雇佣劳动”的合理性，即非人力资本（资本）优于人力资本（劳动）。关于“资本雇佣劳动”与“劳动雇佣资本”之间的争辩，这里不作过多解释，感兴趣的读者可以找来相关著作读一读。

相对于股东是企业的主人，另外一种观点认为，虽然股东是企业的财产所有者，但他们也只是企业的部分而非全部所有者，企业的全部所有者还应包括其他利益相关者，特别是企业的管理层和员工。他们认为，股东除了投入物质资本以外，对企业做的贡献有限，企业并非是属于股东们的实物资产的集合，企业应该属于所有通过企业来参与财富创造的利益相关者。应该把企业看做是一组契约，在这个契约框架下，股东拥有物质资本，但不可能拥有经理人和员工的人力资本和其他利益相关者的专用性投资，否则，其他利益相关者的积极性就会受到打击。

我们无意于判断谁是谁非，但是，从公司治理的角度又必须要对这个问题给予明确回答。因此，以下研究我们沿用较为普遍的观点，即：股东是企业的主人作为公司治理研究的基本假设。

2. 公司治理的“四驾马车”

在“股东是企业的主人”的基本假设之下，公司治理结构通常包括股东大会、董事会、监事会和经理层四个体系，我们称之为公司治理的“四驾马车”。

①第一驾马车：股东大会。股东大会其实就是股东代表机构在股份有限公司的说法，如果是在有限责任公司，股东代表机构就叫做股东会。按照我国《公司法》的规定，当有限责任公司的股东数目比较少时，可以不设董事会。因此，当我们讨论公司治理结构时，提到股东大会，实际上也包括有限责任公司（设有董事会的）的股东会。

前面讨论企业的主人时，我们采用的是“股东是企业的主人”这一假设。因此，股东作为公司所有者必然掌握着公司的最终控制权，股东决定董事会人选，拥有推举、不推举直至起诉某位董事的权利。股东大会是公司的最高权力机关，它由全体股东组成，对公司重大事项进行决策，有权选任和解聘董事，并对公司的经营管理有着广泛的决定权，公司一切重大的人事任免和经营决策，一般都要得到股东会认可和批准方才有效。

但是，股东的这个权利并不表示可以随意干预公司的经营管理，一旦股东授权董事会负责公司的经营管理，股东就不应再随意干涉董事会的经营管理决策。

股东大会通常定期举行，当公司遇到紧急情况时，也可以临时召开股东大会。

②第二驾马车：董事会。董事会由董事组成，是公司的经营决策机构，是股东大会的业务执行机关，负责公司业务经营活动的指挥与管理，对公司股东大会负责并报告工作。董事会必须执行由公司股东大会作出的、公司重大事项的决定。董事会作为公司法人财产的代表，受股东利益的制约，对公司重大问题进行决策，对公司重要资产进行经营，拥有支配公司法人财产的权利，并负责聘任、监督和考核经理层。

③第三驾马车：监事会。现代公司，特别是上市公司股东一般都比较分散，股东间的专业知识与管理能力也千差万别。这就面临一个问题，如果

董事会或者经理层滥用手中职权损害股东和公司的利益，该怎么办？公司治理体系考虑了这一问题，由股东大会选派专门的监督机关代表股东行使对董事会和经理层的监督职能，这一监督机关就是监事会。

监事会与董事会并列设置，由全体监事组成，在股东大会领导下对董事会和经理层的经营管理行为进行监督。

第四驾马车：经理层。经理层受聘于董事会，由董事会决定聘任或者解聘，是公司的代理人，负责管理公司的日常经营业务。经理层对董事会负责，可以由董事和自然人股东担当，也可由非股东的职业经理人充任。在董事会授权范围内，经理层有权对公司经营管理进行决策，其他人不得随意干涉。

需要说明的是，股东大会、董事会、监事会和经理层之间并非简单的领导与被领导或上下级关系，他们之间是一种相互制约的、法定的信任托管与委托代理关系。

第二节　公司治理机构及其运作机制

上市公司通常具有较为完善的公司治理结构，由股东大会、董事会、监事会和经理层四个部分组成，且各部门之间的责任权利界定较为清晰（如图 6-1 所示），因此，我们以上市公司的治理结构为例进行研究和说明。

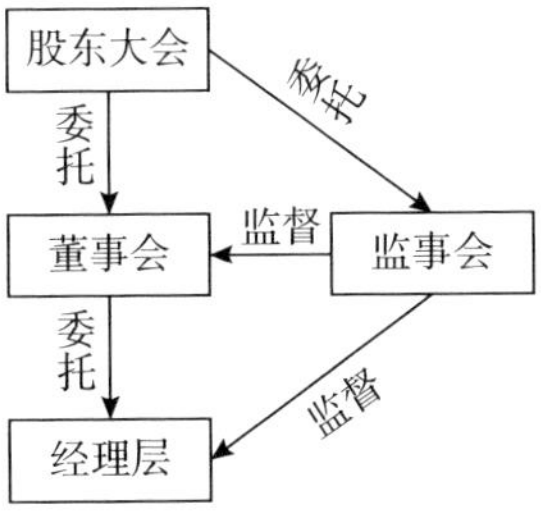

图 6-1　上市公司的公司治理结构

一、股东大会

1. 股东大会的职能

股东大会是由全体股东组成的公司制企业的最高权力机构，是非常设机构，股东只是定期或由于临时决策才举行股东大会。

因为股东是公司的所有者，股东对公司就有了对应出资比例的权利。股东不仅要行使手中的权利，也要承担相应的责任。股东都有哪些权利呢？

第一项权利是收益分配权，就是能够获得公司经营收益的红利，这是一种对公司剩余收入的索取权，这一权利能够为股东提供将公司搞好的原始动力。

第二项权利是投票权，股东在审议董事会提出的议案时，有对董事会修改公司章程、出卖部分或全部公司财产等重大处理决定的投票权，这是股东保护自己的出资不受侵害的一种权利。

第三项权利是选举权和起诉权，董事会成员是由股东选举出来的，当董事会成员不能尽职、玩忽职守时，股东有权重新选举董事，以及起诉董事违背当初的契约。

第四项权利是股东对公司经营活动的知情权和监督权，这也是以上三项权利得以顺利实现的基础。

上面讲的股东权利，需要股东通过参加股东大会的方式来行使。下面我们就来看看股东大会到底有哪些职能。根据《公司法》的规定，股东大会一共拥有十项职能。

①决定公司的经营方针和投资计划；

②选举和更换董事，决定有关董事的报酬；

③选举和更换由股东代表出任的监事，决定有关监事的报酬事项，审议批准董事会的报告；

④审议批准监事会的报告，审议批准公司的年度财务预算方案、决算方案；

⑤审议批准公司的利润分配方案和亏损弥补方案；

⑥对公司增加或者减少注册资本做出决议；

⑦对公司发行债券做出决议；

⑧对股东向股东以外的人转让出资做出决议（本项为有限责任公司股东会议特有的职能）；

⑨对公司合并、分立、解散和清算等事项做出决议；

⑩修改公司章程，以及公司章程规定需由股东大会决定的事项。

2. 三种股东大会

股东大会一般分为三种：年度大会、法定大会和临时大会，这三种大会有不同的针对性。

①年度大会。就是股东大会年会，顾名思义，年度大会通常每年召开一次，一般在公司会计年度结束前的 6 个月内召开。正因为年度大会一年才召开一次，这就决定了大会处理的事情较为全局性，一般不会短时间内变更。比如，选举董事会成员，变更公司章程，审查董事会提出的公司报告，讨论扩充或减少公司股本，讨论分红金额，等等。

②法定大会。是公司章程规定的需要定期召开的股东大会，对于公开招股的股份公司，需要在开始营业之日起，在一到三个月的期间内召开一次公司全体股东大会，法定大会要审查公司董事在开会前 14 天向公司股东提出的法定报告，以达到让股东了解和掌握公司经营情况的目的。

③临时大会。就是需要临时召开的股东大会，当公司遇到紧急问题、发生了涉及公司及股东利益的重大事项、无法等到股东年度大会年会召开时，就需要召开临时股东大会商讨对策。例如，我们所熟知的“国美控制权之争”的过程中就召开了几次临时股东大会，对涉及股东利益的重大问题进行投票表决。我国《公司法》也对临时股东大会的召开情形进行了规定，具体如下：a. 董事人数不足本法规定的人数或者公司章程所定人数的 2/3 时；b. 公司未弥补的亏损达股本总额 1/3 时；c. 持有公司股份 10% 以上的股东请求时；d. 董事会认为必要时；e. 监事会提议召开时；f. 公司章程规定的其他情形。

以上情形，只要有一种出现，公司就应该在两个月内召开临时股东大会。

3. 股东大会的表决形式

通过实践来看，股东大会的表决通常有举手表决、投票表决以及代理表决等三种不同的形式。各表决形式特点如下：

①举手表决。所谓举手表决是一种通过举手方式对股东大会中提出的议案进行投票，以获得多数支持者判定议案通过的表决方式。在不考虑表决股东手中股权大小的情况下，该表决方式下议案的通过主要基于举手者数量。虽然该方式简单、易操作，但是却没有考虑股东表决权的权重大小，难以体现产权配置的公允性。因此，该方式大多在处理非核心、不太容易引起争议的工作中使用，以便能够高效决策，快速形成处理意见。

②投票表决。投票表决一般用于影响股东权益的重要事项、或者需要股东大会决策的重大议案。投票表决权通常分为两种不同方式，一是累加表决制，一是累积表决制。所谓累加表决制，是指按照一股一权的原则，股东将所有有效表决票数可以以任意组合方式投向他所同意或否决的议案。例如，公司选举董事，所有股东共有 1000 张有效表决权票数，在股东行使表决时，在各股东随机投票的情况下，这些票可以投到一个人名下，也可以分散地投给不同的人，从而使得每个人的票数各不相同。该投票方法的最大优势就是将投票权进行分割，使中小股东通过集聚投票权具有赢得大股东的机会，在一定程度上削弱了大股东的控股地位。所谓累积表决制，是指每个股东按其表决权的股份数与被选人数的乘积作为其表决权益的大小，在选举时，股东可以将该表决权益集中投向一个候选人，也可以分散投向几个候选人。例如，公司选举 5 名董事，某股东拥有 100 股，则他就具有了 500 票的投票权，这些投票权既可以投向某一名候选人，也可以同时投向几名候选人。

③代理表决。所谓代理表决，是指股东不亲自行使表决权，而是委托其代理人代为行使表决的行为。代理表决是历史发展的产物，也是现代社会经济生活繁荣发展的必然趋势。在早期，由于投资者可投资的领域较少，

股东将累积的资本投入公司后，极为关注公司的生产经营，为避免公司的生产经营方向偏离自己的预期，往往都能积极参加股东大会且行使表决权，使公司的经营活动，能够沿着股东投资设立公司时候规划的道路稳定前行。然而，伴随着现代公司制度和证券市场的飞速发展，公司的规模越来越大，股东的地域分布越来越广，股权也越来越分散，公司的所有权与管理权日益分离。股东再也不能像以前一样，可以有大量的时间和精力去管理某一个公司的投资。在股东的时间和精力越来越有限的情况下，股东对公司投资后，往往只关注投资的回报，却难以亲自解决公司经营过程中的困难。表决权的代理行使正是在这样的环境下不断成长起来。

4. 股东大会的作用

股东大会是股份公司的最高权力机构，可以对公司重大事项进行决策，也有权选任和解除董事。股东大会是股东作为企业财产的所有者，对企业行使财务管理权。尤其对于持有优势投票权的大股东来说，股东大会往往成为按照他们意愿改组公司治理结构、决策公司未来发展的重要场所。

从当前股份制企业，乃至上市公司的发展情况来看，股东大会越来越倾向于形式化。一方面小股东在公司里投票权不高，丧失足够的话语权，导致其参与积极性不够。另一方面，小股东由于自身股份偏少，更倾向于相信大股东的决策，相信大股东决策也能为其带来共同利益，进而导致小股东经常缺席股东大会，这种“搭便车”的现象也使得股东大会越来越倾向于大股东化。

二、董事会

1. 董事会的职能

董事会是公司的经营决策机构，是依照法律、行政法规和政策规定，按公司或企业章程设立并由全体董事组成的业务执行机关。股东大会是公司的最高权力机构，而董事会是公司的最高决策机构，两者之间是委托代理关系，董事会接受股东大会的委托，对股东负责，主要职能就是决策和监督。首先，作为最高决策机构，负责公司的重大战略决策；同时，由于公司日常经营是委托给高层管理人员的，董事会还要负责对高管人员的选拔、评价、监督等，以确保股东利益的最大化。

基于以上分析，董事会的职能要兼顾内部和外部、短期和长期两方面导向的平衡，如图 6-2 所示。

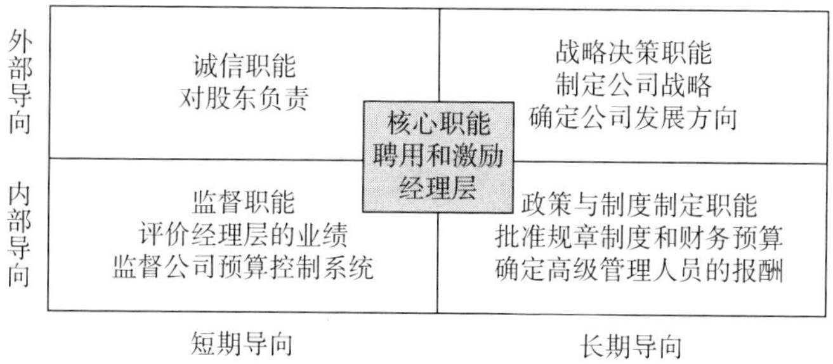

图 6-2　董事会的职能

在法律依据方面，我国《公司法》也对董事会的职能进行了明确、详细的规定，包括：①负责召集股东会，执行股东会决议并向股东会报告工作；②决定公司的生产经营计划和投资方案；③决定公司内部管理机构的设置；④批准公司的基本管理制度；⑤听取总经理的工作报告并作出决议；⑥制订公司年度财务预、决算方案和利润分配方案、弥补亏损方案；⑦对公司增加或减少注册资本、分立、合并、终止和清算等重大事项提出方案；⑧聘任或解聘公司总经理、副总经理、财务部门负责人，并决定其奖惩。

2. 董事会的构成

董事会通常由若干名董事组成，由股东推荐，经股东会选举产生。

公司董事会的人数不宜太多，也不能太少，要高于法定最低数量。《公司法》规定股份有限公司必须设立董事会，其成员人数在 5 到 19 人之间。对于一般的有限责任公司，董事会成员在 3 到 13 人之间。对于股东人数较少或规模较小的有限责任公司，可以不设董事会，只设一名执行董事。有一点需要特别注意的是，由于董事会是会议机构，董事会构成人数应该是奇数，以避免在决策时无法获得明确的决策结果。

众所周知，公司的管理层有总经理、副总经理之分，同样的道理，尽管董事会的成员数量不多，但合理的分工有利于董事会更好地开展工作。一般来说，董事会应设董事长、副董事长和常务董事。董事较多的公司还可设立常务董事会，董事长和副董事长由董事会成员过半数投票选举产生。

3. 董事的分类

首先，董事有执行董事和非执行董事之分，通过名称我们还不能完全判断他们之间的区别，而前面提到董事会的职能主要在决策和监督两个方面，这两个方面分别由执行董事和非执行董事来完成。执行董事承担的是决策职能，是公司的主要执行人员，而非执行董事主要承担的是监督职能，即选择、评价和监督经理人员，而不用承担执行职能。董事会的两项职能缺一不可，二者相辅相成，因此，一般来说，需要在董事会中保持执行董事和非执行董事的合理比例，以达到权力制衡的目的，保障董事会的长期正常运转。

其次，董事又有内部董事和外部董事之别。内部董事是指由公司内部人员担任的董事，而外部董事是指公司外部人员担任的董事，外部董事又分为关联董事、灰色董事和独立董事三种。

关联董事，是与CEO或执行董事有亲戚关系的人、前任总裁、关联企业董事等担任的董事。

灰色董事，是指其雇主与该公司有重大交易的董事，通常由借款给该公司的银行、公司的重要供应商等派出。

独立董事，是指从根本上与公司不存在经济关系的董事，他们不受利益冲突的限制，不存在可能妨碍其进行独立客观判断的因素，通常能更好地保护所有者的利益。我国上市公司章程中规定，独立董事不得由公司股东或股东单位的任职人员、公司的内部人员（如经理和员工）、与公司关联人员或公司管理层有利益关系的人员等担任。独立董事对公司及全体股东负有诚信与勤勉义务，要有其独立性，要就其独立性发表公开声明；要维护公司整体利益，关注中小股东的合法权益不受侵害。为了确保有足够的时间和精力有效地履行独立董事的职责，独立董事兼职不能超过5家。公司应提供独立董事履行职责所必需的工作条件和必要的信息资料。

需要特别说明的是，董事是有一定的任职资格要求的。

①董事并不一定要由股东派出，也可对外聘用，但担任董事的人要具备相应的职业背景、专业知识与判断能力，有能力履行董事会的决策与监督职能。

②自然人可以作为董事，法人也可以作为董事。当法人充当公司董事时，就需要指定一名有行为能力的自然人作为该法人的代理人。

③有特殊职业背景的人员如公务员、军人等不能担任董事。

④丧失行为能力的人不能担任董事。

4. 专业委员会

单独一个董事会很难有效应对公司的各项事务，因此，在董事会之下一般可设置各种专门委员会，为决策提供研究和支撑，使得决策和监督工作更加高效和专业。

是否设立专业委员会，往往是由董事会的规模所决定，一般来说，规模较小的董事会不需要设置专业委员会，可以把它本身看成是一个综合性的委员会。规模较大的董事会通常会下设多个专业委员会，来实现董事会的各项职能。

按照各证券交易所的一般要求，上市公司董事会可下设的专业委员会包括提名委员会、薪酬委员会、审计委员会、战略投资委员会等，这些专业委员会的设立有助于提高董事会的工作效率，也为董事会履行职能提供了必要的保证。

（1）提名委员会

提名委员会负责公司经营管理层任用与选拔的提名，通过提名委员会对备选高管的背景进行详细调查以及考察，向董事会推荐备选名单，作为董事会决策的参考。在许多企业，提名委员会是高管聘任的必经之路，不通过提名委员会，高管候选人员名单根本无法进入董事会决议议程，这在无形中增大了提名委员会的权力，控制了提名委员会，也就等于控制了公司的高管人员。

（2）薪酬委员会

薪酬委员会的主要职责包括：审议公司薪酬激励制度，制定执行董事和高级管理层的业绩考核标准与薪酬方案，直接参与高级管理层年度经营业绩的考核与评定。为了体现公平性与合理性，薪酬委员会成员不得由执行董事担任，而是由非执行董事和独立董事组成，并由独立董事担任召集人。

（3）审计委员会

审计委员会主要承担董事会的监督职能，对公司高级管理层及公司财务进行审计和监督。审计委员会的主要职责包括：审核公司财务信息及其披露情况，审查公司的内控制度及其实施情况，监督公司的内部审计制度及其实施情况，提议聘请或更换外部审计机构，负责内部审计与外部审计之间的沟通，等等。

审计委员会是一个十分重要的委员会，其使命是对企业的经营管理起监督作用，避免企业陷入内部人控制或其他形式的经营风险，以充分保障股东的利益。审计委员会一般有两种类型，一种是由独立董事组成的审计委员会，另一种是由企业执行董事、管理人员组成的审计委员会，两者在性质上不完全相同。由独立董事组成的审计委员会是一种以外部力量为主导的监控模式，而后者则是以内部力量为主导的自我监督模式。

（4）战略与投资委员会

战略与投资委员会的主要职能包括：研究制定公司中长期发展战略规划；针对重大投融资项目进行可行性研究与分析，为决策提供支持；审议公司年度各项预算，并对上述内容的落实情况进行检查。通常，战略与投资委员会每年召开的定期会议应不少于两次，并且要根据情况召开非定期会议若干次。战略与投资委员会可由非执行董事、执行董事、独立董事和外部专家组成（可以是非固定的外部专家），一般是由董事长亲自担任战略投资委员会的主任。

5. 董事的胜任能力、权利与义务

董事会是一个领导集体，要想充分发挥作用，就需要每一名董事都具备相应的胜任能力，同时，也应赋予董事相应的权利，且应令每一位董事都知晓自身的义务与责任。董事的胜任能力、权利与义务，有的在法律上有明文规定，有的则是企业界多年来约定俗成的惯例。

（1）董事的胜任能力

要想提高董事会的决策水平，首先是要董事会成员具备多项胜任素质和能力，包括丰富的专业知识与企业管理经验，见识广泛，有很强的判断能力，自信正直，富有责任心等等。全球知名的董事会研究机构“全美公司董事会蓝带委员会”认为，参与董事会的每位董事应至少在一个领域内贡献其知识、阅历和技能，这些领域包括：①会计和财务；②事业判断能力；③管理才能；④危机反应；⑤行业知识；⑥国际市场；⑦领导才能；⑧战略和愿景。

同时，由于董事会要进行宏观的战略管理，要建立有助于公司发展的外部关系网络，这就要求董事能够代表公司与外部接洽，收集信息，对外沟通，提高公司的品牌声誉等，这方面也对董事的沟通能力、关系建立等提出了更高的要求。例如，知名企业万科、海尔、小米科技的董事长，都是这方面的好手。同时，董事还应具备敏锐的观察力和判断力，能够大胆地质询和监督经营者的行为，阻止公司资产的受损。

可见，要成为一名合格的董事，并不是一件容易的事情。一般来说，一名合格的董事至少应具备以下方面的条件。

①优秀的个人品质。董事会成员候选人的个人品质是进行董事选拔与聘任的首先因素。正直、诚信、责任心等在个人或职业行为中显示出高尚道德和正直品质是一名合格董事的必要素质。

②丰富的商业阅历。董事应该能够了解所经营产业的发展趋势和盈利模式，了解该产业和相关产业的管理潮流，具有对各方面问题进行深思熟虑判断的能力，并能够将之运用于决策制定。

③必要的财务知识。董事会的一项重要任务就是监控公司的财务业绩，

所以董事应该知道如何阅读资产负债表、损益表和现金流量表，了解用来评估公司业绩的各项财务指标和分析方法。

④必要的专业知识。董事应对各自相关领域的专业知识具有较深的理解，并能熟练地运用。

⑤突出的领导才能。董事应该具有较高的领导能力，有成功领导高绩效团队的历史记录。

⑥较强的团队精神。董事应该重视董事会和团队业绩胜于个人业绩，应有良好的沟通能力和说服力，善于倾听他人意见。在合作的同时，能够保持个人的独立思考和判断，愿意以公开讨论方式提出一些尖锐问题。

（2）董事的权利

法律授予董事的权利包括：① 出席股东大会和董事会并对决议事项投票表示赞成或反对的权利；② 代表公司向政府主管机关申请设立，修改章程，发行新股，发行公司债券，变更、合并以及解散公司等各项登记的权利；③ 代表公司向证券管理机关申请募集公司债、发行新股的审核权；④ 代表公司在股票、债券上签名盖章的权利，等等。

董事的这些权利可以通过参与董事会决策行使，也可以通过董事会的授权独立行使。

特别需要说明的是，董事还有依法或按照公司章程获取报酬津贴的权利。

（3）董事的义务

董事有两项义务需要履行。

第一项义务是监督和管理公司的运营。董事在执行其职务时需要参加公司的各项会议，了解公司的基本经营情况，同时必须具备履行义务所必备的知识和技能，能够进行富有成效的讨论和分析，以及在公司需要时推动寻求有效的解决方案。

第二项义务是忠诚。董事应把公司利益放在首位，当个人利益与公司利益发生冲突时，要以公司利益为重，不得逾越职权，为自己或为第三人从事与本公司业务相竞争的业务提供便利。同时，董事还有保守公司机密的义务。

董事应当对董事会的决议承担责任，当董事会的决议违反法律、行政法规或者公司章程而致使公司遭受严重损失时，参与决议的董事应对公司负赔偿责任，但经证明在表决时曾表明异议并记载于会议记录的，该董事可以免除责任。

三、监事会

对于现代企业特别是上市公司，股东大多是分散的，有的股东可能仅仅了解公司生产什么、做什么业务，对公司的具体运营情况并不了解；同时，股东之间的专业知识和判断能力也千差万别。以上现实，导致董事会和经理层受到的监督较少，理论上讲，他们有可能滥用手中的职权损害股东权益。

为了控制这种问题的发生，就需要一个专门的监督机构代表股东行使对董事会和经理层的监督职能，防止公司和股东的利益受损，这个监督机构就是监事会。

1. 各国监事会设立及运行实践

世界各地对于公司设立监事会的规定是有差别的，下面我们通过表 6-1 来看一下各国的不同做法。

表 6-1　　各国设立监事会的做法

国家	监事会的设立	监督职能的履行方式
英国	法律规定公司设立股东大会和董事会，一般不设立监事会	在董事会中设立由外部董事组成的审计委员会，由他们完成对公司经营的监察和监督的职能
美国	做法和英国相同，法律规定公司设立股东大会和董事会，通常不设立监事会	与英国类似
德国	设立董事会，并在董事会之外单独设立监事会	监事会是公司的最高权力机构，由它任命管理委员会成员，并且为了保持监事会的独立性，二者不能兼任。监事会成员由股东和职工代表构成，比例各占一半，负责监督职能

续表

国家	监事会的设立	监督职能的履行方式
日本	法律规定公司设股东大会、董事会和监察人	股东大会是公司的最高权力机构，董事会向股东大会负责，同时要定期向监察人报告经营情况。遇到重大问题，董事会要向监察人报告且某些活动要经过监察人的批准。独立的监察人（一个或多个）履行类似监事会的职责

同时，对于监事会的职能，各国也有不同的规定，以下以中、德、日为例，比较一下监事会的职能，见表 6–2。

表 6-2　各国监事会职能的比较

职能	中国	德国	日本
审核公司财务	检查公司业务、财务及其他会计资料	可通过专家或亲自审核公司财务	审核公司会计账册
检查提交股东会的材料	核对提交给股东会的财务材料	听取董事会关于公司经营情况的汇报	核对董事会即将向股东会提交的文件
监督	监督董事、经理等管理人员的权力	监督董事会	阻止董事从事公司宗旨之外的以及违法活动
列席或出席董事会	主席或代表列席董事会会议		出席董事会
代表公司的权力	代表公司与董事交涉或对董事起诉		代表公司对董事起诉或应诉
召开临时股东会	建议召开临时股东会	在董事会不能起作用时，负责召集股东会	
聘任权		任命董事并决定其报酬	
决策权		决定公司重大决策	
诉讼权			提出取消股东会或董事会决议的诉讼

2. 我国企业监事会的性质与特点

我国《公司法》规定，企业一般要设立监事会或监事。监事会通常是由股东大会选举产生的监事组成，监事负责监督公司日常的业务执行状况，以及检查公司的财务状况。

尽管监事会和股东大会、董事会一样都属于会议体机关，但它们在性质上又有很大的不同。股东大会是出资人所有权主体，它代表出资人行使所有权；董事会是法人财产权主体，它是法人机构，代表法人行使法人财产权；而监事会是出资者监督权主体，代表出资人对董事会和经理层进行监督。监事会的监督权是由出资人所有权决定的，其权力来源于股东大会，是出资人所有权的延伸。

作为出资人监督权主体，我国企业监事会的特点如表6-3所示。

表6-3　　监事会的特点

特点	具体内容
独立性	保持监事会的独立性，是监事会有效行使出资人监督权的前提。监事会一经股东大会授权，就可完全独立地行其使出资人监督权，监事会履行权利时不受公司其他机构的干预。为了坚持监事会的独立监督性，董事、经理和财务负责人不能兼任监事
平等性	所有监事对公司业务和会计账册均有平等的、无差别的监督检查权，其他人不得妨碍或阻挠监事行使职权。监事个人行使监督职权的平等性，能够使其充分掌握公司各方面的信息，有利于提高监管效率。监事会的这一特点与董事会有很大区别，董事会作为一个决策机构，不能够依靠某个人的观点来决策，它需要采用集体议事的方式，实行少数服从多数的原则，而监事可以独立开展工作
复合性	按理说，监事会代表出资人对公司进行监督，监事会成员理应由股东组成，但在实践中，为了确保监督的全面性，监事会的构成往往是复合性的，除了股东之外，公司内部员工、外部专家学者都有可能成为监事

3. 监事会的组成与运行

（1）监事会的组成

监事会由全体监事组成，而监事是由股东大会选举产生。监事可由多种人员担任，既可以是公司股东和员工，也可以是公司外的专业人员，专业人员的构成需要符合《公司法》和公司章程的具体规定。以下通过表6-4，对于监事会的组成进行系统的说明。

表6-4　　监事会的组成

监事会的组成	具体要求
人数	股份有限公司设立监事会，其成员不得少于三人 有限责任公司设立监事会，其成员不得少于三人 股东人数较少或者规模较小的有限责任公司，可不设监事会，只设一至二名监事

续表

监事会的组成	具体要求
人员构成	监事会应当包括股东代表和适当比例的公司职工代表，其中职工代表的比例不得低于三分之一，具体比例由公司章程规定。监事会中的职工代表由公司职工通过职工代表大会、职工大会或者其他形式民主选举产生 董事和经理层（高级管理人员）不得兼任监事
职务设置	监事会设主席一人（对于股份有限公司可以设副主席），主席（或副主席）由全体监事过半数选举产生。监事会主席召集和主持监事会会议；监事会主席不能履行职务或者不履行职务的，由监事会副主席召集和主持监事会会议；监事会主席（或副主席）不能履行职务或者不履行职务的，由半数以上监事共同推举一名监事召集和主持监事会会议
任期要求	监事的任期每届为三年。监事任期届满，连选可以连任
召开时间	对于股份有限公司，监事会每六个月至少召开一次会议；对于有限责任公司，监事会每年度至少召开一次会议；监事可以提议召开临时监事会会议
议事表决	监事会的议事方式和表决程序，除《公司法》有规定外，可由公司章程规定。监事会决议应经半数以上监事通过

（2）监事会的运行

监事会的基本职能就是监督公司的一切经营管理活动。行为监督和专业监督构成了监事会对公司经营管理活动进行监督的双重职能。首先是行为监督，这种监督以董事会和高级管理人员为监督对象，在监督过程中，随时要求董事会和高级管理人员纠正违反公司章程的越权行为。其次是专业监督，这种监督以会计账册为监督对象。

监事会要了解公司决策情况，同时要对业务活动进行全面监督，因此，要求监事会成员必须列席董事会会议。同时，监事会要定期向股东大会报告具体监督情况，为股东大会行使重大决策权提供必要的信息支持。

此外，与董事会集体决策不同，董事会作为一个决策机构，不能够依靠某个人的观点来决策，它需要采用集体议事的方式，实行少数服从多数原则；而每名监事都可以独立行使监督权，所有监事对公司业务和会计账册均有平等的、无差别的监督检查权，这种监督权又分为两类：对内监督权和对外代表权，表 6–5 给出了监事独立监督权的具体内容。

表 6-5 监事的独立监督权

独立监督权		具体内容
对内监督权	业务执行监督权	监事有权随时对公司业务、财务状况、公司文件进行检查，有权要求董事会就上述问题提出报告。监事在履行业务执行监督权时，可以代表公司委托律师、会计师进行审核
	会计审核权	监事有权对董事会在每个会计年度结束时所提供的会计报表进行审核。监事在执行审核时，可以代表公司委托会计师进行审核，必要时可以要求董事或者经理解释有关问题
	停止违法违规行为的请求权	当董事或者经理的行为违反法律法规或公司章程的规定时，监事有权请求董事、经理停止其违法行为；当请求无效时，监事可以代表公司对董事或者经理提起诉讼
	列席董事会会议的权利	为有效完成其监督职能，监事有列席董事会会议的权利
对外代表权	提起诉讼权	当董事或者经理违反法律法规，监事请求其停止违法行为无效时，监事可以代表公司向法院对董事或者经理提起诉讼
对外代表权	聘请外部律师和会计师的权利	监事在监督公司业务执行情况和审核公司会计时，有权代表公司向外聘请律师、会计师进行审核
	召集临时股东大会的权利	在监事认为必要时，有召集临时股东大会的权利

四、经理层

对于任何一个组织来说，既需要决策机构，也需要执行机构。在公司治理体系中，董事会就是决策机构，负责公司各项重大决策；而经理层就是执行机构，负责实施董事会的决策，是公司日常经营活动的组织者和管理者。

所谓经理层，是指以总经理为核心的高级管理人员团队，包括总经理、副总经理，有的企业也把财务总监、总会计师、总工程师、总设计师、营销总监等纳入经理层的范畴。

1. 经理层的聘免

在现代公司治理结构中，经理层是指在董事会领导下负责公司日常生产经营管理工作的业务执行机构。在现代公司中，股东会负责公司各项重大事项的决策；董事会负责执行股东会决策，以及股东会经营权限之外的经营决策。董事会为履行自己的上述职能，需要一批专门的经营管理人员开展业务和经营管理工作。

而根据企业的性质不同，国有企业和非国有企业经理层聘免的程序存在较大的差异性。国有企业的总经理和高管一般具有行政级别，属于国家干部，按照干部聘免原则聘免，由企业主管部门进行聘免。而非国有企业的总经理和高管则不同，根据《公司法》第五十条规定，总经理由公司董事会决定聘任或解聘，董事会通过表决行使权力。而总经理对董事会负责，提请聘任或者解聘公司副总经理以及财务负责人等公司高管。

2. 经理层的职权与责任

一般而言，由总经理代表经理层全面负责经营管理工作。经理层可以行使董事会赋予的职权，同时也要担负相应的责任，见表 6–6。

表 6-6　　经理层的职权与责任

经理层的职权	经理层的责任
①主持公司的生产经营管理工作，组织实施董事会决议 ②组织实施公司年度经营计划和投资方案 ②拟订公司内部管理机构设置方案 ④拟订公司的基本管理制度 ⑤制定公司的具体规章 ⑥提请聘任或者解聘公司副经理、财务负责人 ⑦聘任或者解聘除应由董事会聘任或者解聘以外的负责管理人员 ⑧公司章程和董事会授予的其他职权	①维护公司企业法人财产权，确保公司资产保值和增值 ②正确处理所有者、企业和员工的利益关系 ③严格遵守公司章程和董事会决议，定期向董事会报告工作，听取意见，不得变更董事会决议，不得越权行使职责 ④组织公司各方面力量，实施董事会确定的工作任务和各项生产经营经济指标，保证各项工作任务和经济指标的顺利完成 ⑤采取切实措施，推进公司的现代化管理，提高经济效益，增强企业自我发展能力

3. 合理把握经理层的管控程度

正如股东大会与董事会之间的关系一样，董事会与经理层之间也存在典型的委托—代理关系。总经理是董事会聘任，以总经理为代表的经理层要在董事会授权范围内开展经营管理工作，并要承担相应的责任。

经理层在公司中的地位非常重要。随着企业社会化程度的提高，可能会出现很多分散的中小股东，这些中小股东只是作为投资者，自身没有能力经营和管理企业，只能委托具有能力和专长的职业经理人来经营管理公司。由此带来了所有权与经营权的分离，这种问题应当说是商业社会进步的表现，但也必然会导致股东和经理人之间的信息不对称。为了防止经理人滥用职权，才有了由董事会作出决策、由总经理负责实施、由监事会负责监督的“四驾马车”的制度安排。

但是，在实际执行过程中，董事会成员往往不像职业经理人那样是公司经营管理的行家里手，董事会的决策信息也多数来自经理人，董事会的重大决策往往是由经理人拟订再由董事会拍板，看起来是董事会在做决策，实际上经理人在其中还是具有决定性的作用。尤其是对于股权比较分散的公司，经理层完全可能利用手中的职权架空甚至操纵股东大会和董事会，形成实权掌握在经理人手中的“经理层控制”企业。

因此，对于经理层的管理存在着科学与艺术的平衡问题。管得过松，往往成为事实上的“经理层控制”，有可能出现失控的风险。管得过紧，又要考虑公司经营层所面对的瞬息万变的外部环境，有时候确实需要根据实际情况立刻作出判断或决策。这个程度的把握非常重要，既不能太松，也不应太紧。

同时，对于经理层的管控，还要考虑企业所处的行业特点与竞争环境。对于一些成熟行业，如石油化工业、传统制造业等，要加强董事会的监管强度，可由不同的人担任董事长与总经理，有利于决策层和经营层的制衡与监督；而在一些新兴行业，如信息技术、生物科技等，则可以让董事长兼任总经理，如此安排，有利于加快企业对外部环境的快速响应程度，提高决策效率，同时，也有利于发挥企业家的领导作用与创新精神。

第三节　集团治理与公司治理的异同

企业集团可以看作是若干个以核心企业为依托的企业群所构成的联合体，这个联合体是以资本、契约或行政指令为纽带连接在一起的。它以母子公司为主体，由多个具有独立法律地位的子公司或分公司组成，在生产经营、市场开拓、投资等方面紧密协作，是一个有机的经济组织。

基于以上结构不难假设，企业集团的治理要比单个企业复杂得多，两者既有相同也有差异之处。

一、集团治理与公司治理的共同点

企业集团治理与单体企业治理有相同之处，集团治理首先要求集团的每一个成员企业能够解决好自身的委托代理问题，协调好股东与经营者（包括董事会和经理层）之间的关系，单从这一点来讲，集团治理与一般公司治理存在相同的一面。只有集团内部的每一个成员企业做好了自身的公司治理，才能保证企业集团作为一种经济组织形式有效运营。

同时，单体企业公司治理结构中股东大会、董事会、监事会、经理层的设置，上述机构的职责及其相互关系，外部力量（政府、市场和社区等）对公司治理和经营者的激励与约束机制等，同样适用于企业集团的治理。

归纳而言，企业集团的治理与单体公司治理的相同之处在于，企业集团内部的子公司，也面临着与一般公司一样的委托代理问题，二者在解决委托代理问题上的目的、程序、机制是相同的。

二、集团治理与单体公司治理的差异

企业集团的复杂性决定了集团治理与单个公司治理有着本质的差异。

一般企业的运作，需要处理好与上下游企业或其他交易伙伴的关系，这种处理方式主要是依靠市场的方式来完成，交易对象的选择具有很大的灵活性，交易关系一般都比较短，甚至有时是一次性的。

企业集团则不同，如果处理不好集团内部企业的关系，相互之间各打自己的算盘，貌合神离，不积极与其他成员企业合作或考虑集团整体的利益，而是互相猜疑、刁难、设置障碍，就会加大集团整体的运作成本，降低效率，最终导致集团形同虚设，甚至不及单体企业的简单加和，也就丧失了集团存在的基础，最后走向解体。

因此，对于企业集团的治理来说，面临着两大难题，一是委托代理问题，二是交易设计问题。按照经济学和现代企业管理理论，所有权与经营权的分离导致了委托代理的产生，这是公司治理需要重点解决的问题；由于契约的不完备性和组织内部的运作费用导致了交易费用的产生，这又涉及到企业之间的合并、分立以及交易中的合作与竞争等问题，这是产业组织需要重点解决的问题。而企业集团的治理必须同时面对这两大问题，既包括狭义的公司治理问题，又包括广义的产业组织问题，同时，要将对产业组织问题的考虑融入企业集团治理结构的设计中来。

对于母公司来说，需要将对子公司的控制与协调融入对子公司的治理之中，并通过子公司的治理机制，在解决其内部委托代理问题的同时，协调与其他子公司的关系，降低集团内部的协调费用。

根据母公司与子公司之间关系的紧密程度，子公司又分为紧密型子公司和松散型子公司两类。母公司可以通过其内、外部治理机制的设计和运作来控制和协调紧密型子公司，即母公司一方面通过持有紧密型子公司的控股权，借助紧密型子公司的股东大会、董事会、监事会等权力机构，使其经营运作符合母公司和企业集团整体的要求；另一方面，通过让这些企业拥有独立法人地位和独立财产，实现产品市场、资本市场和经理人市场对其的外部治理，对企业及其经营者提供高强度的市场激励和约束。而对于松散型子公司，母公司主要借助市场的外部治理和长期契约纽带来实现对其的控制和协调。

特别需要说明的是，子公司的委托代理问题和交易费用问题必须同时解决，不可能单独建立机构、机制和程序，而是要把解决交易费用问题贯穿在公司治理的机制之中。

由此可见，相对于单体公司治理，企业集团治理的最大差别就是要设计一套控制、协调、激励和约束机制，处理好母公司与子公司、子公司之间的关系。对于紧密型子公司，通过建立资本、组织、人力、技术等纽带，将子公司紧密联结在自己的周围，形成集团的紧密层。对于与其关系不太紧密的子公司，主要利用长期契约纽带，以稳定与这些企业的业务和技术协作。这样，对于集团内每个层次的子公司，母公司都能够发挥控制、协调功能。

归纳而言，企业集团治理与单体公司治理的差异之处表现在以下方面。

①单体公司治理着重解决委托代理问题，而企业集团的治理还要解决子公司之间的交易费用问题。

②单体公司治理从广义上说也包括企业间关系的治理，但对于这样的企业来说，不与既定公司建立和维持稳定的关系，并不影响其存在；而对企业集团的治理来说，不与既定公司建立稳定的关系就形不成企业集团，协调不好这种关系，也将极大影响企业集团的管理效率。

③在处理企业间关系上，一般企业遵循平等、自愿原则，不存在控制与被控制、支配与被支配的关系；而企业集团由于存在着资本、组织、人力、技术等方面的纽带，因而在公司关系上必然会出现控制与被控制、支配与被支配的关系。

④在股权结构、股东大会、董事会和监事会的构成、经营者的激励方式以及市场治理的强度等方面，企业集团也与单体公司存在较大差别，从而使同一个治理机制在单体公司和企业集团的作用力度和作用方式上出现差异。

第四节　企业集团的治理结构

一、企业集团治理的误区

企业集团与单体公司治理一样，治理结构也包括股东大会、董事会、监事会、经理层等权力机构，以及在此基础上形成的决策权、监督权和执行权的分立及相互制衡关系。与一般企业不同的是，这些权力机构的设置不仅要解决集团内每个公司内部的委托代理问题，还要通过它实现集团母公司对子公司的控制和协调，以保证集团的良好运转，使集团的整体优势得以充分发挥，也就是说，子公司中表达意见的董事、监事并不是单独个体行为，而是要通过这些人将母公司的出资意志在子公司的经营行为中表达出来。

归纳而言，对于企业集团治理（也可理解为母子公司治理）的认识，经常存在以下四个方面的误区，如表 6–7 所示。

表 6-7　企业集团治理的误区

对企业集团治理的认识误区	具体含义
母公司充分掌权	母公司对子公司管的得严，管得太死，对于子公司的日常经营管理活动插手太深，不尊重子公司的经营自主权。母公司职能部门过多干涉子公司具体经营事务。这样的结果就是母公司扰乱了子公司正常的经营管理活动
母公司随心所欲	母公司该管的不管，不该管的全管，对自身的角色定位界定不清，随心所欲地使用手中的权力，管控手段和尺度缺乏整体考量。这样的结果往往使子公司无所适从，母子公司之间难以形成制度性契约
母公司放任自流	母子公司之间关系脆弱，母公司对子公司放任自流，子公司各自为政、一盘散沙。这样的结果就是不能真正形成集团，不能充分体现企业集团的规模化和集约化优势
子公司地方割据	子公司被内部人控制，设置信息壁垒甚至隐瞒真实信息，形成地方割据的状况。这样的结果就是子公司对母公司的决策指令置若罔闻，处于失控状态，母公司形同虚设

因此，如何处理好企业集团各成员之间的关系，尤其是母子公司之间的关系，就成为企业集团治理中的重点和难点。

二、企业集团的权力机构

我们已经了解了单体公司的治理结构，以下从股东大会、董事会、监事会和经理层这四个方面系统介绍企业集团的治理结构。

1. 股东大会

对于企业集团来说，股东大会除了具有与单体公司相同的性质外，还有其特殊性。这个特殊性就在于，对于企业集团内部的母子公司而言，母公司为了实现对子公司的控制与协调，常常对子公司保持控股（绝对和相对），并通过这种持股方式控制子公司的股东大会。企业集团母公司的一股独大，并不违反公司法，这是股权控制中利益与风险对等原则的必然结果，也是企业集团中母子公司体制的魅力所在。通过持有子公司多数的股份，一般是50%以上的股份，母公司获得对子公司的绝对控制权，从而在治理层面上获得对子公司的控制，并可以由此实施母公司管理制度的传导。

某些情况下，企业集团的母公司没有必要绝对控股某个子公司，而是与另一出资人合资，共同持有50%的股份，从而在股权结构上达到双方合作控制子公司的目的。对于存在相互持股的企业集团而言，如果相互持股的数额较大，各自成为对方的大股东，这些成员企业联合起来，就可能相互持有对方的控股权。但这也不违反公司法，恰好是企业集团中成员企业之间加强纽带关系的主要方式。这时，成员企业其他股东的实权可能就没有了，成员企业的“股东大会”也就变成了“大股东会”。

2. 董事会

对于企业集团来讲，其母公司和子公司要解决好各自董事会的职能、构成及独立性问题。企业集团作为一个整体，其董事会的构成也形成一个等级体系，其中核心企业（集团总部或母公司）的董事会位于顶尖，是集团的战略管理中心，其他企业的董事会则是集团的战略实施单位。在母子公司体制中，母公司通过向子公司派遣董事，实现对子公司的战略控制。

许多集团内部的子公司，其董事会基本上由执行董事构成，主要职能是执行母公司的战略，而母公司的董事会则负责对子公司的战略进行审批并监督实施。在集团存在多个核心企业并通过交叉持股形成资本纽带时，相互之间可能互派董事，形成资本关系上的高层人事参与，并主要通过它对所参股企业进行控制、监督和协调。

可以看出，不管集团公司这一级别的董事会构成如何，母公司对子公司的董事派遣，都是任何形式的集团公司对母公司进行管理、协调成员企业间关系的重要手段。子公司的董事会大多由集团公司内部的执行董事构成，也是一个较为普遍的现象。

3. 监事会

为了加强公司对战略、资本、财务、人力的控制，母公司通常会向子公司派遣监事，也有可能对子公司的监事会在业务上进行指导，这种做法在日本的独立企业集团中很常见。我国也有不少企业集团的母公司通过对子公司派遣财务总监来实现对子公司的财务监督与控制。

另外，对于特大型国有企业集团，为了实现国有资产保值增值、监督公司的财务状况以及控制公司经济活动的合规性，由国家向这些企业派驻稽查特派员。法国对于大型国有企业的做法，和我国类似。

4. 经理层

对于集团公司来说，母子公司的经理层之间还会形成一个体系，其中母公司的经理层在集团的决策执行体系中处于支配和领导地位，并主要通过对子公司的董事及经理层的派遣，控制和协调子公司的经理层，以保证集团战略决策的有效实施。

对于经理层的代理问题，母公司一级与下属子公司一级也是存在区别的。母公司一级所有者与经营者之间的代理问题及其解决与单个公司面临的问题差别不大。但是对于子公司一级，经营者与所有者之间除了存在两权分离所产生的代理问题之外，还存在着母子公司的经营者之间的代理问题。也就是说，母公司的经营者要将其所有者委托的一部分经营权再委托给子公司的经营者，从而使子公司的经营者与其母公司的所有者之间的代理链条拉长，由此所产生的相互之间的信息不对称、责任不对等和利益不一致比单体公司更为复杂。

母公司的所有者要解决多重委托代理问题，就必须设计更为复杂的治理机制。一种方式是按照持股额、公司法及公司章程任命控股子公司的董事及经理，并由母公司经理层对子公司经理层的日常业务进行指导、协调和控制，从而通过企业集团组织体制，使母公司的意志渗透到子公司经理层的产生及运作中。另一种方式是将子公司建成独立法人，利用独立资产所赋予的高强度约束力、其他股东的监管、市场对公司的影响等外部化的因素实现对公司经理层的控制。

三、企业集团治理的路径及决策程序

1. 企业集团治理的路径安排

我们知道，单体公司的治理结构实质上是股东大会、董事会、监事会和经理层之间的权力制衡机制，而企业集团的治理结构除了这些机制相互间的制衡外，更多表现为母子公司之间的管控关系和集分权关系。

母公司的董事会负责集团层面的重大决策，并对子公司进行指导和监督，无法深入到子公司的日常经营管理活动中去。既然母公司不能直接管控子公司，那么就可以采取间接的方式，通过向子公司派遣董事或监事，将子公司的重大决策转化为母公司的内部决策，从而传递母公司的管控意图。

为了实现通过派遣董事或监事管控子公司的目标，需要以下五个步骤。

第一，在子公司章程内明确规定，子公司重要事项的决策必须经过子公司董事会的决议才能决定。

第二，子公司需召开董事会做出重大决议之前，都应按照章程提前将决议事项提交董事。

第三，母公司外派董事将子公司待决事项带回母公司，对决策层汇报，与各专业部门会商，获得各专业部门的支持。

第四，母公司决策层和专业部门对子公司决议事项进行讨论研究，做出如何在子公司表决的决定。

第五，外派董事将母公司意志带到子公司董事会中，在子公司董事会上按照集团的意见表决，从而影响到该事项的决策。

通过以上五个步骤的操作，在不违反法律法规和公司章程的前提下，就能够实现母公司对子公司的管控，如图 6–3 所示。

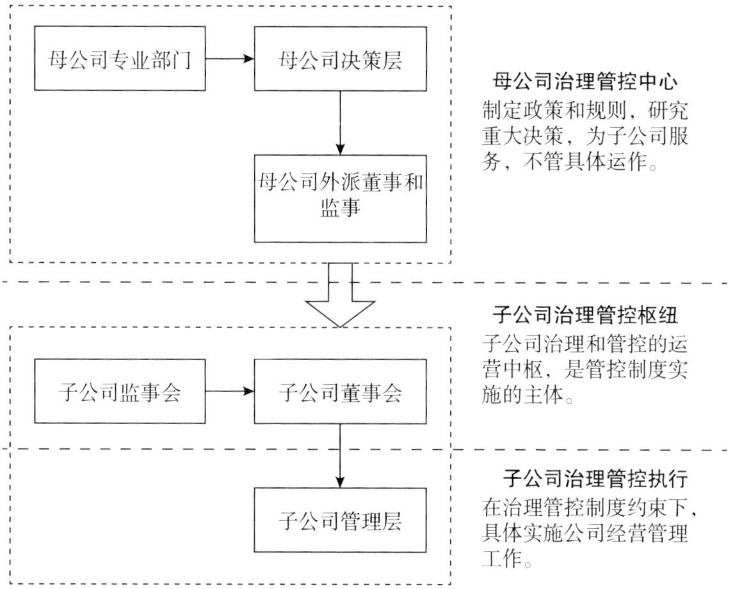

图 6-3 企业集团治理的路径

可见，企业集团（母子公司）的治理，更多的是解决集团公司（母公司）如何实现对子公司的有效管理和控制上。为了适应母子公司治理管控的需要，可以从以下几个方面着手对企业集团的治理进行变革。

①合理分配董事会、监事会、经理层的职能权限，根据集团对各子公司不同管控模式的需要，母公司董事会担当集团全部重大事项的决策者，母公司和子公司的经理层则是执行者的角色，监事会是监督者。

②突出董事会的集体决策作用。单个人的决策难免存在疏漏之处，特别是在企业集团中、在业务多元化的背景下，个人决策的风险更加会上升。因此，对企业的重大事项实行集体决策就显得至关重要，尽管这样做可能会在决策过程中花费较多时间，但却可以大大降低决策失误的风险。

③强化监事会作用。在企业集团中，由于子公司数量众多、地域分布广泛，为了加强对董事会和经理层的监督，就需要强化监事会的作用，把监事会的监督功能落到实处。

④合理设置董事会的相关专业委员会。要根据企业集团的实际情况合理设置董事会的各专业委员会，这有助于提高董事会的决策能力与效率，

促进母公司战略目标和对子公司的管控目标的达成。

⑤调整议事规则和决策程序。由于企业集团母公司的董事会决策事项较多，除进行有效分权，把非关键决策职能下放，设置董事会专业委员会辅助决策之外，议事规则和决策程序也必须进行相应的完善和调整，以着力提高董事会议事活动的深度和频度。

2. 企业集团的决策程序

我们首先来看看单体公司的决策程序，如图 6–4 所示。

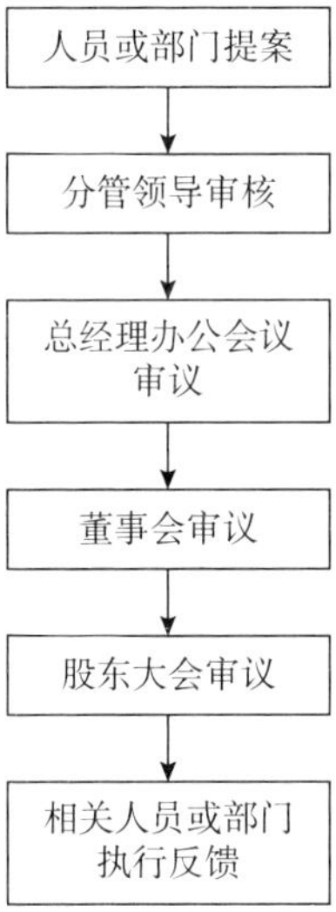

图 6-4　单个公司的决策程序

单个公司的决策程序很好理解，而对于企业集团而言，子公司的决策程序就要体现出母公司的意愿，如图 6–5 所示。

通过这种决策程序，母公司通过派驻人员（派驻董事、监事、总经理、财务人员）对子公司经营决策施加影响，尤其是对子公司董事会层面施加影响，传达母公司意志，平衡母子公司利益。母公司的职能部门要对母公司在子公司相关领域行使管理权力提供支持，具体体现为领域专家作用的发挥。

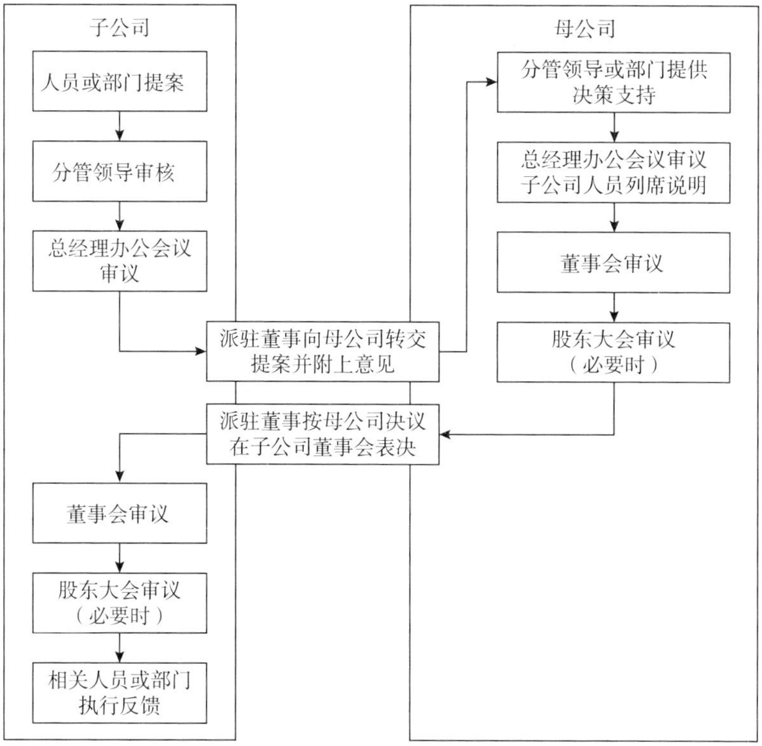

图 6-5 企业集团的决策程序

四、企业集团外派人员管理

母公司对子公司的管理方式不尽相同，但也存在着一些共性的做法，例如：

①建立专职从事子公司产权管理的部门，审查子公司的投资、贷款、债务担保等情况，考核子公司的经营业绩（包括资产经营情况），同时也考核子公司对母公司的贡献。

②向子公司选派高层管理人员，母公司领导或部门负责人兼任其所管理子公司的董事长、董事、监事。

③严格控制子公司资产经营活动。子公司的资本增减、下设子公司和向其他公司投资、重要建设与技术改造、年度预决算、重大合同签订、董

事变动等，均须向母公司事前报告。

④通过专业化分工，把子公司经营活动纳入母公司经营活动中。一般是母公司控制子公司的资金，控制全部或部分产品的销售。

现代企业制度要求企业集团对下属控股子公司的管理只能通过股权管理的方式来实现，因此，企业集团的治理主要是通过外派人员来实现，外派的人员可以是董事、监事，也可以是高管人员，比如总经理、财务总监等。企业集团派出的人员代表了集团的利益，通过对派出人员的有效管理，集团的管理意图才能得以实现。

1. 外派人员的任职岗位

企业集团通过外派人员取得在子公司（或控股公司）股东会的控制地位，间接控制控股公司董事会的决策。在子公司的董事会构成中，主要包括集团派出的董事、其他股东代表和中小投资者代表三部分，一般来说，集团派出董事占据主导地位，这是集团对子公司实施管控的基础。

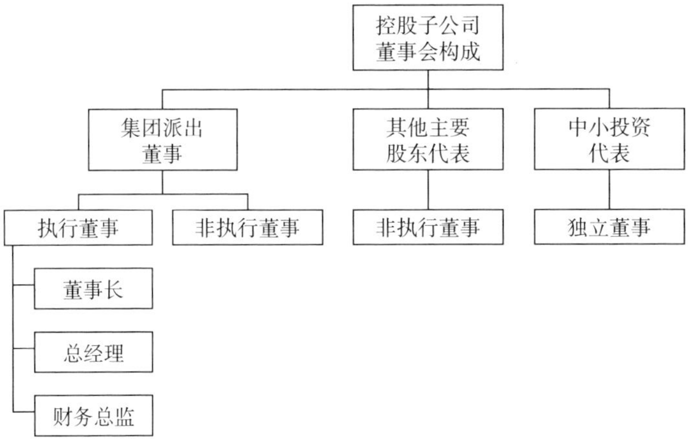

图 6-6　控股子公司董事会的构成

从图 6-6 可以看出，母公司所派出的董事既可以是执行董事，也可以是非执行董事，控股子公司的董事长及高层管理人员都可以由母公司派出的董事担任。其他股东的代表一般只能担任非执行董事，中小投资者对控股子公司的控制能力就更弱。因此，母公司对其下属控股子公司的控制能力是十分强大的，如何委派董事，决定了其对控股子公司的管控能力。

2. 外派董事的职责与任用方式

既然外派董事如此重要，那么对外派董事就要有一套合理的任用方式，并严格规定其应承担的职责。外派董事的任用方式与职责如表 6-8 所示。

表 6-8　外派董事的任用方式与职责

外派董事	任用方式	承担职责
董事长	由母公司章程规定，经母公司董事会决定，董事长和总经理分设	担任子公司的法人代表，按照《公司法》的规定，负责子公司的董事会工作； 向母公司汇报子公司的重大经营管理事项，并经母公司授权，对子公司董事会的重大表决事项提出表决意见
总经理	由母公司总经理提名，经母公司董事会决定	履行公司法规定的总经理的职责，主持子公司的经营管理活动； 经常性地向母公司汇报控股公司的经营管理状况； 经母公司授权，对子公司董事会的重大表决事项提出表决意见
财务总监	由母公司人力资源部会同财务部提名，经总经理确认，由母公司董事会决定	负责子公司的财务管理； 与母公司计划财务部保持经常性的协调和沟通，及时向母公司汇报子公司的财务状况，及时发现并控制子公司财务风险； 经母公司授权，对子公司董事会的重大表决事项提出表决意见
非执行董事	由运营管理部会同人力资源部提名，由母公司总经理确定并报董事会批准	协助运营管理部实现对子公司的管理

外派董事长和总经理的任用方式和职责要比其他董事复杂，因为他们在整个控股公司中起着主导作用，而其他外派董事主要是协助，共同完成母公司赋予的使命。

3. 外派董事的能力素质要求

我们从以下六个方面来确定外派董事的角色定位（见表 6-9），这不仅适用于外派董事，对于外派监事也同样适用。

表 6-9 外派董事的角色定位

角色定位	具体要求
专业人	外派董事应该是某方面的专家，依赖其所拥有的专业方面知识和技能为子公司作贡献
经验者	外派董事一般积累了多年的管理经验，其所拥有的丰富的管理经验有助于在子公司中发挥作用
监督者	外派董事除了要对子公司的日常经营管理进行决策，还要监督子公司管理层的经营行为，做一名合格的监督者
评估师	外派董事是母公司的评估师，通过对子公司详细的了解，对子公司的经营状况作出评估，然后汇报给母公司
信息源	外派董事可以利用自身的优势，收集子公司的经营管理信息，并将子公司的信息带回母公司，给母公司以决策支持
传声筒	外派董监事可以在子公司内部决策时，将母公司的意图传达给子公司管理层，使子公司更能了解母公司的战略部署

对于外派董事的能力要求，应从知识技能、业务技能、沟通技能三个方面来考虑，如表 6-10 所示。

表 6-10 外派董事的能力要求

技能	具体要求
知识技能	外派董事要具备丰富的知识背景，除了具备基本的企业管理方面的知识外，还要具备金融、法律、历史和哲学等的知识
业务技能	外派董事要具备丰富的业务技能，比如战略管理技能、财务管理技能、项目管理技能、生产管理技能等等。这些业务技能能更好地帮助外派董事做出科学的决策
沟通技能	外派董事要具备良好的沟通技能。外派董事来自母公司，但主要在子公司工作，这就要求外派董事对母公司和子公司都有很好的沟通，这样才能更清楚地传达双方的意图，才能维护好双方的关系

企业集团外派了董事，但是董事是否能够实现代表集团治理控股子公司的目的，还需要通过若干的管理活动，一般来说，集团公司派出的董事包括执行董事和非执行董事，执行董事主要包括董事长、总经理、财务总监等，执行董事的管理活动将直接关系到集团对子公司管控的成败，因此，对上述人员的能力要求应当比较高。

4. 对于外派董事的考核与激励

母公司赋予了外派董事一定的职责，检验外派董事是否达到了母公司的要求，就需要对其工作成果进行科学考核，见表 6–11。

表 6-11　外派董事的考核与激励

外派董事	绩效考核	薪酬激励
董事长	由母公司评价其业绩表现，并参考子公司对其业绩的评价； 绩效评价的主要标准是子公司是否实现集团的战略要求	由母公司决定支付其薪酬，薪酬的变动部分与子公司的绩效挂钩
总经理	由子公司董事会评价其绩效； 由母公司运营管理部会同人力资源部提出集团的绩效评价意见，并由董事长及母公司派出非执行董事代表集团，在子公司董事会出具绩效评价。主要标准是总经理是否在子公司的经营过程中贯彻了母公司的战略意图并完成战略目标	由控股子公司董事会决定其薪酬水平并由子公司支付； 薪酬与子公司的业绩挂钩
财务总监	由子公司董事会评价其绩效； 由母公司计划财务部会同人力资源部提出集团的绩效评价意见，并由子公司董事长及母公司派出非执行董事长代表集团，在子公司董事会出具该意见，绩效评价的主要标准是控股公司的财务状况	如母公司派出财务总监只在一家子公司任职，则由子公司董事会决定其薪酬水平并由子公司支付； 如母公司派出财务总监在两家以上子公司任职，则由集团决定并支付薪酬
非执行董事	由母公司运营管理部会同人力资源部评价其绩效； 评价的主要标准：非执行董事是否按要求协助母公司运营管理部实现对子公司的管理	由母公司决定其薪酬水平并由母公司支付

案例6-1　某企业集团外派人员管理办法

集团外派人员管理办法

（核心条款）

1. 目的

为充分行使股东权利，建立健全和规范子公司董事会、监事会的机构和管理制度，强化子公司董事会、监事会职能，规避和控制投资风险，特制定本办法。

2. 定义

2.1 公司：指某集团股份有限公司。

2.2 子公司：指公司向被投资公司（有限公司或股份公司）投资，形成或依法定程序取得股权，被投资公司就成为公司的子公司。公司通过关联企业或联合关联企业投资，以特殊股权结构实际控制的被投资公司，视为公司的子公司。

2.3 外派董事、监事：指在子公司董事会、监事会中，依据子公司合资协议或章程，由公司委派的董事、监事。

3. 适用范围

本办法适用于公司所有外派董事、监事。

4. 外派董事、监事的选任方式

4.1 外派董事、监事选派以公司在职管理干部、专业人员为主。特殊情况下，经公司总裁批准，可以邀请公司以外的专业人员担任。

4.2 总部级子公司董事长一般由公司领导兼任，事业部级子公司董事长一般由事业部总经理、副总经理兼任。其他的子公司董事、监事由主管部门和相关职能部门协商，提出人选，报经公司领导决定。从在职管理干部、专业人员中选拔担任外派董事、监事的条件为：

4.2.1 符合国家法律法规、子公司章程和公司有关管理干部制度的规定。

4.2.2 具有与任职子公司规模、经营阶段相适应的管理经验或专业知识。

4.2.3 有足够的时间、精力从事子公司经营管理的监督、指导工作。

5. 外派董事、监事责任书的签署

为明确职责，规范管理，外派董事、监事就任之前必须与公司签署《外派董事履行职务责任书》《外派监事履行职务责任书》等相关文件。公司将逐步建立外派董事、监事任职资格制度。

6. 外派董事、监事的工作职责

6.1　外派董事工作职责。

6.1.1　按照《公司法》、子公司章程及与公司签订的《外派董事履行职务责任书》履行董事职务。

6.1.2　及时全面地向管理支持平台（管理支持平台的职责和构成见《规范控（参）股子公司运作暂行规定》）反馈掌握的子公司信息。

6.1.3　出席子公司董事会并根据与公司签订的《外派董事履行职务责任书》的规定表决议案。

6.1.4　根据个人专业背景指导子公司经营管理工作。

6.1.5　依据公司对子公司管理机制，参加决策支持小组具体工作（决策支持小组的组成、职责、工作方式见《规范控（参）股子公司运作暂行规定》）。

在决策支持小组内部，外派董事的分工为：业务主管部门外派董事负责业务发展和监督、指导与公司相关业务部门沟通、协调工作；职能部门外派董事负责子公司风险监控和与相关职能部门沟通、协调工作，其中公司投资部外派董事主要负责该子公司的监管工作。

6.2　外派监事工作职责。

6.2.1　及时全面向管理支持平台反馈掌握的子公司信息。

6.2.2　出席子公司监事会并根据与公司签订的《外派监事履行职务责任书》的规定表决议案。

6.2.3　按照《公司法》、子公司章程和与公司签订的《外派监事履行职务责任书》履行监事职务。

6.2.4　依据公司对子公司管理机制，参加决策支持小组具体工作。

7. 外派董事、监事的业绩考核

结合子公司的经营业绩和对公司的相关贡献对外派董事、监事进行考核，公司层领导外派任职子公司董事长、副董事长的业绩考核由管理支持平台报薪酬委员会批准后实施。

7.1　与公司内部考核相结合。外派董事、监事职务业绩在公司考核体系个人业绩考核中要占有一定比重，具体比例、实施办法根据子公司经营指标、信息沟通工作执行情况、对公司的相关贡献、现职工作与董事、监事工作的相关程度等因素综合考虑，由子公司主管单位与投资部、薪酬部在《外派董事、监事审批表》签署意见，领导审批。

外派董事、监事在子公司担任全职工作，公司对其个人考核由管理支持平台按照《外派经营管理干部管理办法》考核。

7.2 管理支持平台对派出董事、监事的综合考评。根据《规范控（参）股子公司运作暂行规定》和与公司签署的《外派董事履行职务责任书》《外派监事履行职务责任书》等相关规定，管理支持平台根据子公司经营业绩综合评价以及具体工作分工、信息沟通工作执行情况、对子公司经营管理工作的其他贡献等因素，由管理支持平台对外派董事、监事工作做综合考评。

综合考评成绩作为公司外派董事、监事奖惩的依据和公司外派董事、监事任职资格制度的参考数据。

8. 外派董事、监事的奖惩

8.1 根据外派董事、监事综合考评结果，公司给予一定奖励和惩罚，奖励与惩罚均设立一定上下限。

8.2 根据子公司股东会、董事会的有关决议、规定或子公司的有关制度，外派董事、监事从子公司获得的各种奖励，应上缴公司。

如外派董事、监事履行职务确有贡献，经公司薪酬委员会批准，可以奖励个人一部分。

外派董事、监事利用个人影响力或专业经验，协助子公司完成某项业务，获得的佣金或以奖金名义发放的佣金，也需要按照本条款规定执行。

9. 外派董事、监事的津贴

9.1 公司按月给予外派董事、监事一定金额的职务津贴，具体金额另文发布。

9.2 外派董事、监事在子公司担任全职工作，公司不给予职务津贴。

9.3 外派董事、监事（含参加子公司股东会的公司股权代表）不得在子公司报销任何费用。

子公司给予外派董事、监事的礼品和出席董事会、监事会的车马费、津贴，按照《员工收受礼品登记管理制度》管理。

五、企业集团治理的激励与约束

现代企业所有权与经营权的分离，使得所有者与经营者之间产生了委托代理关系，使得公司股东要对企业的经营管理者进行监督，同时，也要合理有效地开展激励。

1. 集团对子公司的约束

一般来说，集团可以从收紧控制权和审计监督两方面来对子公司实施约束。

（1）收紧子公司控制权

集团要想有效约束子公司，就必须保留对子公司的控制权。只有控制权掌握在母公司手中，才能够约束子公司的行为，防止子公司高层管理人员出现违规行为，损害母子公司的合法利益。

那么，集团可以从哪些方面对子公司的权力进行收束呢？如表 6–12 所示。

表 6-12 子公司的各种权力

子公司的权力	具体内容
资本运作权	包括子公司的设立、变更、增减股本、合并、歇业、清盘和破产等，以及子公司对外收购兼并、投资（合作）成立孙公司等
重大投资权	包括一定授权限额之外的项目投资、委托理财、资产租赁或出售，以及融资负债、对外担保和抵押等
重要人事权	包括董事、监事等产权代表的任免，以及总经理、副总经理（含总经理助理）、三总师、财务总监甚至财务经理等高层管理人员的任免
战略发展权	包括子公司业务范畴和发展方向
经营管理权	包括组织架构设计、制定重要管理规程、制定企业运作流程等

母公司可以通过向子公司外派人员的方式，或者通过法人治理体系的运作，取得以上各项权力的控制权。

（2）加强审计监督

一般大型企业集团都设有审计委员会或审计部门，通过审计工作来实现对子公司管理层的监督与约束。

母公司的审计委员会必须全部由“独立董事”组成，独立董事除了董事津贴、审计委员津贴之外，不从公司领取其他酬金，他们是不受控制股东或管理层影响的“非关联人士”，这有利于其保持独立的身份。

一般来说，集团审计委员会或审计部门的工作流程包括审计监督体系确立、年度审计计划审批、关键财务数据及决策信息收集和审阅、调查研究与内部商议、工作报告形成与汇报、问题处理结果追踪等，如图 6–7 所示。

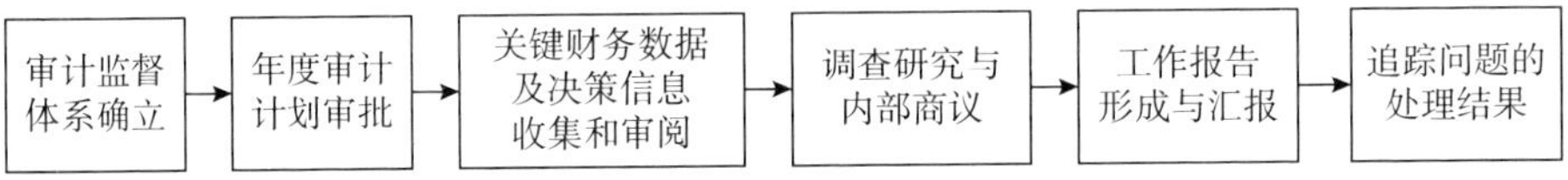

图 6-7　审计委员会的工作流程

2. 集团对子公司的激励

子公司从自身的角度出发，一定会追求利益最大化，因此也必然会出现子公司与集团公司之间讨价还价的现象，子公司都会尽可能从母公司那里争取更多的资源。如果母公司尊重子公司的合理利益诉求和法律地位，规范好母子公司之间的利益关系，就等于给予了子公司充分的激励，反过来也有利于整个集团的发展。

综合来讲，母公司可以通过三个方面对子公司进行激励。

（1）尊重子公司的治理结构

首先，要建立健全子公司的法人治理结构。子公司虽然受到母公司的控制，但其法人治理结构仍然是独立的，仍然需要有健全的股东大会、董事会和监事会等权力机构，如果连这些基本的法人治理结构都没有，何谈对子公司的激励？

其次，母公司可以通过股权控制子公司，但是不论母公司的控股比例有多大，都必须按照公司治理的程序，通过子公司的法人治理结构贯彻母公司的战略意图，不能越级、越权直接对子公司发号施令。

（2）规范母子公司的利益关系

母公司要避免同子公司发生业务上的竞争，如果存在共同的市场，也应做好客户区隔，或者建立公平合理的交易机制，避免出现“以大欺小”的行为，使子公司的经营受到影响。

母公司不能随意占用子公司的资金。子公司上市后，有的母公司以超低利息甚至无偿占用上市子公司的流动资金，更有甚者，抽走子公司公开招募的资金移作他用，严重影响了子公司的正常运作，损害了子公司其他投资者的合法利益。这样做，使得子公司变成“提款机”，失去正常运营能力，也是法律和监管机构所严令禁止的。

（3）建立科学的收益管理与激励措施

首先，要按有关规定为子公司留足法定的公积金、公益金，在盈余公积金的分配上尽量为子公司留足发展余地，要在利润分配上鼓励子公司持续投入、长远发展。

其次，要对子公司管理层进行有效的考核和奖励，考核和激励要赏罚分明。对于成长性好且管理层个人因素影响较大的子公司，可以采取管理层持股或期权等中长期激励方式，但是要把握好激励的程度，避免子公司股权的过度分散。

第五节 企业集团的领导制度

总体来看，企业集团存在着所有权、战略决策权、经营管理权三类最核心的权力，所谓领导制度，就是通过对集团内部领导权归属、划分以及行使方式的选择，处理好集团与下属子公司之间、子公司相互之间的各种关系，以有利于企业集团的良性经营与有序发展。

一、企业集团领导制度的特点

有关于领导的概念，众说纷纭，有的观点认为，领导，就是为了解决问题而采取的行动；有的认为，领导，就是对制定和完成企业目标的各种活动施加影响的过程；有的认为，领导就是指挥、带领、引导和鼓励员工为实现目标而努力的过程。但这些定义基本上都是对单体企业领导活动的概述，企业集团的领导与单体企业的领导还是有区别的，归纳而言，企业集团的领导制度具有以下特点。

（1）利益主体的多元性

利益主体，是企业以组织形式固化的经济活动主体，它依靠生产经营活动来维护和发展自身的利益。企业集团中既有母公司，也有子公司，由多个企业法人联合而成，企业之间相互持股，各经济活动主体的利益是多元的。企业集团的领导制度必须适应各个不同利益主体的共同需求，保证集团管理能够最大限度地维护各个子公司的共同利益。

（2）领导作用的整体性

企业集团是由若干个以核心企业为依托的企业群组成的联合体，任何单个企业都无法离开集团而独立发挥作用，因此，企业集团的领导作用必然体现为整体效应。由于组成企业集团的单个企业是分层次的，而不是杂乱无章，因此，企业集团的领导作用也是分层次且构成一个整体的。

（3）领导方式的间接性

企业集团领导方式的间接性，是与单体企业领导方式的直接性相对应的。企业集团由多个单体企业组成，拥有多个法人，包含多层次的组织结构，具有跨地区、跨部门的特点。这就使得企业集团的管理关系非常复杂，管控跨度大，不适合使用单体企业的直接领导方式。由于成员企业通常是通过股权、契约等方式联结在一起，因此，可以股权或契约为基础获得管理权，间接实施管理。例如，集团母公司派出董事、监事或经理人员到下属公司担任要职，通过影响子公司的董事会决策来间接领导子公司。

（4）管理形式的多样性

相对于单体企业的管理形式而言，企业集团的管理形式也是多样性的。

例如，在企业集团的经营控制上，可以采取设立分公司的形式，也可以采用全资子公司和参股子公司的形式；在集团成员企业之间的分配形式上，既可以采用资金补偿形式，也可采用实物补偿形式或劳务补偿形式；在管理控制程度上，既可以采用集权式以加强管控，也可以采用分权式以发挥子公司的经营管理灵活性和主动性。总之，企业集团不是单体企业的简单加总，其管理形式有着充分的多样性，企业集团的领导制度要适应管理形式多样化的特点。

二、企业集团领导制度的形式

企业集团的领导制度主要包括三种形式：一是董事会领导下的总经理负责制，二是以总经理为核心的管理团队负责制，三是充分授权模式下的总经理负责制。

（1）董事会领导下的总经理负责制

这种形式是目前大多数企业集团采用的领导制度。一般情况下，董事会是企业集团的最高权力机构，其作用是对企业集团的发展战略进行决策和监督，而总经理则负责日常的经营决策和管理工作。

在规范的股份有限公司、如上市的集团公司，股东大会（或股东代表大会）才是最高权力机构，董事会是最高决策机构，设董事长一人，董事若干，董事会的人数根据企业集团的规模大小、成员企业的多少以及董事会承担业务的复杂程度决定。实行董事会领导下的总经理负责制，总经理由董事会聘任。

在这种领导制度下，董事会和总经理各自的职责是比较清晰的。董事会负责企业集团的重大决策，以及对总经理履行考核、激励与监督职能；而总经理执行董事会决议，全面负责集团公司的日常经营和管理工作。

（2）管理委员会领导下的总经理负责制

单一领导体制的最大弊端是：由于知识、经验、视野等方面的局限，如果总经理对于战略的把握、在关键问题上的决策出现偏差，将给整个集团带来致命的打击，因此，管理委员会领导下的总经理负责制就成为一种具有实践意义的领导制度，也就是我们俗称的“集体领导”。

一般来说，管理委员会由总经理、副总经理、总经济师、总工程师、总会计师等集团高级管理人员组成，为了确保决策的科学性和覆盖度，委员会成员可能也会包括主要成员企业、主要事业部的负责人，一般由总经理兼任管理委员会主席。这一领导制度在有的企业集团也叫作“总经理办公会”或“总裁办公会”。会议定期召开，在会议上，集团公司的重大问题都要进行提案和讨论，对于关键问题，根据委员会议事规则要进行投票表决。可见，作为决策主体的管理委员会起到的作用包括：①汇集多方面信息，反映各方面的意见和建议；②站在不同角度进行分析和论证；③集体决策。

知名科技企业华为，采用的就是EMT（经营管理委员会）的管理方式。在管理委员会制度下，总经理主要扮演召集者、组织者、执行者的角色，不否认其对管委会有较强的影响力，但在不同的事项上，他并不能随时、全面地自主决策，而是要服从委员会的集体决策。当然，在承担责任方面，其压力也明显要低得多。

（3）双向进入、交叉任职的领导体制

在新的时期，我国国有企业集团当前采取的是党委领导下的总经理负责制。其中，董事长和党委书记一般由一人担任，总经理和党委副书记一般由一人担任，这就是所谓的“双向进入、交叉任职”。同，要健全党组织的议事决策程序，把党组织研究讨论作为董事会、经营层决策重大问题的前置。

案例6-2　华为的公司治理

一、公司基本情况

华为技术有限公司是一家生产、销售通信设备的科技公司，于1987年注册成立，目前是全球领先的信息与通信技术（ICT）解决方案供应商，专注于ICT领域，为营商客户、企业客户和消费者提供有竞争力的解决方案、产品与服务。2019年，华为排名《财富》世界500强第61位。

截至2016年底，华为有17多万名员工，华为的产品和解决方案已经应用于全球170多个国家，服务全球运营商50强中的45家及全球1/3的人口。2019年8月22日，2019中国民营企业500强发布，华为投资控股有限公以7212亿营收排名第一。

为维持良好的企业表现和长期持续增长，华为建立了清晰而全面的公司治理架构，如下图所示。

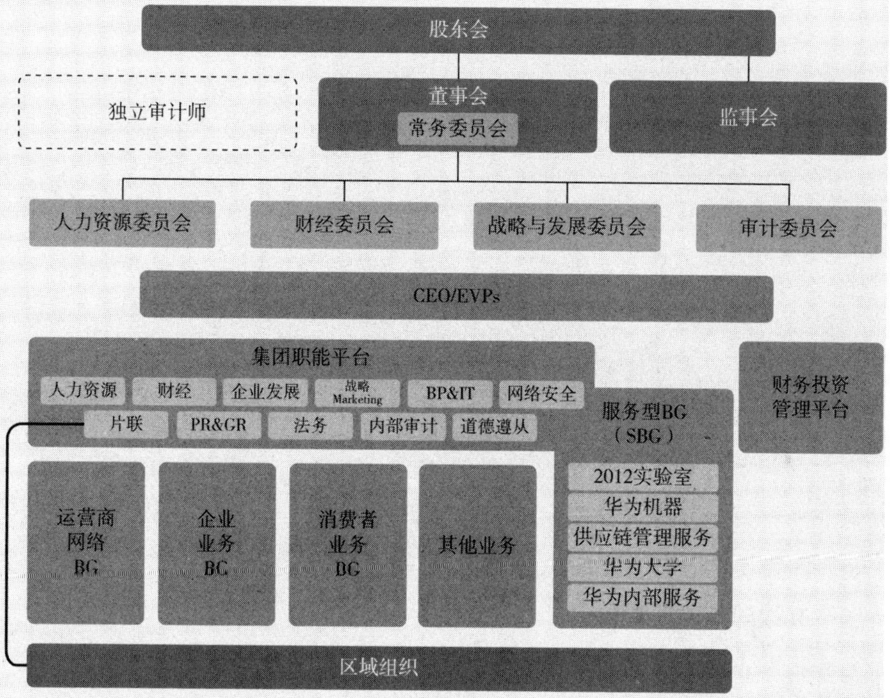

华为治理结构

二、股东大会

股东大会是华为的最高权力机构，由工会和任正非两名股东组成。

工会作为公司股东参与决的公司重大事项，由持股员工代表会审议并决策。持股员工代表会由全体持股员工代表组成，代表全体持股员工行使有关权利。

三、董事会

董事会是公司战略和经营管理的决策机构，对公司的整体业务运作进行指导和监督，对公司在战略布局和运作过程中的重大事项进行决策。

四、董事会专业委员会的设立情况

董事会下设人力资源委员会、财经委员会、战略与发展委员会、审计委员会四个专业委员会。

1. 人力资源委员会

人力资源委员会是公司组织、人才、激励和文化等组织核心管理要素的综合管理与提升者，在董事会授权范围内进行人力资源管理关键政策和重大变革的制定、决策以及执行监管，既体现公司统一的人力资源管理哲学和核心理念，保证人力资源政策的一致性，又充分适应公司各类各层部门的业务特点和管理模式，体现针对性，以支撑业务发展。

2. 财经委员会

财经委员会是华为企业价值的综合管理者，在董事会授权范围内，对经营活动、投资活动和企业风险进行宏观管控，使公司在机会牵引与资源驱动之间达到动态平衡，实现公司长期有效增长。

3. 战略与发展委员会

战略与发展委员会是公司战略发展方向的思考者、建议者和执行的推动者，通过洞察行业、技术及客户需求的变化趋势，寻找公司的发展机会和路径；通过对产业投资、技术、商业模式和变革的宏观管理，实现公司的力出一孔和持续有效增长。

4. 审计委员会

审计委员会在董事会授权范围内履行内部控制的监督职责，包括对内控体系、内外部审计、公司流程以及法法规和商业行为准则遵从的监督。

五、监事会与独立审计师

按照中国公司法的要求，华为设立监事会。监事会主要职责包括：内外合规监督，检查公司财务和公司经营状况，对董事、高级管理人员执行职务的行为和董事会运作规范性进行监督。监事列席董事会会议。

审计师负责审计年度财务报表，根据会计准则和审计程序，评估财务报表是否真实和公允，对财务报表发表审计意见。

审计范围和年度审计报告需由审计委员会审视。任何潜在影响外部审计师客观性和独立性的关系或服务，都要与审计委员会讨论。此外，独立审计师还与审计委员会共同商讨审计中可能遇到的问题、困难以及管理层的支持情况。

自2000年起，华为一直聘用全球知名会计师事务所毕马威作为独立审计师。

六、轮值CEO制度

华为实行董事会领导下的轮值CEO制，轮值CEO在轮值期间作为公司经营管理以及危机管理的最高责任人，对公司生存发展负责。

轮值CEO由三名副董事长轮流担任，轮值期为6个月，依次循环。

轮值CEO负责召集和主持公司EMT会议。在日常管理决策过程中，对履行职责的情况及时向董事会成员、监事会成员通报。

1. 轮值CEO制度优点

轮值CEO制度很好回应了公众对于任正非先生个人决策的质疑，这样的轮流制度相当于分散了一部分控制权，使公司的决策更加民主化。轮值CEO在轮值六个月之后卸任，并非离开核心层，而是仍在决策的核心层，参与集体决策，并为下一轮值做好充电准备。这对于当今各大公司频繁更换CEO的现象得到了很好的解决，轮值结束并没有退出心层，使公司可以持续稳定发展。

七、华为治理结构的启示

华为公司由任正非先生创立，但是在公司的治理结构设计中，已经尽最大努力实现了权力的分散化，包括：由工会担任最大股东，董事会下设四大专业委员会，长期坚持外部独立审计，设计和运行轮值CEO制度，等等。这些措施很好地发挥了四驾马车独立运行，相互支持、监督、制衡的作用，从而确保了华为能够保持正确的战略方向与持续稳定的发展。

第七章

组织功能定位与功能设计

治理结构与运行机制设计，解决了集团企业如何从法理上做好整个集团的管控，从而确保集团出资人的利益，以及最大限度地发挥集团的协同优势问题。而作为最为可见的管控手段，集团总部、各二级集团、各下属企业的组织功能定位、组织架构设计、管理职能配备，则是各项管控动作发出和接收的终端。缺乏各级组织机构的有效支撑，所有的管控动作都将无从谈起。

第一节　企业集团的组织管理

一、组织管理的基本概念

1. 企业组织结构

在企业中，各部门存在着相对稳定的纵向命令关系与横向协作关系，这些部门及其相互关系共同构成了企业的组织结构。用一句话概括，企业的组织结构就是为了实现组织目标，企业中部门、职位、相互关系、信息等组织要素的有效排列和组合，具体来说，组织结构包括组织层次划分、组织机构设置、各机构间相互关系，等等。

组织结构是企业组织运行机制赖以存在的基础。如同人体的骨骼一样，组织结构在企业中起着“框架”的作用，有了它，企业的人流、物流、信息流才能正常流通，企业的目标才能实现。从静态角度来看，组织结构主要指企业的组织框架体系，可以用组织结构图、职位设置图来表示；从动态角度来看，企业组织结构是指各成员间的相互关系，即组织的权、责、利关系，这种关系主要通过企业内部的分工、协作、流程、激励等来实现。

2. 组织结构设计的内容

一般来说，企业组织结构设计包括四个方面的内容。

职能结构，即为完成企业整体目标，企业各级组织所应具备的功能。

层次结构，即企业内管理层级的设置，又称为组织的纵向结构。

部门结构，即企业中部门的设置，又称为组织的横向结构。

职权结构，即企业中各级组织之间、同层级各部门之间在权限、责任等方面的分工与协作关系。

二、企业组织结构类型概览

随着生产力的发展和社会的进步，企业的组织结构类型也在不断发生变化，管理学家威廉姆森把企业的组织结构划分为U型、H型和M型三种类型，其中：U型是一元结构，M型是多元结构，H型则是控股结构，以下就这三种企业组织类型进行深入的介绍。

1. U型组织结构

U型组织产生于现代企业的早期阶段，是最基本的组织结构形式，其特点是强调集中控制，即，以职能为中心，划分生产、销售、开发、财会等职能部门，公司总部从事业务的策划和运筹，直接领导和指挥各部门开展经营活动。

U型组织结构主要有三种形式：直线结构、职能结构以及直线职能结构。

（1）直线结构

直线结构（如图7-1所示）是最古老的组织形式，之所以称之为“直线”，是因为在这种组织结构下，企业的一切管理工作均由总经理直接指挥管理，职权从最高层直接向下传递，经过若干个管理层到达组织基层。

在这种组织结构中，每个人都向一个上级负责，并绝对服从此上级的命令。这种组织结构的优点是权力集中，职责分明，信息沟通方便，便于集中管理、统一指挥。不过，在这种组织结构中，管理者（总经理）必须是全能管理者，必须熟悉本公司的各项经营管理活动。同时，这种组织结构缺乏横向的协调关系，一旦企业规模扩大，管理工作复杂度增加，管理者很可能由于精力不济而出现顾此失彼的情况。

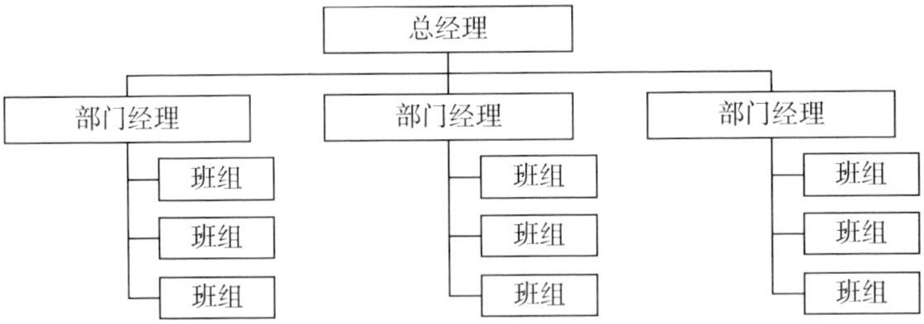

图 7-1 直线型组织示意图

（2）职能结构

在职能结构中，企业按照职能实行专业化分工管理，在此组织结构中，下级既要服从上级主管人员的管理，又要听从上级各职能部门的管理（如图 7–2 所示）。这种组织结构的优点是分工更细，职能经理代替总经理承担了大量管理工作，上层管理者（总经理）的负担有所减轻，能够集中精力处理好重要工作。

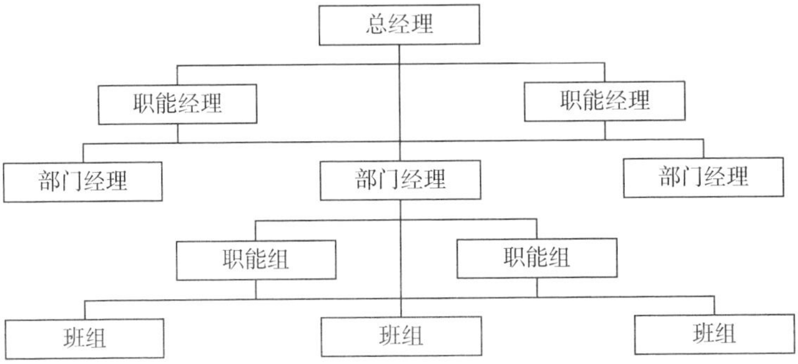

图 7-2 职能型组织示意图

（3）直线职能结构

直线职能结构在大中型企业中尤为常见，该组织结构在各级行政主管之下设置相应的职能部门（如计划、财务、人事等）从事专业管理，实行主管统一指挥与职能部门参谋统一指导相结合。直线部门是骨干，承担着实现组织目标所需要完成的经营任务，职能部门是同级直线主管部门的参谋与助手，可以对下级进行业务指导，但无权发号施令，下层机构既受上级部门的管理，又受同级职能部门的业务指导和监督（如图 7–3 所示）。

该种组织结构既保持了直线型结构集中统一指挥的优点，又吸收了职能型结构分工细致、注重专业管理的长处，与前两种组织结构相比更有优越性。其主要缺陷在于：权力过于集中于高层，下级缺乏必要的自主权；对于需要多部门合作的事项，往往难以确认职能归属；信息传递路线偏长，反馈较慢，难以适应环境的快速变化。

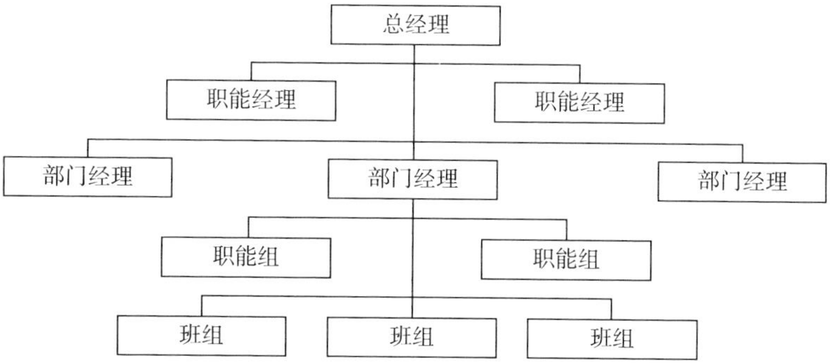

图 7-3 直线职能型组织示意图

2. H 型组织结构

H 型组织结构即控股公司结构（如图 7–4 所示），严格地说，它并不是企业的组织结构形式，而是企业集团的组织形式。控股公司持有各子公司的全部或部分股份，各子公司具有独立的法人资格，是相对独立的利润中心。

H 型组织结构的优点在于：母公司、子公司在法律上都是独立法人，母公司不用承担子公司的债务责任，这就大大降低了母公司的经营风险，也迫使子公司拥有较强的责任感与经营积极性。缺点在于：母公司不能对子公司直接行使行政指挥权力，必须通过股东大会、董事会对子公司施加影响，母子公司各为独立的纳税单位，相互间的经济往来以及子公司的赢利所得需要双重纳税，增加了母子公司的财务负担。

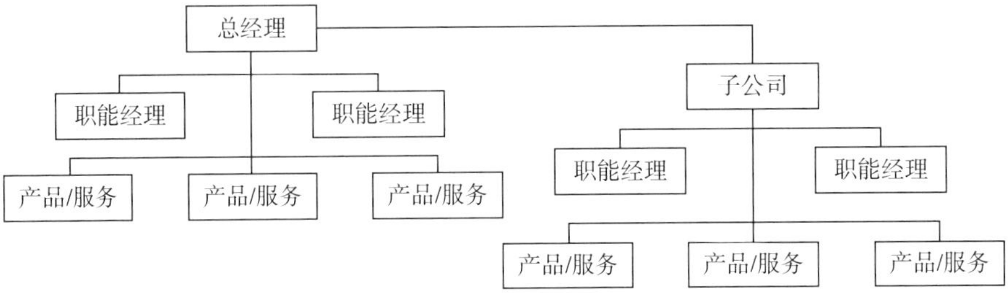

图 7-4　H 型组织结构示意图

3.M 型组织结构

M 型组织结构是当今大企业中最常见的组织结构，也是复杂程度最高的组织结构，通常分为事业部制组织结构和矩阵式组织结构两类。

（1）事业部制组织结构

在事业部制组织结构下，企业按照产品或地区分别设立若干个事业部，各事业部全面承担该产品或地区的全部业务，各事业部实行独立经营，单独核算。企业高层只保留财务控制、人事决策及监督等方面的权力，利用利润等指标对事业部进行控制，集中精力于公司总体目标、方针和各项政策的制订。

事业部一般按照产品和地区两个维度设立。

①产品型事业部的组织结构。在产品型事业部的组织结构中，总公司设置研发、采购等职能部门，事业部主要从事生产（有的也有销售职能），总公司的有关部门为其提供支撑。

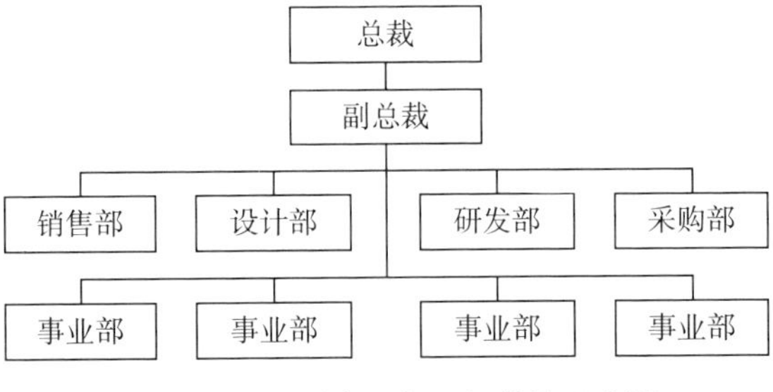

图 7-5　产品型事业部组织结构示意图

②地区型事业部组织结构。在地区型事业部组织结构中，一般按照地区来设置事业部，对不同的地区市场赋予不同程度的自主权，使事业部能够对不同市场的生产、销售活动进行有效协调。

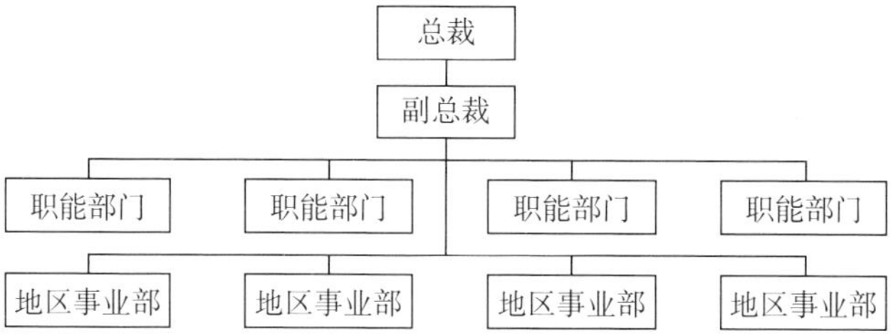

图 7-6　地区型事业部组织结构示意图

事业部制组织结构具有集中决策、分散经营的特点，企业最高管理层在资金分配、人事安排、企业发展战略等方面拥有最终决策权，事业部在日常经营活动中被授予足够的权力，能够自主经营。在这种组织结构下，高层管理者能够从具体经营事务中解脱出来，集中精力把握企业发展方向等重大问题，这是其优点。但从另一个方面来看，由于最高决策层与具体经营活动之间有了新的组织层级，在实施决策、反馈信息等方面必然会存在一定的失真和滞后，各事业部在追求自身利益的过程中也难免会忽视整体利益。此外，机构的重复设置也会带来企业运营成本的增加，这些也是事业部所必然要面对的问题。

（2）矩阵型组织结构

有时企业需要同时运作多个项目，每个项目需要配备不同的人员和资源，为了加强对项目的管控，每个项目都要成立专门的组织负责对项目进行监督和管理。也就是说，针对每一个项目，要在直线职能型结构的纵向领导的基础上，增加横向的项目管理系统，由此而形成了纵横交错的矩阵型组织结构。

矩阵型组织结构的运行以项目小组为基础，项目小组根据工作任务的需要把不同背景、不同技能、不同部门的人员组合在一起。这种组织方式加强了不同部门间的配合和信息交流，克服了直线职能型结构中部门间相互脱节的现象，而且具有灵活机动的特点，可以根据业务进展随时组建或解散工作小组，一个人也可同时参加多个小组，提高了人员的利用率。但矩阵型组织结构也存在不足，由于小组同时存在两个汇报关系，可能出现职权关系混乱、命令冲突等管理问题。

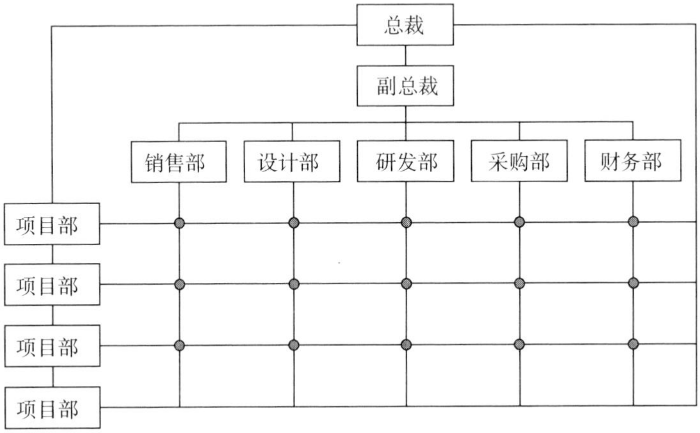

图 7-7　矩阵型组织结构示意图

三、集团企业的组织结构类型

当企业规模逐渐扩大，向集团化方向发展、具有集团化运作特征的时候，集团总部与各下属单位的管理定位、部门设置、责权利划分与协作关系，就构成了企业集团的组织结构体系。由于集团的管控模式不同，下属机构的成熟度不同，由此决定了集团组织架构也有不同的方式和选择。

1. 控股子公司制

控股子公司制，是在集团之下设若干个子公司，母公司对子公司进行控股，由集团公司总部代表母公司根据出资限额行使管理权和承担责任。

控股子公司制的特点如下。

①控制子公司制即母子公司制，母公司是控股公司，子公司可以有若干个，是被控股公司。

②母公司控股子公司，既可以是相对控股也可以是绝对控股。所谓

绝对控股，是指母公司持有子公司超过50%的股权，并掌握其经营控制权；相对控股，是指母公司持股比例达到合并报表最低要求（一般为25%～30%），且实际掌握经营控制权；达不到相对控股要求的企业，被视为一般参股关系，一般称为关联企业。

③母公司对控股子公司既可以通过控制协议进行直接管理，也可通过对子公司派驻董监事等，通过参与子公司董事会的决策来进行间接的控制。

控股子公司制对大型集团公司非常适用，它既能发挥母公司的战略优势，又有利于发挥子公司的积极性、灵活性。在必要时，母公司还可以通过减持股份放弃没有前途的子公司，以避免财产损失和经营风险。

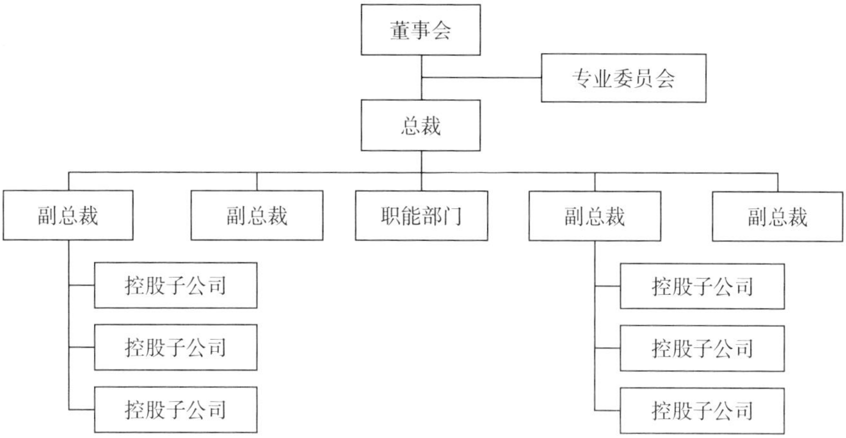

图 7-8 控股子公司制组织结构

控股子公司制的优点包括：

①可以通过控股子公司迅速进入新的事业领域或支配更多的社会资源。

②可以通过控股子公司介入有一定政策和法律限制的特殊市场和地区。

③可以通过控股子公司合理避税或规避经营及法律风险。

控股子公司制的缺点包括：

①母公司要对有控制协议的子公司的盈亏负责，子公司积累的利润后备金无法弥补年终亏损时，必须由母公司来平衡亏损。

②子公司是独立法人，站在子公司法人治理结构的要求来看，母公司派出的董事会成员必须遵守谨慎原则，而不能完全根据母公司的利益表达

观点，违背此原则并给子公司造成损失的，也应承担相应责任。

2. 事业部制

企业规模不断扩大以后，企业可按产品或地区分别成立若干事业部。事业部是母公司的利润中心，内部有自己独立的财务、人事、行政职能，但母公司为了有效地管理事业部，也会设有自己的财务（审计）、人力资源、行政等职能，也有很多企业设立“模拟事业部”“半事业部”，即：业务部门独立、职能部门与总部联合使用，但其本质也是事业部制类型。

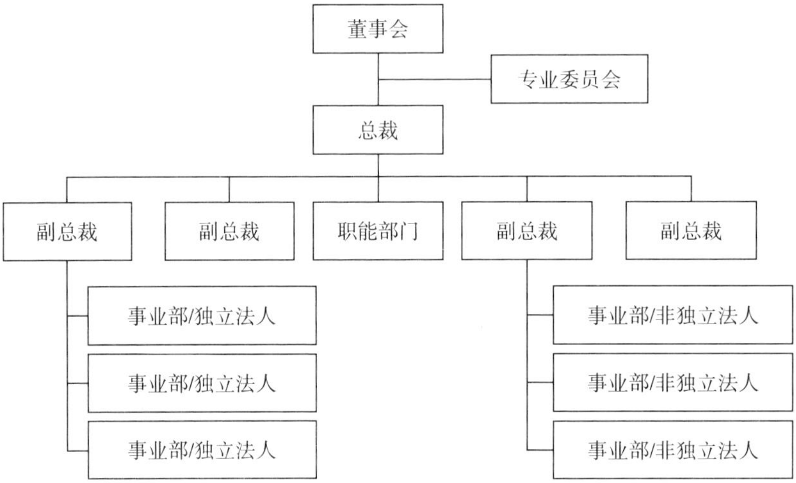

图 7-9　事业部制组织结构

事业部制组织架构，既拥有控股子公司制的优势，也规避了单纯母子架构下、多层次组织架构的管控风险，因为：单纯母子公司架构下，集团每个层面都是独立法人，随着层级增加，其管控的不确定性会大大增加。而事业部是非独立法人的模拟利润中心，可以减少中间层是独立法人而带来的管控失效。

3. 矩阵制结构

矩阵制组织结构，是把按分子公司（或产品、服务等）划分的管理关系和集团按职能划分的管理关系结合起来，组成矩阵，使矩阵中的某一部门或人员既接受所在分子公司的管理，又与集团职能部门保持组织与业务上的联系的管理模式。

矩阵制结构具有以下方面的优缺点。

优点在于，矩阵制模式下，员工接受集团与分子公司双重领导，从而既能实现分子公司的高效管理，又能充分利用集团在职能管理和资源配备方面的专业化优势，将直线制的灵活性、职能管理的稳定性紧密结合起来。

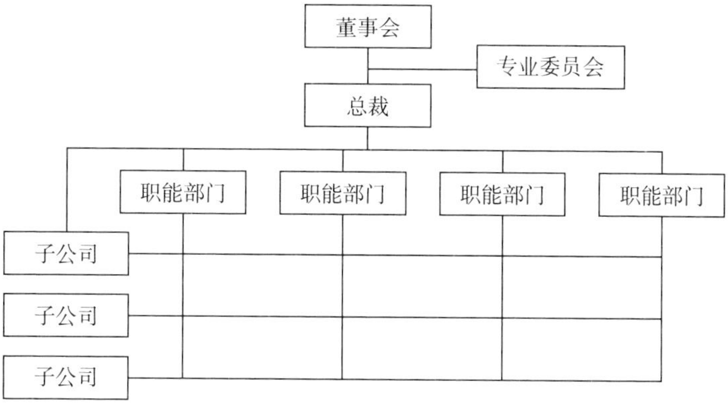

图 7-10 矩阵制组织结构

缺点在于，多头领导与考核，容易造成集团对分子公司的管控难度增加，对员工的协调能力提出了较高的要求。因此，现实中在集团层面全部采取矩阵制架构的企业比较少见。

4. 混合制架构

由于企业集团的业务极其复杂，因此，集团组织架构也不可能以单纯的职能制、事业部制或矩阵制的形式存在，大部分企业集团的组织架构可能会同时兼有不同模式的特征。综合两种或多种特征的集团组织架构，称为混合制架构。

集团组织架构的形态本身并无高低优劣之分，关键在于是否能够与集团战略、业务特点、发展成熟度等相吻合，能否为集团管控模式的落地提供有力的组织保障，能否促进集团的内涵式发展与外延式增长。

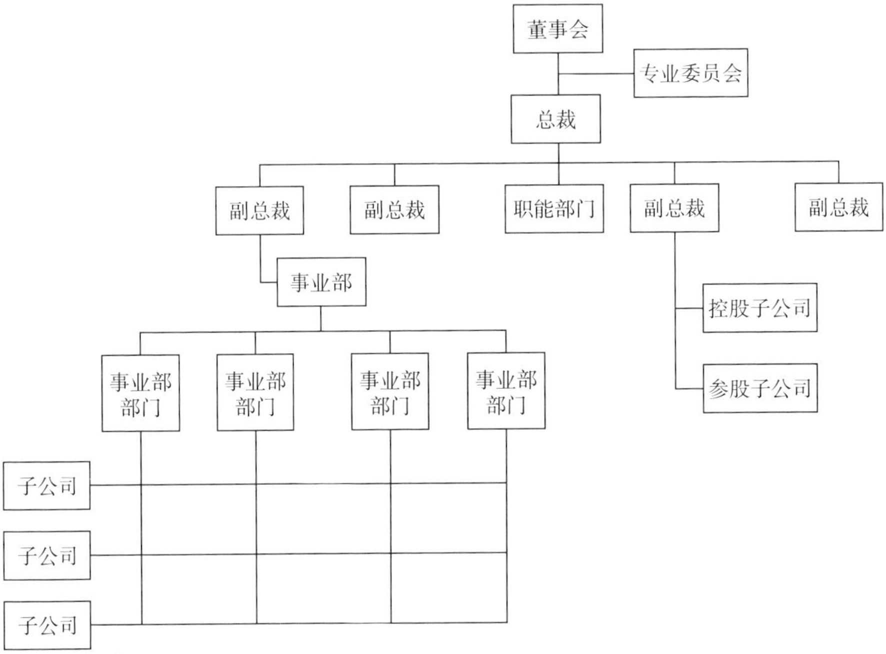

图 7-11 混合制组织结构

第二节 企业集团各级组织的功能定位

企业集团由母公司和若干分、子公司组成，建立了完善的企业集团治理结构之后，就要明确母子公司的关系以及它们之间的功能定位。只有明确界定了母子公司之间的关系，划分了母子公司各自的功能定位，才能更进一步有效地设计企业集团的组织结构，落实集团的治理结构，实现集团的战略目标。

一、母子公司之间的关系

母子公司之间首要的是出资关系，出资关系是母子公司之间的资本联结纽带，在此基础上，还有法律关系和管理关系等。

1. 出资人和被出资人关系

母子公司之间首先是出资人和被出资人的关系。母公司持有子公司的股权，行使出资人权利，同时依据所持股份承担有限责任。母公司对其投资的子公司可以依法取得资产收益，当母公司转让其所持子公司股权时，也可以取得相应的资本收益。母公司有权对其子公司行使重大决策权，母公司可以把下列重大决策内容列入公司章程，包括：对子公司的资金使用、对外提供担保、重要资产转让、对外投资等事项。母公司对其投资的子公司享有选择管理层的权利，并有权对管理层进行监督和考核。子公司作为被投资人，应当维护出资人的合法权益。

2. 法律主体的平等关系

母子公司作为法律主体，是平等的关系。两者都是依法设立的公司制企业法人，各自享有独立的法人财产权，独立行使民事权利，承担民事责任。母子公司之间不是上下级行政管理隶属关系，母公司不能违反法律规定直接干预子公司的日常经营管理活动。母子公司之间的经营管理活动，既要有利于发挥集团整体优势，也要坚持平等、效率的原则。母子公司可以在集团章程之外另订立协议，具体明确相互之间的权利和义务规定。

3. 企业集团与成员企业的管理关系

对于控股的企业集团而言，企业集团是一个以母公司为核心、子公司为成员企业的组织体系，其母公司是一个具有生产经营和资本运作、实施集团发展战略、协调成员企业等多种功能的公司。母公司的主要作用是依照法律程序和集团章程，组织制定和实施集团的长远前景和发展战略；开展投融资、企业并购、资产重组等资本运作活动；决定集团内部的重大事项，推进集团成员企业的组织结构及产品结构的调整；协调集团成员企业间关系；编制集团的合并会计报表；统一管理集团的名称、商标、公司信誉等无形资产；建立集团的市场营销网络和信息网络等等。而作为集团成员企业的子公司，应当服从集团的整体发展战略和规划，自觉接受母公司监督，确保实现集团整体目标。

二、母公司的功能定位

1. 母公司功能定位的程度

母公司对子公司的管控，不是越多越好，同样也不是越少越好。我们可以从高度、宽度和深度来定义母公司管控功能定位的程度。

（1）管控功能定位的高度

管控功能定位的高度，是指母公司的管控活动对于集团而言的重要程度。企业集团的收入主要是通过子公司满足市场客户的需要而得来，母公司通常没有收入，是通过对子公司施加影响而创造价值的。只有这样，企业集团才能创造出比单个子公司独立创造价值之和更多的价值，实现 1+1>2 的目的。可见，母公司功能定位的高度反映了其提高企业集团整体竞争力的程度。

（2）管控功能定位的宽度

管控功能定位的宽度，是指母公司在企业集团中所承担管理功能的覆盖范围。一般来说，母公司承担的功能不宜太多，管辖面太宽容易导致母公司功能定位不明确、重点不突出。但从另一个角度，母公司承担的功能也不能太少、太窄，否则，集团的资源共享、能力提升也就无从谈起。

（3）管控功能定位的深度

管控功能定位的深度，是指母公司在企业集团中所承担管理功能的介入程度。如果母公司介入的程度比较深，管得比较细，子公司的自主管理权限就会小；相反，如果母公司介入程度浅，管得比较粗，子公司就有更多的自主权。

可以看出，当母公司的功能定位越宽、越深时，母公司就越趋向于集权管控；反之，母公司则趋向于分权管控。

2. 母公司的六大功能

明确母公司的功能，是整个集团各管理层次功能定位的前提和依据。一般来说，集团母公司应该具有六大功能，即战略管理、资产管理与投资、业绩管理、财务管理、人力资源规划、协调及共享服务。

①战略管理功能。为集团制定战略方向和愿景，提供规划和目标，指导业务单元的经营与发展；审批分子公司业务战略，为其分配资源；审批分子公司章程和重大决策方案；制定并购或拆分业务方案；质询业务战略与技术路线，对投资项目开展可行性分析，等等。

②资产管理与投资功能。充分利用资本市场，开辟投融资渠道，建立合理的资本结构；建立资产保值增值考核评价体系，提高资产质量和盈利能力；审批集团及下属企业注册资本的增减和股票、债券发行方案；建立资金与财务风险管理制度，等等。

③财务管理功能。建立健全集团和下属企业的财务管理体系，健全财务、会计制度，编制集团财务报表，审批和监督下属企业的重大筹资、投资、抵押和担保等活动，审核子公司的财务制度和财务预算；提供集团资金归集、内部结算、资金拆借等类银行功能。

④业绩管理功能。监管下属企业经营计划的实现，定期监控关键的财务和运作指标，监控下属单位主要经营举措及重点项目的完成情况。对下属企业的经营班子进行考核和激励。

⑤外派人员管理功能。建立集团外派人员管理体系，向控股和参股企业委派及更换股东代表，推荐董事会和监事会成员，建立集团派出产权代表和管理人员的选拔、培训、考核和激励机制等。

⑥协调功能。帮助下属企业建立联系，提高相互之间的协调程度，统一人力资源政策，推进规模化、集中化采购，规范信息系统建设标准，统一集团的品牌管理和，推广与集团战略相适应的企业文化，协调处理集团外部关系，等等。

3. 三种模式下的母公司功能定位

我们知道，企业集团管控通常有三种模式，分别是财务管控型、战略管控型和运营管控型。

在不同的管控模式下，母公司的功能定位也是不同的（如表 7-1 所示）。在财务管控模式下，母公司主要进行财务和投资管控；在战略管控模式下，母公司开展战略、财务和投资等方面的管控，其功能定位相对来说是集权与分权相结合。在运营管控模式下，母公司全面开展战略、投资和运营管理，功能最全面，权力最集中。三种类型的管控模式，反映了母公司集分权程度的不同。

表 7-1　　不同管控模式下母公司的功能定位

管控模式 母公司功能定位	财务管控型	战略管控型	运营管控型
核心功能	财务中心 投资管理中心 资本运作中心	战略规划中心 财务中心 投资管理中心 人力资源中心 审计中心	战略规划中心 财务中心 投资管理中心 人力资源中心 审计中心 运营管理中心 （含采购、生产 研发、营销等功能或其中的某些部分）
集分权程度	分权	集权、分权	集权

4.母公司的四个管控重点

企业集团的发展离不开母公司的有效管控和资源管理，尤其是在以下四个方面。

①战略决策管控。一般来说，母公司的决策权力定位于：制定企业集团的发展战略；指导、审核分子公司战略规划与经营计划的制订。有的企业集团，母子公司之间还设置事业部或战略业务单元（SBU），我们把事业部或战略业务单元的战略决策也归于母公司的功能范畴。

②核心资产管控。资产是企业集团最重要的生产资源，母公司要牢牢掌握集团乃至下属企业核心资产的控制权，如此，才能有效管控下属分子公司，从而在集团管理中拥有绝对的话语权。

③政策资源控制。企业的发展离不开政策支持，企业集团与政府的关系也是非常重要的资源，是集团赖以生存的重要外部条件，因此，集团母公司一定要牢牢掌握与政府的关系。

④无形资产控制。无形资产是企业在长期经营和发展过程中积累下来的非实体性资本，随着知识经济的普及，专利、技术、商誉等无形资产越来越成为企业生存与发展的关键要素，集团要想持续发展，就离不开这些无形资产。母公司要从集团角度出发，统一管理集团的品牌、技术、专利等无形资产。

三、分子公司的功能定位与管控重点

相对于母公司而言，分子公司的功能定位与管控要点包括以下内容。

1. 分子公司的功能定位

分子公司的功能，在不同的管控模式之下也有不同的定位。

在财务管控模式之下，分子公司属于相对完整的利润中心，具备相对独立的决策权限。我们可以形象地比喻为“在天空中飞行的直升飞机”，除了起飞地点，目的地是设定的之外，路线、高度、速度等都可以自行设计，具有很大的自主权限。

在运营管控模式之下，分子公司已经不能算是独立的利润中心，如果考察运营管控模式的极致状态，分子公司可能只从事某些产品的生产，营销、研发、采购等均不由分子公司管理，则这种情况下的分子公司已经是成本中心而非利润中心，我们可以形象地比喻为“在轨道上行驶的高铁”，行驶路线被严格设定，行驶速度也精确到公里 / 小时，基本没有自主调节的余地。

在战略管控模式之下，分子公司还是可以定位为利润中心，但其战略、经营计划、投资、人事决策等要受到母公司的约束，我们可以形象地比喻为“在高度公路上行驶的汽车”，大的路线、行驶速度既定，但可以变换车道、车速。

2. 分子公司的管控要点

①基本生产经营能力。一般来说，分子公司是集团的利润中心，承担着集团的生产和经营任务，只有完成上述使命，才能够为集团创造价值。

因此，分子公司的核心能力应当首先在于生产和经营方面：要有能力组织强有力的营销团队，获取必要的订单和业务；要有各专业的生产和技术人员，能够把产品生产出来、工程建设完成、降低采购成本、实现优质交付，这些方面的能力是最为基础和关键的。

②专业化的运营支撑能力。所谓运营支撑能力，也就是我们通常所说的"中台"，包括经营和生产计划管理、产品研发、质量和工艺管控、人才引进与培养、成本与财务管理、供应链管理，等等。这些方面的能力，直接关系到基本生产经营活动的实现，也是分子公司管理活动的重点和关键部分。因此，子公司最核心的能力就是基于自身业务的、专业化的运营能力。

③一定范围的策略制定能力。相对于母公司而言，子公司的决策权力定位于：在事业部或战略业务单元的指导下，制订针对自身业务的运营策略，以及具体的实施措施和方案。结合母公司、事业部或战略业务单元、子公司的决策权力定位，用表 7–2 表示如下。

表 7-2　企业集团各层次的决策权力定位

决策权力 企业集团各层次	集团 发展战略与规划	分子公司 运营策略	分子公司 战略实施规划
母公司	制定	指导	—
事业部或战略业务单元	参与	指导	指导
分子公司	—	制定	制定

第三节　企业集团组织结构设计

一、企业集团组织设计的原则与内容

1. 组织设计的影响因素

很多管理者对于如何设计集团的组织结构都感到无从下手。实际上，企业集团的组织设计有相对有效的设计路线，即：在深入分析组织结构影响因素的基础上，梳理组织应具备的职能；结合管理需要及人员能力，合理确定管理层级与管理幅度；根据组织职能、层级和幅度，设计形成组织架构方案。

其中，企业集团的发展需要、管理方式、企业文化、行业特征、地区法律法规等，都会对集团组织结构的设计产生影响，以下将从集团所面临的外部环境、发展目标以及管理幅度三个方面进行分析。

（1）外部环境

合理、高效的组织结构必须能够匹配外部环境对企业的要求，因此，在集团组织结构设计的过程中，要充分考虑所处行业的特征，例如：制造业比较常用垂直型组织结构，通过纵向兼并，将位于生产链上下游的企业纳入企业集团。此外，在组织设计的过程中，还要了解市场需求、竞争对手动态等方面信息，这些都会对组织结构的设计造成影响，例如：集团产品面临较大的市场需求且在市场中占据较大的份额，拥有很强的竞争实力，则很可能采用水平型组织结构，通过横向兼并扩大组织规模，进一步谋求边界效益。

（2）发展目标

组织结构要能够保障企业发展目标的实现，适应发展战略的要求，对企业发展愿景形成支撑。同时，所设计的组织结构有时还必须满足企业转型的要求，有利丁解决现存问题。具体来说，设计组织结构必须要考虑，从战略出发组织需要具备哪些职能，从而确保设计出的组织结构能够便于管理层加强管理，便于各部门间紧密配合，便于资金流、信息流的顺畅流通，可以说，合理的组织结构是组织充分发挥各项职能、实现组织目标的重要基础。

（3）管理幅度

管理幅度的大小，是指上级管理者直接控制和协调的工作任务的多少。管理幅度对组织结构设计的影响主要体现在对管理层次的影响上，在管理幅度一定的情况下，管理层次与组织规模的大小成正比，组织规模越大，所需设置的管理层次就越多。在组织规模一定的情况下，管理层次与管理幅度成反比，每个管理者所能控制的下属人数越多，所需的管理层次就越少。

2. 集团组织设计五原则

集团组织设计，必须遵循如下五个方面的原则。

①管理高效原则。集团组织结构必须保证管理者能够对集团实施高效管理，在保证完成集团战略目标的前提下，力求做到机构简练、人员精干、管理高效，使得组织保持适当的管理幅度，管理者的直接下属人数处于合适的范围，确保监督机构能够发挥作用，避免出现多头指挥和无人负责的现象。同时，组织必须具备一定的灵活性，能够根据内外部环境的变化作出必要的调整，避免组织的僵化和老化。

②顾客中心原则。企业的价值是通过满足顾客需求而实现的，集团主要顾客的需求决定了业务流程的内容，也必然会影响到集团的组织结构形式。组织结构作为业务流程运行的支撑，其设计也应做到始于顾客需求，终于顾客满意。

③资源决定原则。企业集团的组织结构设计必然受到内部资源拥有量的影响，即便是提供相同产品或服务的企业，由于拥有的资源不同，其组织结构也会有所不同。这里所说的资源不仅指生产技术、仪器设备、企业员工，还包括供应系统、销售渠道、社会资源、企业形象，等等。例如，作为一家经营消费品的公司，其品牌价值直接影响到企业的发展，那么，对于品牌的管理就应当上升到战略的高度，由专门的组织去运营和管理；而如果只是一家为大品牌代工的企业，尽管它也有自己的品牌字号，但其管理的重要性就没有这么高，也肯定不需要专人管理。可见，为了确保管理的有效性，企业集团必须依据自己的资源拥有量确定组织结构。

④环境适配原则。除了内部资源拥有量的限制，企业集团组织结构的设计还受到外部环境的影响。任何一个企业集团都是在特定的外部环境下运营的，必然受到外部环境的影响和约束，为了使集团运行更具效率，组织结构与外部环境之间必须处于“最佳适应状态”。社会经济的发展形势、国家的政策法规都会对集团组织结构的设计产生影响，此外，组织结构的设计还要考虑集团的组织结构怎样才能更加具备灵活性，适应市场环境的

变化，并有效减少经营风险。

⑤集分权适度原则。企业集团的管控，既不能过度集权，也不能过度分权，要设法找到一个集分权的平衡点。集权可以提高企业集团的控制力，但过度集权，会使原本具有独立法人地位的子公司变成企业集团的内部部门，会导致子公司丧失自身经营管理的独立性和积极性。同样，分权可以提高企业集团的活力，但过度分权，又会使得集团的发展方向不能聚焦，可能导致集团退化为松散的经济联合体，无法发挥集约化、协同化、规模化运营的优势。因此，企业集团在组织设计时要认真把握好集权与分权的界限，做到集权有道，分权有术，实现统一指挥下的灵活管理。

3. 集团组织设计四大内容

企业集团组织结构体系的内容包括主要包括四个方面。

①职能结构。是指为完成集团整体运营目标所应具备的组织职能。

②层次结构。是指集团内部管理层级的设置，又称之为组织的纵向结构。

③部门结构。是指集团各层级的部门设置，又称之为组织的横向结构。

④职权结构。是指集团总部与各层级之间、同层级各部门之间在权利、责任等方面的责任分工与协作关系。

二、企业集团组织结构设计的步骤

企业集团的发展基于长期的愿景和中短期的战略目标，为了完成战略目标，企业集团需要制定相应的结构框架，且要以集团战略为导向。如果企业集团希望整个组织能够有更高的一致性，组织结构设计上就要选择控制跨度小、层级多、集权型的职能型结构；如果希望快速适应复杂多变的市场，就要选择分权型、总部管理职能少、子公司自由度大的扁平型结构。

企业集团组织结构的设计应遵循合理的步骤，通常分为资料收集与分析、静态组织体系设计、动态运转体系设计、试运行与优化调整四个阶段。

1. 资料收集与分析

在进行企业集团组织结构设计之前，首先应该全面了解现行组织结构的运行状况。通常可从如下八个方面来收集组织运行的基础信息，包括：集团内外部环境、集团战略、集团发展阶段、当前组织运行状况（部门设置、集分权、管理层次、管理幅度）、当前流程机制运转状况（流程完备度、部门协作、流程效率）、管理者及员工对于组织体系的满意程度与改进意见。以下以内外部环境分析、集团发展阶段分析为例，说明资料收集与分析的要点。

（1）集团内外部环境分析

总体来看，企业集团的运行面临内部和外部两大环境，相应地，环境诊断也要从两个方面入手。其中，内部环境方面的诊断包括：对企业集团发展战略、管控方式、集团本部功能定位、集团核心竞争力、集团业绩变化情况等信息的收集和评估。外部环境方面的诊断包括：集团面临的宏观环境、市场环境、行业环境、区位环境，环境中的威胁、挑战与机遇，主要竞争对手的发展变化，等等，这些外部因素的变化会直接影响集团的发展。

（2）集团发展阶段分析

同时，由于企业发展阶段不同，其面临的危机、对于组织机构的要求也有很大的不同。企业集团在不同的发展阶段会面临不同的危机：在企业形成初期，集团外部环境稳定，业务没有多元化，客户比较稳定，因此，在这一时期集团的组织结构往往比较简单，运行效率较高；当企业集团进入成熟阶段，业务多元化程度高，面临的环境也越来越复杂，客户也越来越多样化，这就可能导致企业集团组织结构庞大，运行效率低下。集团在不同阶段可能面临的危机如下表所示，只有充分考虑到企业集团所处的发展阶段，才能因地制宜，设计合理、匹配的组织管理体系。

表 7-3　企业集团不同发展阶段面临的危机

企业集团发展阶段	面临的危机	对组织结构的要求
集团形成阶段	领导与分权危机	组织结构简单，层级少
集团规范化阶段	控制危机	组织结构层级多，结构复杂
集团精细化阶段	决策危机	分权与集权平衡，重点是决策控制与效率

（3）组织诊断与管理诉求分析

在组织设计之前，对组织现状进行诊断，发现存在的问题，厘清组织结构的缺陷，评估组织结构面临的挑战，对于后续的设计工作具有非常积极的意义。

一般来说，组织现状调研的主要方法有如下几种。

①访谈。对集团总部及分公司主要管理人员进行面对面的访谈，通过访谈寻找组织问题的线索。

②问卷调查。基于访谈中发现的线索进行总结归纳，设计调查问卷，组织问卷调查，进行统计分析，找出共性问题。

③内部资料分析。研读并分析集团内部各类管理文件等资料。

④标杆研究。对类似企业集团组织结构的对标分析，从中找到有助于完善本企业组织结构的启示和方案。

⑤头脑风暴。通过头脑风暴会议，对当前组织面临的问题进行归纳、分析和判定。

在组织诊断的基础上，根据情况开展组织优化或组织变革。所谓组织优化，就是对当前组织的局部进行优化设计，包括：个别部门的调整、职能的调整、管理权限的微调等等；而组织变革则是较大幅度和范围的组织再设计，一般适用于公司战略发生重大调整、并购整合、组织分立等情形。

具体来说，组织设计又包括静态体系设计与动态运转体系设计两个方面。

2. 静态组织体系设计

静态组织体系设计，包括确定集团管控模式、选择组织结构类型、设置职能部门、清晰部门职责等工作。这些设计结果都是以相对静态的组织机构图、职责、权限管理表等形式存在，故称为静态组织设计。

①确定集团管控模式。根据组织诊断结果，结合企业发展阶段、下属企业业务特点等因素，可以确定企业集团的集分权程度，并据此选择集团管控模式（在财务管控型、战略管控型和运营管控型及其中间类型中选取）。

②选择组织结构类型。企业集团常见的组织结构类型包括控股型、事业部型、矩阵型、混合型等，企业要根据组织诊断和革新要求选择合适的组织结构类型。

合适的组织结构类型促进企业集团的发展，相反，不合适的组织结构类型妨碍企业集团的发展。例如，当某企业集团确定为财务型管控模式，就要选择控股公司型的组织结构；当某企业集团为多元化经营，生产多种产品，就比较适合选择事业部型的组织结构。总体来看，企业集团组织结构本身没有优劣之分，但有是否适合、有利集团发展之别。

③设置职能部门与清晰部门职责。确定了企业集团的组织结构后，接下来就要设置职能部门。这一阶段的主要工作包括：确定集团基本职能与核心职能，确定管理宽度与管理层次，对目前的职能进行分解，确定部门与部门之间的责权体系等。这一阶段需要关注以下几项工作：一是要有明确的指挥关系；二是要有明确的部门职能和工作目标；三是要衔接好部门工作关系和相互之间的接口，四是要解决好部门权力交叉、重叠的问题，五是要致力于使部门的责权利对等，六是要促进组织内部人员的权力与能力均衡，避免德不配位的情况出现。

3. 动态运转体系设计

动态运转体系，主要是指制度与流程体系，这些设计结果最终都会在组织内以动态运行的方式出现，故称为动态运转体系。

静态组织体系搭建完成之后，就进入制度流程配套的阶段。只有制度流程与静态组织结构相匹配，才能通过制度的运转支撑集团管控目标的实现。如果企业集团选择集权管控，就要细化相应的管控制度，对战略、财务、人力、运营等方面都建立相应的制度配套；如果企业选择分权管控，母公司主要是从战略和财务角度进行制度配套建设，而不必太细。

制度流程的执行要依靠多方面的支持，某一方面的缺陷和短板都会造成制度无法落地或无法发挥效果。同时，制度流程的执行还依赖于有效的激励和奖惩措施。组织整体目标分解之后，应针对工作结果设立有效的奖惩机制，通过奖优罚劣提高员工的工作积极性，保证工作的落实。

4. 试运行与优化调整

组织结构设计完成之后，并不是僵化、一成不变的，而是应当根据企业集团内外部环境的变化及时调整，完善不适应的部分。同时，组织结构又要有一定的稳定性，调整不能过于频繁。

何时调整，如何调整，可以根据“环境的复杂性”与“环境的变化”两个维度进行分析，根据不同象限确定组织结构调整的方向，如图 7–12 所示。

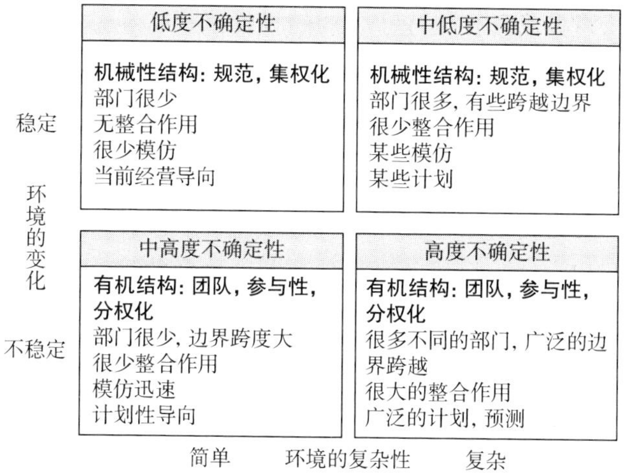

图 7-12　企业集团组织结构调整的方向

三、集团总部的组织结构设计

企业集团管控是母公司对子公司的管控，因此，集团总部的组织结构设计最为重要。

1. 总部组织定位

母公司是集团的最高权力机构，应在集团战略规划、协调和控制等方面发挥积极作用，帮助子公司提升业绩和竞争力，并最终促进集团整体的可持续发展。企业集团通常依托于母公司进行管控，以母公司董事会作为集团的最高决策机构。在这种方式下，企业集团的决策往往只来自于母公司，很少有子公司的人员参与，由母公司的决策机构来领导整个集团的经营管理活动，母公司在纵向企业集团中处于核心地位，由它来领导整个集团，以确保子公司形成统一、协调的行动。

根据母公司管控深度和是否负责实际业务，其组织定位有两种：一是管理型母公司，二是操作型母公司。

①管理型母公司。管理型母公司通常不负责具体业务，只是一个单纯的管理平台，对集团下属子公司进行管控。一般而言，这样的母公司主要对子公司进行财务管理，关注子公司的投资汇报，不过问具体的运营管理事务。但是，母公司会派出董事、监事或经理到子公司中去，防止子公司的决策方向偏离母公司的战略方向。

②操作型母公司。操作型母公司通常负责具体的业务，母公司不仅是管理平台，还有自己的主营业务，就像集团的长子一样，因此，我们也把操作型母公司称为“长兄代父”型母公司。这样的母公司可以投资控股其他公司，使其变成自己的子公司，也有自己的业务产品，并且这个业务通常就是集团公司的主营业务。“长兄代父”型母公司不仅要管理好自身，还要管控好下属子公司。通常情况下，母公司与子公司在业务上有所关联，这样母公司才有能力对子公司的具体生产运营进行管控。

2. 专业管理委员会

为了确保母公司董事会决策的准确性和科学性，通常需要设立若干个专业管理委员会，直接隶属于母公司董事会，为董事会决策提供事前充分的研究和咨询意见。有的企业成立的专业委员会则属于经营管理层，跨部门成立，为经营团队的决策提供支撑，督促、监控经营管理任务的完成。

专业委员会是集团某一领域重大问题决策的参谋机构，从集团长远发展的高度进行决策信息的收集、整理，进行决策方案的准备、论证，以使集团的最终决策建立在有据可依、多方案比较选优的基础之上。

这里需要指出，专业管理委员会的功能与职能管理部门的区别之处在于：专业管理委员会侧重于决策前的准备，而职能管理部门侧重于决策后的执行。由于职能部门大多是从当前的角度出发处理经营管理问题，相对狭窄的视野使其很难胜任集团重大问题的决策准备工作，从而产生了设立专业委员会的诉求。如今，全球各知名企业都普遍设立了参谋、协管性质的专业管理委员会，辅助集团董事会或理事会进行决策。

通常来说，专业管理委员会包括战略投资委员会、财务预算委员会、审计委员会、薪酬委员会、提名委员会等。根据企业生产经营的需要，有的企业还会设立创新委员会、安全委员会、营销委员会等隶属于经营层的委员会，以突出某些领域管理的重要性。

3. 职能部门

除设置董事会和专业管理委员会之外，为了开展日常的经营管理活动，母公司还需设置职能管理机构。由于规模和集权程度的差别，不同的企业集团会设置不同的职能管理机构，以适合自身的要求。

概括起来，企业集团一般从以下三个方面设置职能管理机构。具体设置哪些机构，根据集团的具体情况而定。

①产权管理类机构。产权经营管理机构，是指从事集团成员企业产权或股权管理的部分，通常可设置资产管理部、不动产经营部、证券投资部等，分别负责某类子公司财产的专职管理。

②经营管理类机构。业务经营管理机构，包括负责业务管理的各职能部门，以及负责某一领域经营业务归口管理与综合协调的事业部两类。

这些职能部门通常包括：战略规划部、财务管理部、人力资源部、审计部、综合管理部等。战略规划部的使命是确立集团未来的发展方向和对事业部的战略进行监控和协调，以及对集团投资项目进行可行性分析、方案比选、风险评估，确保集团投资的准确性和安全性；财务管理部通过及时准确地反映和分析企业集团经营状况，支持集团实施战略和投资活动，控制财务风险；人力资源部要为集团建立和管好一支高素质的人才队伍；审计部确保集团及所属成员企业的财务收支及经济业务活动的真实性、合法性、合规性；综合管理部通过强化行政管理职能，保持集团总部的正常运行。

事业部一般是关于具体业务的总体负责部门，比如家电企业集团的电视机事业部、空调事业部等，负责统筹、协调集团旗下所有同类型业务的产品研发与生产经营活动。

③服务支撑类机构。服务支撑类机构主要为集团成员企业提供支撑服务。这些机构在没有独立成为母公司持股的职能性经营公司以前，往往以“中心”的形式设置于母公司，如研究开发中心、信息中心、人才培训中心等，这些服务机构同所服务单位的关系主要是内部服务关系，而不是行政管理关系。

当然，集团母公司的某些机构有可能同时兼具管理和服务的双重职能，如：人力资源部是一个职能管理部门，有时也负责集团的人才培训中心，而后者是为集团及下属企业提供人才培训的服务性机构。

四、母子公司的权责划分

母子公司的管理层次不同，它们的责权定位也不同。以下以具有事业部的集团企业为例，从总部、事业部、子公司三个层次来看各层级的权责划分。

1. 总部的权责

总部的关键权责主要包括：制定集团总体发展战略并审定各子公司的战略方针；制定经营组合战略，优化经营组合业绩；开拓新的业务领域；统一配置资金，调度资金、融资及开展融资担保；任免子公司高级管理人员，选拔推荐中层管理人员；制定人力资源发展计划和政策，吸收并保证有潜力的员工得到最好发展；保证母公司和子公司的财务充分透明；集中提供法律、税务等咨询服务。

为此，总部设有许多职能部门，它们的权责如下。

①战略。集团整体战略的制定，各板块经营战略的协助制定和战略方案的审定。

②投资。集团投资战略制定，包括：各板块投资组合决策、投资项目筛选标准制定、投资项目决策、板块投资项目建议和可行性研究等。

③融资。股票、债券等公募和私募融资决策、银行贷款决策以及抵押

担保贷款决策等。

④资金。成立资金调度中心，实行集团资金统一调度。

⑤资产。制定统一的资产处理政策、处理程序，所有公司资产的处置由资产部归口管理，与财务中心共同审核。

⑥预算。制定统一的预算制度，组织集团管理委员会对集团年度总体预算进行审定。

⑦股权。实施集团股权统一管理，统一归口管理控股、参股公司委派董事、日常联络、考核、董事会事务管理。

⑧人事。归口管理母子公司高级人才开发，集中管理常规人事手续，负责董监事、高级管理人员的选拔、推荐、任免及最终考核，负责授权内中高级管理人员的选拔、储备。

⑨其他事关集团稳定经营与发展的重要权责。

2. 事业部的权责

事业部的主要权责包括：依据集团母公司的发展战略和管理规范，研究制定事业部的经营战略，聘任总经理，审批年度预算，组织管理下属企业的经营活动。

具体来说，与经营活动有关的权责包括：实现事业部业务利润的最大化，扩大市场占有率，提高事业部的市场竞争力和盈利能力，调整事业部范围内的经营组合。

在集团职能部门与事业部之间，关于下属子公司的管理有不同的权责安排，这取决于事业部的完备程度，例如：对于类公司化运转的事业部，子公司的人事权相当一大部分可以放到事业部管理，集团人力资源部主要负责总额管控和干部管理；而对于命名为事业部、实际主要负责业务活动、内部人力资源管理力量薄弱的事业部，子公司的人力资源管理主体仍然是集团人力资源部，人力资源部的管理职权往往直达子公司。

3. 子公司的权责

子公司是独立法人，理论上拥有《公司法》所赋予的独立的法人财产权，但对于集团企业来说，子公司并不像市场上独立运作的企业一样能够自行其是，而是要在集团整体的战略和管理框架之内有效运行。

具体来看，子公司的主要权责包括：在集团、事业部的战略规划及预算框架内开展经营，改善管理，提高效益；在自身的民事行为能力和集团、事业部给定的框架内签订业务合同，承担合同义务，依法诉讼和应诉；在集团、事业部人力资源政策范围内拥有对除集团派遣人员以外人员的聘任、晋升、解雇权，以及对上述人员实行业绩考核、核发工资和奖金的权力。

除此之外，公司的资产处置、法律事项、超预算的经营活动及奖励分配方案等，均需事先报请董事会及其委托部门（或事业部）批准。

五、组织功能分析：组织设计的系统性方法

1. 组织功能分析的定义

集团公司的组织设计，核心在于集团职能的梳理、罗列、补充、完善、调整。通过一套系统方法对公司职能进行梳理和分析，并以此作为组织设计、组织优化与权限管理的依据，这种方法就称为“组织功能分析”或“组织分析”。

2. 组织功能分析操作要点

组织功能分析本质上是通过分析研究，明确现行组织机构设置和运行过程中在职能管理中存在的问题和缺点。开展组织功能分析应注意以下问题。

①充分了解行业特征与企业管控模式。不同的行业其业务特征存在较大差异性，比如工程行业是以项目为基本单元，且作业现场以项目所在地为主；而制造行业则是订单驱动型，作业现场以生产车间为主，两个行业对于业务的组织方式、管理方式、管理对象等都有较大差异。这些问题必然引起行业内企业在管理内容上的差别。

②结合企业各管理模块，搭建组织功能分析框架。一般来说，组织功

能框架以三级为主，一级职能是企业管理中相对独立的职能或业务领域，一般包括治理结构、战略管理、经营管理、行政管理、人力资源管理、财务管理、安全管理、质量管理、固定资产管理、环保管理、市场营销管理、设备设施管理、技术研发管理、项目管理、企业文化管理、审计监察管理、党政工团管理等；二级职能是一级职能下按照业务开展的串联流程或并联结构进行划分的子模块，如人力资源管理又划分为人力资源规划、薪酬管理、绩效管理、员工关系管理、培训管理等不同子模块；三级功能是二级功能下的子模块在具体执行过程中的核心或关键事项。组织功能分析框架的搭建必须基于“行业特征、企业特点、职能要点”同步进行，忽视任何一点都会造成组织职责的不匹配或不健全。

③组织功能要点研讨与确认。组织职能框架梳理完成后，需要组织专家、公司领导及各业务管理归口部门进行研讨，探讨在企业当前管理现状下，还需要增加哪些职能，减少哪些职能，合并哪些职能；明确哪些职能是企业的关键职能，哪些职能是非核心职能，进而为企业的进一步管控提供必要的支撑与依据。

④组织功能分析在企业管理中的延伸应用。组织功能分析框架搭建完成后，可以在组织优化设计、部门职责划分、岗位职责划分、核心事项的职责界面与权限划分、考核指标提炼等多方面进行应用。组织功能分析是企业组织设计的重要基础，通过组织功能分析，将企业管理中的部门与岗位职责、权责边界划分等进行贯通，可以有效促进企业的规范化与标准化管理。

表 7-4　　某企业战略运营功能分析示例

一级职能	二级职能	三级职能
战略管理	信息收集与分析	宏观经济和行业信息收集与分析
		竞争对手跟踪研究
	战略制定	发展战略制定
		公司中、长期发展规划制定
	战略目标分解和实施	战略目标分解
		战略目标实施
	战略评估与调整	战略实施效果评估
		战略目标调整修正

续表

一级职能	二级职能	三级职能
经营与绩效管理	经营计划的制定	年度经营目标制定与分解
		年度经营计划制定
	组织绩效考核	组织考核指标的确定
		组织考核实施
		组织考核结果应用和申诉
		组织绩效改进
统计管理	统计信息库管理	统计信息库管理
	统计资料的编制和报送	统计资料的编制
		统计资料的内部报送
		统计资料的外部报送
	统计工作监督	统计工作检查监督
投资并购和改制重组管理	投资并购管理	投资项目筛选
		投资项目评估
		投资项目运作实施
		投资项目运行评估
		投资项目退出
投资并购和改制重组管理	改制重组管理	改制重组方案制定报批
		改制重组实施
制度流程管理	制度管理	制度体系规划
		制度制定和发布
		制度存档与查阅
		制度修订与更新
		制度宣传与评估
	流程管理	流程体系规划
		流程绘制与颁布
		流程评估与调整
		流程信息化管理

案例7-1 阿里巴巴的组织变革

阿里巴巴集团是全球电子商务的领先者，是中国最大的电子商务公司。总部位于中国杭州，在中国大陆超过30个城市设有销售中心，并在中国香港、瑞士、美国、日本等设有办事处或分公司。自1999年成立以来，阿里巴巴集团茁壮成长，2018财年（非自然年），阿里巴巴营收人民币2502.66亿元，净利润人民币832.14亿元。

自创立之初至今，阿里巴巴集团在其组织结构上的创新一直不曾间断。其变革过程中的典型举措如下。

一、2006年：划分B、C事业群

1. 变革内容

2006年10月，阿里巴巴将雅虎中国、淘宝网、支付宝、竞价收入部、集团广告销售部五大分部，重新整合为C事业群，该事业群将主要面对个人用户；而另一方面，将企业电子商务和正在筹备的阿里软件整合为B事业群，主要面对企业用户。

在组织结构方面，C事业群将主要向集团CEO马云汇报，而B事业群则主要向集团COO李琪汇报。

2. 变革意义

这次调整是阿里巴巴集团根据自身的发展现状以及未来的战略远景所开展的组织调整。随着集团的快速发展，除了不断发展中的淘宝网、支付宝以外，还收购了雅虎中国，集团内部的调整一直为业内所关注，经过一系列调整，使得C事业群的不成熟业务得到良好发展，旗下子公司之间业务系统、管理系统、组织文化全面打通，实现了共有研发资源的平台化，形成了“你中有我，我中有你”的格局。

二、2011年：三分淘宝

1. 变革内容

2011年6月，阿里巴巴把淘宝网分拆为三个独立的企业，即一淘

网、淘宝网和淘宝商城，同时公布了三家公司的管理架构，采用总裁加董事长的机制运营。

一淘总裁为吴泳铭，汇报给一淘董事长彭蕾；淘宝网总裁蒋鹏，汇报给淘宝网董事长陆兆禧；淘宝商城总裁为张勇，向淘宝商城董事长曾鸣汇报。三家公司共享的技术和公共服务大平台由戴珊负责，向集团董事局CEO马云汇报。

2. 变革意义

关于“三分淘宝”，马云给出了四个原因：

①全球互联网和电子商务的形势发生了巨大的变化，我们决定把“大淘宝”战略提升为“大阿里”战略。

②客户的需求发生了很大的变化；阿里公司在短期内发展成那么大，但竞争优势不是凭个子大。

③新商业文明的建设必然会要求企业内部管理发生根本性变化，我们必须主动创新。

④今天的分拆看起来似乎令淘宝失去了规模优势，从有变成了无，但这是无处不在的无。我们相信，淘宝分拆能创造更大的产业价值、公司价值和股东利益。

三、2012年：七事业群变革

1. 变革内容

2012年7月，阿里巴巴集团宣布将调整公司组织架构，从原有的子公司制调整为事业群制，把现有子公司的业务调整为淘宝、一淘、天猫、聚划算、阿里国际业务、阿里小企业业务和阿里云七个事业群。

2. 变革意义

阿里巴巴集团进一步强化“one family，one vision”，并且在业务系统、管理系统、组织文化系统三个系统上进一步结合打通，以真正实现整个集团一盘棋的目标。把阿里巴巴的中小企业和淘宝市场体系有效的结合，实现真正的开放，协同和分享机制。

四、2013 年：25 事业部变革

1. 变革内容

2013 年 1 月，阿里巴巴又把原先按照对外品牌业务来划分的 7 个事业群改组为按照商业生态系统中的关键环节来划分的 25 个事业群。

2. 变革意义

此次调整的核心在于，确保以电子商务为驱动的新商业生态系统全面形成，以及适应互联网快速变革所带来的机遇和挑战，从战略到运营层面为阿里巴巴集团的健康、稳定和可持续发展提供保障。

本次组织变革的方向是把公司拆分成更多的小事业部，为更多年轻的领导者创造发展的机会。通过小事业部的各自努力，把商业生态系统变得更加透明、开放、协同、分享。

五、2015 年：“大中台，小前台”

1. 变革内容

2015 年 12 月，阿里巴巴集团宣布全面启动中台战略，构建符合 DT 时代要求的、更灵活的“大中台，小前台”组织与业务机制。此外，零售事业群将由一批年轻管理者以“班委”负责制、集体决策的方式率领。

2. 变革意义

作为牵头的一线业务更敏捷、更快速适应瞬息万变的市场；中台将集合整个集团的运营数据能力、产品技术能力，对各前台业务形成强力支撑。由此，推动集团电商零售平台的全面改革与升级，实现云计算、阿里妈妈、菜鸟等新兴业务的全面独立发展。

由此，阿里巴巴集团的管理架构也将由树状变为网状结构，许多部门会相互交叉、相互融合，为达到共同的目标而努力协作。

从阿里巴巴集团的组织变革可以发现：集团的组织结构应当服从于企业战略的要求，当集团的外部环境发生变化，业务作出相应调整，而

管理架构和人员思想还停留在原有基础上的时候，集团就必须要坚决地推动组织变革，变革的目的有三个，一是将组织结构调整到与业务高度适配的状态，二是重构企业的决策机制与权力结构，三是不断将年轻的管理者推向前台，从而实现集团发展的生生不息。

在可预见的将来，阿里巴巴集团在组织结构方面的创新仍将继续，这也是一家主动创新型企业不断成长的必由之路。

第八章

管控条线与管控子体系

第一节　管控条线与管控子体系

一、管控条线与管控子体系

很多企业都在问，管控模式、治理结构、组织架构确定之后，管控体系如何落地？上述设计毕竟都是在企业集团的顶层，往往不为集团的运营管理部门所了解，下属企业就更是如此，如果按照这样的逻辑，就难免出现“流于形式的管控”，无法对下属企业的经营管理施加实际的影响。

事实上，集团管控体系的运转，有点类似于提线木偶的操作。

首先，提线木偶的运动依赖于若干条提线，对于一个完备、系统的管控体系来说，也必须有若干条向下穿透的“线”来控制下属企业的运转，这些线在集团管控中称为“管控条线”。管控条线的设计要能够代表集团应当管控、必须管控和能够管控的事项。

其次，提线木偶每一根线的松紧程度是不一样的，有的需要跟人手的动作完全一致，有的则允许有一定程度的自由摆动，同样，反映在集团对下属企业的管控中，就是所谓的“权限管理”或“核决权限设计”。

第三，提线木偶并非每条线独立管理，而是把几条控制同一部位（如手、脚）的线构成一组线束，完成对木偶某一部位动作的设计和运行，对应到集团管控体系中，称之为“管控子体系”。

从这个形象的比喻中不难发现——

①管控子体系，是以若干相近的管控条线和核决权限为基础的、针对于某一组织功能的专项管控体系。

②管控条线帮助我们理清楚了“有哪些事项需要管控”，核决权限帮助我们理清楚了“这些事项的决定权在哪一管理层级”，而“管控子体系”则告诉我们：在既定的事项和权限之下，某一专项体系该如何组织和运作，既

能够达成管控目标，又能够保证体系的先进性与组织效能。

以集团的“战略管控子体系”为例，我们在战略管控条线上可设定“市场信息管理”“战略研究与规划”“年度目标计划”“重大战略决策”“战略运行评估”等多个管控条线，也会根据下属企业业务规模、成熟度的不同设定不同的管控权限，但集团的战略管控如何管，以“年度目标计划”这一条线为例，如何操作是最佳实践、是最有效和效率最高的，这就是管控子体系中应当研究的问题。

二、管控子体系的分类

集团对下属企业的管控事项林林总总，不一而足，为了能够让我们对管控子体系有一个更为简约、系统的认识，有必要对管控子体系进行一个分类。

1. 可借鉴的管控子体系分类方式

综合各种管理方案与政策文件，管控子体系的可能分类方式包括如下几种。

①按照传统的“决策”“执行”“监督”逻辑进行划分。

②按照价值链理论，将管控子体系分为“业务管控子体系”和“支持管控子体系”等。

③按照一般意义上的管控思想，分为“人事管控子体系”“财务管控子体系”“资产管控子体系”等。

④按照政府、国有企业及事业单位管理的“三重一大”（重大决策、重要人事任免、重大项目安排和大额度资金使用），分为“决策管控子体系”“人事管控子体系”“项目管控子体系”“财务管控子体系”等。

2. 本书中管控子体系的分类

本书中管控子体系的分类，结合了以上分类方式的特点，更加符合企业的运营管理实际，为管控的落地奠定了良好的基础。

①结合各种类型企业的共性特点，重点研究了11个对企业运营至关重要的管控子体系。

②按照11个子体系的管理层次，分为顶层管控体系、人才文化管控体系、财务资本管控体系、运营管控体系四大类。

③顶层管控体系具体包括战略管控、品牌管控两个子体系。一般来说，集团对于下属企业的顶层管控体系都是要施加影响的。

④人才文化管控体系。包括企业文化管控、人力资源管控两个子体系。一般来说，集团可以允许不同业务类型的下属企业有自己的亚文化，但必须符合集团文化的总体要求。在人力资源管控方面，有若干管控条线和权限需要规划设计，在集团人力资源管理模式创新方面，也有“三支柱”等各种模式可供选择。

⑤财务资本管控体系。包括财务管控、资产管控、审计管控三个子体系。根据母子公司管控模式的不同，财务、资产管控子体系之下有若干管理条线，需要进行权限的差异化设定，这也是集团管控体系中最为直接和受人关注的子体系。集团总部的审计管控，重点解决的是审什么、如何审的问题，审计的操作一般都交由外部中介机构完成，集团侧重于对审计工作的组织和整改意见的落实

⑥运营管控体系。包括营销管控、研发管控、供应链管控、信息化管控四个子体系。由于母子公司的管控模式不同，对于运营管控子体系，集团总部可以选择的余地较大，可以完全授权下属企业自行管理，也可以将某些条线的工作收上来集中管控。这就需要因地制宜，根据集团总部的管理能力、下属企业的业务成熟度、集中管理的必要性等多个方面的因素进行综合考虑。

三、管控权限

1. 管控权限的定义

所谓管控权限，是指企业集团总部或企业高层管理者对下属企业或部

门在某些具体事项上的资源分配及权利划分。权限管理的本质是对执行该活动的主体实行分层次、分条线、分事项的授权，明确各项工作的发起主体、审核主体、审批主体、执行主体、配合参与主体以及备案主体等不同角色，以及在不同规模、不同金额等方面的权利分配。企业集团的每一管控子体系下均有若干的核决事项，均应根据管控模式确定相应的权限安排。

科学合理的授权有利于规范各项业务活动的边界，赋予各角色与其责任相匹配的权利，进而激发责任主体的积极性和主动性。一般来说，授权应遵循以下五大原则。

①效率原则。为提高管理效率，必须进行合理授权。

②责任原则。被授权人必须承担与被授权利对等的责任。

③动态原则。授权应伴随企业的管理成熟度、人员素质水平、业务状况等进行动态调整。

④适度原则。应根据被授权人对事项的把握及管控情况决定是否进一步扩大授权或收回权限。

⑤信赖原则。授权必须基于主管人员与下属之间的互信，因此，主管人员必须做到对被授权人员的充分信任。

2. 权限类型的划分

一般来说，企业的权限可以划分为财务权限、人事权限以及工作权限等三大类型，其中，财务权限主要针对财务费用方面，人事权限主要针对组织人事方面，工作权限主要针对业务和工作任务本身。以人事权限为例，按照人事工作范畴，又包括人事聘用、干部任免、考核权、薪资决定权等若干二级权限；在二级权限之下，还有更为具体的三级核决权限，如："下属企业副总经理级人员的聘用权"等，这些权限往往根据管控条线、核决事项进行设计；针对每一事项，按照权限的大小，又可分为任免权、调动分配权、评估奖惩权、建议提名权等。按照权限从高到低进行划分，可以形成权限的"金字塔结构"，即金字塔的顶尖为最高权限，依次向下权限逐步降低，根据企业管理实践，权限金字塔一般可划分为五级，内容如下。

表 8-1 权限级别划分

权限类型 权限级别	财务权限（能够以货币计量、预算内）	人事权限 （人事制度范畴内）	工作权限 （有章可循的工作）
一级	×××× 元以上	任免权	否决权 / 更改权
二级	×××-××× 元	调动权、分配权	审批权 / 决定权 / 修正权
三级	×××-××× 元	评估权、奖惩权	设计权 / 处理权 / 改进权 / 报审权
四级	×××-××× 元	建议权、提名权	拟定权 / 监督权 / 检查权 / 知情权
五级	××× 元以下	工作指导权	办理权 / 执行权 / 操作权 / 建议权

基于管控条线、管控子体系的权限划分，是确保集团各项管理活动能够得到有效控制的基础。一般而言，集团会结合自身业务特点与管理情况，明确各管控条线的核决事项，并基于管控模式进行系统的权限设计与安排。

表 8-2 为某集团公司总部与子公司之间在战略、财务管理、人力资源管理等条线上的权限划分概况。

表 8-2 某集团战略、财务与人力资源管理等条线的权限划分

主要管理与业务活动	子公司			集团总部		
	相关部门	总经理	董事会	相关部门	总经理	总经理办公室
战略管理						
子公司业务战略制定	O	O	Δ	O	O	√
子公司的合并、分立、变更公司形式、解散			O	O	O	√
子公司增资、减资方案			O	O	O	√
子公司产权或股权变动、转让、划拨			O	O	O	√
财务管理						
子公司年度预算和决算方案	O	O	Δ	O	O	√
子公司利润分配方案和弥补亏损方案	O	O	Δ	O	O	√
子公司预算内资金支出	O	Δ	√			
子公司预算外资金支出	O	Δ	Δ	O	Δ	√
担保管理		O	Δ	O	Δ	√

续表

主要管理与业务活动	子公司			集团总部		
	相关部门	总经理	董事会	相关部门	总经理	总经理办公室
贷款管理	O	Δ	Δ	O	Δ	√
人力资源管理						
子公司内部部门及岗位设置	O	Δ	√	O		
子公司人员编制	O	O	Δ	O	Δ	√
子公司经理和财务经理任免			Δ		O	√
子公司副经理任免		O	√		O	O
子公司部门经理任免		√				
子公司经理和财务经理薪酬水平			Δ	O	O	√

注：O－建议权　Δ－权限内审批权　√－最终审批权

3. 管控权限的落地

集团管控模式的落地，在很大程度上取决于管控权限体系的落地。

一方面，企业只有通过授权才能加大企业家的管理广度与深度，才能激发人才“人尽其能”，在某些企业，有专门的《授权手册》或《权限管理手册》等，针对各业务条线的核心业务活动，明确集团与下属企业（以及企业负责人）的授权范围，赋予下属企业及其负责人清晰的权利边界，激发其在职责范围内的工作积极性与主动性，从而促进企业达到更优秀的业绩水平。

另一方面，只有通过清晰、明确的权限管理体系才能告诉下属企业及其负责人，哪些事情是超越授权范围、不可以独自决策的，哪些权利下放的同时决策人员也要承担相应的责任，以实现权责对等，这也是有效避免下属企业自行决策、有效控制经营风险的重要手段。

第二节　战略管控子体系

“战略”一词由来已久，最早被用在军事领域，《孙子兵法》就是我国最早研究战略的杰出著作。如今，“战略”一词早已被引申至政治、经济领域，在企业管理领域更是比比皆是，随处可见。但是，正因为用多了，用滥了，什么样的发展策略都扣上“战略”的帽子，才让我们更加困惑，到底什么是战略？企业集团的战略到底包括哪些内容？总部的战略与子公司的战略存在什么样的关系？集团战略怎样贯彻执行才能更有效地指引企业实现目标？这些，正是我们在本节需要研究的问题。

一、集团战略管控的基本内容

企业集团由多个业务单元构成，其战略管控必然有别于单体企业。在企业集团中既存在集团的整体发展目标，又存在业务单元的个体发展目标；既存在集团总部对各业务单元的指挥，又存在各业务单元之间的相互配合。因此，企业集团的战略管控既要引导集团实现总体目标，又要对各业务明确定位，理顺相互间的协作关系。具体来说，一个典型企业集团的战略管控通常包含以下两个方面的内容：一是集团总部的战略管控，二是各业务单元的战略管控。

1. 集团总部的战略管控

在企业的集团化运作中，总部战略显得尤为重要。很多集团的成员企业在合并前都是业内的佼佼者，但合并后却未显示出骄人的业绩，甚至步履维艰、每况愈下，这其中一个重要原因就是集团总部没能很好地引领成员企业向共同的目标前进，每个成员企业都有自己的目标，这就会产生你想向西、他想向东的局面，更糟糕的是，由于大家都认为自己是对的，谁也说服不了对方服从自己的意愿，谁也不想用妥协来支持对方。在这种情况下，不但没有利用个体的优势地位快速形成合力，实现集团整体发展战略，反而会因为资源分布过于分散，出现集团内的弱势无法弥补、优势难以发挥的局面。企业集团的发展必须依靠集团总部站在整体利益最大化的立场上，制定集团整体的发展目标，引导、监督各成员企业相互配合，形成合力，才能共同推动企业集团的迅速发展。

对于企业集团这个联合舰队，集团总部在制定战略过程中除了要决定去哪，还要考虑怎么去的问题，是优先选择A路径，还是B路径，集团总部必须有个决断。总部管理层要基于当前发展形势，决定每个业务单元应获得多少资源，哪个业务单元应优先发展，哪个应暂时处于辅助地位。一方面，同样的资源投入到不同的业务领域带来的效益是不同的；另一方面，集团内的业务单元之间往往会出现争夺集团有限资源的现象，这就要求总部为成员企业做出明确的定位，并且要调动各业务单元的积极性，以最有利于提高集团整体绩效为前提，依据集团内资源发挥作用的潜力和可能性，权衡每项业务活动对企业内资源的需要，按照轻重缓急合理配置资源。

我们可以将集团总部的战略看作集团的战略总纲，是总部指导和控制集团行为的最高纲领，不仅包括企业的发展目标，还包括成长路径，以及对业务单元的战略性安排。

2. 业务单元的战略管控

作为集团的组成部分，业务单元一方面要按所在行业的发展规律和竞争格局明确自身发展战略；另一方面要服从集团的安排，与其他业务单元协调配合，完成总部赋予的任务。形象地比喻，业务单元是集团这台大戏里的一个配角，他不仅要考虑提高自己的演技，还要与其他人配合好，该出彩的时候出彩，该靠后的时候靠后，只有这样，整台大戏才能唱个满堂红。

业务单元虽然纳入集团总部的统筹规划，但其主动参与集团战略规划却是十分必要的。从内部来看，业务单元需要协调和统筹安排经营中的生产、财务、研发、营销、人事等活动，所制定的战略要为这些活动的组织实施提供直接指导。从外部来看，业务单元要考虑行业的发展趋势、社会变革以及经济形势，做好市场定位，增强自身的竞争优势，即：业务单元的战略涉及其如何运用好已有资源，以及在其所在行业中扮演什么样的角色。

业务单元的战略有别于单体企业之处在于：第一，业务单元在进行内部资源和能力分析时，不能只考虑自己有什么，还要考虑从总部能得到什么，其他子公司能否通过共享渠道等方式带给自己更多的便利。第二，业务单元的战略要在集团总部的战略指导下进行，也就是说，各业务单元不能一味地向前冲，要考虑集团整体的发展需要，当集团决定加大某领域的发展力度时，部分业务单元则可能面临放缓速度、减少投资的问题，要甘于在集团整体发展中暂时居于次要地位。

二、战略管控子体系

1. 战略分析

“知己知彼，百战不殆”。将“知己知彼”用在战略管控中，就是要适时对企业的外部环境、内部资源、能力资源进行深入分析，从而为战略制定奠定坚实的基础。对经营环境的分析有助于企业集团准确把握竞争形势变化带来的机遇，及时预防可能出现的风险，基于企业的优势及时调整企业战略，适应外界环境的变化。企业战略的有效性在很大程度上取决于对战略环境的分析、评价是否准确，我们将战略分析分为外部环境分析、内部环境分析两部分来进行探讨。

（1）外部环境分析

企业与其竞争对手、经营环境及其他外界因素之间相互影响、相互作用，处在一种不断变化的过程之中。所谓外部环境，是指这些独立于企业集团之外，制约并影响企业行为的各种因素和力量的总和，它是战略环境中最活跃的，最难以控制的因素。分析企业外部环境的目的，就是要找出外部环境能够为企业提供的可利用的发展机会，以及外部环境对企业未来的发展所可能带来的威胁，以此作为制定战略的依据和约束条件。

依据外部环境因素对企业影响程度的不同，我们可将外部环境分为宏观环境和产业环境（也称作中观环境）。宏观环境分析包括政治—法律、经济、技术和社会文化等多方面因素的分析；产业环境分析是指企业赖以生存的行业环境对企业经营发展所造成的影响，主要包括行业发展趋势、客户与市场空间、主要产品分类、竞争对手与竞争烈度、市场替代、供应环节变化，等等。需要注意的是，产业环境分析与宏观环境分析并不是完全脱离的，产业环境的变化往往深受政治、经济、文化和技术等宏观因素的影响。

①宏观环境分析。

第一，政治—政策法律环境。政治环境主要包括国家在世界政治经济中的地位、国家政局的稳定程度、国家的基本经济政策及产业政策。深入了解国家的基本经济政策，有助于企业对国家的经济发展前景进行合理预期，从而依据这种预期，合理规划自己的长远发展战略，并对资源进行优化配置。此外，了解国家将要对哪些产业加以重点扶持，将非常有助于企业选择正确的战略方向。因为国家对这些产业会从税收、贷款、补贴、资本运作等方面尽可能多地给予优惠，从而使这些企业更具竞争优势。比如，改革开放政策、西部大开发战略、粤港澳大湾区战略等都对我国企业扩展市场空间，实施战略转型产生了巨大影响。

政策法律环境主要是指两个方面，一个是指与企业经营密切相关的法律法规层面。这些法律法规对企业该做什么、不该做什么、如何保护企业的合法权益与公平竞争做出了明确的规定，对企业正确树立法治意识，在合法范围内开展经营活动起着重要的规范作用。第二个方面是指与企业所处行业、地区密切相关的政策信息，近年来，随着我国经济结构转型升级的加快，国家和各地区为了调节不同产业的发展速度，促进部分产业的增长，实现新旧动能转换，在不断出台针对各产业的政策，这些政策对于企业的战略制订具有非常重要的指向性。

第二，经济环境。经济环境是指企业生存和发展所依赖的社会经济发展状况和国家经济政策。企业的发展必然受到国家经济发展水平的影响，如果一国的 GDP 水平较高，经济发展较快，经济波动较小，则可认为该国的经济运行状况良好。在这种环境下，市场需求旺盛，企业的发展机会比较多。从货币和财政政策的角度来看，偏紧的货币政策或过于保守的财政政策都会给经济的高速发展带来限制。此外，社会经济结构、银行利率水平、通货膨胀率等要素都会对企业的投资决策产生影响。企业集团在进行经济环境分析时，主要通过分析以上因素，运用相关指标，准确把握宏观经济环境对企业的影响。如果企业的经营范围不局限于一国范围之内，它还必须考虑经营活动所涉及国家的关税水平、贸易壁垒、国际贸易的支付方式等要素。

第三，技术环境。技术环境指的是企业所处社会环境中的科技要素以及与此相关的社会现象，其中，科技要素不仅仅指引起时代变革的发明创造，还包括与企业生产活动相关的新技术、新工艺以及新材料。一个国家科技成果的推广与应用，科技发展水平以及科学技术的研发实力会对企业的经营活动产生重大影响。相关技术创新能够使企业通过运用新材料、新的生产方法或者新的生产工艺，生产出性能更好，质量更高的产品，帮助企业扩展市场空间。同时，还有助于降低企业的生产成本。因此，企业要密切关注与本企业产品相关的技术创新，对于新材料、新工艺、新设备必须随时跟踪了解。

特别是近十年来，互联网、大数据、云计算、人工智能、5G等新技术的应用，充分体现了科技进步对各行各业的跨界式影响，这种影响是行业内绝大多数企业都必须要关注的。

第四，社会文化环境。社会文化环境主要包括社会文化习俗、人口年龄结构、经济阶层构成、社会道德观念、公众价值观念等方面因素。社会环境因素主要通过影响产品的需求状况来对企业的战略选择造成影响。例如，随着我国人口老龄化趋势的出现，养老服务的市场需求显著增加，很多企业及时抓住市场机遇，顺利转型从事相关方面的经营。再比如，随着我国居民可支配收入的增加，对于消费产品的品质要求在迅速提高，出现了如“到日本抢购马桶盖”的现象，由此促进了国内“供给侧改革”思想的提出，就是要引导企业生产更高品质的产品，解决“低端产品过剩、高端需求难以满足”的问题。而文化因素则强烈影响着社会公众的购买行为和企业的经营行为，不同地区有着不同的传统文化、社会习俗和道德观念，企业只有非常好地把握消费者所在地区的社会文化因素，并把这种文化因素融入自身的战略思想中去，才能真正做到“投其所好”，获得消费者认同。

②产业环境分析。

企业的竞争战略必然与其所处的产业环境密切相关，产业环境不仅指本行业中企业的竞争格局，还包括本行业与其他行业的关系。行业的竞争结构与竞争特性决定着企业可能采取的战略。产业环境分析主要解决三个方面问题：一是竞争结构分析，即分析所在产业的竞争特性及所具有的潜在盈利空间；二是竞争关系分析，即研究产业内企业之间的差异，以及它们战略地位的关系；三是竞争对手分析，即分析主要竞争对手的竞争优势及动态。

第一，竞争结构分析。对于企业集团所处行业的竞争结构，我们通常都用迈克尔·波特提出的“五力竞争模型”来进行分析。按照波特的观点，一个行业的激烈竞争源于其内在的竞争结构。每个行业都存在五种基本竞争力量，即潜在进入者的威胁、现有企业间的竞争、替代品的威胁、供应商的讨价还价能力以及顾客的议价能力。这五种力量相互作用，共同决定了行业竞争的激烈程度与行业的获利能力。企业在制定战略时必须考虑如何对这五种力量施加影响，使它们朝着有利于本企业的方向发展。

第二，竞争关系分析。企业集团在进行产业竞争分析时，要尤其关注竞争对手间的相互关系，我们在分析行业内的竞争关系时，通常采用的是“战略集团”分析法。所谓“战略集团”，是指产业内执行相同或类似战略并具有类似战略特征的企业。通常，一个产业中会有几个战略集团，不同的战略集团采用性质不同的战略，在同一战略集团内的企业，除了战略相似，也会有很多其他方面彼此相近。它们在类似的战略影响下，会对外部环境做出类似的反应，采用相似的竞争行动，占有大致相同的市场份额。如果在一个产业中出现两个或两个以上战略集团，那么一定会出现战略集团间的竞争，战略集团间的竞争会对行业的竞争激烈程度产生影响，进而决定行业中的最终获利潜力。战略集团间的目标相似度不同、规模不同、战略差异性不同，产业内的竞争激烈程度必然有所不同。企业集团要通过对这些因素进行深入分析，判断行业内的竞争形势，以此作为制定企业战略的主要依据。

第三，竞争对手分析。竞争对手的行为会对企业集团的战略制定造成重大影响，二者之间的互动关系是产业分析的重要内容。对竞争对手进行分析，有助于企业了解竞争对手可能采取的战略行为，并预测行业内其他企业对该行为可能做出的反应。

企业集团在对竞争对手进行分析时，要从以下四个方面着手：一是分析竞争对手的长远目标，看竞争对手最终追求的市场定位是什么；二是分析竞争对手对所处形势的评价，了解竞争对手如何评价自身优势、市场地位，如何估计其他竞争者的潜在竞争力，如何预测其产品的未来需求和产业的发展趋势，这些都是竞争对手所采取行为的根本动因。分析这些因素，有助于准确预测竞争对手的行为；三是分析竞争对手的现行战略，主要目的在于分析竞争对手现在正在做什么，想要做什么，能够做什么；四是分析竞争对手的潜在能力，竞争对手的潜在能力决定了在市场竞争中其发起进攻或反击的能力，主要包括其核心竞争能力、增长能力、对突发事件的反应能力、对外部环境变化的适应能力以及在竞争中的持久战斗力。

在对竞争对手进行分析时，企业集团一定要注意“市场信号”的重要作用。这里所说的“市场信号”包括竞争对手在内部资源配置、人事调整、技术研发、开拓市场等方面采取行动所表现出的相关信息。市场信号作为一种具有潜在价值的信息资源，可以帮助企业增加对竞争对手的认识，预测其将采取的行动。但有些企业为迷惑对方，常发出错误的市场信号来误导竞争对手，因此，企业在利用竞争对手进行分析时，一定要留意市场信号的真伪。

（2）内部环境分析

相对于外部环境而言，内部环境分析的主要对象是企业所拥有的资源、能力和核心能力等因素。对企业的内部环境进行分析，其根本目的在于掌握企业的资源和能力状况，明确企业的优势和劣势，从而使战略能最大限度地发挥企业的优势，弥补劣势，企业能够理性选择战略路径，从而最终使企业的战略目标得以实现。

①企业资源分析。企业的竞争优势源于企业的核心竞争力，而企业的核心竞争力源于企业的能力，企业能力又源于企业的资源。企业的经济活动必须建立在自身的资源禀赋之上，这种资源禀赋既包括有形资源，又包括无形资源。其中，有形资源主要指资金资源、实体资源和人力资源；无形资源则包括企业的技术资源、品牌资源、企业文化资源、专利、产权以及企业形象等内容。

分析企业资源，不是简单地列出企业资源的数量、种类和质量，而是分析并判断相对于竞争对手来说，企业的资源优势如何在竞争中发挥作用，进而如何帮助企业形成核心能力和竞争优势，成为真正的战略性资源。

企业集团在进行企业资源分析时，应从以下几方面着手：一是分析资源拥有情况，这既包括对有形资源的分析，也包括对无形资源的分析；既包括对企业已拥有资源的分析，也包括对企业可能获得资源的分析；二是分析资源的利用情况，通常运用“投入—产出”比来进行；三是分析资源的应变能力，其目的在于确定资源对环境变化的适应程度；四是对资源进行平衡分析，对于容易获取的资源，企业应通过加强管理来降低资源余量；而对于受外部影响较大、获取困难的资源，则应保持合理的资源余量，以应付环境的变化。

②企业能力分析。一般而言，企业资源不会自发地产生企业竞争优势，只有具备整合资源、使价值增值的能力，企业才能够在激烈的市场竞争中形成优势。在识别、判断企业的核心竞争力之前，必须弄清企业的基本能力状况。

企业能力分析主要从以下几个方面展开：一是财务能力分析，即分析企业的财务状况，看企业在整个经营过程中所取得的财务绩效水平；二是营销能力分析，主要体现在企业的产品竞争能力、销售能力、新产品开发能力和市场决策能力；三是生产管理能力分析，由于企业将投入品转变为产品或服务的所有活动都发生在生产环节，企业生产管理能力的强弱往往决定了企业的竞争能力；四是组织效能分析，主要是分析组织中管理体制、组织结构、管理层次、管理幅度的设置，分析现有的组织是否目标明确、管理高效、责权对等、分工合理、沟通顺畅，有利于实现组织的战略目标；五是企业文化分析，企业文化对企业长期绩效的影响已经被越来越多的人所认可，在制定企业发展战略的过程中，必须充分重视企业内的行为规范、思维方式、文化氛围的重要作用，不仅要对现有的企业文化进行分析，还要分析企业文化的建设过程和形成机制，弄清企业的战略目标、战略方向、战略业务选择与企业文化的相容或相悖程度，进而引导文化做相应的调整。

③企业核心竞争力分析。企业的核心竞争力源于企业的资源和能力，

主要包括企业技术方面的核心能力和管理方面的核心能力。技术方面的核心能力指的是企业员工所具有的知识、技能水平，以及企业所拥有的专利、生产技术、装备和知识。管理方面的核心能力包括企业的管理理念、管理模式、企业文化等。简单来说，一个企业要想具有突出的核心竞争力，不仅要有硬的要素，还要有软的要素，软硬结合，才是其他企业难以仿制的、具有独特性的竞争力。对企业的核心竞争力分析，主要从以下几个方面着手。

第一，主营业务分析。即分析企业中是否有明确的主营业务，企业的主营业务是否有很好的市场前景，是否能够较好地利用企业优势，在市场竞争中是否占据有利的竞争地位。如果企业没有明确的主营业务，资源分配过于分散，则很难形成强大的核心竞争力。或者，企业虽有主营业务但在该领域的竞争力十分弱小，那么该业务也无法增强企业的竞争优势。

第二，核心产品分析。主要是分析企业中是否有核心产品，核心产品的销售现状、竞争地位和市场前景如何。由于核心产品可以延展至多个产品领域，最大限度地实现范围经济，因此，一个企业如果没有过硬的核心产品，则很难说该企业具有很强的核心竞争力。

第三，核心能力分析。主要分析支持企业主营业务和核心产品的核心技术是什么？这些核心技术的不可替代性如何？是否得到了充分发挥？为企业带来了怎样的竞争优势？核心能力具有动态性，随着时间的推移，企业很可能无法从过去的核心能力中受益，这就要求企业能够动态管理自己的核心竞争力，既要加强对核心能力的运用和管理，又要不断培育新的核心能力。

2. 战略制定

企业战略制定通常分为两个主要的步骤：一是确定企业战略目标，二是在战略方案中做出正确的选择。

（1）确定战略目标

战略目标是企业制定战略的主要依据，企业集团在市场中运营，就好比在大海中航行，其战略目标决定着前进方向，也决定着前进路径的选择。

只有在明确的战略目标的指引下，企业才能把有限的资源进行合理分配，合理设置企业内的管理机构，促使企业成员在重大问题的决策方面做到行动一致、思想统一，从而充分发挥各机构的协同作战能力，增强企业的凝聚力，提高企业的整体运行效率，进而确保企业战略目标的实现。

（2）做出战略选择

根据企业既定的战略目标、结合内外部情况的分析，战略制定者通常可以提出多个备选方案，这时，如何选择最佳战略方案就显得至关重要。战略选择，旨在通过对备选战略方案的评估和比较，选择能够使企业以最恰当的方式实现战略目标的行动方案。

在进行战略选择时，我们通常参照以下三条标准。

①适用性标准。众所周知，好的战略一定是适合企业发展的。我们在进行战略选择时，首先考虑的就是该战略方案有没有充分利用企业的现有优势？该战略对环境分析中出现的问题、如外界环境的威胁，如何解决？该战略方案与企业集团的整体目标是不是一致？

适用性作为一种战略评估标准，主要用来评估备选战略方案与企业内外部情况的适应程度，以及不同的备选方案中，哪一个更有利于保持企业的竞争地位。它在战略方案筛选中的作用非常重要，通常作为战略选择的第一轮评估。

②可行性标准。看起来不错的战略，未必行得通，这里就要考虑可行性问题。所提出的战略是否有足够的资金支持？需要拓展新市场，企业的管理水平、营销能力、生产能力储备是否跟得上？科技研发能否支持战略的实现？在进行可行性评估时，要注意随着时间的推移，企业的资源、能力都会有所变化，可行性评估并不要求备选方案能被企业目前所拥有的资源所支持，而是要确认企业目前的资源状况与战略所要求的资源状况间的差异，以及在一定的时限内，企业是否有能力采取相应措施弥补差异。

③可接受标准。此外，在进行战略选择时，还要考虑该战略能否被利益相关者所接受。该战略对企业的财务状况、资本结构有哪些影响？它所引起的变动是否符合企业的期望？显然，没有哪个备选方案能让所有利益相关者满意，分析利益相关者的期望并不是为了选出这种完美的方案，而

是帮助战略制定者在分析利益相关者期望的基础上，对其期望进行管理，以便在战略实施中获得他们的支持。

不少企业会聘请外部专家，运用其专业知识和经验对战略选择提出比较客观的看法。在评价和比较备选方案的基础上，企业会选择一个相对满意的方案，确保所选择方案符合集团的整体发展目标。一般情况下，方案还要提交上级管理部门进行审批；上级拍板后，相关部门再进行人力资源、资本需求等方面的计划制定工作。

3. 战略实施

完成企业战略的制定之后，战略管控工作的重点就转到了实施阶段。所谓战略实施就是将战略计划转化为现实的行为过程，就是执行能够达到战略目的的战略方案。与战略选择一样，战略实施也不是一件简单的事，它涉及大量的日常管理工作。在这一过程中，相关管理者要根据企业战略的要求，合理配置企业资源，并对集团总部和各业务单元的管控模式进行优化调整。

（1）优化配置企业资源

企业在战略执行的每个阶段都要有相应的资源做保证，否则，再好的战略也只是“空中楼阁”。但即使企业有充足的资源，也并不意味着企业可以为所欲为，过度滥用资源会导致企业无力把握难得的发展机会。企业集团要仔细研究战略执行各阶段的资源需求情况，制定详尽的资源分配方案，约束资源分配的随机性。战略执行是一个动态的过程，与之匹配的资源分配也是动态的，要有一定的灵活性。因此，集团总部在全面考虑各业务单元的一般情况后，除了制定出针对整个企业集团的资源分配政策，还要下放一定的资源分配权，允许各业务单元依据自身的经营状况，合理配置资源，从而为实现战略目标提供保证。在执行战略中，要尽量做到人尽其才，物尽其用，充分挖掘并发挥各种资源的潜力，并做好资源储备工作。

（2）明确职能与优化管控模式

对于大型企业集团而言，明确的职能划分与管控模式尤为重要。随着企业规模日益扩大，组织机构日益复杂，集团的管理也必然更加困难。集团总部既要保证对业务的有效管理，不能放任自流；又要充分考虑各项业务的特点和市场竞争的效率问题，留有一定的灵活性；各业务单元之间既不能各自为政，又要避免越俎代庖，相互干涉。由此可见，一个清晰、准确的总部职能定位，一套符合战略要求与下属企业实际的管控模式，是战略实施的基本保障。

4. 战略评估与反馈

在实际经营管理活动中，企业战略的执行情况不可能与战略目标相一致，产生偏差的原因有很多，可能是由于企业的内外环境发生了变化，或者是由于企业战略本身存在缺陷，在实施中难以贯彻，也可能由于企业受主观因素变化的影响，在战略执行过程中，偏离了原有的计划安排。因此，无论多么深入的战略分析，多么正确的战略选择，多么到位的战略执行，都会因“时过境迁”而存在不尽如人意的地方。因此，定期开展战略的评估与反馈，就显得非常重要。

（1）战略监督

战略监督，是指对下属业务单元的战略执行情况进行监督，对偏差进行纠正和调整，从而确保集团的总体战略能够朝着正确的方向前进。

在战略执行过程中，管理层需要定期回顾战略执行的情况。战略执行的好，是不是因为战略目标定得过低，没有充分发挥企业的资源、能力潜力？执行得不好，是战略制定本身有问题，还是受到外界环境变化的影响，企业不能按照原先制定的战略来发展？由于外部环境具有不可控性，企业集团在战略执行的过程中，难免会出现背离原有战略的现象，比较常见的是，一些业务单元会为了追逐自身经济利益，不服从集团总部的安排，擅自做出诸如扩展市场、增加投资的决定，这必然会对集团整体战略目标的实现造成影响。这就要求管理层加大对战略执行情况的监督工作，除了定期评估战略的执行情况，还要采取有效的措施规范业务单元的行为，确保各业务单元服从集团总部的安排。此外，管理层还需要通过分析从战略监督中得到的信息，考虑现有战略是否需要调整；如果需要，该如何调整等问题。

（2）战略绩效评估

战略绩效评估是战略管控工作中不可缺少的一部分，要想知道企业战略执行得如何，是否实现了预期战略目标，企业管理者就必须对战略绩效进行评估。一般情况下，企业集团所做的战略规划都以五年为期限，每年年底会对当年的战略完成情况进行相应的考核工作，看看战略绩效如何；如有需要，会对之后的战略目标进行调整。一般情况下，战略管理部门会在集团范围内广泛收集数据，通过对各项指标进行综合评价和打分，形成《战略绩效分析报告》。通过《分析报告》可以看出：企业的战略目标完成得如何？哪些方面出现了偏差？偏差有多大？进而进行纠偏工作，使集团的战略回到正确的路径上来。

在评估战略绩效时，要做好组织安排，选择哪些评价指标、谁来打分、出了偏差谁来负责，都要做好详尽的安排，这是保证战略绩效评估客观、准确的重要基础。

战略绩效评估，把对组织的管理和对员工、特别是高管团队的管理结合为一体，不仅通过评估目标的完成情况推动战略的落地、组织结构与运作流程的完善、管理水平的提高，还有助于激发企业管理层的内在动力，发挥员工的潜能，冲击更高的目标。同时，定期的战略绩效评估也有助于发现战略目标制订中不合理的方面，在后续战略的制订中改进和优化。

三、战略管控的组织保障

在具体的战略管控工作中，子公司战略管理部门要按照总部的战略方向，确定自己的战略框架，以业务部门和职能部门所提供的数据为依据，编写战略草案，子公司分管部门进行审核后，上交总部战略委员会进行审核，在此之后，该战略草案会返回子公司董事会进行决策。可见，战略管控工作的组织保障包括总部战略管理部门和子公司战略管理部门两个层面。

1. 总部战略管理部门

作为整个集团的战略总指挥，总部战略管理部门要对集团的总体发展方向做出正确判断，据此制订和调整集团的战略方向。要超越子公司的思考层次和利益目标对子公司业务进行统筹规划，做出集团产业组合方面的决策。同时，还要为子公司的战略规划定好位，确保子公司的发展方向符合集团的整体目标。具体来说，总部的战略管理部门包括董事会、战略管理委员会、经营层及战略管理部门，各自拥有不同的职责。

①董事会。从集团战略管理的角度，董事会的主要任务是：审视内外部环境的影响，基于自身资源与能力特征，对各级战略研究部门提出的规划方向进行决策，确定集团的总体发展方向与目标；对于重大业务板块的发展计划、重大战略举措（如上市、并购重组、重大投资等）的实施方案进行审定；对于与战略实施相关的组织机构调整、高管任用、考核激励等进行审定，以确保战略得以有效落地和支撑。

②战略管理委员会。从决策的质量与效率出发，董事会之下一般会设立战略委员会。战略管理委员会的主要任务是：客观、公允地收集外部信息，为董事会的决策提供依据；在董事会的领导下，在管理层及战略部门的支持下，组织对集团战略的研究与方案的论证工作；组织对重大业务板块发展计划、重大战略举措（如上市、并购重组、重大投资等）实施方案的编制及初步审定工作；协助董事会督导战略方案的落地与推进工作。

③经营管理层。集团的经营管理层是指以集团总经理（总裁）等为首的高级管理人员，包括总经理、副总经理、财务总监等，这一群体的特点是对集团的业务运作非常熟悉，对各项资源、能力的情况非常了解。在集团的战略管理方面，总部经营层要超越日常的工作范畴，从总体的、全局的、长远的角度考虑集团的发展问题，参与集团战略的研究与制订、对重要业务板块发展计划的制订提出意见，尤其在战略落地的资源支撑、分解落实、可操作性方面，必须提出自己的专业见解。

④战略管理部门。集团的战略管理部门，是战略规划制订与管理的职能部门，主要负责跟踪企业内外部环境的变化；通过收集相关信息，监测集

团及下属企业的经营状况；同时，借助外部专家及中介机构的帮助，具体组织集团战略规划的编制工作，支持董事会、专业委员会的战略研究与决策工作。需要注意的是，战略管理部门在企业的战略管理工作中并不起决定性作用；在战略实施中也不被赋予具体执行战略的责任和权力，只是作为战略管理工作的牵头组织部门，如同人力资源部门一样。实际操作中，为了凸显战略管理工作的重要性，该部门通常由总经理、总裁等主要领导亲自主管。

综上所述，董事会、专业委员会、经营层、战略规划部门根据其职责与权限各司其职，在企业集团及重要业务板块的战略分析、战略制订、战略实施与战略评估中发挥着重大作用。

2. 业务单元战略管理部门

传统的观念认为，集团的战略管理部门最为重要，事实上，无论是战略的制定还是执行，业务单元的战略部门都不可小觑。因为他们通常都工作在企业生产经营的第一线，对市场、对手和生产经营状况最为了解，对所存在的问题也最清楚，因此，在战略制订的过程中如果能够认真听取他们的意见，对于战略的可操作性非常重要，他们是所在领域的战略专家，往往能够提出极具价值的意见。但他们也有自身的局限性，就是难以站在整个集团的高度来思考问题。因此，子公司在战略制定方面的意见，应当辩证地听取和使用。

此外，业务板块的发展计划一经批准，业务单元的战略管理部门也就成为该项计划的具体推动者和组织者，业务战略的执行成败也要系其于一身。

四、战略管理制度与流程

1. 战略管理制度

企业集团的战略管控工作必须以一定的制度和流程作为保障，常见的战略管理制度包括以下几类。

①预算管理制度。在企业的战略管理过程中，预算起着两方面的作用：一是从战略规划的角度，预算可为企业的资源分配提供依据；二是从战略控制的角度，预算可以作为一种有效的控制手段。作为战略管理的重要制度，预算通过财务部门的收支记录、定期报表等数据，表明预算、实际收支及二者的差额，并报送不同层次的业务管理负责人，进行偏差分析，查找原因，采取纠偏措施。预算采用数字来衡量各项工作成果，不仅一目了然，而且较易衡量实际成果与计划的偏差，控制起来更为方便，也便于企业采取相应的对策。

②审计制度。审计制度是指定期对企业经营及财务活动进行审查，对重大经济活动进行评价，对比评价结论与设定目标之间的符合程度，并将结论报送相关机构和采取纠偏措施的管理系统。从形式上看，审计可分为财务审计（外部审计）和管理审计（内部审计），而战略管理则主要依赖于企业的管理审计，其重点在于：根据对企业内外部环境及战略执行情况的客观评价，评估战略规划的正确性与可行性。

③专题报告制度。根据企业管理层的要求，由专业人员针对企业战略执行过程中的特定问题进行调查研究和深入分析所形成的报告。专题报告具有较强的针对性和深度，往往能够达到一般性的统计分析、会计报告所无法达到的层次，并能够分析问题产生的原因，提供相应的对策。

④经营审核制度。经营审核制度是指在战略绩效分析的基础上，深入到企业政策、组织结构、管理模式、管理方法等多层面的综合分析，同时，基于外部数据做出客观、准确的评价，并以此为依据，推动经营管理工作的改进，保证战略目标的实现。

2. 战略管理流程

很多企业都意识到，战略管理非常重要，但又无从下手。事实上，战略管理是有一定程序的，可以按照既定的流程开展，具体可分为六个步骤，即：收集战略信息、完成战略制定、设定评价指标、建立监控体系、评估战略绩效以及采取纠偏措施（图 8-1）。

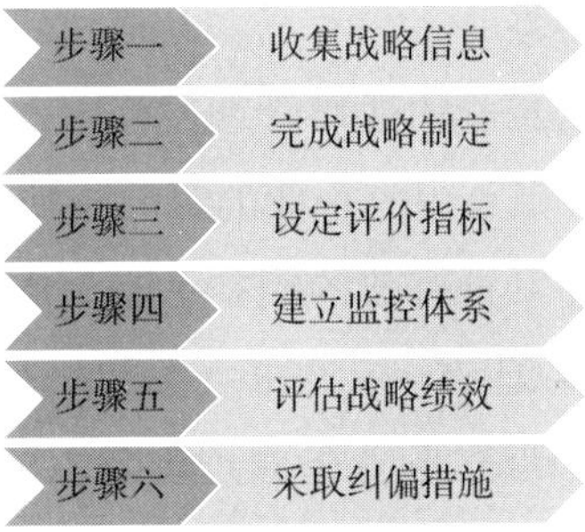

图 8-1 战略管理流程

（1）收集战略信息

企业战略管理工作的首要环节就是战略信息收集，企业首先要提出集团发展战略的初步设想，接下来，相关部门要对宏观经济环境、行业发展形势以及企业自身的资源、能力状况进行全面分析，形成内外部环境分析报告；对于竞争对手进行定点分析和研究，形成对标分析报告。以上战略信息是制订战略的前提和依据。

（2）完成战略制定

基于初步的战略假设，在全面审视内外部信息的基础上，战略管理部门要拟定集团战略发展框架，召开战略研讨会，进一步明确集团的发展方向，从众多备选方案中选出最优方案，作为最终决策。战略管理部门要将所制定的战略计划形成文本，上报集团董事会批准。此后，由战略管理部门编制详细规划，相应的完善，最终确立集团的发展战略。

（3）设定评价指标

企业战略管理的第一个环节就是设定评价指标，只有设定了全面的评价指标体系，才能对企业战略的执行情况进行客观评价，才能看出企业战略执行情况如何，哪些方面需要改进，进而采取纠偏措施。

在设定评价指标之前，企业要有明确的战略目标，并要清楚：实现这一目标企业需要完成哪些重点工作任务？这些任务的完成标准是什么？可以说，评价标准正是企业工作成果规范化的体现。企业集团的评价指标既要有财务的，也要有非财务的；既要有定性的，也要有定量的；既要有反映自身发展水平的，也要有体现在行业地位的；既要有立足长期的，也要有立足中短期的。总而言之，所设定的评价指标体系要能全面、客观地反映企业的战略执行情况，为下一步战略管理工作奠定良好的基础。

（4）建立监控系统

在战略管理的第四个环节，企业需要定期对内外部环境进行扫描，收集和处理相关信息，及时监测内外环境变化所产生的信号，以搜集到的信息为依据，监督企业战略的执行情况。在监控过程中尤其要关注外部环境的变化：一方面，外部环境变化具有不确定性；另一方面，外部环境的变化非常迅速，企业必须根据快速作为反应。企业在建立监控系统的时候，还要制定出具体的监控指标、监控范围和监控方法，以确保监控的有效性。

（5）评估战略绩效

在这一步骤，企业集团要将战略的执行情况（战略绩效）与战略目标相比较，确定二者之间的差距，并分析差距原因。战略绩效评估通常会出现三种结果：一是战略执行情况好于原定战略目标；二是战略执行情况与战略目标基本相符；三是战略执行情况未达预期。第二种情况当然是最理想的，但当出现第一种或第三种情况时，集团战略管理者应当考虑：战略目标设定得是否有问题？实施战略的组织机构是否合理？员工能力是否满足战略要求？战略绩效评估工作既可以作为人员调整、日常激励的依据，起到引导员工共同奋斗、层层落实公司战略、推进集团目标实现的作用，又可以发现企业运行中的潜在问题，通过及时的纠偏改进，避免可能引发的严重后果。

（6）采取纠偏措施

在战略管理的最后一个环节，企业管理者应考虑针对战略执行情况偏离原定目标的情况，如何采取纠偏措施，以保证战略目标的实现。纠偏措施的采用应视企业战略执行过程中所出现问题的性质和原因而定，一般来说，包括组织架构的调整、核心管理层的更换、资源能力的充实、市场目标的调整、考核与激励方式的变化甚至企业文化的变革，等等，有时是多种措施的组合使用。

案例8-1 德隆集团的战略管控

一、德隆的战略管理

虽然昔日风光无限的德隆集团早已成为往事，但它在十几年的时间靠400元起家，从一个名不见经传的小民企发展为一家跨所有制、跨行业、跨地区、跨国经营的基础产业和新兴产业并举的产业集团，不能不说是一个奇迹，值得说明的是，德隆在其发展历程中一直高度重视战略的设计与战略管理工作。

德隆对战略管理工作的高度重视在其组织框架里有所体现，德隆在董事局下设有战略投资委员会，该委员会与执行委员会、薪酬/任命委员会共同构成了集团的三大委员会。此外，集团还在执行委员会下设有战略管理部，作为执行委员会七个常设部门中最重要的一个，主要从事行业分析和研究。

同时，德隆还高度重视对宏观环境及行业变化趋势的分析，在外界环境的变化中，尽可能抓住机遇，以主动适应代替被迫调整，甚至引导形势变化。在德隆的一系列并购整合工作中，战略投资一直发挥着重大作用。众所周知，企业投资如同播种，或者硕果累累，或者颗粒无收，甚至赔上老本。德隆的战略投资一直都是大手笔，但却并不盲目。事实上，德隆在介入每个行业或企业前的谨慎都超出常人的想象。德隆有自己的战略投资机构和调研部门，而且非常重视同其他研究机构的合作。在介入任何一个行业前，德隆都会对企业进行实地调研，同时聘请国内外顶级专家予以协助分析，麦肯锡、罗兰贝格、安达信等知名国际咨询公司都曾经被聘为德隆及其旗下某一业务的战略顾问。

此外，在德隆集团内，集团总部对子公司的战略实施给予了有力的指导和监督，帮助子公司规划其发展方向，设定相关评价指标，评估子公司的战略执行绩效，对于子公司偏离原发展方向的行为，及时采取纠偏措施，确保子公司的发展符合集团的整体战略。

有人将德隆的战略管理工作概括为“外部四件事”和“内部四件

事”，所谓的“外部四件事”是指：不断地对宏观经济、政策进行分析；不断地对中观行业与拟进入行业进行分析；不断地对行业内主要竞争对手进行分析；不断地对拟并购企业进行分析。而“内部四件事”则包括：持续地为子公司做战略分析；持续地对子公司做战略纠偏；持续地为子公司做战略目标；持续地为子公司做标杆企业分析。

二、德隆战略管理的经验

在此，我们将德隆战略管理的可借鉴之处归结为三点。

1. 重视战略分析

“不谋全局不足以谋一域，不谋万世不足以谋一时。”德隆的领导人具有全局意识，能够在深入分析宏观、中观环境变化的前提下制定集团的发展战略，尽可能地把握发展机遇。在并购整合的过程中，无论是对目标企业还是对具体操作方式的选择，都进行详细的可行性分析，这才有了较高的整合成功率。

2. 对子公司战略统筹管理

对于这样一个大型的跨行业集团而言，对子公司的战略管理非常困难，德隆在这方面具备一定的管理素养，不仅做到了统筹规划，还能够站在推动集团整体发展的高度，为子公司制定战略目标，将子公司发展与集团要求很好地结合在一起。同时，对子公司的战略执行情况进行了密切的关注，一旦发现与预计情况有所偏差，就及时采取纠正措施。子公司可能由于自身战略高度不够或资源、能力不足，无力对竞争对手或行业内的标杆企业进行分析，德隆充分发挥集团总部的重大作用，在这些方面为子公司提供所需的帮助。

3. 建立相应的组织保障

德隆的战略管理工作离不开其设置合理的战略管理部门。在大型企业集团里很容易出现战略计划贯彻实施不到位、管理重叠或悬空的现象。为此，德隆集团专门设置了战略管理部门，聘请行业内外专家从事战略的研究、制定及监督工作，这不仅体现了集团管理层对战略工作的高度重视，有利于所制定战略在下级子公司中得到有力执行，也确保了后续的战略监督、战略绩效评估、战略纠偏等工作不会出现“出了问题无人负责”的现象。

第三节　品牌管控子体系

一、品牌管控的基本内容

集团品牌管控与单体企业品牌管控最大的区别在于：由于集团从事多方面业务的经营活动，它所拥有的品牌也不可能是单一的，必然是多个品牌的组合，通常分为母公司品牌和子公司品牌两种类型，企业集团的品牌管控就需要以总部品牌和子公司品牌分别为对象而展开。简单地说，也就是总部的管控对象是品牌组合，而子公司的管控对象则是某个单一品牌。企业集团的品牌管控应秉承的宗旨：一是建设强势的总部品牌，二是理顺总部品牌与业务品牌之间的关系。因此，我们将品牌管控分为集团品牌管控、业务单元品牌管控两个层面进行讨论。

（1）集团品牌管控

集团总部要在公司整体愿景、使命的影响下确定品牌战略，分析如何建立和管理好一个高质量的品牌组合，明确品牌范围的扩展方向，以及如何在品牌之间寻求协同效应，并将其转化为竞争优势；如何在不同品牌间分配资源，以及建立配套的组织结构与运营流程，使得集团的品牌管理更为顺畅。此外，集团总部还要负责对各业务单元的品牌管控进行指导，对业务单元的品牌管理给予评价和改进建议。

（2）业务单元的品牌管控

各业务单元要在集团品牌战略的指导下制定次级品牌战略，分析品牌如何对外界环境作出反应，揭示本业务品牌的发展方向，考虑如何进行本业务品牌的塑造、推广、提升和巩固，主要着眼于解决业务品牌从无到有、从小到大的建设与管理问题。

二、品牌管控的子体系

1. 品牌战略管控

进行品牌战略管控的目的在于：明确企业品牌的根本方向与基本活动范围，进而通过对资源的战略性配置获取持续性的品牌优势。品牌战略是整个品牌管控过程的核心，是实现品牌资产持续积累的前提。品牌战略的管理者要根据发展需要选择恰当的品牌战略，不同的品牌战略拥有不同的品牌竞争方式，可以毫不夸张地说，品牌战略的选择基本上决定了企业日后的品牌之路。

随着企业的发展，不少集团从拥有一个品牌发展到拥有多个品牌，集团管理层的关注点也从“打造一个品牌”转移为“打造强势的品牌组合”，集团制定品牌战略的着眼点也逐渐转变为确定品牌组合的发展方向，提高品牌组合的整体业绩与竞争力；通过优化品牌组合，加强品牌组合内部的协同效应，使其内在潜力得到充分发挥；通过充分的市场研究，建立新的品牌来弥补品牌组合的战略缺口。

集团在进行品牌组合的战略管控时，主要从以下四个方面入手。

（1）确定品牌组合的使命

品牌组合的使命为品牌战略指明了方向和评价标准，是实施品牌政策管控的基础，集团的任何品牌组合，都要以品牌使命为航标，为指挥棒，为核心。在确定品牌组合前，集团要考虑：我要向消费者传递的品牌内涵是什么？我要展现什么样的愿景、使命与价值观？什么样的品牌组合能达到预期的效果？只有这样，才能确保建立起的品牌组合是集团所需要的，是符合集团发展要求的。

（2）优化品牌组合结构

企业集团往往拥有多个业务单元品牌，这些品牌在品牌组合中所处的位置以及未来发展前景都各有不同，集团必须根据各业务单元品牌的特征，采取有针对性的措施来优化品牌结构。首先，对各业务单元品牌的内、外部因素进行分析；其次，对业务单元品牌的组合进行分析和规划；最后，对组合策略进行评价，对所确定品牌组合的运营效果进行观察，并不断实现结构优化。

（3）制定品牌组合的成长路线

当我们将结构优化后的各业务单元的运营目标汇总后，可能会发现仍有一些业务单元目标与集团的整体战略目标不相符，或者整体目标的某一部分难以依靠业务单元的目标来实现，这就意味着现有的品牌还不能满足集团总部对品牌组合的要求，还要进一步调整。这时，企业集团就要对其核心竞争力、优势等进行评估，决定进入哪个业务领域，如何进入该业务，并据此制定品牌组合的成长路线。

（4）实现品牌组合的协同效应

理想状态下，如果品牌组合中的各品牌能够相互支撑、相互配合，就能达到“1+1>2”的效果，但现实中品牌组合的效果很难达到上述理想状态。因此，需要对集团下属各业务品牌间的相互关系进行调整，以达到各品牌的协同运作，这在跨国企业的品牌管理部门，是一项非常重要的工作。

2. 品牌定位

所谓品牌定位，就是通过对品牌进行设计，使其在顾客心中能够占据一个独特的、有价值的位置而采取的行动，也可以把定位理解为“为建立一个与目标市场相关的品牌形象”而采取的行动。在硝烟弥漫的营销市场上，产品定位、价格定位、消费者定位、竞争者定位……种种定位无处不在，品牌是产品质量、商标、包装、价格、广告、声誉乃至企业历史、文化等方面给他人印象的总和，是一个复杂的综合性概念。在令人眼花缭乱的品牌面前，消费者无法一一去体验，往往只会选择那些在他们心中占据一定位置的品牌。要想在众多品牌中脱颖而出，在消费者心目中占据有利地位，摆在企业集团面前最大的问题就是，如何吸引消费者的注意力，进而夺取消费者的“芳心”。这就要求企业集团对其品牌进行明确的定位。

与单体企业相比，集团的品牌定位有以下特点：一是要考虑集团整体形象。简单来讲，品牌定位就是树形象，其目的是在消费者心中确立本品牌与众不同的有价值的地位。企业集团要以各种品牌定位方式达到在消费者心中树立鲜明形象的目的。二是要考虑集团的运营基础。企业集团在进行品牌定位的时候，通常已经具备一定的市场认可度，所以要以内外部的运营基础作为定位的出发点，不可突然偏离原定的市场品牌认知，给消费者、经销商等人造成困惑。三是要考虑市场细分基础。品牌定位不能盲目开展，必须针对具体目标市场来进行，集团通常涉及多个业务领域，在塑造品牌形象的时候，要以各细分市场的具体情况为依据，把目标市场作为品牌定位的落脚点。基于集团品牌定位的特殊性，企业集团在进行品牌定位的时候，要从以下四个方面入手。

（1）迎合消费者心理

赢得消费者的认同和共鸣是顺利将产品销售出去的关键。消费者在购买产品的时候，也许是出于理性考虑，感觉产品实用，价位合适，不过更多的时候，消费者选择该产品仅仅是出于喜爱。因此，企业有必要从迎合消费者心理的角度对集团品牌进行恰当的包装。应根据不同的目标市场，有针对性地透视该市场消费者的消费心理，把握其购买动机，通过恰当的方式引起消费者的情感共鸣。可以说，把握消费者的心理动机是准确进行品牌定位的基石。在众多同类产品面前，消费者往往不知该如何比较，感到无所适从。而企业针对消费者心理而设计的品牌定位，刚好能够与目标市场的个性化需求相吻合，从而帮助企业牢牢把握住这部分消费者，在该领域形成不可动摇的竞争地位。

（2）创造品牌特征

要想在琳琅满目的产品中脱颖而出，企业集团必须考虑如何让本集团的品牌与众不同，让消费者在挑选商品时，能注意到；在使用后，能记得住。企业集团在提炼品牌个性的时候，需要着重考虑竞争者的定位信息。只有知道竞争者如何进行品牌定位，才能在塑造品牌时与之相区别，并能采取有效措施超越对手。创造品牌特征还应从产品的整体概念出发，看产品在内在功能、品质上与竞争者有无差异。如果有，就以此为定位依据；如果没有，再考虑产品的表现形式、延伸服务、潜在消费者等是否有所不同，这些都可作为区别同质化的品牌特征。

（3）传播品牌定位理念

品牌定位理念是企业通过品牌定位活动力图传达给消费者的一种概念，它主要是通过质量定位、功能定位、包装定位、渠道定位、价格定位等方式表现出来并向外传播。企业集团在建立其品牌定位后，要针对不同的消费群体，从他们的期望需求上找到与品牌定位理念相契合的方面，通过广告、公关、销售等手段进行大力宣传，不断开展对外传播。品牌定位理念的传播渠道和方式不是一成不变的，关键是结合自己预期塑造的品牌形象，对各种策略进行整合，从而最终起到提升品牌形象的作用。不难看出，能否在消费者及社会公众心中树立起预期的品牌形象，能否实现品牌与目标市场的有效对接，能否实现品牌增值，品牌定位理念的传播都起着非常重要的作用。

（4）品牌再定位

品牌再定位主要出于应对市场竞争白热化的需要，当产品的功能属性、销售渠道被竞争对手模仿，企业不再具备原有竞争优势时，或者消费者的兴趣点随流行元素更新、消费习惯改变、科技不断进步而不断改变时。可见，在以市场为主导的营销环境下，要满足消费者不断变化的心理需求，想让品牌生存和发展下去，品牌定位的灵活性非常重要，合适的品牌定位也不可能是一成不变的，随着市场竞争环境、消费环境等诸多因素的变化，企业的品牌定位也必须随之调整。当出现定位偏差、品牌定位衰老、消费者观念以及集团发展战略发生变化的时候，品牌定位的决策者应据时而变，准确把握再定位时机，通过再定位提升品牌，让品牌永远具有差异性，永远个性鲜明。

3. 品牌塑造

品牌形象是品牌塑造的重要内容，关系到产品和服务能否为消费者所接受。品牌形象的塑造应立足于消费者的需求，将品牌的精髓——品牌价值、个性及内涵传递给消费者。塑造品牌形象是一个循序渐进的过程，可以从研究消费者需求、内化品牌价值、设计品牌形象符号三个方面开展。

（1）研究消费者需求

企业塑造品牌形象的目的在于吸引消费者，被消费者所认可。塑造品牌形象一定要以顾客为导向，从消费者的需求出发，研究消费者对该品牌所在行业、企业及相关产品的理解与期望，提炼并凝聚品牌内涵，将消费者的需求与品牌联系起来。因此，在塑造品牌形象之前，一定要深入研究消费者需求：什么样的品牌形象更易于吸引消费者，更易于给消费者留下深刻印象，消费者想要看到的品牌形象是什么样的？

（2）内化品牌价值

品牌形象不仅仅指名称、标识这些表面化的东西，还包括更深层次的品牌内涵，塑造品牌形象的重点在于将品牌的精髓内化到品牌形象中，赋予品牌形象以生命力。品牌的持久生命力来源于其内在价值、独特性以及要传递的品牌文化，这些因素奠定了品牌的基础，是对品牌定位的把握，也是对品牌个性的诠释。内化品牌价值，可以深刻地把握品牌的文化与基因，传达品牌的定位与个性，所积淀而成的品牌内涵为设计品牌符号奠定了坚实的基础。

（3）设计品牌形象符号

设计品牌形象符号主要是指对品牌名称、标识及包装的设计，这一工作一般委托专业的VI设计机构执行。在这一阶段，要注重突出品牌形象的个性，将自己的品牌与竞争对手的品牌区别开来。此外，还要确保所设计的形象符号能够为目标客户所认可和喜爱，能够很好地表达品牌内涵，使人一看到该品牌的形象就能联想到品牌的内涵。

4. 品牌传播

由于目标消费群体的高度重合、媒体信息的多样化、复杂化以及消费者的日趋理性，品牌传播效果的不可控性日益提高，唯一可控的就是传播要素的分析、传播策略的制定以及品牌创意的执行。

（1）品牌传播要素分析

企业在进行品牌传播时，首先要对行业进行深入的分析，研究该行业的产品同质化程度、目标消费群体、市场进入壁垒、卖方对价格的控制力度等。其次，要对传播媒介进行研究，分析各种媒介的优缺点，考虑如何运用媒介组合形成对目标受众最具针对性、影响力和最便捷的传播方式。再次，要分析竞争对手的传播方式，同类产品通常具有相同的目标消费群体，分析竞争对手的目的在于以之为参照，制定出高人一等、出奇制胜的传播策略。最后，还要对消费者进行分析，既要分析消费者的消费习惯和行为特征，又要考虑消费者对传播媒介的喜好，从而有针对性地选择传播方式，达到最好的传播效果。

（2）拟定传播策略

有很多不可控因素会影响到传播效果，而精心编制传播投放计划，则可以最大限度地实现可控因素的量化和理性分析。企业集团在制定传播策略的时候，应以目标消费群的研究为出发点，全面分析品牌传播所处的环境和影响因素，考虑目标受众在日常生活中所接触的媒体，以实现最佳传播效果为目的，选择合适的媒介组合，传递品牌信息，塑造品牌形象，提高品牌的知名度、美誉度，将品牌内涵有效地传递给目标消费者，起到事半功倍的效果。

企业的资源拥有量、产品市场发展阶段、所处行业、运用媒体的不同，都会对传播造成影响。企业要在充分了解这些因素的前提下对传播策略进行规划，制订出整体策略、阶段性策略以及战术计划，以此作为品牌传播的指导。

（3）增强品牌的创意表现

品牌传播的目的在于塑造良好的品牌形象，吸引消费者的注意，促进消费行为的达成。因此，企业集团要以品牌核心价值为基点，创造出具有视觉、听觉等感观冲击力的广告，以令人过目不忘的独特设计吸引消费者的注意，引发其强烈的心理共鸣与品牌联想，只有这样，才能避免品牌被其他产品所淹没，才能在众多品牌中脱颖而出。

5. 品牌延伸管控

品牌延伸指的是一个品牌从原产品延伸到新产品上，多种产品共用一个品牌。比如，海尔集团将海尔这个品牌从电冰箱延伸至洗衣机、微波炉、热水器等众多产品上。越来越多的企业在进入新市场的时候，选择依靠现有品牌，而不是开创新品牌。但是，品牌延伸也受到很多人的批评，营销大师杰克·特劳特曾指出：最容易毁掉一个品牌的做法就是把该品牌加以延伸。这是因为，品牌延伸往往会模糊品牌定位，混淆品牌概念。因此，在进行品牌延伸时，要尤其注意品牌的管控。

（1）打造高价值品牌

高价值品牌，指的就是具有较高品牌溢价能力的品牌，与同等技术和品质的其他商品相比，高价值品牌能够卖出更高的价格。一些名牌产品之所以能够卖出很高的价格，不仅因为有着过硬的质量、领先的技术，更重要的是，这些产品在一流的品牌战略统领之下，在顾客心里拥有的价值超越了产品本身。有延伸价值的品牌必须是高价值品牌，如果海尔集团没有在电冰箱市场上获得消费者认同，就没有必要将海尔这一品牌延伸至微波炉、洗衣机等其他领域，即使延伸了，也难以取得好的经济效益。那么，企业集团又该如何打造高价值品牌呢？

①提炼品牌的核心价值。“品牌的核心价值”是提升消费者心目中品牌形象、增强品牌溢价能力的主要驱动力。消费者愿意花更多的钱购买一种品牌而非其他的主要原因在于，该品牌已经得到了消费者的认同，这种令消费者产生愉悦感的能力称为“品牌的核心价值”，“品牌的核心价值”是让消费者清晰识别并记住品牌特征、得到消费者认同、驱动消费者将购买意愿转化为购买行为的主要力量。企业集团的一切品牌传播活动都应围绕品牌的核心价值而展开，是对核心价值的诠释和展现，也是对核心价值的丰富和强化。在品牌建设的过程中，企业要始终不渝地坚持以核心价值为中心，任何一次广告推广、一次公关活动，都要起到向消费者传递核心价值的作用。久而久之，品牌的核心内涵就会在消费者心中留下印记，对消费者的行为产生影响。

②坚持品牌的战略定位。品牌向消费者传递的任何信息都不能与品牌的战略定位发生冲突，企业集团要基于战略定位向消费者传递核心价值，在任何情况下，都不能背离这个原则。然而，很多企业迫于竞争压力，为

了眼前的短期利益，在开展营销传播的时候，没有传递给消费者体现品牌战略定位的准确信息，或者出现了背离战略定位的情况。要打造高价值强势品牌，企业就必须牢记品牌的战略定位，只有胸怀这个最终目标，才能以品牌战略定位去统率一切营销传播活动，坚决放弃与品牌定位不一致的传播方案，摒弃看似有效的炒作行为，始终基于战略定位开展品牌的传播活动。

③保持合理的高价格。在对高品质生活的不断追求中，高价商品往往会带给人一种优越感和满足感。企业要打造高价值品牌，就绝不能为了眼前竞争的需要“自贬身价”，要始终保持较高的姿态，即使被迫降价，也要始终比其他竞争品牌高一些，这就无损于其品牌档次。

（2）建设强势集团品牌

集团化运作的企业通常具有两种品牌，一种是集团品牌，另一种则是子公司品牌，我们所探讨的品牌管控也是以集团品牌和子公司品牌分别为对象展开的。在企业集团中，除了集团总部，还有众多子公司、孙公司、重孙公司等，要想保证各业务单元都听从总部的安排并非易事。前面我们说过，企业集团实施品牌管控有两个宗旨：一是建设强势的集团品牌；二是理顺集团与业务单元品牌之间的关系。显然，第二个宗旨以第一个宗旨为基础。

企业集团的品牌管控问题，很多都是源于集团总部没有实现品牌化，只把自己定位于为各业务单元提供服务的平台；要加强集团品牌建设，就必须使总部从后台走向前台，开展以下两方面的工作。

①增强集团品牌的价值识别。建设强势集团品牌，首先要运用总部品牌的独特性，将其与其他品牌区别开来，使消费者在挑选产品时，能够被吸引；使用后，能够记得住。企业集团要充分运用总部品牌的丰富内涵和深厚的文化底蕴，将品牌精神贯穿于品牌建设之中，以其雄厚的资源和超凡的实力为品牌提供信誉和担保，并通过参与社会公益活动所表现出的社会责任感，向社会公众传递总部品牌内涵。此外，集团领导人通常也是集团品牌形象的重要代表，领导人勇于创新、不断进取的个人形象也能够为总部品牌赋予鲜明显著的特性，有助于社会公众对其识别。

②发挥集团品牌的影响力。相较业务单元品牌而言，集团品牌拥有不可小觑的影响力。企业集团要充分发挥集团品牌的影响力，来增强各业务单元品牌的差异性，从而有力削减品牌同质化的影响。在与顾客或其他利益相关者联系的时候，企业应运用集团品牌来传递业务单元品牌所不能提供的补充信息。在与其沟通的时候，企业应以集团品牌所拥有的更高的可靠性、可信度和说服力来取得业务单元品牌所无法达到的效果。在进入产品市场的时候，由于使用统一的品牌，能够在消费者心目中留下深刻的印象；而且，对于企业集团而言，管理单一品牌会比管理庞大的品牌组合更加高效。

（3）战略性品牌合并

不少企业集团都出现过由于品牌过多、资源分散、管理人员精力有限、无暇顾及多品牌管理而导致的核心品牌建设力量不足的问题。在这种情况下，企业集团就需要考虑采取战略性品牌合并，通过撤销业务单元品牌或改变其品牌地位，减少品牌数量，改变品牌排列的优先次序，实现对品牌的优化组合以及对品牌组合的整体管控。

企业集团在进行战略性品牌合并的时候，首先要全面识别集团的所有品牌，从中甄别出存在管控问题的品牌，列出品牌合并清单。其次，要建立品牌评价指标，评价列入名单中的各品牌资产有多少价值，品牌形成的业务优势有多大，品牌的发展在多大程度上能支持企业的整体战略，品牌的资产是否可以转移，在品牌评价的基础上，进行优先序列的归类，将需要重点管理和积极发展的品牌列入核心品牌序列，对其他品牌采取撤销、合并等操作。集团要依据品牌的优先序列制定新的品牌组合战略，重新安排品牌体系、品牌地位、品牌角色等。最后，要根据品牌组合战略，或是一步到位，或是循序渐进地实施战略品牌合并，使集团的品牌组合向理想化的组合方向过渡。

三、品牌管控的组织保障

品牌管控是跨部门、跨职能的合作成果，缺乏相应的组织保障必然会成为品牌管控的重大阻碍。品牌管理部门的设立必须紧跟品牌战略，以建立“品牌聚焦型组织”为保障，这意味着，不仅要建立强有力的品牌管理部门，还要求其他部门能够以品牌为导向，众志成城共同做好品牌管控工作。

1. 集团品牌管理部门

对于单体企业来说，其品牌管理主要着眼于单个品牌的管理，不一定要设立专门的品牌管理部门，但品牌管理工作还是要有系统和程序，不仅要管理具体品牌，还要考虑以怎样的品牌组合来实施品牌战略，实现集团整体的战略目标。正是基于这样的考虑，越来越多的企业集团开始在集团层面设立品牌管理部门，常设的总部品牌管理部门如下。

①品牌发展中心。品牌发展中心的主要职责是管理品牌组合，即根据集团整体战略的发展要求，有针对性地规划品牌组合，在确立品牌组合的使命、成长方向的基础上，考虑把业务单元的哪些品牌纳入品牌组合中去，反之，哪些需要被剔除。不仅要确定有利于增强集团整体市场竞争力、能够充分发挥集团优势的品牌组合，还要增强其协同效应。为此，品牌发展中心需要在集团内部建立起以品牌为导向的业绩管理和业务流程，以便品牌组合能够发挥更大的作用。

②品牌管理部。品牌管理部的主要职责是管理业务单元品牌，对业务单元品牌进行资产评估，管理业务单元品牌的核心识别、战略性传播等内容。既然是管理业务单元品牌，那么品牌管理部也必然要处理好集团品牌与下属品牌之间的关系，对集团品牌进行战略性分析，推广、提升和巩固，在此基础上，要考虑如何有效管理业务单元品牌，实现品牌组合的战略目标。

2. 业务单元品牌管理部门

业务单元品牌管理部门的设置主要有以下三种类型。

①品牌经理制。由于企业产品日益增加，各部门只负责品牌的部分工作，难免会有一些产品因得不到全面关注而失败。此外，企业分工日益专业化，研发、生产、销售以及售后服务等业务都由不同部门负责，需要有人来协调各部门的品牌工作。基于此，品牌经理制主张必须有人对某品牌

独立负责，负责从研发到售后服务所有环节的协调，这也是最为流行的业务单元品牌管理体制。由于有专人负责，企业内的每个品牌都能受到足够重视，各品牌经理职责明确，即使某一品牌出了问题，也不至于影响其他品牌的发展，可以有效分散企业风险。

②品牌领袖制。品牌领袖体制认为，品牌管理发展到一定程度，必须寻求来自高层领导的重视，必须有某位高层管理者成为该品牌的领袖，承担起该品牌主要倡导者的角色。这种体制的好处是明确了品牌开发和保护的责任，有助于统一企业内各部门人员对品牌的理解，为任何可能影响品牌发展的重大决策提供来自高层的有力支撑。

③品牌管理小组制。塑造良好的品牌形象有赖于各相关部门的紧密协作，跨部门的协作和协调非常重要。因此，需要由不同的利益相关群体派出代表组成跨部门的“品牌管理小组”，以便各部门相互沟通、配合，在有关于品牌管理的重要决策上协调一致。

四、品牌管控制度与流程

1. 品牌管控制度

（1）品牌协同制度

企业集团往往拥有多个业务单元品牌。这时，单个品牌的绩效提升对集团的发展已不具有决定意义，重要的是将品牌组合作为一个整体，塑造良好的集团品牌形象，增强集团的市场影响力，进而实现以品牌形象带动业务发展的目的。

任何一个企业集团都拥有品牌组合，但绝不是任何品牌组合都具有协同效应，一群毫无内在联系的品牌只不过是一盘散沙，是经不起任何市场冲击的。因此，集团应力求在各品牌之间建立起协同效应，实现“1+1>2”的效果，使品牌组合的整体价值大于各品牌价值的简单加总。为达到这种协同效应，企业集团应制定相应制度，促进业务单元在客户、渠道、技术或其他因素方面形成资源共享，降低集团塑造品牌的整体成本，或增加其与竞争对手之间的差异，使得单个品牌因品牌组合的整体效应而更具竞争优势。

（2）品牌更新制度

一个品牌发展到一定阶段如果毫无改变，必然被消费者抛弃。这是因为消费者在不断变化，竞争环境在不断变化，品牌要发展壮大，就必须调整自己的发展战略，寻找新的发展契机。企业集团为适应消费者需求以及经营环境的变化，需要不断更新其品牌内涵及表现形式，不断赋予品牌活力，防止品牌老化。企业集团要制定相应的制度，定期进行市场调查，分析品牌的市场反应情况，增强创新意识，适当对品牌形象、品牌传播方式进行更新，不断为消费者创造新奇感，吸引消费者的注意，避免被其他品牌所淹没。

（3）品牌保护制度

品牌的背后是市场，对于企业集团而言，保护自己的品牌就是保护已占领的市场。在竞争白热化的今天，企业集团必须制定相应制度保护好自己的品牌权益。首先，企业集团要重视在国内外及时注册商标，续展到期商标。其次，要做到正确使用注册商标，要将所注册的商标用于制定的具体商品或服务项目上，不轻易将商标特许他人使用。第三，要采取有效措施，防止他人注册相同或相似的商标，在法律程序范围内，保护商标专用权。

2. 品牌的管控流程

（1）制定品牌战略

制定品牌战略，就是运用战略管理的方法对品牌这种无形资产进行规划和实施，从而确定企业集团的品牌方向，进而通过战略性配置资源来获取持续性的品牌优势。考虑到企业集团组织的复杂性，只有在集团和业务单元两个层面建立起严格的运作程序，才能确保品牌战略管理的有效性。

集团最高领导层在发现品牌战略管理的问题之后，要组织战略管理部门对此进行深入调查，评价集团原有品牌战略。集团战略管理部门在分析品牌战略现状，识别存在问题的基础上，收集、汇总业务单元负责人的意见，起草集团品牌战略方案。集团总部在确认集团品牌战略之后，要向各业务单元下达集团的品牌战略方案，对各业务单元的品牌战略方案逐一质询并提供方向性指导。

各业务单元则通过调查、研究本业务单元品牌战略中存在的问题来分析并解决品牌战略议题。业务单元领导层在提供相应意见后，要组织品牌管理部门起草、制定该业务单元的品牌战略方案。在此基础上，向集团品牌战略管理部门陈述本业务单元的品牌战略主张，并按照总部战略管理部门的意见进行修改。

（2）确定品牌定位

品牌定位与市场定位密切相关，是市场定位的核心，同时也是实现市场定位的手段。企业集团在进行品牌定位前，要考虑这样几个问题：我们的品牌在消费者心中已形成什么样的定位？我们希望的品牌定位是什么样的？实现这样的品牌定位需要超越哪些竞争者？企业是否有能力来维持这一品牌定位？

为确保自己的品牌在市场上有别于竞争对手并符合消费者需要，企业集团首先要进行市场细分，以便向市场上的特定消费者提供自己的优势产品和服务。接下来，要对各细分市场进行评估，确定目标市场。站在该目标市场消费者的角度来看，消费者希望从品牌中得到哪些方面的满足。当然，符合消费者需求的品牌未必会受到消费者的青睐，毕竟市场上有着太多同类产品的品牌。这就要求企业集团对竞争对手进行深入分析，看是否存在市场空缺，如果有，企业是否有可能来填补；如果没有，则要考虑企业该如何进行适应性调整。在对竞争对手进行分析后，企业集团很可能会发现，在当今市场上已不存在市场空缺了，要想在众多品牌中脱颖而出，就只有依靠增强本品牌的差异性来吸引消费者的注意力。确定了企业品牌要在哪些方面具备独特性，也就完成了品牌的定位过程。

（3）塑造品牌形象

企业集团在确定品牌定位之后，就要开始着手塑造品牌形象。在塑造品牌形象的时候，首先需要考虑：我想展示给消费者什么样的品牌形象，我的品牌要表达什么样的内涵？接下来，要从消费者需求出发，以消费者易于接受的形式，将品牌价值内在化，确保所设计出的品牌形象能够传递深层次的品牌内涵，还要通过独特的设计来塑造易于识别、令人印象深刻的品牌形象。

（4）开展品牌传播

品牌传播是扩大品牌影响范围，增强品牌影响力的主要手段。品牌传播的重点在于对外传播，通过广告、公关等方式将品牌信息传递给更多的社会公众，使该品牌被更多的人所熟识、所认可，进而实现以品牌传播带动业务发展的目的。不少企业集团在广告、公关等对外传播活动中不惜重金，却忽视了员工的品牌感受。实际上，品牌传播不仅包括对外传播，还包括对内传播，员工对品牌内涵的理解及认同决定着他的工作态度，影响着他与顾客接触中对品牌内涵的传递，进而影响到外部市场对品牌的理解和认同。因此，企业集团在开展品牌传播活动的时候，一定要重视内外部的双向传播。

（5）进行品牌更新

企业集团的经营环境在不断变化，消费者需求也在不断变化，只有不断依据市场需求，对品牌的内涵及表现形式进行更新，才能使得品牌永久地保持生命力。

企业集团的品牌更新主要从以下三个方面着手：一是品牌形象更新，即通过更改品牌名称、标识来适应消费者的心理变化；二是营销策略更新，即通过改进产品包装、广告创新、新式促销活动来吸引消费者注意力；三是修正品牌定位，即根据应对竞争形势变化的需要调整目标市场，据此进行品牌的再设计。

（6）实现品牌延伸

当产品步入成熟期或衰退期，企业集团就要考虑该如何推出新产品或进入新领域，这时往往需要依靠现有品牌来进入新市场。

在采用品牌延伸策略时，企业集团一般采用以下几种方式：一是产业延伸，即向产业链上下游产业延伸；二是产品线延伸，即在现有的产品线范围内增加产品种类；三是扩展延伸，即将某一品牌扩展延伸至多种产品上，形成系列产品。品牌延伸有助于降低新产品的市场进入费用，降低新产品的市场风险，使消费者对原有品牌的高度信任度迅速传递到新产品上，使新产品更易为消费者所接受、认可，大大缩短了市场接受时间。

案例8-2 锦江之星的品牌管理分析

一、锦江酒店简介

锦江国际集团，是中国规模最大的综合性旅游企业集团之一，集团设有酒店、旅游、客运物流、地产、实业、金融六个事业部。锦江国际酒店（集团）股份有限公司是中国主要酒店服务供应商之一，主要从事星级酒店营运与管理、经济型酒店营运与特许经营以及餐厅营运等业务。

锦江国际酒店是上海锦江国际集团的主要核心产业之一，中国最大的酒店业主及运营商，更是我国酒店业品牌化集团化发展的先驱，投资和管理了420余家酒店、近7.5万间客房，在全球300家酒店集团中排名第17位，亚洲排名第一。

锦江酒店大体上分为两类，即锦江星级酒店和“锦江之星”经济型酒店，商标分别为“锦江”和“锦江之星”。我国大多数饭店都采用“地名饭店/酒店”的牌子，这样容易造成企业品牌的同质性、重复性、品牌混乱以及品牌形象模糊。锦江酒店原先使用的也是这种单一品牌战略，但随着“锦江”品牌的知名度、美誉度与影响力不断扩大，加之锦江集团在国内的酒店也在不断扩张，实施多品牌战略已经是一种必须，也为酒店集团更大程度的市场扩张奠定了基础。

二、“锦江”品牌的建设与运营

锦江的企业品牌与产品品牌是一致的，所有的饭店只有“锦江”和“锦江之星”商标。这种基于传统星级分类的酒店品牌分类方式更有利于消费者的识别，“锦江”品牌在酒店行业中历史悠久文化积淀深厚，容易被消费者认知和信任。

除去锦江集团参股和自有酒店，集团对旗下高星级酒店多采用“国际独立投资或双方合作投资、锦江输出管理”的委托管理方式，以输出管理和品牌为主，由集团全资控股的锦江国际酒店管理公司提供酒店管理服务。锦江集团从20世纪80年代中期开始输出管理，是我国最早开始输出管理的酒店集团，集团已在全国各地陆续成立了多家地区管理公司和办事处，品牌输出管理的优势是收益稳定，减少资本输出，也有利于酒店集团的迅速扩张。

酒店业横向联合的一个目的是为了取得规模经济效益，但更重要的是随之而来的品牌知名度的大幅提升。锦江酒店采取全权管理、特许经营、带资管理、开业管理、顾问管理、租赁经营等多种方式输出资本、品牌、管理和人才，扩张饭店管理版图，通过合资、合作、租赁、收购兼并、特许加盟、受托管理等形式将旗下酒店的规模扩展到数十家。以“锦江国际”为例，实行严格的质量岗位责任制，实现多方位、全过程的监督和各岗位的自主管理相结合，从而保证了其产品与服务的高质量。

三、“锦江之星”的品牌经营模式

“锦江之星”目前分布全国，实行连锁经营和订房，对所有加盟酒店，先按照统一格局进行改造，然后打“锦江之星”的品牌，纳入统一管理。根据统一品牌对外宣传和树立品牌形象的要求，“锦江之星”连锁酒店有“四个统一”，即品牌统一、形象标识统一、建筑规格统一、管理系统统一。在经营管理上，对外服务标准、培训等也实行统一模式，这些都是连锁经营的基本要求。

具体来说，“锦江之星”采用的是特许经营模式，分为自营店和加盟店，其中，自营店又分为“自有资产门店”和“租赁门店”。锦江之星的扩张更多的是依靠加盟店，目前加盟店已超过自营店，公司对加盟店提供技术和网络支持，按照首期 ** 万元 + 营业收入的百分比收取加盟费。

锦江之星采用连锁品牌策略符合其经济型酒店的特征，不仅可以节省宣传成本，还可以取得最佳的市场效益。

四、锦江集团的品牌推广与品牌形象管理

（1）深度提炼企业文化，努力提升经营品牌

锦江集团意识到，推进锦江品牌发展的基础是品牌的文化内涵，因此，锦江集团通过不懈努力，将锦江品牌打造成为具有鲜明服务个性和中华民族文化特色的酒店品牌，使得锦江品牌被社会和消费者所接受和认同。

（2）利用各种营销媒介，扩大品牌影响力

锦江集团在加强品牌推广方面，非常注重多种营销媒介与营销方式的结合，全面开展酒店品牌的立体营销。

一方面，锦江花费巨额资金在电视广播、旅游杂志、宣传册、海报、户外广告等传统营销媒介上开展品牌宣传。

另一方面，运用以互联网为核心的高科技营销手段推广饭店品牌。例如“锦江酒店”与美国德尔集团合资成立了锦江德尔互动有限公司，引进先进的GenaRes订房系统，开发中央预订系统（CRS）。集团下属经济酒店品牌“锦江之星”呼叫中心也趋于成熟，锦江酒店还建设和开通了具有中、英、法、日四种国语言和实时预订功能的“锦江酒店”电子商务网站。

（3）推进服务质量升级，专业管理赢得认可

在酒店管理模式上，锦江积极探索以国宾接待水准服务于普通宾客的新思路，在总结所属酒店几十年经营管理的基础上，结合国家旅游局规定的饭店星级标准的要求，借鉴国内外同行的先进经验，编辑《锦江集团饭店管理模式》，初步形成了一整套与国际接轨，适合于中国国情，具有锦江特色的酒店专业化管理规范。优质的饭店产品与服务奠定了锦江国内一流饭店品牌的地位，持续不断的产品创新适应了需求的变化，体现了锦江品牌的独特个性，从而赢得了市场的认可。

第四节　企业文化管控子体系

自1980年美国《商业周刊》首次提出“企业文化”的概念以来，企业文化的塑造逐渐受到企业经营者的重视。优秀的企业通过文化增强凝聚力、规范员工行为、塑造文化认同，在激烈的市场竞争中更好地引导员工为共同的目标而奋斗。然而，对于大型的企业集团而言，由于业务、地域等方面的差异，其分子公司很可能各自拥有自己的“亚文化”。我们必须承认，“亚文化”的存在是客观事实，如果引导得当，完全可能作为集团文化的有力补充；而如果管理不当，也可能导致文化冲突，影响到集团文化作用的发挥，这就需要对企业集团的文化进行管控。

一、企业集团文化管控的内容

企业集团的文化管控是指集团总部通过运用各种文化载体，对子公司的精神层面、制度层面和行为层面进行统一、规范、协同管理与控制。

与单体公司的企业文化管理不同，集团公司的文化管控更加强调“控制”的作用。在传统企业文化管理中，“控制”充其量也仅是作为“管理”的五大职能（计划、组织、指挥、协调和控制）之一而存在。而控制在企业文化管理中正在发挥越来越重要的作用——通过对愿景、使命、价值观的控制，可以有效降低集团管理过程中的风险，减少管理成本，进而提升“管理＋控制”的综合效益。

集团文化管控，对内表现为在集团整体战略的指导下，从总部到各子公司的价值观塑造和意识形态灌输，其目的是从精神层面将集团的核心价值观灌输到企业员工的思想中去，使之成为从内部推动集团战略实施的力量。简单来说，就是通过文化管控使企业文化从内部推动集团整体战略的实施。

集团文化管控，对外表现为以产品、服务为载体，运用品牌、营销等手段，将集团价值理念对外输出与辐射，以达到吸引消费者，扩展经营空间，增强市场影响力的目的，最终推动外部市场的回馈来实现集团的整体战略目标。在此，我们将集团文化管控按照核心层、制度层、行为层三个层面进行分析。

1. 核心层

核心层是企业精神的集中体现，主要包括企业集团的愿景、使命以及价值观等内容，是企业文化的灵魂所在，也是制度层、行为层的形成基础。企业文化中是否有清晰的核心层，是衡量一个企业是否形成了自己特有的企业文化的重要标志。集团中不同子公司所处的行业不同，相互间的文化兼容性较低，但整个集团企业文化的核心精神却贯彻在各个子公司内部，起到“润物细无声”的效果，在母子公司间建立起一致的价值取向。企业集团主要通过在总部及各子公司中构筑员工普遍认可的价值体系，制定引导员工行为的准则规范，形成能够推动企业发展的经营理念，倡导有利于激发员工团结协作的企业风气等方式，对核心层进行文化管控。比如：“创新生活每一天”的康佳理念就是康佳核心价值观的重要体现，对外，它是以卓越的产品和服务为客户创造美好生活的承诺；对内，它又体现了康佳集团不断进取、追求创新的精神。而方太企业文化的核心理念则是“家”文化，一句“让家的感觉更好”的广告语包含了方太企业文化的精髓，浓缩了方太对员工、对消费者的深切情感。

2. 制度层

核心层虽然是企业文化的灵魂所在，但是却不具备操作性，集团对组织及企业员工在企业文化领域的约束、规范往往通过制度层来实现。制度层规定了集团成员在生产经营活动中所应遵守的共同行为准则，如财务管理制度、设备管理制度、劳资人事制度、岗位责任制度、奖惩制度等。这些制度规定具体体现了企业文化核心层的内容，如员工福利制度，体现企业的人性化管理；奖惩制度，体现企业所倡导的公平性；甚至从对员工仪表的具体规定中，也能看出企业所推崇的文化。企业集团的发展状况各不相同，在不同的发展阶段又有不同的发展诉求，因此，集团在制定相应制度时一定要考虑个性化、合理化、动态化，力争通过详尽的制度安排，约束、规范、引导员工的日常行为，加强集团的文化建设。

3. 行为层

只有真正落实到行动上的企业文化才能充分发挥其最大的影响力，推动企业实现战略目标。行为层与制度层的区别在于，企业文化的体现已从企业所制定的制度上转移到了领导及员工的日常行为中，比如：企业员工在具体工作中是否做到务实，绩效评估工作是否秉持公平的原则，厂区的工作环境是否会对工人的身体健康造成影响，等等。经过一段时间的制度管理，企业成员在工作中会自觉遵守相应的制度安排，这时，制度层就可以被取消了，当然，并不意味着制度层可以被行为层所替代，企业总会有新的制度要求提出来。

很多企业集团管控不良，追根溯源是缺乏文化管控，其他管控措施也难以充分发挥作用。对于一个多元化集团而言，各业务单元的行业背景相差很大，这就迫切需要建立一种共性的企业文化，在各业务单元之间建立一种纽带关系，从而实现协同效应。企业集团的文化管控能够使性质不同、价值取向不同的文化，在相互碰撞中发生转变，彼此融合，逐渐形成新的企业文化体系，塑造企业集团开展经营活动的灵魂基础，对成员企业的经营活动形成一种无形约束力。只有集团总部及各成员企业都认同的文化，才能在集团制度、政策的实施中得到各成员企业的广泛支持，进而形成集团的协同效应。此外，企业集团的文化管控有助于集团战略的顺利实施。战略制定出来之后，必须转变为具体的行动才能发挥作用，这就需要集团管理层充分调动各方面的因素，而各成员企业都认可的价值体系，无疑会对战略的推进起到积极的促进作用。

可见，文化管控既是实施战略的重要手段，又是保证战略目标实现的必要条件。

二、企业集团文化管控子体系

尽管企业集团的文化贯穿于集团经营管理活动的方方面面，但就文化管控体系自身而言，也是一个分阶段、分步骤的完善过程，需要开展的工作包括：文化战略管控、文化建设管控、文化传播管控和文化革新管控。

1. 文化战略管控

所谓文化战略管控，就是对集团的企业文化进行战略性规划。企业文化对集团战略的实施起着至关重要的作用，二者的关系就如同人的行为与观念之间的关系一样——人们只有先对事物有一个初步的认识，才能形成在此观念支配下的行为，而在具体行为中，人的认识又会有所加深，原有的观念也会有所改变。企业文化与战略二者间也有类似的关系：在企业愿景、使命、核心价值观的引领下，企业会制定相应的战略，有什么样的企业文化，就会有什么样的企业战略，企业战略是文化的反映，有着深刻的文化烙印；反之，在实施企业战略的过程中，集团管理层对改进管理理念、塑造企业形象会有更深刻、更成熟的认识，集团的企业文化会因此得到进一步的明确、完善与提升。

企业集团的文化战略管控，主要从以下两点来着手。

（1）企业文化战略的选择

要想充分发挥企业文化的积极作用，所选择的企业文化战略必须与集团整体战略相一致，二者的匹配是企业文化战略选择的关键。企业文化战略可分为集团文化战略和业务单元文化战略。

其中，集团文化战略又可分为创新型文化战略、流程型文化战略、顾客导向型文化战略三种类型。创新型文化战略比较注重革新，将重点放在长期策略的制定上；流程型文化战略倾向于重视实际绩效及采用恰当的组织形式；顾客导向型文化战略则以顾客关系为主要导向，强调改进创新、业绩考评。

业务单元文化战略，依据各业务单元间的差异程度可分为因袭文化战略、亚文化战略及独创性文化战略。因袭文化战略指母公司具有系统的企业文化，各子公司应严格遵循这种统一的企业文化；亚文化战略指各子公司在兼顾集团文化的同时，可以求同存异地建立与自身特点相符的亚文化；独创性战略指各子公司依据自身特质，独创自己的企业文化模式，所建立的企业文化甚至可能与母公司文化差异很大。

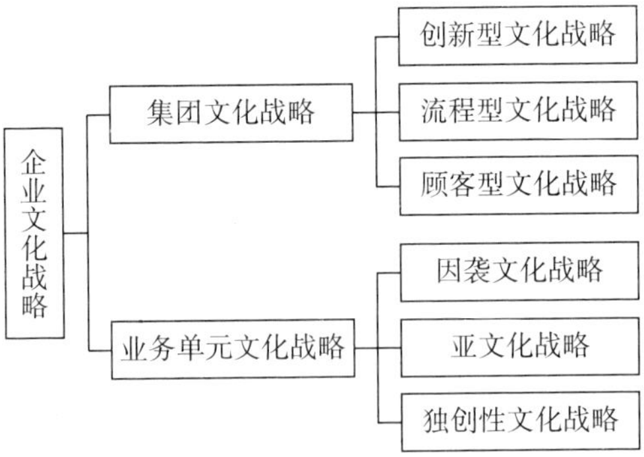

图 8-2　企业文化战略示意图

这几种文化战略本身并无高低好坏之分，但在特定的行业背景及企业发展形势下，某种文化战略会比其他战略更适合集团的发展，这也是不争的事实。集团在选择文化战略时，要根据自身实际情况对内外部因素进行全面分析，之后再做出正确的战略决策。

（2）企业文化战略的实施

集团文化战略的重点在于实施，只有把集团所推崇的价值理念传输给员工，促使其在企业文化的指引下工作，才能真正发挥文化战略的推动作用，集团主要通过以下三点来实施企业文化战略。

①设置企业文化管理机构。只有成立专业化的企业文化管理机构，才能保证企业的文化战略工作不至于被忽视，不至于成为企业集团支撑门面的“摆设”。企业文化管理机构主要从事企业文化分析、文化战略思考、企业文化制定、企业文化实施等工作，通过协调相关部门在企业内部建立文化导向，完善和变革企业文化，使之符合公司内部调节和外部发展的需要。

②制定企业文化制度保障。企业集团在实施文化战略时，必须保证企业制度与企业文化理念的一致性，将制度作为渗透、贯彻、落实企业文化

的载体。集团通常运用制度的形式将集团所倡导的精神理念、价值体系表现出来，以此来引导和约束员工的行为，使企业员工能够在制度的规范下，自觉按照集团所推崇的价值观和行为准则来要求自己。

在制定企业制度的过程中，企业集团要将企业文化理念作为制定企业制度的指导思想，以文化理念为基准对制度进行定期检查，以适应环境的变化，并且，通过制度的制定工作，控制企业文化的基本发展走向，对文化理念的更新和发展提出建设性建议。

③监督企业文化的渗透情况。要保证企业文化渗透到集团经营管理工作的方方面面，就必须对文化的贯彻情况进行监督，及时纠正偏差，开展必要的改进工作。比如，企业文化管理机构的相关人员要深入分析企业的愿景、使命和战略目标是否体现了企业的诉求？企业的战略举措是否与企业文化相匹配？当前文化是否有助于集团内各部门的相互沟通？企业文化能否对人才开发起到应有的促进作用？对企业文化发挥作用的情况进行及时监督，不仅可以保证将企业文化贯彻到集团的日常经营管理工作中去，还能对企业文化进行适时调整，适应企业文化动态管理的要求。

2. 文化建设管控

在不同的条件和背景下，企业具有不同的文化特征，企业文化建设工作的重点也应有所不同，文化建设工作不能超越企业的发展阶段，否则弊大于利，反而会阻碍企业的发展。依据企业文化建设的不同目标和导向，将企业文化建设分为以下三种场景进行描述。

（1）应对生存危机

当企业经营状况差，面临严峻的生存危机时，企业集团内部会弥漫着一种失望、悲观的情绪，领导层对今后的发展感到茫然，不知该如何面对股东、员工，企业员工则会非常担心自己的职业前途，会经常聚在一起讨论集团可能做出的决策。企业人心不定，日常生产经营活动受到影响。

在这种场景下，企业文化建设的思路是：以企业生存为导向，最大限度挖掘企业的潜力，发挥现有优势，帮助员工发现希望所在，加强信息沟通与交流，促进员工形成“同舟共济”的情感，在危难之际共渡难关。因此，文化建设应从以下几方面入手。

①树立企业愿景。此时所树立的愿景必须是切实可行的，要紧紧围绕解决生存问题、扭亏为盈、打开市场、稳步增长、增加员工收入等大家所关切的核心问题展开，如果过于好高骛远，没有可行性，则很容易引起员工的反感，认为管理层在企业危急之际，非但不务实，还将精力放在“作秀”上，从而对走出困境更加没有信心。

②激发员工工作热情。企业要表明，进行文化建设的出发点是关心员工，是为员工的利益服务。要注重鼓舞员工士气，让员工看到希望，激发员工的工作热情和进取心，增强员工的归属感，促进员工为企业走出困境献计献策，贡献自己的力量。

③获得多方支持。企业集团要通过传播文化理念，获得利益相关者的支持。要以足够的承诺和行动，稳定核心客户，保证企业生存和发展的基础；要与合作伙伴建立稳固的合作关系，请求合作者给予支持，共渡难关；面对股东及上级主管部门，要诚恳地讲明企业所面临的困难，以及扭转困境的措施和安排，从而获得股东的谅解，上级单位的支持和帮助。

（2）塑造核心竞争力

当企业不存在生存危机，但综合竞争能力较弱，需要进一步强化其核心竞争力时，企业文化所起的作用是：建立完整的企业文化体系，指导相关制度建设，提升组织效能，保障企业的生存和发展，助力企业核心竞争能力的塑造。此时，企业文化建设应着手建立较为完整的体系，将企业从松散、矛盾、各自为战的状态整合成为严谨、高效、协同的工作状态。

在这种场景下，企业文化建设的思路为：以推动企业发展为导向，贯彻企业集团的价值体系，统一领导团队思想，找到提升突破口，通过与员工沟通，使其对文化产生认同，明确自身职责所在，共同奋斗，实现集团的发展目标。为达到塑造核心竞争力的目标，集团的文化管控应从以下几方面着手。

①强化危机意识。集团管理者要运用具体事实，指出企业目前还存在哪些问题，出现这些问题的原因是什么，行业内的竞争者在哪些方面会对我们造成威胁。要注重分析市场和竞争情况，引领员工从客户反馈、从竞

争者状况中看到自己的不足，产生危机感，形成主动进取的态势。

②激励利益相关者。通过传播集团的价值理念，达到激发利益相关者的目的。要在传播集团愿景的同时，增强员工信心，促使更多的员工投入到核心竞争力提升的工作中来；要让客户了解到集团发展能给其带来的切身利益，并请客户参与企业竞争力的提升工作，提出建设性意见；要通过企业文化的传播，逐步将合作伙伴纳入集团的企业文化体系中，使相互间的沟通更为顺畅，合作效率更高，实现共赢。

③形成内在推动力。处于这一阶段的企业，往往需要跨越式发展来增强企业的核心竞争力，因此，所塑造的企业文化也就必须能够在企业内部形成一种推动力量，来促进员工以更高效的方式完成工作任务，以更合理的合作方式达到预期目标，并且时刻提醒员工摆脱“小富即安”的心理，不断推动员工加强协作，积极进取。

在塑造核心竞争力目标导向下的文化建设管控，就是要支持、配合企业集团实现跨越式发展，为提升组织能力提供核心驱动力，达到促进集团内外资源整合、强化客户关系、加快企业扩张、降低综合运营成本的目标。

（3）追求卓越

如果企业集团已经具备很强的综合竞争力，在内部已形成高效的运作体系，在外部也具备了较强的市场开拓及客户培养能力，具有稳定的利润来源，那么，企业要做的就不仅仅是建立工作标准和制度体系，而是要建立更高的、行业领先的标准，帮助企业持续提升竞争力，提高风险预见能力、抗打击能力以及自我修复能力。

对于以追求卓越为目标的企业集团来说，文化建设的主要思路是：着眼于企业集团的长期发展，分析潜在机会与危机，找出企业运行中可改进的方向，通过深入宣贯集团的价值理念，加强集团管理层与员工间的沟通和交流，使员工保持积极进取的心态，向着行业最高的标准努力。因此，集团的文化建设应包括以下几个方面的内容。

①建立相应流程体系。处于这个阶段的企业集团，应建立相应的流程体系，促进企业文化系统的高效运作。这里所说的流程体系包括分析决策流程、市场开发流程、风险管理流程、团队建设流程，等等。流程体系的

建设能够保证企业以更加优质、高效、低成本的方式运行，通过树立企业愿景，将不同流程进行有机整合并与外部市场高效互动，就能够以更快的速度应对市场的变化。

②重申企业愿景。虽然企业集团在成立之初就会确立愿景，但在这个阶段，企业应对此进行重申，使员工更加明确长远的发展目标二不是满足于当前的成绩，从而不断完善自身，发展进步。集团内部要形成“接班人”机制，使企业文化的精华能够得到有效传承和贯彻执行。在进行文化建设时，要把握集团的长期发展方向，通过愿景带动有能力、有潜力、有进取心的员工向更高层次的目标迈进。

③强化内部竞争机制。以追求卓越为目标的企业，已经具备显著的核心竞争力，下一步需要关注的是如何通过企业文化建设，完善内部竞争机制，促进价值创造的飞跃。企业要致力于构建组织沟通平台，激发员工不断进取的精神，为那些坚决贯彻企业文化、对企业发展贡献巨大的员工提供提升机会。处在这一阶段的企业，很可能面临发展的瓶颈，难以实现重大突破，员工也可能会放松懈怠，奋斗意识减弱。因此，在进行文化建设时要通过强化内部竞争机制，激发员工的持续进取精神，以此促进企业向更高层次发展。

3. 文化传播管控

企业内部的文化传播能够使企业员工共享企业的共同愿景、价值理念、行为准则，并最终将企业精神转化为自身的价值观念，通过自身行为表现出来，进而增强企业的凝聚力和竞争力。企业外部的文化传播，可以通过对外展示塑造良好的企业形象，协调企业与其他组织的关系，从而为企业营造良好的运作环境。根据企业文化内外传播特点的不同，需要选用不同的内容和方式，通过对文化传播的有效管控，促进企业战略目标的实现。

（1）传播内容的管控

①对内传播的管控。企业文化的对内传播是对外传播的基础，如果企业文化没有在内部形成强大的、深入的影响力，那么在社会上塑造独特的、能够表现其价值理念的企业形象也就无从谈起。因此，企业文化对内传播

的内容管控就显得尤为重要，具体实践中，主要是通过制度、培训和管理者示范等方式，将企业文化面向员工进行传导。

第一，制度。制度解决的是企业文化落实的行为问题，是企业文化的重要体现，企业中的晋升制度、薪酬制度、福利制度等都体现了企业对员工个体的重视程度，通过约束、规范企业员工的行为，表现企业的核心文化精神，使企业所倡导的理念贯彻落实到具体行为中。通过制度的方式对企业文化进行内容管控，能够将企业文化精神落到实处，促进企业文化塑造和企业制度建设取得成效。

第二，培训。与制度建设不同，通过培训所传播的企业文化重在改变员工的思想观念，制度规范的作用是告诉员工“你应该做什么”，而培训则告诉员工“你应当怎么做”“怎样才能够做好”。通过培训转变员工的思想观念，能够把企业文化融入员工的日常行为中，使员工在思想、行为上都与企业所推崇的价值理念保持一致。依靠思想观念的引导、约束、规范，实现员工的自我管理，提高员工的忠诚度。

第三，管理者示范。企业管理者在引导和同化员工行为方面具有不可替代的作用。无论企业文化是什么样，在员工眼里，管理者的思想和行为都是企业文化的缩影。员工在日常工作中会有意无意地受到管理者喜好的影响。管理者主张务实，员工大多也会踏实肯干；管理者重视创新，员工会在技术研发等方面多下功夫；管理者主张节俭，下级铺张浪费的现象就会有所减少。很大一部分企业的文化，都是以管理者示范的方式在员工中产生影响。因此，引导、规范管理者的思想和行为在传播企业文化过程中能起到事半功倍的效果。

②对外传播的管控。企业文化的对外传播是通过企业的各种宣传、公共活动，全方面对外展示企业精神、塑造企业形象、推广企业文化内涵，提高企业的知名度与美誉度。相关的内容管控主要从展示企业精神、塑造企业形象两方面进行探讨。

第一，展示企业精神。企业精神是企业文化的重要组成内容，是企业在长期的生产经营实践中，由企业管理层所倡导，由员工自觉实践而形成的代表员工信念、激发企业活力、推动企业发展的团体精神，是对企业经营理念、价值观念、行为准则、道德规范的提炼和总结。企业集团在表达企业精神时，要注重突出企业文化的实质性内容，避免形式主义，要以富于个性、生动形象的表达形式，向股东、企业合作者、客户及政府机关展示企业坚定的追求、强烈的团体意识、鲜明的社会责任感等基本价值取向。

第二，传播企业形象。企业不仅要塑造、展示自己的形象，更重要的是要积极传播自己的形象。塑造企业形象重在除劣存优，而传播企业文化，就是要把已经塑造好、表达得体的企业形象传送出去，让更多的人所了解、认可。企业形象的传播，一是要传其“名”，即企业之名、产品之名；二是要传其“誉”，即企业所获得的良好声誉，以此来提高企业的知名度。

在传播企业形象的过程中，必须处理好“传名与传实”之间的关系，传播企业形象的目的，在于增加社会公众对企业的认识，取得他们的信任，赢得他们的认可。“传名”必须服从“传实”，所传之名要确有其名，不能杜撰、捏造，要做到名实相符，否则，会失去人心，反而会给企业形象造成负面影响。只有实事求是地传播企业的正面形象，才能真正提升企业的知名度、美誉度，使客户对企业及其产品产生认同和依赖感。

（2）传播方式的管控

企业文化的传播方式因传播对象不同而有所不同，一般分为对内传播和对外传播。对内传播主要包括企业内部培训、发放内刊、树立员工标杆等方式，对外传播则主要是在企业外部进行品牌宣传、形象宣传等。

①对内传播的管控。企业文化的内部传播渠道主要包括会议、培训、活动和仪式。集团高层领导在大型会议（如员工代表大会、年度总结会等）上要有意识地对企业文化进行宣传，强化企业的价值取向。同时，企业可通过培训的形式将所倡导的经营理念、价值体系传达给员工，渗透到经营管理工作的方方面面，贯彻落实到员工的具体工作行为中。在集团的庆典活动中对优秀员工的突出贡献进行表彰，也可以鼓励全员向先进榜样学习，再接再厉，不断进取。

在企业内部进行文化传播时，要尽可能多地运用各种传播媒介，如企业文化手册、企业内刊、文化墙、网站、微信微博，等等。

②对外传播的管控。企业文化的对外传播中，无须面面俱到，而应集

中提炼集团的核心理念，并与品牌特征和企业定位相结合，具体可从以下几个方面着手。

为了展示企业的价值与责任，可以着力推广企业的使命，如汇丰银行形象宣传中所运用的“环球金融，地方智慧”，就很好地表现了其全球化视野及本土化经营的宗旨。

为了展示企业未来的远大抱负和理想，可以着力推广企业的愿景，如格兰仕的“全球制造，专业品质”，就表明了其“成为全球名牌家电生产制造中心”的愿景和雄心。在对外文化传播中，主要的传播手段包括：广告、新闻报道、展销会、赞助公益事业等，无论采用哪种形式，企业都要注重将企业文化与对外形象宣传有机统一起来，恰当地选择传播方式，充分展示企业所需表达的文化内涵。

4. 文化革新管控

随着企业内外部发展环境的变化，企业战略也会有所变动，而企业文化作为企业价值取向的重要体现，是企业经营管理的长期哲学思想，在战略发生变革的同时，文化本身的相对稳定性及内在惯性，会反过来成为变革的阻力甚至障碍。尤其在规模庞大、组织结构复杂的大型企业集团中，文化的再造和革新工作非常困难，这就是文化革新管控的提出背景。

企业集团的文化革新管控，主要从以下三个方面入手。

（1）重视文化评估

企业文化的诊断和评估是文化变革的基础，导致企业文化革新失败的最大问题就是不重视对企业文化的诊断，无法针对现有企业文化中存在的问题“对症下药”，这会导致新的企业文化理念过于空洞，不具备实际指导意义。因此，在对企业文化进行革新时，要通过收集相关方面的数据及信息资料，对现有的企业文化进行深入调查，建立“文化评估模型”，以此来评估企业文化的实际状态，并为未来的文化革新提供策略指导。文化管理人员要对现有的企业文化进行详细研究，分析目前的企业文化存在哪些问题，哪些方面需要进一步改进，该如何改进？

只有对企业文化的诊断和评估工作给予充分重视，才能确保革新后的企业文化适应企业集团的发展要求，能够推动企业集团快速实现战略目标。

（2）创新核心价值观

企业集团核心价值观的创新是一个长期、复杂的过程。首先，相关专业人员要对原有的价值体系进行深入分析，按照战略变革的要求，确定需要变革的因素，在审核评估的基础上，修正原有的价值观体系。

其次，为满足战略变革的要求，要尽快建立新的价值体系来支撑新的企业战略，如果说企业战略是在告诉人们“做什么”，“该怎么做”，那么，核心价值观则告诉人们“为什么要这么做”。

最后，要在企业集团的各部门、各管理层次中广泛传播新的价值理念，重新塑造新的企业核心价值观。

（3）发挥管理者示范作用

企业文化的革新是一个自上而下的过程，管理层的积极倡导和身体力行起着至关重要的作用，企业管理层既是文化革新的推动者，又是执行者，只有管理层带头革新，并带动全体员工参与到革新过程中去，才能真正发挥文化变革的巨大力量。

管理者在企业文化的变革中一般是通过自己的感召力，把企业的经营哲学传递给员工，加强员工对企业文化的认识。通过自己的形象，在员工中产生模仿效应，推动企业文化的渗透贯彻；通过自己所掌握的权力，有效推动企业文化的发展和革新。从某种意义上说，企业管理者的行为是企业文化的重要体现，他们的行为对企业文化起到暗示和示范的作用。集团高层管理者的经营理念、管理方式和领导作风，是通过企业文化实践来得到贯彻实施的。因此，在企业文化的革新中，要充分重视管理者的示范作用，管理者要以身作则、身体力行，带头贯彻落实新的企业行为规范，带动广大员工一同做好企业文化的创新、变革与建设工作。

三、企业集团文化管控的组织保障

建立健全企业文化管理的组织机构，是确保企业文化建设有效开展的重要前提。所建立的组织机构要通过强有力的领导、广泛的宣传和有针对性的培训，将集团所倡导的企业文化渗透、贯彻到集团各部门中去，约束、规范员工的行为，确保企业文化发挥其应有的推动作用。通常，企业集团中从事文化管控的组织机构包括企业文化委员会、企业文化领导小组和企业文化部。

1. 企业文化委员会

企业文化委员会与战略管理委员会、提名委员会、薪酬委员会、审计委员会一样，是集团的咨询委员会，并不是集团的必设部门，它的主要职责是在企业文化建设与管理工作中发挥决策和协调功能，对企业文化的建设、传播、革新等工作进行规划和指导，其成员包括职能部门和下属单位的领导、员工代表、企业文化专家等。在企业文化管理工作中，该委员会要与其他管理机构相配合，形成由委员会负责组织、各职能部门分工落实、企业员工广泛参与的工作体系，共同开展企业文化的建设与管理工作。

2. 企业文化领导小组

企业文化领导小组的主要职责包括：指挥、协调、安排人、财、物等资源，对企业文化的建设、传播、革新等工作进行全方面、全方位的领导和管理。该小组要深入研究企业战略对文化的要求，分析文化现状，针对所存在的问题，对现有的企业文化进行革新与完善。此外，还要对企业文化的渗透、贯彻、传播工作进行监督，确保集团所倡导的价值体系、经营理念、管理思想对员工的日常行为中发挥引导、约束及规范作用。

3. 企业文化部

企业文化管控是一个长期渐进、不断完善的过程，领导小组可以作为决策和协调机构，但往往无法承担具体的实施职能，因此，很多企业集团成立了专门的企业文化部，作为企业文化领导小组的执行机构，承担文化管控的重任。有些企业通过在党委宣传部的基础上发展成立企业文化部，采取“一套人马，两块牌子”的做法，即在党委体系中它是宣传部，从事思想政治宣传工作；在行政体系中，它承担的是企业文化部的职责。这样的安排，既保证了党委对企业文化的核心领导，又避免了机构的重复设置，避免了机构臃肿的问题。由于企业文化的管控不仅要重视转变员工的思想意识，还要引发企业在经营理念、管理模式、组织结构和行为规范等方面的变革，因此，企业文化部的人员配置，除了现有的宣传人员外，还应增加一些熟悉企业生产经营管理活动的人员。

企业文化管控涉及企业集团工作的方方面面，没有其他职能部门或直线部门的配合与参与，文化管控工作就无法实施。因此，在领导小组的指挥下，由企业文化部牵头，工会、行政、人事、生产、财务等部门应密切配合、紧密协作，只有这样，才能推进文化管控工作的整体进程。各直线部门——分公司、事业部、车间的主要领导者，都应承担起本部门文化管控的领导职责，这是搞好企业文化管控的关键。

四、企业集团文化管控制度与流程

规章制度及流程是企业文化管控顺利实施的重要保证，因此，在企业文化基本理念的指引下，必须制定相应的管控制度和流程，来保证企业集团文化管控工作的有序开展。

1. 管控制度

企业集团所倡导的价值观必须充分体现在集团的制度安排上，促使企业员工将所信奉的价值理念反映在日常工作行为中。此外，运用制度的方式规范企业集团的文化管控，以制度的方式统率员工思想，能够确保企业价值观得到认可和贯彻。得到企业集团广泛认可的制度保障包括以下几个方面：

①整体规划制度。对于大型企业集团而言，各子公司的战略目标、发展阶段、行业背景通常具有较大差别，在此情况下，制定单一的企业文化战略是绝对行不通的，而且很可能会对子公司的发展造成误导。因此，企业集团在进行文化管控时，要着眼于全局，考虑各子公司的实际发展状况，以促进集团整体协调、快速、稳定发展为目标，制定能够激发集团全体员

工上下一心、团结奋斗、不断进取的文化战略。

②亚文化个性整合制度。不可否认的是，每个子公司都有自己独特的企业文化，有着自己解决问题、制定决策的方式，有着自己的工作氛围，有着内部根深蒂固的文化理念，有着自己的发展愿景、企业使命以及所推崇的价值观。如果一个企业集团有许多亚文化存在，很少有价值标准被广泛地推崇，那么由于缺乏对共同价值观的认同，各子公司的亚文化难免会有冲突的地方，子公司之间也就不会产生很强的凝聚力。这就要求集团对其进行有效整合，力争做到“求同存异”，对各子公司共同推崇的价值理念进行整合，形成集团整体的价值导向。与此同时，保留子公司文化体系中的个性化因素，但要对其中易产生文化冲突的部分进行调整，以便在充分发挥集团文化引导作用的同时，促进子公司之间的文化协同。

③分步推进制度。企业集团的文化管控是一项长期、复杂的系统性工作，在文化战略制定、文化建设、文化传播以及文化革新等阶段都有大量工作。集团既要分析企业文化现状，又需要考虑未来的调整要求；既要加大企业文化的传播力度，又要定期对其评估、革新。此外，处于不同发展阶段的企业集团对文化管控的要求也有所不同，种种因素导致集团文化管控工作的异常性。这就要求文化管理者分清轻重缓急、分期分批落实文化建设和推进工作，以便员工有充足的时间来接纳集团价值体系，并将其贯彻、落实到具体工作中。

2. 管控流程

对企业集团进行文化管控，必须要确定相应的流程安排，了解所要实施的主要步骤，各企业会依据自己的实际情况有所增减，但总的管控流程，通常包括以下步骤。

①制定文化战略。不同的战略要求有不同的企业文化与之相匹配，不同的企业文化又会对战略提供不同方式的支持。因此，制定与企业战略相匹配、能支持企业战略目标实现的文化模式，是开展文化管控的首要任务。企业集团要依据自身发展情况，全面分析内外部环境因素，结合企业的愿景、使命及价值观，充分考虑企业战略对文化的要求，企业对待客户、员

工、品质、利益和责任等方面的态度，以及企业指引员工的行为的价值标准，这些，就是企业文化战略的内容。

企业所制定的文化战略，必须符合以下两条标准：第一，有助于构筑共同愿景。愿景与战略目标的不同在于，它告诉人们“我们将成为什么样的企业”，而不是“我们在什么时间要完成什么任务”，它是对企业发展前景的一种承诺。一个在股东、员工及其他利益相关者之间产生共鸣的愿景，很容易引导企业成员在战略规划上达成一致，在企业的生产经营中同心同德，共同奋斗。第二，有助于塑造核心价值观。企业集团的核心价值观是企业在进行决策，确定政策、策略和方法以及选择行为方式时的指导方针，是本企业与其他企业区别的重要体现。

②形成文化文案。一般来说，集团对企业文化所要阐述的核心理念达成共识后，会指定专门的部门或人员总结、提炼重要思想，形成文案，针对文案组织相关人员讨论、完善、审核、定稿，文案基本确定之后，定期由专人对此文案进行充实和修订，并以此作为企业文化宣传和推广的基础。

③开展内外传播。只有对企业文化进行内外传播，才能在企业集团内部规范员工行为、以被广泛认可的价值理念指引员工行为；在企业外部，传播企业精神，树立良好的企业形象，获得股东、客户及其他利益相关者支持，为企业开展生产经营活动营造良好的工作氛围。

因此，企业集团要拟定切实可行的宣传指导计划，在企业内部，将对企业文化的传播纳入员工培训计划；通过相关培训以及发放内部刊物、张贴海报等方式，引导员工对企业的愿景、使命、价值观产生认同，帮助员工树立起企业所提倡的价值理念；在企业外部，通过本企业网站、其他媒体或对外赞助活动，传播企业精神，树立正面形象。

④评估文化贯彻情况。企业文化具有动态性，要根据企业战略的变化而适时调整，这就要求集团定期开展对企业文化的诊断和评估工作，对不足之处进行改进。企业集团要收集有关数据、信息，运用企业文化诊断评估工具，深入分析，准确呈现现有企业文化特征，比较现实与期望的差距，衡量企业文化与企业长期发展战略的匹配性。如果企业文化对实施企业战略有较强的推动作用，就应继续坚持和贯彻；反之，则要开展文化革新工

作，确定企业文化变革的内容和程度，以及未来达到的状态。

⑤开展革新工作。企业集团要通过对文化现状的深入调查和分析，评估现有企业文化与理想状态下的企业文化间存在哪些差距？企业文化改进和变革的突破口在哪里，有哪些变革阻力，进行文化变革应配备哪些管理资源，存在哪些改革风险，又该以哪些措施相应对？同时，还要综合考虑传统文化、群体背景、组织形式、人员素质等因素的影响。在此基础上，要将变革目标分解为长、中、短期的具体任务，在执行过程中进行有效监控，并通过适当的评估进行调整和纠偏，确保企业文化的革新能够促进集团的战略发展。

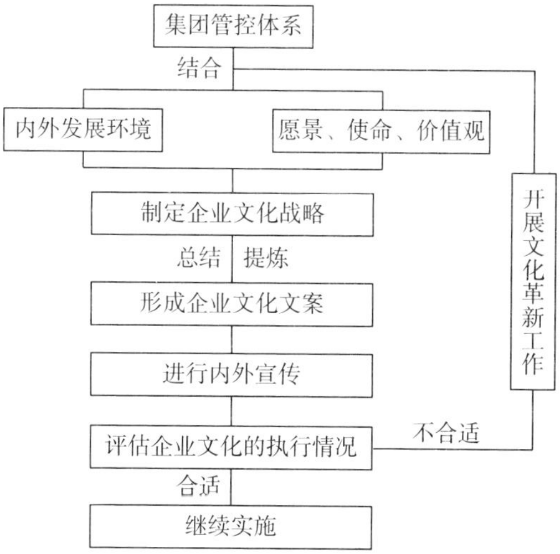

图 8-3 企业集团文化管控流程示意图

案例8-3 华为的狼性企业文化

在 1988 年成立之初，华为技术有限公司的注册资金仅有区区 2 万元。然而三十多年来，它却凭着顽强的生存能力，以咄咄逼人之势成为了通信领域的强者。1992 年，华为销售额仅为 1 亿多元；1996 年，销售额 26 亿元；2001 年，销售额为 255 亿元；2018 年，华为销售收入达到 7212 亿元，26 年销售收入增长 7200 倍！面对这个令人瞠目结舌的数据，人们不禁惊叹：是什么让华为有如此强大的竞争力？

研究表明：成功的企业都有自己的管理风格，而决定管理风格的恰恰是这些企业的文化。企业文化并非在竞争中直接体现出竞争力，而是通过其他因素作用于企业的经营管理。华为正是依赖其企业文化开创了自己的经营之道，在业内获得巨大成功，它的企业文化也因此受到广泛关注。

一、企业精神：狼性

有人把通信制造业的各类企业形象地比喻成三种动物：跨国公司是狮子，跨国公司在中国的合资企业是豹子，而中国本土企业是土狼。华为就是一只杰出的土狼，华为崇尚狼性文化，老总任正非总结出狼的三大特性：一是嗅觉敏锐；二是不屈不挠、奋不顾身的进取精神；三是群体作战。将狼的这三点特性运用到企业中，就是要能够敏锐地察觉到竞争对手的动向和市场的变化，要抓住先机，把握主动权，在竞争中要有永不言败的精神，同时，作为一个集体组织，企业要依靠全体成员的共同努力才能在激烈的市场竞争中生存和取胜。

在产品销售方面，华为表现出了狼性最为鲜活的一面，就是以整体力量向外出击，运用各种手段争夺市场，实现战略目标。在产品研发方面，华为也表现出了不屈不挠、奋勇拼搏的狼性，研究问题不求广，但求深，这也是华为的技术总能在国内领先、抢占产品市场的重要原因。华为能在竞争中胜出，得益于它将狼的特性融入企业核心文化中去，形成了独树一帜的狼性文化，并且在企业的日常经营管理中，将这种狼性文化表现得淋漓尽致。

二、公司宗旨：华为基本法

《华为基本法》确定了华为二次创业的战略、方针、观念和具体政策，对华为的发展起到了重要的指导和规范作用。它是华为企业文化的浓缩再现，包含了公司的宗旨和基本经营政策，通过阐述华为的发展方向、经营目标、处事态度等重要问题，帮助企业明确战略、规范行为、促进核心能力形成。

作为华为企业文化的直接体现，《华为基本法》明晰了核心能力构成因素在企业中该如何定位、如何发展等重要问题，是华为实现其核心能力构建和提升的纲领性文件，全面指导企业的各方面工作。它包括两方面主要内容：一是与企业塑造核心竞争力密切相关的公司宗旨；二是保障核心竞争力实现的基本经营政策。华为以“成为世界一流的设备供应商、成为世界级领先企业”为追求；将“认真负责和管理有效的员工”作为最大财富；主张在客户、员工与合作者之间结成“利益共同体”；以“产业报国”和“科教兴国”为己任……这些都是华为公司宗旨的重要体现。华为的公司宗旨结合了企业和社会环境的现实情况，对公司的重要问题进行了深刻阐述，对企业的发展起到了引导和规范的作用。而其基本经营政策则是对其商战中的战术指导，融入了企业对经营活动的核心看法。比如：华为将中短期经营方向集中在通讯产品的技术与质量上，优先选择资源共享的项目；经营模式上采取依靠产品技术和性价比的领先优势，大规模席卷式的市场营销战术，以技术、质量、成本和服务优势为竞争力，等等。

三、文化与人：人才激励制度

人力资本是华为强大核心竞争力的重要构成，华为通过企业文化的核心理念对人才进行管理，又通过人才将企业资源转化为有竞争力的产品，再通过产品进行企业间的竞争。由于人力资源的增值目标是实现产品竞争胜利的重要前提，华为将人力资源的增值作为企业的一项重要战略目标。华为的核心价值观，首先就是视人才为公司的最大财富。具体来说，华为的人才激励机制主要体现在以下几方面：

1. 不搞终身雇佣制

华为主张“在市场一线的人，不允许有思想、技术上的沉淀。必须让最明白的人、最有能力的人来承担最大的责任”。由于华为形成了干部无任期的观念，那些固步自封、不求进取的人，不得不在企业快速发展的压力下，不断提高其个人素质，不断提升其工作能力。

2. 建立内部劳动市场

华为鼓励企业员工更换工作岗位，加强内部竞争，从而最大限度开发员工潜能，实现人才的有效配置。公司的内部招聘制度给了员工向更高层次发展的机会，便于公司发现人才，也激励了员工奋发向上的精神。

3. 提供培训机会

华为实行在职培训与脱产培训相结合、自我开发与教育开发并举的方式提高员工素质。每年都会将大量管理人员、技术人员派到国外考察、学习、交流，为有进取精神的人才提供了提高知识和素质的机会，这些机会在某种程度上也发挥了很强的激励效果。

4. 知识资本化

华为的员工持股份额是按知分配的，将员工知识劳动应得的部分回报转化为股权，即转化为资本，股金的分配又使由股权转化来的资本收益得到体现，通过股权和股金分配来实现知识资本化。员工的股份是不能转让的，如选择退出公司，只能以初始的出资价售给公司，这样，越是公司重要的人员，持有的股份越多，离开的代价也就越大。因此，知识资本化是华为的一项长期激励方法，运用知识的价值，保证了企业的稳定。

华为核心竞争力的构建过程，也是其企业文化不断丰富、完善和提升的过程。华为把狼的精神运用到企业经营管理中来，提出了业内独一无二的“狼性文化”。正是在狼性文化的指引下，华为才能够在激烈的市场竞争中不畏强敌，杀出自己的新天地。

第五节　人力资源管控子体系

在企业集团的管控体系中，战略管控居于最高层次的领导地位，而人力资源管控则是管控体系中不可或缺的重要支柱，它通过有效整合集团最重要的资源——人力资源，提高人力资源的产出绩效，从而达到支撑企业战略实现的目标。如何对集团企业的人力资源管控模式进行合理定位，以实现集团人力资源效用的最大化，是人力资源管控的核心问题。

一、人力资源管控的基本内容

随着企业规模的扩大，越来越多的企业集团发现：集团化运作给人力资源管理带来了新的挑战，单体企业多年来适用的人力资源管理模式已越来越不适应集团运作的需要。为了最大限度地发挥人力资源的作用，做到事得其人，人尽其才，企业集团必须结合自身特点对集团的人力资源获取、使用、激励和保留进行有效管控。

1. 集团总部的人力资源管控

随着集团业务的日益多元化，管理团队日益成熟，企业集团对人力资源的管控会逐渐由集权式向分权式过渡，一般情况下，大多数企业集团会采用介于两种模式之间的适中式管控模式，在这种模式下，集团总部掌握必要的控制权，并授予下属业务单元充分的权限，既保证总部对业务单元的指导，又能有效激发业务单元的主动性和灵活性。

毫无疑问，集团总部在人力资源管控中居于统筹地位，负责把控集团人力资源管理的整体方向，依据集团的战略目标开展人力资源战略规划，拟定集团统一的人力资源管理政策，规范集团人力资源管控流程，并监督各业务单元人力资源政策的执行情况。

在招聘、考核、培训以及薪酬管理方面，集团总部要制定相应的标准，对业务单元给予必要的指导和技术支持，以人力资源战略规划的制定和执行为核心，实现“选、用、育、留”的战略性管理。除上述职能外，集团总部还要发挥其平台作用，向集团管理层、总部员工及下属业务单元提供所需的人力资源服务。

2. 业务单元的人力资源管控

业务单元对人力资源的管控，主要体现在在总部的指导下，开展好

“选、用、育、留”四方面的工作。“选”是指在招聘管理方面，要划分好职位种类与等级，确定好用什么标准、通过什么渠道来引进、筛选人才；“用”是指在考核和管理方面，采用怎样的方式来管理员工，考核他的绩效？要确立各部门的关键业务指标，制定考核制度和方法，并建立起职位晋升标准；“育”是指依据业务发展的需要，推出员工轮岗、培训等计划，提高员工的业务与管理能力；“留”是指为员工提供富有吸引力的激励方式（如较好的薪酬、福利待遇或升迁机会等），以激发其工作积极性、主动性，增强员工对企业的归属感。

二、人力资源管控体系

1. 跨层级的人力资源战略规划

此处所说的人力资源战略规划，绝不是传统意义上对人员需求和供给规模所做的预测和平衡。在当今瞬息万变的环境，企业对于专业人才的高度依赖，必然要求企业未雨绸缪，尽早发现人力资源管理现状与集团发展目标之间的差异，据此明确未来人力资源开发、培养的方向、途径以及可能面临的困难，从而调整相应的政策、制度，为人力资源的合理配置和有效使用创造条件，保证其能够适应集团未来的发展环境。而人力资源战略规划实质上就是这样一项未雨绸缪的举措，是集团发展战略在人力资源层面的具体落实，是对集团人力资源工作的战略性部署和系统规划。

集团化的运作模式决定了企业集团的人力资源战略规划应由集团总部和下属单元的人力资源规划共同组成，各层次有不同的内容；而集团整体的人力资源规划，必然是建立在下属企业人力资源规划的基础之上，二者往往同步开展。

（1）集团总部的人力资源战略规划

总部在整个企业集团中居于统筹地位，在规划发展方向、制定重大决策等方面对下属业务单元承担指导责任。因此，在进行人力资源规划时，总部首先需要根据业务发展战略、产业组合和投资组合，对集团的人力资源现状做出系统性分析和判断。同时，必须认识到，集团的人力资源规划是对集团人力资源工作的中长期战略部署，这就要求集团的人力资源管控部门承担起研究国家人力资源政策法规、分析行业人力资源市场环境等方面的重任，为制定人力资源战略规划，提供外部环境方面的重要输入。

除宏观研究之外，总部还承担着对集团人力资源状况进行微观分析的职责。总部的微观分析通常由下属单元情况分析以及总部对信息的核实、汇总两个步骤组成，总部需要分析的是集团的人力资源总量、规模是否满足集团业务发展的需要，各业务板块、产业链各环节人员的数量和结构是否合理，集团员工的专业结构、年龄结构是否满足企业未来发展的需要，员工整体素质如何提升？等等。

（2）业务单元的人力资源战略规划

各业务单元应在总部所制定人力资源政策的指引下，对本企业的人力资源状况进行系统规划。具体来说，要依据自身业务发展情况，对未来年度的岗位需求以及基于岗位需求的人员编制进行预测，采用定岗定编、内部选拔、培训开发、优化配置、业务外包等人事管理手段，使本企业的人力资源状况适应企业需要。

除了向总部提交相应的人力资源规划和建议外，业务单元还要基于自身人力资源现状制定具体的人员招聘、晋升、培训与薪酬福利计划，并贯彻总部人力资源战略规划的指导思想，使之在业务单元得到具体体现。

2. 人力资源的招聘与引进管控

一直以来，引进员工似乎都是业务单元的事，总部管理层不可能到招聘现场去筛选简历、面试业务单元应聘者。这一方面是由于总部管理层对业务单元各职位的具体要求没有业务单元自己更为了解，另一方面，总部管理层还有更重要的工作要做，也没有精力代替业务单元开展具体工作。这种认识有正确的一面但不全面。实际上，总部在员工引进这方面也发挥着不可替代的作用——总部应站在整个集团发展的高度制定员工引进政策，确定相应标准，为下属业务单元引进员工提供必要的指导。也就是说，虽然集团总部没有出现在员工引进的第一线，但它在后方指挥着各业务单元开展工作。尤其是如集团需要引进子公司、分公司负责人或其他重要人才，就需要总部直接操刀，从事具体的信息分发、简历收集、测评及选拔工作。在人才引进方面，当前许多企业集团的总部还起到了服务平台的作用，如设立人才测评中心，要求某类型、层级职位的候选人必须经过该机构的测评，才能进入下一步的录用程序。

在招聘引进方面，业务单元要在总部的指导下具体从事引进工作，包括：根据本公司的人力资源需求制定招聘方案。在招聘方案中，要权衡各种招聘渠道（校园招聘、招聘网站、人才招聘会、猎头服务）的利弊，从中做出选择。此外，相关管理者还要考虑如何对应聘者进行筛选，对简历筛选、笔试、面试等环节进行合理安排。最后，根据应聘者的素质与能力，参照原先的录用计划与录用标准，作出录用决策。此处所说的“员工引进”不是狭义上的从企业外部引进，也包括从公司内部其他部门和单位的引进，即内部选拔和外部招聘两种。业务单元在引进人才时，一般是坚持“先内后外”原则，以内部选拔为主。这样做，既可以简化招聘程序，节省相关费用，又可为内部优秀人才的成长提供更多机会，有利于激发员工的工作热情，留住核心人才。同时，也要“内外结合”，如果企业内部确实没有合适的人才，要及早从外部引进，为企业注入新鲜血液，补充到需要的岗位。

3. 人力资源的培训与开发管控

如果说引进注重的是应聘者与空缺职位的匹配，那么，培训开发则注重员工能力的提升。无论招聘流程设计得多么无懈可击，都不能保证引进的人才完全符合职位的要求，一方面是因为信息不对称；另一方面，企业对人才的要求也会随发展而变化，因此，对人力资源的培训和开发是一项持续性的工作。企业的培训开发不仅向员工传授所需要的知识、技能，转变员工工作态度，使其适应不断变化的环境，改善工作绩效，还能够强化员工对企业的认同，提高员工的忠诚度，增强企业的凝聚力，最终实现员工与企业的共同成长。那么，企业集团又该如何对员工进行培训开发呢？

（1）多种类型的培训方式

经过多年的实践积累，培训开发的方式也正由单一化向多样化方向发展，常见的方式包括集中培训、导师制、轮岗等。

①集中培训。集中培训是目前企业最常用的培训方式，结合公司发展需要、人力资源整体规划以及员工的职业规划，人力资源部制定相应的培训计划，采取讲座、讨论或案例研究的方式，由少量培训者同时对多个受训者进行指导。集中培训的方式能够以较低的成本、在较短时间内向一定规模的受训者提供大量信息。

②导师制。企业选择比受训者级别更高的管理人员或有经验的员工担任导师，在思想道德、工作态度和业务技能等方面对其进行指导和帮助，称为导师制。在开展导师制之前，导师、学员双方都要接受符合自己角色的技能培训，受训者的业绩考核结果对导师的业绩考核有一定的影响。

③轮岗。指后备人才在晋升至特定岗位之前，在不同部门、不同岗位轮流执行工作。轮岗有两个方面的目的，一是让员工充分发挥个人潜能，看其更胜任哪些岗位的工作；二是让员工对公司的各个层面和业务流程进行全面的了解，为将来从事更为高阶的工作奠定基础。这种方式的缺点是耗时，且在轮岗期间员工无法建立稳定的人际关系。

对于企业集团来说，除了各业务单元在具体操作层面要考虑如何对人员进行培训、有效提升员工绩效外，集团总部还要综合考虑多个业务单元的人才供给问题，所作出的人力资源规划应基于多元化产业投资与产业组合考虑。员工职业发展规划应基于集团总体战略考量，后备人员建设应更加多元化、综合化，只有这样，才能将人力资源规划、员工职业规划、后备人才建设与企业的战略结合起来，建设起完善的人才梯队，进而形成集团自身的人才生产和任用机制。

（2）实施继任者计划

所谓继任者计划，就是通过建立系统化、规范化的流程，评估、培养和发展集团内具有潜力的职业经理人，创建内部的优秀人才库，通过内部造血获得源源不断的成长动力，满足企业的长期可持续发展。

对于企业集团而言，该计划能确保其随时拥有一支优秀的后备干部队伍，确保管理思想和活动的连续性，能够缩短职位空缺的填补周期，不断满足业务创新与发展的需要。继任计划的实施与人力资源的培训开发密切相关，通常，继任计划的实施程序包括如下环节。

①明确企业愿景，确定核心能力。企业集团的核心能力与其愿景是紧密相连的，也就是说：企业想要发展成什么样，它就需要具备什么样的核心能力。在对员工进行培训与开发的时候，集团需要从企业的核心能力出发考虑对各岗位人员的要求，如此，才能确保培训开发的内容是“对路”的。只有当企业集团明确了自身的发展愿景，并对未来 3 ~ 5 年的战略方向、发展举措有了清晰的规划之后，才能清楚地认识到：我们需要具备什么样的能力才能实现战略目标？什么样的员工才能让集团拥有这样的能力？怎样才能使我们的员工具备这些能力？

②对应各继任职位，细化个人能力要求。集团的核心能力不是凭空提出的，它是通过集团内各部门、各职位的有效配合发出的合力。为了确保核心能力的实现，集团必须明确各职位的能力要求，包括业务水平、管理能力、价值观要求等，同时，要细化对在职人员的要求，使他们清楚地认识到：要满足本岗位的工作要求，应具备何种能力。在这些职位当中，中高层管理岗位和专业技术岗位显得尤为重要，在这一环节，总部要做的主要是明确中高层管理岗位及专业技术岗位的能力要求，因为位于这些岗位的人才或是把握着集团发展方向，或是位于研发创新的前沿。而各业务单元则要依据本企业自身的发展需要，有针对性地明确各职位的职责以及对员工能力的具体要求。

③挑选继任候选人，建立储备人才库。确认了各职位的人员能力要求之后，集团就要开始着手挑选后备人才。通常情况下，先由中层管理者推荐其下属优秀员工，并结合其工作绩效，最终确定进入人才储备库的名单。在挑选储备人才时，应综合考虑其职位背景和发展潜力，尽量挑选有经验的员工。人力资源部要多方面征询意见，通过与备选对象的上级、同事、客户进行沟通，清楚地了解其能力、业绩、工作态度，并判断其发展潜力。

④建立候选人档案，制定培养计划。在确认了继任候选人之后，集团要为他们建立个人发展档案，以便对其业绩和能力的发展进行持续跟踪。同时，针对各候选人资历的不同、所处职位的不同，有的放矢地制定培养计划，确保以合适的方式培养合适的人，使其具备应有的能力。此外，还

可以考虑以一帮一的方式，为他们指派导师，与他们交流思想，有针对性地提高其业务能力。

（3）管理员工职业生涯

对于企业集团而言，培训开发有利于提高员工业务能力，填补职位空缺，为集团提供可用人才；对员工自身而言，这些活动无疑会帮助其更快地成长，给予其发挥潜力的机会，引导、帮助其做好职业生涯规划，进而使其在组织中更好地发展。换句话说，培训开发活动能够满足集团和员工个人双方面的发展需要，集团受益于工作绩效更高的员工，员工受益于更丰满的职业生涯历程。

传统的培训开发方式，往往无法发挥个人的特长和才华，也难以激发员工的工作积极性。开发员工职业生涯，要求企业改变过去要求员工无条件服从培训安排的方式；在培训过程中，要引导员工通过自我评估，在更高层次上认识自己，在充分分析自身性格、兴趣、能力与职位的匹配情况后，确定职业生涯发展路线。集团所提供的培训开发活动，还要指导员工设定合理的职业生涯目标，并以此为依据制定具体的行动计划，例如：在业务素质方面，该学习哪些知识，掌握哪些技能？在潜能开发方面，该采取什么措施？要使职业生涯规划行之有效，对员工的个人发展切实起到引导作用，就要培养员工对职业生涯规划进行定期评估和修订的能力，适时调整、优化职业生涯路线以及实施措施。

合理的职业生涯规划能使集团员工以更快的速度提高业务能力，最大限度地发挥潜能，既是集团培训开发活动的基础，又对集团的培训开发起到促进作用，二者相辅相成。

4. 人力资源的薪酬管控

薪酬管控历来都被认为是人力资源管控中最为困难、敏感的部分，原因在于，薪酬影响着员工的工作积极性，进而影响着他们为客户提供的服务，为集团创造的价值，高薪也常常被企业间作为“挖墙脚”的重要手段；同时，以薪酬为核心的人工成本，对于大多数企业来说都是一项非常关键的成本，对企业的经营结果影响巨大。由此，对薪酬的管控已经成为人力资源管控中最为关键的部分之一。

对集团化运作的企业而言，应当如何设计有效的薪酬体系呢？总部在薪酬管控中又应该发挥怎样的作用呢？

（1）薪酬体系设计

薪酬体系设计不仅要考虑集团总部高层管理者、各业务单元中高层管理者的薪资情况，还要考虑一般职能人员薪资的合理性。在这一过程中，总部与业务单元必然承担不同的职责。

①总部在薪酬体系设计中的职责。集团总部在薪酬体系设计中最重要的职责是确定集团的薪酬管理模式与薪资标准定位。所谓薪酬管理模式，是指集团是否采取统一的薪酬体系，还是根据各业务单位的特点分别设计截然不同的薪资体系，决定薪酬管理模式的影响因素包括：集团各项业务的相关性，集团的集分权程度，以及下属企业业务收入的独立性，等等。另一项重要职责是对集团整体薪酬标准进行定位，这其中包括：高管的薪资标准，各主要业务单位人均薪酬标准、干部薪酬标准，等等。

此外，总部往往还承担着对集团及各业务单位中长期激励方案的设计和推进工作。集团一般会通过股权购买计划、利润分享计划、虚拟股票期权计划等方式对管理层进行激励，这几种激励工具在适用对象、激励机制、约束力度、操作复杂程度等方面各有不同，集团总部会根据自身需要进行合理选择。

从理论上来说，上述激励方式都是为了解决委托—代理关系中由于信息不对称而导致的代理问题，激励集团管理层更加努力工作，但在实际运行中，部分企业仅把这些方式当作增加管理者收入的措施，看成福利或奖金，而忽视了其激励功能。部分企业集团的激励计划设置不合理，公司盈利情况好，管理层收入会大幅上升，急剧扩大普通员工与管理层之间的收入差距，造成员工与管理层之间的关系恶化，进而导致业绩下降；而一旦盈利波动，又会导致管理层收入的严重下降，影响到管理层的稳定性。此外，由于目前我国的信息披露、税收处理、监督管制等方面的配套政策还不完善，不时会出现管理者打“擦边球”的现象，加大了监督成本。因此，集团总部要充分发挥其宏观管理职能，恰当地选择中长期激励方案，促进集团及下属企业业务的稳定、可持续发展。

②业务单元在薪酬体系设计中的职责。与总部一样，各业务单元也需要对自身进行薪资定位。首先，要依据本企业的具体发展情况，根据对历史数据的分析和外部市场薪酬数据的掌握，确定薪酬策略。一般来说，包括领先型、跟随型和滞后型三种策略方向；其次，根据岗位评价结果确定薪等和各薪等差，在薪等内部划分薪级并确定薪级差，进而确定各岗位的工资水平；第三，根据员工所处岗位以及能力、工龄、学历、业绩等因素，确定代入原则，代入薪酬体系，评估个体与薪酬总额的变化趋势；最后，建立完备的定薪、调薪与薪酬管理制度，实现薪酬体系的动态运行管理。

（2）薪酬管控模式

薪酬总额包括固定薪酬和浮动薪酬两部分，企业集团在对薪酬进行管控的时候，要本着增强灵活性的原则，尽量消除产业间、地区间以及处于不同发展阶段的子公司之间的不平衡。依据企业集团的发展需要，在不同情况下，总部和业务单元承担着不同的职责。

情况一——总部只管控业务单元的薪酬总额，其中的薪酬类型、科目、固浮比、薪酬水平等，完全由业务单元自行负责。

情况二——总部除了管控薪酬总额之外，还要管控薪酬结构，包括：薪酬的组成、各部分占比等，其他内容由业务单元自行负责。

情况三——总部除了管控薪酬总额、薪酬结构之外，还要管控集团核心人才与特殊人才的薪酬结果，业务单元仅负责一般员工的薪酬管控。

情况四——总部所管控的内容除了上述方面之外，还包括一般员工的薪酬水平，也就是说，总部对每个员工的具体发薪都要进行管理。

5. 人力资源的绩效管控

集团化运作的企业中，总部管理层与下属业务单元经营者的利益目标难免会有所不同，有时甚至会出现明显的利益冲突，这时，如何协调二者之间的关系就成了集团管控中的难点。作为集团总部，一方面，要对下属业务单元的工作业绩给予适当的激励；另一方面，又要加强对业务单元的监督和约束，确保业务单元的利益目标与总部相一致，日常运作服从总部的战略要求。

无论是进行激励还是约束，都离不开对业务单元的绩效考核，绩效考核是激励和约束机制发挥作用的基础。然而，许多企业集团的绩效考核还没有找到最佳的路径，上级部门不注重考核方法，业务单元没有明确的努力目标，不知上级对他们的期望是什么，所谓的绩效考核完全没有起到引导、督促、指引、评价的效果，这就要求我们必须对集团的绩效管控给予系统的规划与设计。

（1）绩效考核有效推行的要点

绩效考核是人力资源管理的核心内容，它的有效推行必然要遵循一定的原则，我们概括为以下四点。

①全面理解绩效考核的内容。一说起绩效考核，人们的第一反应通常是对员工工作成果的考核、评定。这只是对绩效考核的字面理解，具有很大的片面性。实际上，绩效考核是指企业在一定时期内，运用科学的考核方法对员工的工作结果及影响员工工作结果的行为、素质等因素所进行的综合性评估过程。也就是说，绩效考核既要考核结果，又要考核员工在工作过程中的表现。前者注重考核员工对公司的贡献，为公司创造的价值；后者考核的是员工为了把工作做好，有没有规范自己的行为，提升自己的业务能力，表现出良好的职业素养。

企业集团在进行绩效管控的时候，要将多方面考核内容结合起来考虑，不同岗位有不同的侧重点。一般而言，越接近生产一线的岗位，越应注重对工作结果的考核；越接近后端和管理的岗位，越强调员工在管理过程中的表现。

②科学设定评价指标。通常情况下，定量指标都比较好设定，设定指标的困难来自于定性指标。定性指标通常都比较抽象，以“创新能力”为例，我们如何评定一位员工具有创新能力呢？又如何知道他的创新能力强于其他人？单凭考核者的主观印象进行评定难免会有失公平，引起员工不满，比较科学的做法是：把它归为绩效指标，将其改为“工作创新”，考核员工是否创新性地提出了有助于提高工作效率的新的工作制度、工作方法、

工作程序。这样就可以把抽象指标具体化，提高可操作性，增强公平性，避免由于指标设定不明确而导致的矛盾冲突。

③合理设定考核周期。针对不同的考核目的，企业集团应设定不同的考核周期。如果考核的目的是为了奖惩，那么考核周期就应与奖惩周期相一致；如果考核是为了续签聘用协议，那么考核周期就应与人员聘用周期相一致。

考核周期的设定还与考核对象有关，对于高管人员，通常都会设置较长的考核周期，比如半年或一年。这是因为，如果考核周期太短，会迫使管理人员为了追求眼前利益而牺牲长期利益。而中层管理人员多是在分计划地执行决策，解决生产经营中存在的问题，因此，对他们比较适合采用季度考核。至于一般员工，则要依据具体业务的不同进行考核，一般会选择按月甚至按周、按天考核。

④获得被考核者的支持与配合。应该认识到，绩效考核并不是单方面的，有必要让被考核者认识到考核的重要作用，主动谈及自己对工作进展的认识以及对集团业务的建议，积极主动地配合考核人员开展工作。而考核人员在考核过程中也要尽量运用一些考核技巧，减少被考核对象的抵触情绪，更好地开展考核工作。被考核人的支持配合不仅能在考核过程中起到“润滑剂”的作用，还能全面反馈其对工作的认识，有助于集团改善管理、提高整体工作绩效。

（2）绩效管控体系的构建

对绩效管控的认识不能仅局限于人力资源管理的层面，还要看到加强绩效管控对提高员工绩效，进而推动集团整体战略目标实现的关键作用。企业集团的绩效管控体系是将集团战略转化为行动的重要保障，是战略管理的重要构成要素。打造基于战略规划的绩效管控体系，建立科学的绩效指标、合理的激励方案是战略性人力资源体系建设的重要切入点。

①围绕集团战略，健全绩效管控体系。集团绩效管控体系的构建成功与否，关键在于绩效管控与集团战略的联系是否紧密，能否对下属业务单元的经营者形成有效的激励和约束。我们提倡的做法是：运用绩效管理手段把集团战略分解落实到各责任人，以此为基础明确衡量绩效的标准，把权

责利贯穿到集团运营的各环节中去，确保集团战略的实现。

企业集团在进行绩效管控时，可以从集团战略中分解出业务单元的实施计划，并把战略实施计划纳入对业务单元的绩效管控中去，这样做的好处是：通过收集业务单元的营运管理数据，帮助集团提出有关战略实施情况的分析，诊断战略实施过程中的关键影响因素，进而提出绩效改进措施。

此外，还要在深入领会集团战略思想的基础上，制定出以提升集团整体竞争力为目标的关键绩效指标，所谓关键指标包括如下内容。

财务指标。如净资产回报率、资产周转率、单位成本控制率等，此类指标有助于克服以销售收入等粗放型指标为考核标的的缺陷，实现资产保值增值。

成长性指标。如产品销售收入增长率、客户关系指标，设置该类指标有助于推动技术创新、推动市场开发。

行动指标。设置此类指标是对计划项目实施情况的考核与管理，用以不断推动战略执行能力。

绩效指标过多必然增加考核工作的复杂性，我们要在充分理解集团战略的基础上，少而精地设置指标。

绩效管控中最艰巨的任务是关键绩效指标跟踪。集团在进行绩效管控时，基于集团战略的实施情况，要进一步评估已完成的绩效对于实现集团战略的影响，还要评估现行的绩效指标是否能够促进集团战略的实现。一旦集团的内外部环境发生重大变化或绩效实现情况与预期出现很大偏差，还要立刻制定干预方案，或对关键绩效指标进行调整。

②坚持绩效沟通，强化集团总部专业能力。在绩效管控过程中，集团总部能够掌握的是绩效指标的内涵和判定方法，但却很难掌握业务单元所处市场的变化、运营中对成本的控制，面对业务单元的博弈，总部常常难以应付。比如，总部并不确定业务单元的业绩潜力如何，期望通过提高业绩指标，尽可能挖掘业务单元的潜力，而业务单元则为了给自己留有余地，倾向于报出较低的绩效指标，这是一个博弈的过程，总部的谈判力量取决于自己对业务单元的了解程度。为此，集团总部应健全和强化专业能力，

能够及时掌握业务单元市场、经营方面的数据，建立起庞大的数据库，利用高素质员工对数据进行维护和分析，提升集团总部的职能管理能力。同时，要求业务单元高层定期到总部述职，述职者要向总部高层和相关部门经理阐述自己的业绩状况和下一步计划，并接受各方质询。在这一过程中，总部可以及时了解业务单元的业务开展情况，双方也可就一些关键问题进行讨论，以实现双方之间的信息透明。

需要明确的是，绩效管控是一个总部与业务单元双方互动的过程，总部所设定的绩效指标一定要让下属业务单元欣然接受。总部与业务单元要在经营目标、资源配置计划等方面进行多方沟通，尽量达成一致意见，这种于沟通之中达成一致的做法能够使业务单元感觉到：战略目标是经由自己参与、在不断探索中形成的，而不是迫于总部权威被迫接受的。得到业务单元的支持，实际上也是增强总部绩效管理能力的重要力量。

③采取激励措施，推动业务单元实施集团战略。集团开展绩效管控，往往采用绩效与激励相结合的方式，充分调动业务单元执行集团决策、实施集团战略的积极性，以上做法有利于集团战略目标的实现，竞争优势的提升。例如：集团可采用述职会方式听取业务单元经理人员的述职报告，薪酬委员会与总部经理人员对业务单元绩效实施及改进工作出具专业意见，督促、推动业务单元绩效改进，营造竞争氛围，发挥精神激励作用。此外，将绩效考核结果与经理人的薪酬挂钩也是重要的激励方式，它既能体现出绩效的差异性，又具有公平性，能够激发不同层级人员的工作积极性，推动更多的人员以更大的动力去实施集团战略。

（3）绩效管控的职能划分

在不同情况下，集团总部与业务单元在进行绩效管控的时候，会承担不同的职责。情况一——由总部制定绩效考核体系，确定考核周期、考核内容、考核主体，并考虑如何将考核结果与薪酬挂钩。情况二——总部除了要负责上述内容，还要负责对核心人才和特殊人才的考核管控。情况三——除了上述内容，总部还要负责对一般员工绩效考核的管控。一般来说，企业集团在绩效管理方面主要是采用第一种方式。

三、人力资源管控的组织保障

人力资源管控作为集团管控中如此重要的部门，相关工作的开展必须以一定的组织机构为保障。一般来说，集团型企业都会设立以下几类组织机构。

1. 人力资源委员会

人力资源管理委员会的主要职责是负责人力资源战略的制定和下属企业的人力资源管控工作，具体内容包括：深入分析集团公司业务发展要求，基于集团的愿景规划和发展战略，建立人力资源管理的诸多要素，构建能够适应未来竞争需要的人力资源管理模式，据此制定人力资源规划、接班人计划等，并指导下属业务单元的人力资源管理工作。此外，人力资源管理委员会还负责子公司高管的提名工作，并对其业绩进行考核、评估及激励。

是否设立人力资源委员会，要视情况而定。对于采用集权管控模式的企业集团，总部追求人力资源管控的统一性和协同性，必然会设立人力资源委员会。而对于采用分权管控模式的企业集团，总部可能会更为尊重下属企业人力资源管控的独立性，可能不会设立人力资源委员会，通常会在集团董事会下设立提名与薪酬专业委员会，重点负责集团及下属企业高管的选聘、考核与激励工作。

2. 集团人力资源中心

在集团企业，人力资源中心是人力资源工作的具体承接部门，其职责主要包括三个方面：一是人力资源管理政策方面的研究及策略层面的规划、设计工作，按照人力资源规划的要求，设置集团人员招聘选拔、绩效管理以及薪酬管理等环节的操作标准，二是集团本部人力资源体系的建设与管理工作，三是对集团下属业务单元的人力资源操作进行管控和指导。总体来看，集团人力资源中心的职能可以概括为政策制定中心、管控中心和指导服务中心。

3. 业务单元人力资源部

人力资源部位于各业务单元之中，主要职责是开展人力资源的事务性工作，具体是在业务单元相关政策和制度指导下，开展各项人力资源工作，包括招聘、考核、薪酬、评估、劳动关系管理，等等。同时，还要协助集团总部对本企业中层及以上干部进行考察、评估。此外，人力资源部也要根据业务单元自身的特点，制定有利于本企业发展的差异化政策和制度，经集团审批后组织执行。

四、人力资源的管控制度与流程

1. 管控制度

企业应根据集团管控与人力资源管控的总体定位，结合集团人力资源管控的实际需求，以激活人力资源为目的，以程序化和人性化为建设方向，制定多层次的人力资源管控制度和流程体系，并使其更加规范化、科学化和标准化。所建立的制度体系既要能够涵盖人力资源规划、政策制定等宏观层面的工作，又要指导人员招聘、培训开发、绩效考核、薪酬分配等微观层面的工作。具体来看，应包括以下几个方面的制度。

（1）人力资源基本管理制度

在建设人力资源管控制度时，企业集团一定要避免完全从雇主角度出发、站在雇主角度控制下属企业和员工的想法，因为这势必会使员工产生受压迫感，导致企业留不住所需要的人才。作为独立的法人主体，企业有着自己的经济利益追求；而员工，特别是核心人才、专业技术人才，同样有着主宰自己命运、实现自身价值的要求。如何在实现企业目标的同时，帮助员工实现其价值、理想，进而增强员工的成就感，对企业的归属感，是人力资源基本制度必须回答的问题。企业集团制定人力资源管理基本制度的关键，就是要找到能同时实现集团目标和员工价值的交叉点，我们可以从两方面来理解这个交叉点：一是将集团战略目标进行分解，使员工意识到自己所任职的岗位对集团的贡献；二是确保员工的价值观与集团文化相一致，这需要靠引导、塑造员工的价值理念来实现。

（2）人才队伍规划与任用管理制度

所谓人才队伍规划，是指根据集团及下属企业的发展规划，对现有人才队伍进行盘点和评估，对人才队伍的建设目标、指导思想、数量规划、结构规划、实现路径等进行设计的过程，对于集团企业来说，由集团层面发起和推动人才队伍规划，是比较科学和合理的选择，因为集团人力资源中心更加了解集团战略的总体方向，有更多的资源可以调度，其牵头开展规划和组织实施，具有更高的投入产出效益，同时，也能够促进集团内各业务单元人才的统一管理和有序流动。

任用管理，是指集团包括下属企业的干部，应当采用何种形式选拔任用，任用程序的公平性，直接决定了人才的去留；任用程序的科学性，直接决定了人才使用的成败，在很大概率上决定了事业的成败。因此，这一制度的意义非常重大，由集团牵头制定和推动，有利于在整个集团内部形成“能者上，平者退，庸者下”的正向氛围，也为优秀人才的发展开辟了空间，指明了通道。

不少企业集团在建立人力资源管控制度的时候，都会借鉴成功企业的做法，虽然借鉴其他集团经验，历来就是一条有效的学习途径，但企业集团间的巨大差异导致了学习借鉴他人经验会产生两种截然不同的结果：一是提高了本企业的人力资源管控水平，激活了人力资源；二是事与愿违，没有达到预期的人力资源管控目标，甚至可能产生其他负面影响。因此，仅凭“拿来”救不了企业，只有应用先进的人力资源管控理念、经验，并结合本企业的现实，个性化定制适合自身特点的人力资源管控制度才是“王道”。

企业集团在借鉴其他集团人力资源管控制度的时候，要深入分析该制度发挥作用的特定环境条件，明确人力资源管控制度与特定环境条件之间的关联性，据此判断该企业集团人力资源管控制度构建的基本思路。企业集团还应采用员工满意度调查、访谈、文献资料分析等方式来诊断本企业的人力资源管控环境，判断借鉴成功经验的可能性。在此基础上，企业集团要确定本集团人力资源管控制度构建的切入点，个性化制定适合本集团特点的人力资源管控制度体系。

（3）战略绩效考核制度

绩效考核工作一直都是人力资源管控中的难点，对于集团企业来说，核心是面向下属业务单元、集团各部门的组织绩效考核体系。这是落实集团战略，分解任务目标，对下属企业的运行情况进行科学评估和促进的系统方法。对于业务单元而言，同样要把这套体系传承下去，分解到自己的部门、车间、销售团队。从某种意义上说，战略绩效考核体系能否有效落地执行，既是一个绩效问题，也是一个战略问题。因此，企业集团对制定有关绩效考核的制度必须给予高度重视。对于该设定什么考核指标、各指标该赋予多少权重、考核时应由谁来打分，都要以制度的形式确定下来，有了明确的制度，自然会增强考核结果的可信性、公平性，从而确保战略的有效实施与评价的客观公正。

（4）全面激励制度

有效的薪酬激励是激发员工更大限度发挥潜能的重要手段，在激励体系的薪酬部分，集团需要建立的制度体系包括：集团总体的薪资等级体系，下属业务单元的薪酬总额管控制度、集团或下属业务单元的股权、期权等特色激励制度，这些关键制度的统一设计，有利于集团层面激励机制的相对平衡。

全面激励手段包括物质激励、职位晋升、荣誉授予等多种方式，这些激励方式与员工的切身利益密切相关，因此，非常有必要针对激励对象、激励标准、激励方式等内容建立起系统的制度，让员工清楚地了解：达到什么标准才能获得奖励，能得到什么样的奖励。确保员工的突出贡献能得到及时激励，所建立的激励制度能够激发员工向工作投入更多的精力、更大的热情，更深层次地挖掘自身潜力，提高工作绩效，为集团实现战略目标做出更多的贡献。

（5）人才培训制度

对员工开展培训是提高其工作技能、业务能力最主要的方式，很多企业所提供的培训缺乏连贯性、系统性，经费花了不少，却没有显著成效。为了保证培训开发活动实现预期的效果，必须以制度的形式规范培训活动。什么样的员工具有培训资格？对于各层次的员工应授予什么样的培训内容？以什么样的形式向员工提供培训？培训周期有多长？如何评价培训的效果，这些问题都要以制度的形式确定下来，从而保证集团及各业务单位的培训活动能够规范、有序开展，针对起到提升员工队伍素质、提高业务能力的作用。

（6）双向沟通制度

企业集团进行人力资源管控的目的在于提高员工绩效与员工满意度，进而增强集团的综合竞争力。要想提高员工绩效，不能仅靠人力资源部门单方面的努力，必须有员工的主动配合才能达到预期效果。因此，企业集团要加强与员工的沟通，通过访谈与问卷调研等方式，了解员工对集团人力资源管理现状的看法，以及所颁布的人力资源措施哪些起到了提高员工绩效的作用，哪些还需要完善，双向沟通既可以了解到员工对人力资源工作的具体要求，又能获得员工的理解和支持，因此，应将双向沟通制度纳入常态化管理，以制度的形式规范下来。

2. 管控流程

（1）人力资源规划管控

人力资源战略规划是集团业务发展在人力资源层面的具体落实和体现，是发现现有人力资源与集团发展需求间差距，明确人力资源管理与培养开发方向，对相应人员做出合理配置的重要依据，也是进行人力资源管控的首要环节。

集团人力资源中心在充分理解集团愿景、目标和整体战略的前提下，要深入分析组织目标对人力资源活动的影响，从而有针对性地开展人力资源规划活动，制定相应的人力资源规划方案。在获取未来人力资源需求清单后，分析集团内、外部人力资源供给的可能性，编制符合需求的人力资源供给计划，平衡组织未来人力资源的需求与供给。同时，指导下属企业制订和落实人力资源规划中的具体工作与实施细则，从而为集团整体战略的实施提供人力资源方面的保障。

（2）人力资源引进管控

人力资源引进是人力资源管控工作中的重要环节，与后续的人才培养、薪酬福利、绩效考核等环节密切相关。对于集团企业来说，主要关注的是作为基层人才的校园学生引进、作为骨干人才的企业干部与核心经营及科研人才的引进以及基本本部人员的补充与配置。

对于校园招聘，下属企业和相关部门首先要确定人员需求，明确需要多少员工？需要什么样的员工？之后由集团牵头统一制定招聘计划，确定招聘渠道，开展校园宣讲，还要选择甄选测评方式，如简历筛选标准，笔试、面试的形式等，通常由各单位抽调人员组成校园招聘小组，集中开展招聘工作，等学生报到之后，再进行统一的培训、二次分配及试用。

对于骨干人才的引进，一般会选择内部提拔或外部引进两种方式之一，在外部引进方面，委托招聘渠道、背景调查、确定任期目标等都是具有一定专业性的工作，由集团设计流程、各业务单位执行是比较普遍的做法，有利于规范引进工作过程，控制引进风险。

（3）人力资源效能监察

企业集团需要随时了解下属企业的人均效能如何，效能优异或不良的原因是什么，怎样才能激发其潜能，为实现集团的整体目标发挥更大的作用。这主要通过两方面工作来完成：一是对二级企业的生产产出与人员的比例关系（如人车比）、经济产出与经济投入的关系（如万元工资产出）等收集数据，与行业其他同类或相似企业进行对比，与企业的历史数据进行对比，从而评估当前的人力资源效能的状态。二是基于评估找到问题的原因和短板，通过具体的培训开发活动提高员工的业务能力，通过考核员工绩效、调整薪酬福利、职位升迁等激励方式，促进员工在工作中投入更多的精力、更大的热情，从而实现人力资源效能的全面提升。

案例8-4　中煤集团的人力资源管理

一、中煤集团简介

中国中煤能源集团有限公司（简称中煤集团）是国务院国资委管理的国有重点骨干企业，前身是1982年7月成立的中国煤炭进出口总公司。主要从事煤炭生产贸易、煤化工、坑口发电、煤矿建设、煤机制造、煤层气开发以及相关工程技术服务等。2006年12月，中煤集团独家发起成立的中国中煤能源股份有限公司在香港上市，2008年2月回归A股。

二、企业面临的人力资源管控难题

中煤集团从成立伊始，一直注重加快结构调整，推进产业升级，开展并购重组，加大科技创新，强化企业管理。通过这些年的产业升级和并购重组，中煤集团逐渐形成多板块、多组织层级运营的格局，下属二级、三级乃至四级企业越来越多，使得其在人力资源管理上往往自成体系。如何从集团层面有效加强对这些下属企业的人力资源管控，既确保集团的管理思路能得到有效贯穿，又适当授权以确保下属企业的管理更具灵活性，这是摆在中煤集团面前的第一大挑战。

中煤集团面临的另一大挑战就是人才问题，具体表现在：如何建立合理的人才规划，如何设计关键人才管理机制，如何利用完善的人力资源管理体系达到人才队伍的"选用育留"，最终实现对中煤集团业务发展战略的强有力支撑。

三、人力资源管控体系再造过程

为妥善应对集团在管理中遇到的挑战，响应国务院国资委提出的"强基固本、控制风险，转型升级、保值增值，做强做优、科学发展"的管理提升要求，中煤集团通过人力资源管理变革，明确了集团的人力资源管控模式，清晰界定了集团各层级企业的定位和权责划分，夯实了各级组织（尤其是二级板块企业）在人力资源管理方面的专业能力，实现了集团向战略性人力资源管理的转型。与此同时，中煤集团也重点提升了集团上下人力资源管理水平，并以关键人才队伍建设和人力资源管理体系整体提升作为两条主线重点推进人力资源的优化工作。

中煤集团人力资源管理变革分为四个阶段。

第一阶段：人力资源管控模式及管理成熟度诊断。作为大型集团公司，中煤集团下属企业数量众多，人员规模较大且不同板块企业的发展存在较大差异。因此，全面、准确地掌握集团人力资源管控模式及人力资源管理成熟度现状，明确自身问题，是一项非常基础但又艰巨的工作。集团采用全面调研和深入考察相结合，利用现场访谈、调研问卷、资料研读、对标研究等方式，掌握了企业当前人力资源管理现状的第一手资料。

第二阶段：建设人力资源管控体系，实现战略性管控。基于集团人力资源管控诊断，参考国内外领先集团企业的人力资源管控模式，中煤集团明确了在人力资源管理系统中对战略型管控模式的选择，并梳理了该模式下各级单位的职能定位与职责划分。

①强化集团总部的战略化管理导向，鼓励总部从纷繁复杂的具体业务运作中脱离出来，转而关注战略规划、资源整合，追求投资回报最大化。

②强化二级企业（尤其是二级板块企业）的专业化管理，打造以交付和拓展为核心的产业平台，在多元化战略下进行专业化发展。

③强化业务单元的规范化管理，各业务单元的目标是高质量、高效益地组织生产经营，提高赢利能力以及市场竞争力。

第三阶段：开展关键人才队伍的建设和人力资源管理体系的整体提升，从“控制总量、优化结构、加强储备、全面开发、创新机制、共同发展”六个方面对人力资源管理提出了系统化要求，力求通过各个模块的运行，打通人员选拔、运用、培育、保留的人才价值链，支撑人才战略和企业发展战略的实现。

第四阶段：助推人力资源信息系统上线，实现人事管理的信息化，对上线的人事管理、薪酬管理等模块的相关制度进行集团层面的统一设计和优化，为人力资源管理系统上线提供支持，构建面向各级企业的、中煤集团统一的人力资源管理信息化平台。

通过上述改革，建立了分层授权的人力资源管控体系，使得集团的人力资源信息高度集中，人才发展链条得以打通，人员利用效率显著提高，有效支持了集团的管理提升与战略实现。

第六节　财务管控子体系

集团财务管控问题一直是关乎集团公司持续经营和健康发展的重要问题。集团母公司为了实现整体财务目标和管理要求，必须对集团各业务单元的财务管理权限进行合理分配，对各业务单元的财务制度与管理活动进行有效管控，从而保障企业资金资产的有效使用，保障集团整体战略目标的实现。

一、集团财务管控的基本内容

1. 集团财务管控的原则

①依法合规原则。集团对下属单位进行财务管控，应按照国家规定的相关法律法规拟定相关制度和流程。在优化财务管控模式时，不应违反公司法的要求。同时，要在集团整体战略目标的指引下开展财务系统的建设与优化，以服务集团战略为目标。

②集分权适度结合原则。集团财务管控体系的设计过程中，过度分权会影响到集团整体战略目标的实现，而过度集权，也会影响到下属单位的自由发展。良好的财务管控体系，应当在集权与分权之间找到合适的平衡点，使得财务管控达到“控而不死、放而不乱”的状态。

③结果控制与过程控制相结合原则。集团对下属业务单元的财务管控，既要管控下属分子公司财务指标的完成情况（结果），也要通过风险评估及审计监督等方式，对财务活动的过程进行监测，及时发现问题，提升子公司的财务管理能力。

2. 集团总部的财务管控

通常而言，企业集团的母公司是下属子公司的股东，作为股东的母公司，也就当然地成为集团财务管控的主体，也必然关心集团投入子公司资产的收益率与安全性，这些都需要集团母公司通过有效的财务管控来保证。从财务管控的角度来看，母公司是集团的投资中心，通过外派董事、监事、高管、财务总监、财务主管等，及时了解所投资业务单元的财务信息，以确保集团在财务管理决策方面的正确性。

集团总部的财务管控，主要从以下几个方面开展：制定集团的经营方针和投资计划；确定重大投资项目的投资方向；确定集团的投资方式，例如股权投资、债权投资、控股子公司、参股子公司、合资、联营等；确定集团的投资质量标准与规模；审查公司投资项目的财务标准，如项目净现值、资产收益率、资本报酬率、经营现金流等等。

3. 子公司的财务管控

子公司是企业集团的利润中心，在集团总体发展战略引领下，子公司董事会要对其业务经营范围内的收入、成本、利润负责。子公司要按照集团总部的战略规划、财务政策、投资方针、资金调剂规范等方面的要求，规划和控制其权力范围内的财务管理活动。

子公司经理层是子公司的执行机构，执行子公司董事会决议，负责子公司的日常经营管理工作。根据管控模式的不同，由集团财务中心或子公司董事会通过集中核算、预算管理、合并报表、资金管理、绩效管理、审计等手段，对于子公司经理层的财务管理执行情况进行监督。同时，集团总部可以通过外派财务总监或财务主管的方式，协助子公司经理层工作，并对其行为进行监督。

二、集团财务管控体系

企业集团的财务管控，是以集团母公司为财务管控主体，在一定的环境下，采用一定激励和约束方式使子公司财务资源或现金流转朝着集团公司财务价值最大化的目标发展的一种控制方式。企业集团财务管控的主要内容包括目标管控、人员管控、预算管控、资金管控、成本核算管控和财务信息管控。

1. 目标管控

一个企业通常有自己的目标，企业的目标通常可以理解为财务目标。对于企业集团而言，其财务目标会比单体企业复杂得多。因此，企业集团需要至上而下地建立财务目标管控系统，实现集团的整体财务目标。

对财务目标进行管控，首先要树立一个标杆，这个标杆就是标准，对照它才能够评价目标的优劣，这个标准就是财务预算。通过财务预算管控，建立财务信息网络系统。财务预算可以采用从下到上的方式编制，充分反映子公司的经营活动情况。同时，财务预算也要充分考虑集团总部的发展战略和目标规划，这样，建立起来的财务预算就能兼顾总部和子公司双方的利益，明确各方的权责。

有了预算目标，接下来就是构建子公司的财务考核指标体系。对于集团来说，下属企业经营的核心目标是“股东价值最大化”或“股东利益最大化”，因此，确定一个合理的投资回报率是最基本的要求。这个投资回报率可以结合往年的盈利水平制定。在核定子公司利润时，要确定一个合理的比例上交集团总部，保证集团总部的发展。在此基础上，要建立一整套可行的指标体系。财务指标有很多，有反映盈利能力的，有反映偿债能力的，此处列举几个指标供参考，如表 8-3 所示。

表 8-3　　财务评价指标

财务评价指标		具体含义
营运能力指标	应收账款周转率	应收账款周转次数是指销售收入与应收账款的比率，它反映了企业在指定的分析期间应收账款转为现金的平均次数，应收账款周转率越高，说明其账款回收越快
	存货周转率	存货周转率是指销售收入与存货余额的比率，它反映了企业存货的周转速度，影响企业的短期偿债能力，提高存货周转率可以提高企业的变现能力
	流动资产周转率	流动资产周转率是指销售收入与流动资产的比率，它反映了一定周期内流动资产的利用效率，企业流动资产周转率越高，则利用越好
	总资产周转率	总资产周转率是指企业一定周期的销售收入净额与平均资产总额之比，它反映了资产投资规模与销售水平之间配比情况，总资产周转率越高，说明企业销售能力越强，资产投资的效益越好

续表

财务评价指标		具体含义
发展能力指标	股东权益增长率	股东权益增长率是指股东权益本期增加与期初股东权益的比率。股东权益增长率越高，说明股东在一定周期内获得的权益越多
	资产增长率	资产增长率是指企业年末总资产的增长额与年初资产总额的比率，它反映了企业资产的积累能力和发展能力
	销售增长率	销售增长率是指企业本年销售收入增长额与上年销售收入总额的比率，它是衡量企业经营状况、市场占有能力、预测企业经营业务拓展趋势的重要指标，指标越大，则其增长速度越快
	净利润增长率	净利润增长率是指本期营业利润增长额与上年营业利润总额的比率，它反映了企业营业利润的增减变动情况，净利润增长率越高，则盈利能力越强
盈利能力指标	销售净利率	销售净利率是指净利润与销售收入的比率，它反映了每一元销售收入带来的净利润的多少。分析该指标，可以促使企业在扩大销售的同时，改进经营管理水平
	资产净利率	资产净利率是指净利润与总资产的比率，它反映了企业的获利能力和投入产出情况。资产净利率越高，说明企业利用全部资产获利能力越强
	总资产报酬率	总资产报酬率是指企业获得报酬总额与资产平均总额的比率，它反映了企业包括净资产和负债在内的全部资产的总体获利能力，是评价企业资产运营效益的重要指标
	营业利润率	营业利润率是指经营所得的营业利润占销货净额的比率。营业利润率在各个行业以及同一行业的各企业间差异很大，反映了一个企业或行业的营业效率
	成本费用利润率	成本费用利润率是指企业一定周期内的利润总额与成本费用总额的比率，它反映了每付出一元成本费用可获得多少利润，体现了经营耗费所带来的经营成果
	现金比率	现金比率是指现金资产与流动负债的比率。其中现金资产是流动性最强、可直接用于偿债的资产，包括货币资金、交易性金融资产等。现金比率反映企业的短期偿债能力，比率越高，偿债能力越强
偿债能力指标	流动比率	流动比率是指全部流动资产与流动负债的比值，流动比率越高，企业资产流动性越大。但是比率太大说明流动资产占用较多，影响经营资金的周转效率或获利能力
	速动比率	速动比率是指企业速动资产与流动负债的比率，速动资产是指可以在较短时间内变现的资产，包括货币资金、交易性金融资产、各种应收、预付款项等。它反映企业流动资产中可立即变现用于偿还流动负债的能力
偿债能力指标	资产负债率	资产负债率是负债总额占资产总额的百分比。它反映了总资产中有多大比例是通过借债来筹资的，是企业的长期偿债能力的重要评价指标

2. 人员管控

集团公司可通过对下属业务单元财务人员的管控，来实现对子公司的财务管控。财务人员管控方面，最常见的做法是母公司委派财务负责人到分子公司，财务总监有对子公司财务计划制定和执行的参与权和执行权，有对重大财务事项的签字权，这就是财务总监外派制度。

一般情况下，集团总部可以通过以下四种方式对子公司财务人员进行管控，即委派制、指导制、监督制和集中制。

①委派制。企业集团总部通过委派财务总监到子公司来管控子公司的财务状况。委派制是大多数企业集团采用的方式，委派的财务总监的人事关系、工资关系还留在总部，但是费用由子公司支付。

被委派财务总监的职责包括：在参与子公司重大经营决策的基础上，监控子公司日常的财务活动；监督子公司各类预算政策的执行情况，把集团总部关于结构调整、资源配置、项目投资等方面的决策精神贯彻落实到子公司预算中；审核子公司财务报告，定期向集团总部报告子公司的财务和资产状况；监督子公司财务信息的真实性和客观性；对子公司的财务会计人员进行业务指导，等等。

②集中制。这种方式下，财务部门独立于子公司运作，按照财务职责的分工设置，一般分为会计科、财务科和结算科，其人员的人事关系、工资福利关系在母公司，财务主管及以上人员由母公司选派，对母公司负责。

③指导制。这种方式下，集团对子公司的财务部门只是进行业务指导，管控力度较弱。指导制下，子公司总经理提名子公司财务负责人，由子公司董事会聘任或解聘；集团只能通过子公司股东会或董事会，对子公司财务负责人产生影响

④监督制。这种方式下，由子公司自行决定自身的财务部门设置和财务人员聘用，集团总部只是向子公司外派财务总监或财务监事，对子公司的财务活动进行监督。

3. 预算管控

企业集团预算管控，是以货币或其他计量形式反映的，有关集团未来某一特定时期的生产经营活动、投资决策活动、资产运作活动等各项指标的行动计划与相应措施的数量说明。可见，预算管控，对整个企业集团经营活动的过程进行事先的规划，是一种整体的经营计划，通过经营计划和经营预算来达成企业集团管控的目的。

（1）预算管控程序

预算管控的基本程序包括预算编制、预算执行、预算调控和预算考评，如图 8–4 所示。

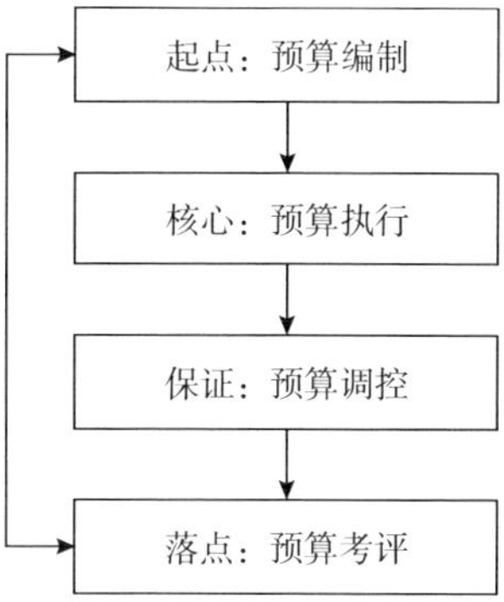

图 8-4　企业集团财务组织结构

（2）预算计划编制

经营计划是对战略计划的分解和转化，保证业务行为与战略目标能够紧密联系。在战略计划的指导下制定经营计划，然后根据经营计划制定相应的预算计划。预算计划是经营计划的财务转化和必要的资源分配过程，可将目标分解到基层，保证经营计划的执行。

预算计划编制的方法有两种，即：自上而下编制法与自下而上编制法。

自上而下编制法，就是依据企业集团的权力层次，按照集团总部董事会、集团总部经营层、预算管理委员会到各层次的预算执行组织或责任中心，直到具体岗位人员的顺序进行预算编制的过程。

自上而下编制预算的程序如下。

①集团董事会根据股东大会决议，并结合集团战略规划和同行业平均资本报酬率，提出预算年度应达到的基本预算目标和资本报酬率目标，制定考核与奖罚标准，提出预算管理基本政策。

②集团经营层根据董事会的要求，提出预算年度应完成的基本任务和应达到的指标值。

③集团预算管理委员会根据预算年度应完成的基本任务和应达到的指标值，编制集团年度预算（草案），提出各层次预算执行组织的主要任务和

责任目标，编制责任预算（草案），并制定相应的考核奖励标准。

④中层预算执行组织对责任目标开展可行性论证，并进一步将各项责任目标分解到下属各基层预算执行单位，制定相应的预算考核标准。

⑤基层预算组织同样对责任目标进行论证和分解，指导落实到车间、工段、个人，同时确定相应的考核指标。

⑥集团总部经营层与中层预算执行组织就任务目标进行专题论证。

⑦预算目标论证通过后，由集团董事会委托预算管理委员会编制正式的企业集团预算和责任预算，经集团董事会批准后，下达各层次预算执行组织正式实施。

自下而上编制预算的程序与自上而下正好相反，是从基层预算执行组织、中层预算执行组织、预算管理委员会、集团经营层，最后到集团董事会的编制过程，编制程序中每个环节的细节，与自上而下编制程序的各环节基本相同。

（3）预算的执行与调控

完成预算计划的编制后，接下来就是预算的执行与调控，通过管理活动将预算转化成预期的公司业绩。

预算的执行要以现金流量为重点，严格限制无预算资金预支，最大限度减少资金占用情况。部门经理和财务部门要根据部门预算对一切支出行为进行审核。对于一些成本较高、收益较小的预算，财务部门应采取总量控制的方法。

预算要保持一定的稳定性和连续性。预算在实施过程中需要定期编制预算执行情况报告，分析产生偏差的原因，对经营活动进行及时的调整和控制。如果市场情况发生重大变动，可以对预算进行调整，但对预算的调整要有详细的说明。

（4）预算考评

预算考评是对企业内部各级责任部门或责任中心预算执行结果进行的考核和评价，是管理者对执行者实行的一种有效监督和约束。预算考评包括两个方面，一是对整个预算管理系统的考评，二是对预算执行者的考核及其业绩的评价。

预算管理委员会是预算执行情况的考评机构，对各预算责任中心的预算执行情况进行考评。财务部门是预算考评的具体执行单位，负责考评工作所需信息的收集、整理和汇总，以及考评方案的提出。

预算考评的周期有长有短，可以分为月、季度、半年或年度。

4. 资金管控

企业集团资金管理的基本目标就是保持与经营活动相匹配的适度资金，平衡权益资金与借贷资金的平衡关系。集团总部负责决策整个集团的筹资和集团内部自有资金的分配，子公司负责管理自身生产经营活动所需要的周转资金。

（1）资金管控体系

完备的资金管控体系由现金管控系统、现金预测系统、筹资管控系统和投资管控系统等四个方面构成。

①现金管控系统。企业集团可通过建立具有类似商业银行的“内部银行制度”，进行集团内部资金管控。“内部银行”其实就是集团总部财务管理部门的内部资金管理机构，只不过是仿效了“商业银行”的信贷、利率和结算活动。因此，内部银行可以看成是内部信贷中心、内部资金调剂中心、内部结算中心和内部信息反馈中心。在内部银行制度下，集团下属子公司在内部银行开设账户，在规定的资金额度内向内部银行贷款，并偿付利息。由此，既实现了集团内部资金的最大化利用，也可以通过子公司在内部银行的交易活动，管控子公司的资金流向。

②现金预测系统。集团总部要基于对集团经营和投资活动的分析，对未来一段时间内集团整体的现金需求进行预测，判断集团自有资金的缺口有多大，并寻找可能的资金来源。

③筹资管控系统。企业集团可以通过银行贷款、证券市场融资、企业股利转让等方式筹集所需资金，筹资管控分为集权和分权两种情况。在集权模式下，完全由集团内部结算中心统一对外筹措，各子公司无权对外筹资。在分权模式下，子公司可在授权范围内对外筹资，但必须把筹集到的资金统一存入内部银行。企业集团在所筹资金来源构成方面，要科学合理

选择最佳的筹资组合，要考虑自身的偿债能力，减少筹资风险。

④投资管控系统。集团的投资活动主要是经营性投资活动，一般来说，企业集团的投资管控倾向于采用集中管控方式。集团总部控制投资总量，对投资项目进行审批，并且要控制投资方向，管控投资风险。为此，要做好投资前、投资中和投资后的各项管控工作。投资前要确定目标、制度和操作程序，投资中要严格按制度办事，投资后要进行持续的跟踪与考核。

（2）报账中心式资金管控

所谓报账中心式管控，是指集团总部通过报账中心对下属业务单元实现统一报账、统一收支，资金管控高度集中，一切现金收付活动都在集团总部管控之下。

报账中心式资金管控又分为统收统支和拨付备用金两种形式。

统收统支，对集团资金管控比较严格，集团下属子公司不能单独设立账号，所有现金都必须集中到集团总部财务部门，一切现金支出也都要通过集团总部的财务部门执行。统收统支一方面提高了资金的使用效率，但是也降低了子公司开源节流的积极性。

拨付备用金，是集团总部按照一定的期限拨付给下属业务单元一定数额的现金备其使用，下属业务单元的所有现金收入必须集中到集团财务部门，业务单元可以间隔一段时间、凭有关凭证到财务部门报销。这种形式下，子公司有一定的备用金使用决策权，但仍不能独立设置财务部门。

（3）结算中心式资金管控

所谓结算中心式管控，是指企业集团在内部设立结算中心，结算中心是一个独立运行的职能机构，可以办理集团下属子公司或分公司的现金收付和往来结算业务。在这种模式下，下属分子公司可以设立自身的财务部门，有独立的二级账户，有一定的财务管理权限。

（4）内部银行式资金管控

所谓内部银行式管控，即企业集团建立内部银行，引进商业银行的信贷与结算职能，完善集团内部的资金管理方式。具体来说，是将集团的自有资金和信贷资金统筹运作，在内部银行统一调剂，同时，吸收集团下属业务单元的闲置资金，调剂余缺，减少资金占用，提高资金使用效率。

内部银行具有信贷、结算、调控和信息反馈职能，是集团总部和下属业务单元经济往来的结算中心、信贷管理中心、资金信息反馈中心。

（5）财务公司式资金管控

财务公司属于非银行金融机构，具有独立法人地位。它除担任集团结算中心的职能外，还可以对外提供金融服务。

财务公司通过实现企业集团内部转账结算，加速资金周转；通过融资租赁和买方信贷，减少资金需求，解决集团内部产品购销问题；同时，财务公司还具有货币市场同业拆借功能，可以为集团解决短期融资问题，可以把闲散资金投资高回报项目，使资金运用效率最大化。

5. 成本核算管控

子公司成本核算分为两类，一是内销产品，即子公司销售给其他子公司的产品或半成品；二是外销产品，即子公司销售给企业集团以外的公司的产成品。可见，子公司的成本核算要增加一项“子公司半成品”项目。

子公司的成本核算方法可以采用定额成本法、平行汇总法和逐步结转法，要求必须按照内销产品和外销产品进行核算。

集团总部的成本核算对象是各子公司销售给集团公司以外的产成品。由于子公司半成品在集团内部核算时是重复计算，因此，子公司的半成品不是集团总部的核算对象。

集团总部的成本核算方法是还原法，即：平衡汇总各子公司成本报表，调整内销产品的成本，二次汇总报表，内销产品成本分配计入外销产品成本中，抵消重复项，完成成本核算。

6. 财务信息管控

在信息化时代，企业的财务管理活动越来越朝着信息化方向发展。一个好的财务信息管控体系，对提高集团企业的财务管控效率有很大帮助。随着信息技术的不断发展，企业集团实现财务信息的实时畅通已经变成现实，这大大提高了集团财务管控的效率。

（1）财务网络电算化

信息技术的发展，使得企业集团内部的财务信息可以高效、及时地相互传递。财务网络电算化主要实现的功能包括：可以同时录入多个子公司的记账凭证，提高处理速度；子系统间可以自动转账；便于快速查询各种财务数据；通过软件，可以很方便地生成财务分析报告。

（2）财务信息管控的内容

由于在管理观念、方式上面临着巨大的变革，许多企业集团还没有认识到财务管理信息化的重要性。鉴于财务管控遇到的诸多问题，企业集团主要从以下几个方面对财务信息进行管控。

①信息孤岛管控。企业集团业务流程多，组织结构复杂，集团各部门之间往往不愿及时提供相关信息，形成了一个一个的“信息孤岛”。由于财务信息分散，导致高层决策者无法获得准确的财务信息。企业集团要制定相应的财务信息管理办法，设置集团信息管控中心平台，集团各部门、各下属单位都应及时向该平台汇报财务信息，防止“信息孤岛”现象的发生。

②信息时间管控。企业集团各下属单位一般在地理位置上相对分散，因此，财务信息的汇总和分析等工作都无法在短时间内完成，这就导致集团高层决策者获得的财务信息相对比较滞后。企业集团要建设财务信息管控的硬件设备，使得集团各组织能够及时上传财务信息。

③信息审查管控。由于受到内部人为控制的影响，相当多的企业存在会计核算不准确、会计报表不真实的情况，财务信息的失真往往会掩盖集团的真实经营情况，影响高层决策者的正确判断和决策。企业集团要加强对各成员组织的财务信息监督和审查力度，通过多种渠道获取财务信息，对提供不真实财务信息的责任人要严厉处罚，确保财务信息的真实、准确。

（3）财务管控信息化建设

①基于管控模式构建财务信息化平台。企业集团的财务信息化建设，应以财务管控模式为基础，基于管控模式，进行预算、资金、成本、财务报告等信息子系统的建设，逐步实现资金流、物流和信息流的集成。

②财务与业务管理的一体化。财务管控的发展趋势是追求财务管理和业务管理的结合与一体化。采用统一的信息管理软件，统一的信息编码标

准，提高信息的利用率和整合程度。集成的信息系统可以实现财务数据与销售、供应、生产系统数据的共享，将财务管理与业务管理工作融为一体，实现财务管控对业务开展最大程度的支撑与协同。

③培养财务信息化建设的高端人才。企业集团要加强财务管理人员的会计电算化和计算机能力培训，培养既懂得财务专业知识，又熟悉信息化的财务电算人才，从而确保财务信息系统能够最大限度地发挥作用。

三、集团财务管控的组织保障

企业集团为了加强对业务单元的财务管控，需要从组织结构上予以保障，明确集团总部和各下属业务单元的财务管理权责。

1. 集团财务组织的特点

与单体企业相比而言，企业集团是多法人企业的联合体，其财务组织有其自身的特点。

（1）财务管理对象的多元性

正因为企业集团是由多个法人企业组成的联合体，因此，每个法人企业都是一个财务主体，可以进行各自的财务管理活动，从而形成了财务管理对象多元性的特点。

（2）财务组织结构的多层次性

企业集团的财务组织包括集团的财务总部、事业部的财务机构、子公司财务部等等，由此构成了财务组织的多层次性。

根据主体之间关系性质的不同，多层次结构又分为两种类型。

一是上下级关系。集团公司的财务总部与下属分公司或集团事业部之间的财务关系就是上下级关系，这种关系也是一种领导和被领导的关系。

二是非上下级关系。从法律意义上说，集团公司的财务总部与控股子公司的财务部门之间不是上下级关系，这种关系不存在上下级之间的行政命令，而是通过设定治理规则、制定规章制度、外派财务人员等多种方式来实现对子公司财务管理的干预和控制。

（3）财务管理权责的差异性

由前面两个特点可知，对于企业集团而言，不同管理层级的财务管理权责是有差异的。一般来说，集团公司的财务总部享有最大的财务权限，事业部和子公司的财务部门具有一定的财务权限，但要受到财务总部的控制。需要强调的是，财务管理主体拥有的管理权限要与承担的责任相匹配，做到责权对等。

2. 集团财务组织的设计原则

根据企业集团财务组织的特点，在进行财务组织设计的时候要注意以下两个原则。

（1）集分权适度原则

集团公司的财务总部集权过多，会影响子公司的财务管理积极性。相反，分权过多，则容易出现失控现象。因此，适度的集分权对于集团财务组织非常重要，一般来说，集团公司财务总部可以保留重大财务决策权，对于业务单元，根据其成熟度和管理的规范性适度分权。

（2）权责匹配原则

财务组织的设计中，也要注意责权匹配问题。集团总部给予子公司的财务权限大但承担的责任小，就容易产生滥用权力的现象。反之，如果子公司的权限小但承担的财务责任大，也会影响到子公司业务目标的达成。因此，应该保持财务管理权限与职责的有机匹配。

3. 集团财务管控模式的选择

根据企业集团内部财务权力和责任的不同划分方式，企业集团的财务管控模式有以下三种类型可供选择。

（1）集权型模式

在这种模式下，集团总部掌控着财务决策权，集中控制和管理集团内部的财务管理活动，并做出相应的决策，所有子公司都必须严格执行集团总部的决策，且只负责短期财务规划和日常财务管理活动。

在财务决策方面，集团总部是财务决策中心，子公司是财务执行中心；

在财务管理方式方面，集团总部采用直接管理为主、间接管理为辅的方式；在财务信息方面，集团总部希望尽可能多地掌握财务信息，采取各种措施实现财务信息集中管理；在财务协同方面，集团总部希望集团财务协同效应最大化，采取各种方法提高财务协同效应，必要时会损害某些子公司的利益；在财务人员安排方面，由集团总部向子公司外派财务机构或核心财务管理人员。

集权型财务管控模式的管理效率较高，企业信息在纵向传递较为充分，且有利于发挥母公司整体的财务调控能力与资源整合优势，进而降低资金成本，统一调剂集团资金，从而取得规模效益。但是该模式也存在一些问题，如：因决策信息不灵而带来的低效率问题；由于总部的包办，制约了下属单位财务管理的积极性与创造性；难以快速适应复杂多变的经营环境，等等。因此，这种模式主要适用于以下情况：①企业集团的规模不大且处于组建初期，需要通过集权来规范子公司的财务行为；②子公司对于集团整体的重要性，使得母公司不能对其进行分权，如子公司是母公司的原料供应和采购单位；③子公司的管理效能较差，需要母公司加大管理力度进行扶持。

（2）分权型模式

在这种模式下，集团总部只保留对子公司重大财务事项的决策权或审批权，子公司相对独立，日常财务管理事项的决策权与管理权下放到子公司，集团总部不直接干预子公司的财务管理活动，子公司只需将决策结果提交集团总部备案即可。

在财务决策权方面，子公司在资本融入及投出和运用、财务收支、费用开支、资金运用、职工工资福利及奖金等方面均有充分的决策权，并根据市场环境和公司自身情况做出决策；在财务管理方式上，集团总部不采用指令性方式来干预子公司的财务活动，而是以间接管理为主，侧重于业务指导；在财务信息方面，集团总部不追求财务信息集中管理，各业务单元可以建立独立的财务信息系统；在财务协同方面，集团总部不追求财务协同效应最大化；在财务人员安排方面，子公司拥有较大的财务人事权利，可自主进行财务人员的选聘和管理。

分权型财务管控模式，能够促使集团将管理资源投入到最重要的事项，且各子公司拥有财务自主权，财务决策周期短，能够较好地适应市场变化，有利于激发下属单位的工作热情和创造性，提高经济效益。但是该模式也存在很多问题，如：易形成各下属单位各自为政的局面，难以产生财务协同，难以统一指挥，信息分散、信息不对称现象时常发生。同时，由于监管难以到位，容易导致经济活动不规范、成本开支失控、财务监督不力、内部人控制等问题，增加了集团的财务风险。

因此，该模式往往适用于资本经营型企业集团和某些对集团没有重要影响的下属公司。

（3）中间型模式

中间型模式介于集权模式和分权模式之间。集团公司财务总部通过关键点而不是全过程控制子公司的财务管理活动。这些关键点包括财务人员控制、资产管理控制、重大资金调度控制等等。

中间型财务管控模式吸收了集权和分权模式的优点，既能够发挥企业集团的整体优势，便于集团宏观调控与指导，又能够使下属企业结合自身特点灵活决策，有利于调动下属公司的积极性与创造性。

集权与分权是相对的，没有绝对的定量指标来衡量。企业集团应根据外部环境和竞争需要，结合集团自身经营情况、组织机构特点、财务运行模式、环境差异性等多种因素，选择适合自身特点的管控模式。一般而言，选择财务管控模式要考虑以下三种因素。

①企业发展阶段。企业发展有其内在成长规律，按照企业生命周期理论，企业依次会经历初创期、成长期、成熟期以及再生期等阶段，在企业发展的不同阶段，其表现出的特征也不同，下属单位数量、经营规模、产品及服务种类、资源数量等均有差异，进而影响到财务管控模式的选择。

在初创期，集团企业主要经营风险表现在：规模效益不明显，单位产品的成本较高；市场份额具有较高的不稳定性；发展规划不明确，核心竞争力不强；融资困难等。在此阶段，为了更好地聚合集团的资源优势，应采取集权型财务管控模式，强调集中管理。

在成长期，集团企业往往需要大量投资，现金流紧张；市场竞争激烈；经营风险依然很高。在此阶段，为了稳固发展，集团应采取偏集权的财务管控模式。

在成熟期，企业市场份额趋于稳定，市场接近饱和，不再依靠价格竞争，如何降低成本成为企业成功的关键要素。在此阶段，为充分发挥下属单位的灵活性与主动性，集团应适当放权，采用偏分权的财务管控模式。

在再生期，集团企业的市场往往处于萎缩趋势，投资相对不足；新的产业定位需要持续探索，未来经营风险升高。在此阶段，集团资源需要集中分配，又适宜采用相对集权的财务管控模式。

②集团战略。企业集团整体战略按照其所处的生命周期，可以大致分为扩张型战略、稳定型战略和收缩型战略。初创期和成长期适用扩张型战略，成熟期适用于稳定型战略，再生期适用收缩型战略。相应地，集团的财务管理模式也应随着集团战略的不同而有所调整。

在扩张型战略实施阶段，适宜采用相对分权的财务管理模式，有利于促进子公司积极开拓市场；在稳定型战略实施阶段，适宜采用平衡型财务管控模式，充分下放经营权限，给予下属单位发展空间；在收缩型战略实施阶段，适宜采用相对集权的财务管控模式，有利于集团重新配置资源和重新定位。

③集团管控模式。财务管控是集团管控的重要组成部分，财务管控模式的选择会随着集团管控模式的不同而不同。

战略管控型集团管控模式，集团总部是战略决策中心，以进行集团总体战略控制和协同效应培育为主要目标，总部对下属单位采用有控制的分权政策，该模式下的集团财务管控适宜采用平衡型财务管控模式。

财务管控型集团管控模式，集团总部是投资决策中心，对下属单位以财务指标为主要考核方式，下属单位只要完成总部要求的盈利和投资指标即可，无需将生产经营情况实时上报。因此，分权型财务管控模式较为适用。

运营管控型集团管控模式，集团总部以经营决策中心和生产管理中心的形式存在，集团对下属单位采用较强的干预方式，对下属单位进行集中控制和管理，直接参与下属单位的生产经营活动。该模式下，集团财务管控适宜采用集权型财务管控模式。

4. 集团财务组织与权责分配

企业集团比单体企业复杂，因此，其财务组织结构也较为庞大。企业集团财务组织可以从四个层次来划分：集团总部董事会、集团财务总部、财务结算中心或财务公司、事业部财务管理部或子公司财务部，如图 8–5 所示。

细化的财务部门的组织结构如图 8–6 所示。

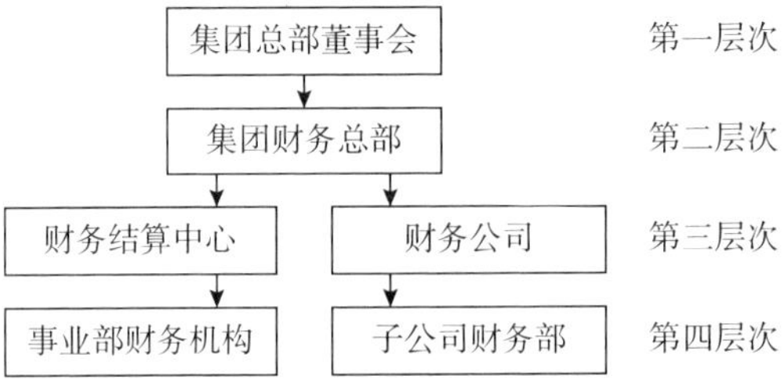

图 8-5 企业集团财务组织结构

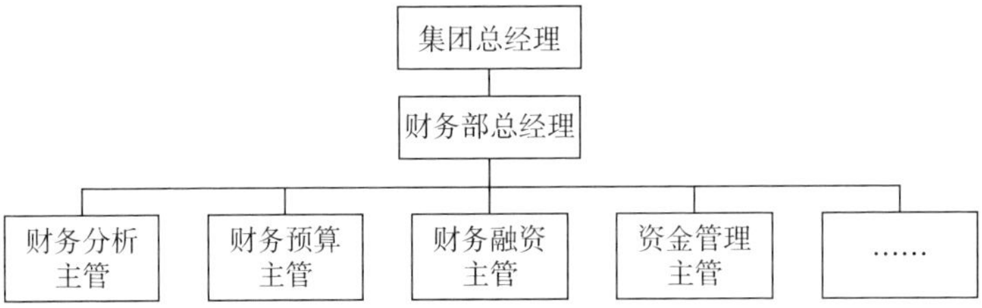

图 8-6 财务部门的组织结构

下面分别讨论每个集团不同级别财务部门的权责配置。

（1）集团董事会

集团董事会是集团对内掌管集团事务、对外代表集团经营决策的机构。它的决策直接影响到企业集团的财务管理工作。董事会在集团财务管理方面的主要职能包括：

①制定企业集团的财务战略和财务政策，拥有财务战略和政策的调整变更权、解释权和监督实施权；

②选择、设置、调整财务管理体制和财务组织机构；

③聘任、委派、解职集团总部和子公司的高层财务管理人员；

④拥有对重大财务活动特别是关乎集团战略目标与股权结构等重大问题的财务活动的决策力；

⑤拥有对例外财务事项的处置权。

（2）集团财务总部

集团财务总部是集团财务管控活动的组织者和领导者，它是集团的一个职能部门，财务总部的主要负责人一般是主管财务工作的副总经理或总会计师。集团财务总部的主要职能包括：

①协助董事会制定财务战略、财务政策、基本财务制度，为重大投融资活动及利润分配提供信息，并进行财务决策；

②在集团董事会的直接监督下，负责集团整体的财务战略和政策的组织、实施、协调与监控工作；

③负责集团财务预算的编制、实施与监控；

④规划集团最佳资本结构，并规划、设计资本来源渠道；

⑤检查、监督与考核各层次财务机构对财务战略、政策和预算的执行情况，建立基于财务的绩效衡量标准并实施业绩考核，向集团董事会汇报；

⑥强化财务风险监测，做好危机预警工作，建立财务风险监测和危机预警体系，防止发生集团整体的财务风险。

（3）财务结算中心

财务结算中心是企业集团的财务融通机构，是集团财务总部设置的专为集团下属业务单元现金收付以及往来业务款项结算的职能部门，财务结算中心设立的目的是强化总部对集团现金流转的控制，并在此基础上谋求财务协同效益。财务结算中心的主要职能包括：

①充当集团的内部银行，执行相当于商业银行的结算、信贷、调控职能，对集团内部各组织的现金实施中介服务、监督控制、业绩考核和信息反馈；

②集商业银行的金融管理和企业的财务管理功能于一身，贯彻集团总部的资金管理政策（如内部存贷款利率、额度等），通过结算管理和信贷管理对集团内部的资金进行融通和调剂；

③发挥资金信贷中心、资金监控中心、资金结算中心和资金信息中心等多项财务管理职能。

（4）财务公司

财务公司本质上是金融公司，是为企业技术改造、新产品开发及产品销售提供金融服务，以中长期金融业务为主的非银行机构，其成立必须经中国人民银行批准。我国的财务公司大多是由企业集团内部集资组建的，属于非银行金融机构。财务公司主要经办集团成员企业的信贷业务、结算业务和同业拆借业务，发行债券，以及经批准在境外从事外汇及有价证券交易等。财务公司也是企业集团的成员企业，但金融业务方面受中国人民银行的管理和监督。

财务公司的主要职能包括：①具有独立的法人地位，具备财务结算中心的基本职能；②具有对集团外部投资和融资的功能，是企业集团资金的调剂枢纽；③接受集团财务总部的领导，但它们之间的关系不是上下级隶属关系，财务总部主要负责制定财务公司的发展规划、规章制度、业务目标，对财务公司的核心人员进行推选、委派和管理，对财务公司与集团内各企业的合作进行协调和安排。

（5）事业部财务管理部

事业部财务管理部是对企业集团下属事业部的财务进行管理的机构，它与集团财务总部是上下级隶属关系。

事业部财务管理部的主要职能如下：①负责事业部财务战略预算的编制、上报，并组织实施；②贯彻执行集团总部的财务战略和财务政策；③负责考核事业部下属子公司或业务单元的财务运作过程；④负责规划和调控事业部内部的资金配置。

（6）子公司财务部

子公司财务部是子公司的职能管理部门，而子公司具有独立法人地位，这就要求集团对子公司财务的管控首先必须符合《公司法》的要求，要通过子公司的董事会而非直接下达指令到子公司财务部。当然，子公司财务部也需要遵循集团总部的财务战略指导与财务制度要求。子公司财务部的主要职能包括：①在集团财务总部的领导下，执行集团的财务战略和政策，组织子公司自身的财务管理工作；②维护子公司作为独立法人的地位，进行权限内的财务决策、财务运作、风险控制和业绩评价等活动。

需要说明的是，如子公司规模较小，业务简单，又与母公司联系紧密，经子公司董事会批准，子公司可不设专门的财务部，而授权委托集团财务总部、财务结算中心代行其职能。

四、集团财务管控制度

集团财务管控制度是企业集团针对财务管控和财务工作制定的制度，它以财务管控模式为基础，财务权力和责任划分为核心，按照集团董事会、集团财务部门、事业部财务部门、分子公司财务部门四个层次，根据业务需求、管控模式、与最佳实践，设计各项工作流程。

通过制定统一的财务会计制度，集团总部可以规范下属分子公司的重要财务决策和财务处理程序，及时了解下属机构的经营情况和财务情况，有效控制财务风险，实现集团财务资源的最大化利用。

需要说明的是，集团财务管控制度的制定要符合国家有关法律、法规的要求，要符合公司法、财务会计准则的要求，要结合集团公司和下属业务单元的业务实际，同时，要考虑与风险管理和内控体系的有效衔接，因为上述体系的核心部分恰恰是财务管理。

（1）制定集团财务管控制度的原则

制定集团财务管控制度，要遵循一定的原则，包括：

①合法性原则。企业集团要在国家法律、法规允许的范围内制定财务管控制度。

②全面性原则。要从集团公司全局出发，充分考虑财务工作的各个方面，综合考虑短期和长期规划，全面制定财务管控制度。

③经济性原则。集团的财务管控制度要能够提高集团公司的财务管理水平和经济效益，要避免由于体系本身而带来的过高的管理成本。

④稳定性原则。集团的财务制度要保持连续性和一致性，虽然允许根

据外部环境进行调整，但总体要保持财务管控制度的稳定性。

⑤实用性原则。集团的财务管控制度要有较强的可操作性，要能够具体应用于实际工作。

（2）基本财务会计制度

有关会计核算方面的基本制度应包括会计核算体制，会计政策，会计科目名称、编码及使用说明，辅助核算项目及说明，会计报表的种类、格式及编制说明等。

有关财务管理方面的基本制度应包括内部财务管理体制和管理办法，货币资金管理，结算管理，存货管理，投资管理，资产管理，收入管理，成本管理，盈利及利润分配管理，财务会计报告与财务评价管理等。

（3）成本费用管理制度

成本费用管理制度主要包括费用报销管理办法，成本核算办法，成本计划、控制管理办法，成本分析管理办法、成本费用考核管理办法等。

（4）收支审批报告制度

收支审批报告制度主要包括财务收支审批管理办法，重大项目支出审批与授权审批制度，重大财务事项报告制度等。

（5）综合性财务管理制度

综合性财务管理制度主要包括账务处理程序，预算管理制度，会计稽查制度，内部控制制度，财产清查制度，财务分析制度，会计档案管理办法，会计电算化管理办法，财务工作交接管理办法，下属业务单元财务会计管理办法等。

（6）财务机构和人员管理制度

财务机构和人员管理制度主要包括财务管理分级负责制度，会计核算组织形式，财会人员岗位责任制度，财会人员岗位轮换管理办法，财会人员委派管理办法，财会人员业务考核办法等。

（7）经济责任考核制度

经济责任考核制度主要包括经济责任制度，经济责任考核办法，领导干部离任经济责任审计制度，责任追究与处罚制度等。

案例8-5 华能集团的财务管控体系

一、中国华能集团有限公司简介

中国华能集团有限公司（简称“华能集团”）创立于1985年，是经国务院批准成立的国有重要骨干企业，注册资本200亿元人民币，主营业务为：电源开发、投资、建设、经营和管理；电力（热力）生产和销售；金融、煤炭、交通运输、新能源、环保相关产业及产品的开发、投资、建设、生产、销售；实业投资经营及管理。

华能集团以电力建设为中心，以能源、原材料等基础产业开发为主导，实行产业、金融、技术开发、贸易相结合的综合发展模式，集团由核心企业（中国华能集团公司）、产业公司、区域分公司和区域子公司组成，同时还直接控股多家海外分支机构和海外公司。其中，华能国际电力开发公司和山东华能电力开发公司两家子公司先后于1994年在纽约证券交易所挂牌上市。

华能集团是由母子公司间的产权纽带相连接的企业集团。其中，华能集团公司为该集团的核心企业，其组织机构有办公厅、规划发展部、预算与综合计划部、运营协调部、财务部、资本运营与股权管理部、基本建设部、人力资源部、国际合作部、审计部、监察部等部门。

二、华能集团的财务控制

华能集团从建立之初就建立了比较清晰的产权关系，集团内部可以分为三个层次：中国华能集团公司（母公司）、成员公司（子公司）和下属生产经营单位。华能集团公司从1997年初由国家电力公司组建后，成为国家电力公司的全资子公司；华能集团各专业成员公司和各地分公司所属的地方实业公司是华能集团公司的全资子公司；集团公司和各成员公司向下投资设立了一些全资、控股和参股的直接生产经营企业。

第一层次的集团公司是华能集团的决策中心和资产运作中心；第二层次的成员和各地实业公司起着专业化发展、职能化经营和对生产经营企业进行监督管理的作用，并且有一定的投资功能；第三层次的企业是直接生产经营单位，不具有对外投资功能，只能从事生产经营业务。

中国华能集团对其子公司既给予一定的灵活性，又实行必要的监控。母公司对子公司的财务控制主要体现在三个领域。

①筹资控制。集团各成员企业的筹资由集团母公司统一规划，子公司筹集的资金金额较大时必须经母公司审批。

②投资控制。项目投资金额超过一定限额，需要母公司批准。

③财务业绩控制。每年进行业绩评价，财务业绩从三个方面来评价：利润、净资产收益率和经营活动中产生的现金流量。

三、华能集团财务控制的分析

1. 抓住财务控制的核心

华能集团是通过资本产权关系同下属公司联系在一起的集团公司，集团公司从筹资、投资和业绩三个方面着手对下属公司实施控制，抓住了财务控制的核心环节，使得下属子公司的关键财务活动都在集团母公司的控制之下。

2. 筹资控制

关于筹资控制，母公司进行集团资金统一规划，限制子公司任意对外负债筹资，降低了筹资风险，从源头加强了资金的控制，有利于企业集团维持一个合理的财务结构。

3. 投资控制

关于投资控制，母公司对新项目资本支出进行审批，限制资本支出水平。同时，通过加强对新项目的了解程度、对项目投资价值的判断能力、组建具有富有经验的专业人才队伍、规范审批程序，加强对项目风险的识别与控制能力。

4. 财务业绩控制

在财务业绩控制方面，母公司主要通过对经营单位定期编制的利润、净资产和现金流量等指标的报告来监管下属公司的财务业绩。这种监控的优点是，母公司很容易对各个下属公司进行比较，为评价每家下属公司的盈利性、现金利用率和资源运用效率提供了准确的基础。

总体而言，作为一家后期通过资产划拨组建的企业集团，华能集团通过科学识别财务管控的核心点，建立适度的财务管控体系，实现了对集团全部企业的分类管控，加强了对各级公司主要财务活动的控制能力，使得集团整体的财务管理水平有了显著的提高。

第七节 资产管控子体系

由企业集团在以往的交易中形成的，能够给集团带来经济利益的资源就是企业集团的资产。资产是维持企业正常经营活动、获得经济利益的基础，也是企业未来发展的物质资源和条件，因此，对于资产的管控，是一项重要的管理活动。

一、资产管控的基本内容

资产管理是指通过对资产开展评估、配置、使用、保全、投资等活动，确保资产安全，提高资产利用效能，使得资产在使用过程中保值及增值的管理活动。

资产管理的对象范围很广泛，不仅包括企业占用的经营性有形资产（如场地、设备、资金等），还包括企业所拥有的无形资产（如商标权、专利权等）。

资产管控，是指集团与下属企业基于资产管理工作的职责、权限划分与关键控制活动。

（1）集团总部的资产管控

集团总部负责制定集团的资产管控规划、资产管控规章制度，并监督总部和下属业务单元的资产管控执行情况。由于资产管控的前提是对资产的拥有和控制，因此，集团总部要对不同集团资产采取不同的管控模式。

对于经营性的实物资产，集团总部可以采用授权管控模式。总部除了负责总部直接管辖实物资产的管理工作外，还要为下属业务单元制定合适的实物资产管理规章制度，指导下属业务单元的实物资产管理工作，监督其执行过程。

对于货币资产，集团总部可以采取集权的管控模式。由总部制定货币资产的管控规章制度，并由总部的相关部门执行，也可通过外派管控人员的方式，对下属业务单元的货币资产进行管控。这方面的内容详见财务管控体系的有关描述。

对于无形资产，集团总部可以根据实际情况采用集权或分权的管控模式，如集团品牌资产的管控。

如果企业集团采用的是单一品牌战略，集团品牌管理的好坏直接影响到全集团的运营和发展，那么就要采用集权的管控模式，从品牌管控的战略、政策到监督都由集团总部负责，下属业务单元仅仅需要执行总部的决议。

反之，如果企业集团采用的是“一主多辅”的品牌战略，就可以采用分权的管控模式，集团总部负责主品牌的规划、使用和监督，下属业务单元可以对各自负责的辅助品牌拥有一定的经营决策权，只在业务方面接受总部指导和监督即可。

（2）业务单元的资产管控

业务单元可以根据情况决定是否设立独立的资产管理部门，或将该部门的职能分设在财务、品牌等部门之内，但都应在集团资产管控政策框架内开展工作。对于资产规模较大的业务单元，可以在集团总部的政策之下，建立、细化自身的资产管理制度。在资产管理方面，业务单元要接受总部财务、审计等多个部门对资产及其运用的审计和监督。

二、集团资产管控体系

资产管理的对象包括实物资产、货币资产和无形资产，但侧重于经营性实物资产的管理，货币资产、无形资产在财务管控、品牌管控方面已有论述。通常来说，集团公司的资产管控体系包括资产战略管控、流动资产管控、固定资产管控、无形资产管控和资产处置管控等内容。

1. 资产战略管控

资产战略是企业集团进行资产管控的指导方针，通过资产战略管控，集团能够明确自身采取的资产管控模式，以及具体开展资产管控的规划、目标与路径。

（1）资产管控模式选择

企业集团可以根据所处的发展阶段选择不同的资产管控模式。当集团处于发展初期和快速扩张期时，下属业务单元的管理能力不强，可以采用集权的资产管控模式，集团总部严控企业资产；当企业集团进入稳定发展状态，资产的增加不再快速和显著，资产管理逐步进入规范阶段，这时，就可以采用集 / 分权相结合的资产管控模式，集团总部统筹整个集团的资产管理，但通过科学划分标准，将标准以下的资产交由业务单元管理，标准以上的由集团总部集中管理。

（2）资产战略规划

企业集团是集团资产管控的顶层平台，要为集团整体和各业务单元确立资产战略规划和管理机制。总部要从集团层级、业务单元层级对资产管理的方向和目标、管理政策、管理计划、管埋指标等进行规划。

业务单元的资产战略可由各业务单元自行制定，报集团总部审核。资产战略管理计划的制定可以自上而下逐级分解，也可自下而上汇总制定。

2. 流动资产管控

流动资产，是指企业可以在一个营业周期内变现或运用的资产，通常所指的营业周期为一年。流动资产对于企业的日常运转非常重要，当企业需要在经营活动中采购产品或服务的时候，需要支付流动资产；企业日常管理费用的支出，也是使用流动资产。有人形容流动资产就是企业“流动的血液”，一旦血液缺乏了或者在某一个环节造成了拥堵，就会导致血流不畅，企业也就无法正常运转下去。现实中的很多企业，在倒闭的时候并非资不抵债，而恰恰是现金流发生断流。

流动资产中，最主要的部分是货币资金、应收账款和存货。

（1）货币资金管控

货币资金，也称流动资金，包括现金、银行存款和应收票据等，是集团流动性最强的资产，可以很方便地转换成其他类型的资产，但其他类型资产却不能够快速转为货币资金。有没有充分的流动资金，直接决定了企业能否如期支付供应商的货款、员工的工资以及房租水电等基本费用，也可以说，直接决定了企业能否继续开门运转下去。正是鉴于货币资金这种特性，企业集团必须要加强对它的管控，以确保企业的经营安全。

①货币资金预算管理。货币资金预算是企业集团控制日常货币资金流动的重要方法，也是集团总部管控下属业务单元货币资金使用的重要手段。集团总部和下属业务单元都要建立资金预算管理制度，只有纳入预算的项目，才能支付货币资金。货币资金预算制度，增加了下属业务单元资金运行的透明度，从制度上防止了业务单元挤占和挪用货币资金、突发性使用货币资金的现象。

编制货币资金预算要从下属业务单元开始。首先，下属业务单元根据自身的业务预期和生产状况等因素，由财务部门主导，销售、采购和其他直接参与资金支付业务的人员参与，开始编制资金预算并逐级上报审查；其次，资金预算经业务单元各部门的研究、商讨、综合平衡后，报业务单元管理层批准，形成预算草案；第三，集团总部财务部门审核、汇总业务单元的货币资金预算，征求相关部门的意见后，报集团管理层批准，根据集团管理层的意见进行修订后，下发各业务单元执行。

②货币资金支付管理。集团总部要控制下属业务单元的货币资金支付管理活动。总部可以设定一个资金支付管理的限额，低于此限额且在预算范围内，实行备案制，集团下属业务单元可自行进行货币资金支付，只需要把相关信息在规定工作日内上报。如果支付金额高于此限额，即使在预算范围内，也要实行二次审批，集团总部按照程序对支付申请进行审批，对不满足支付条件或暂时不满足的申请，可以拒绝支付或暂缓支付。

③货币资金内部控制管理。货币资金是直接可以转移并使用的资金形

式，因此，对其安全性管理要提升到较高的层次。具体来说，企业集团要依据国家法律法规的规定和要求，完善单位内部货币资金控制制度，规范会计行为，健全监督制约机制。同时，要对下属业务单元的货币资金管理及其内控机制进行设计、规范和有效监督，严格控制其在预算安排、计划管理、支付过程、现金保管、领取使用、借用归还等方面的操作规程，制定严格的流程与制度，明确核准权限、方式方法、审批程序、责任归属等内部控制要点。

（2）应收账款管控

应收账款是企业因销售产品、材料、提供劳务等业务而应向购货方、接收劳务方收取的款项。企业集团要密切关注各业务单元的应收账款情况，制定合理的管理办法，使业务单元做好应收账款的事先预防、事中监督和事后回收工作，以保证整个集团的应收账款处在一个合理的水平，尽可能减少坏账损失，降低企业经营风险。

①集中管理应收账款信息。集团总部要对下属业务单元的应收账款信息进行集中管理。当下属业务单元出现应收账款时，要把信息上报给集团总部。集团总部汇总应收账款信息后，根据设定指标对应收账款进行控制，例如，根据应收账款的账龄分析，确定需要及时催收的账款；对账龄太长的应收账款，要提前进行减值准备，做好法律解决的准备工作。

②加强应收账款内部控制。集团总部和业务单元都要指定专门部门或专人负责应收账款的统计、催收和监督工作。尤其是业务单元，要及时准确地把应收账款信息反馈给总部，便于集团总部掌握，及时采取对应措施。

③实施集团应收账款坏账准备制度。企业遇到坏账损失，在所难免。站在财务的角度，要遵循稳健性原则，提前估计坏账损失的可能性，建立弥补坏账损失的准备制度，计提坏账准备金。一般来说，超过一定期限的应收账款，很大可能已变成坏账，因此，一方面要加快应收账款的催收，另一方面，一旦应收账款超期，要及时进行坏账计提。形成坏账准备，并不表明已经放弃收款的努力，仍应该尽一切可能进行催收。

（3）存货管控

存货是指企业在生产经营过程中持有的以备销售的产成品或商品，处于生产过程中的半成品，以及在生产过程或提供劳务过程中耗用的材料、物料等。存货的存在必然会占用企业大量的流动资金，因此，企业要对存货进行合理管控。

①降低存货库存量。由于存货会占用流动资金，集团及其下属业务单元可以采用ABC分类法对存货库存量进行管理。ABC法把存货分为A、B、C三类，A类存货品种占全部存货的10%~15%，但其资金占用量却高达80%，这类存货要实行重点管理；B类存货品种占全部存货的20%~30%，资金占用量为15%，这类存货实行日常管理；C类存货品种占全部存货的60%~65%，资金占用量为5%左右，这类存货实行一般管理。ABC分类法可以有效控制存货量，加快资金周转，减少资金占用。

②加强原材料的集中管理。集团总部可以对下属业务单元所需的原材料进行集中管理，及时、动态地掌握业务单元的原材料使用情况，合理安排采购计划，通过集中采购和集中发放原材料的方式，减少库存、降低采购成本、降低资金占用。

3. 固定资产管控

固定资产，是指使用期限超过一年的，为生产商品、提供服务而持有的单位价值较高的有形资产，例如房屋、建筑物、机器、机械、运输工具及其他生产经营有关的设备、器具、工具等，固定资产是企业的劳动手段，也是企业赖以生产经营的主要资产。

（1）固定资产实物管控

由于固定资产投资额大、使用时间长，企业集团可以采用相对集中的管控方式进行管理。

企业集团的固定资产采购实行预算管理制度。业务单元不得自行采购固定资产，在有固定资产使用需求时要提出预算申请，由集团总部批复预算。对于采购数量较大的固定资产，集团总部可以通过招标等方式集中采购，然后统一下拨各业务单元。

企业集团要对购入的固定资产建立验收制度。固定资产要实施现场验收，要详细记录验收过程和结果，并有责任人的签署意见。要对固定资产进行编号管理，并保持与会计核算系统相一致。验收结果要及时反馈给采购部门。

使用部门要对固定资产进行日常管理。通常，业务单元是固定资产的使用部门，因此，固定资产的日常维修、保养和保管工作，责任在业务单元，节约修理费用，保持固定资产的使用能力，延长固定资产的使用年限，也是业务单元的责任范围。

集团总部控制固定资产的报废程序。使用部门提出固定资产报废后，由集团组织技术人员对固定资产进行实物鉴定，确实需要报废的，由实物资产管理部门和财务部门按相关程序办理报废手续。

（2）固定资产账务核算管控

集团总部要按照相关会计准则对固定资产进行账务核算管控。企业集团要合理划分固定资产的标准，根据新版《事业单位财务制度》规定，使用期限超过 1 年（含 1 年），单位价值在 1000 元以上（其中专用设备单位价值在 1500 元以上），并在使用过程中基本保持原有物质形态的资产，均可视为固定资产。企业应结合相关会计准则要求，合理判断企业固定资产的范畴。

固定资产在使用过程中必然会面临磨损或技术落后的情况，因此，企业集团要对固定资产进行合理的折旧。固定资产折旧额，是指固定资产在使用过程中逐渐损耗而转移到商品或费用中去的那部分价值。所谓固定资产折旧，就是在固定资产使用期限内，按照确定的方法对应计折旧额进行的系统分摊。

一般来说，企业集团应根据固定资产的性质和损耗范式制定折旧方法，由于折旧年限直接影响到企业的费用和利润，因此，对于折旧方法的选择是一项重要的财务决策，必须由集团总部审议批准。方法一经确定，一般不会随意更改。固定资产的折旧方法很多，主要方法包括年限平均法、工作量法、双倍余额递减法和年数总和法。

企业集团应当在每年年终对固定资产进行检查，对于由于损坏、技术落后、长期闲置等原因无法正常发挥作用、可回收金额低于账面价值的固定资产，应将可收回金额低于其账面价值的差额，计提固定资产减值准备。

4. 无形资产管控

无形资产是比较特殊的一类资产，是指企业集团所控制的、不具有实物形态但对生产经营长期发挥作用且能带来经济利益的资产，通常包括专利权、商标权、著作权、特许权、土地使用权等等。像有形资产一样，无形资产同样能够为企业带来经济利益，对于知名企业、科技创新企业来说，品牌价值、科技专利的价值，甚至远远高于企业的实体价值。正如美国可口可乐公司前董事长罗伯特·伍德鲁夫所说：只要“可口可乐”这个品牌在，即使有一天公司在大火中化为灰烬，第二天早上新闻媒体的头条消息也会是：各大银行争着向“可口可乐”公司贷款。

（1）无形资产的产权管控

无形资产的产权，是指对无形资产占有、使用、收益和处分的权利。对于无形资产的产权，企业集团应该采用集权的方式进行管控，即总部拥有无形资产的产权，授予下属业务单元使用无形资产。以先进技术为例，集团总部通过统一的研发平台进行技术研发，研发成果的产权属于集团总部，但总部并不使用，而是授权各业务单元使用。

（2）无形资产的经营管控

无形资产的有效经营，有利于充分发挥其价值，使企业价值得到提升。企业集团可以通过转让、租赁、质押、特许经营、对外投资等方式，对无形资产进行经营管控，充分发挥无形资产的价值，为企业带来经济利益。

一般来说，集团总部拥有无形资产的经营权，各业务单元不得独立对集团所拥有的无形资产进行转让、租赁、特许经营，如果确实需要转让或租赁无形资产，也需要向集团总部提出申请，经总部允许后方可开展。

（3）无形资产的会计管控

无形资产的定价也要遵循等价交换、合理定价的原则，不同的无形资产有不同的计价原则。例如，专利权等无形资产要考虑其保护期限的问题，专利使用期限会影响对其计价的高低。租赁权、版权、商标权等无形资产，可以采用以其使用后可在近期和未来创造效益的计价原则。场地使用权等无形资产，可以采用实际成本的计价原则。引进专有技术租赁权，可以根据国际管理和市场行情，采用合同定价的原则。企业集团要制定详细的无形资产定价原则、方法和程序，并监督业务单元的执行情况。

无形资产在使用过程中也会发生减值，因此，也要对无形资产进行摊销，摊销的方法由集团总部制定，业务单元据此执行。集团总部要对各业务单元无形资产的摊销情况进行汇总，每年年末要检查一次，保证无形资产的账面价值能够反映其实际价值。

5. 资产处置管控

资产处置，是指资产所有者转移、变更和核销其占有、使用资产的部分或全部所有权、使用权，以及改变资产性质或用途的行为。资产处置的主要方式包括出售、抵押、置换、报废以及将非经营性资产转为经营性资产等。企业集团的资产处置管控要坚持逐级申报、总部审批的原则。

（1）资产处置的管控权限

资产处置涉及对资产的变卖、报损、报废、出售等处理行为，其依据是集团财务体系中的资产处置管理制度。

集团总部要明确资产处置权限的划分，依据资产种类和金额大小划分资产处理的分级审批权限。限额以上的资产要经过集团总部的批准后方能处置，未经批准业务单元不得擅自处理；限额以下的资产，经集团总部备案后，业务单元可进行处置。

由于资产处理业务较为复杂，集团总部应制定应用性较强的资产处理操作细则，具体明确不同资产的处理形式、程序、权限和责任，减少资产处理的随意性，使业务单元的资产处置操作有章可循。

集团总部保留资产处置的责任追究权利。对未经批准擅自处置资产、不当处理资产的业务单元，集团总部应按规定追究相关人员的经济和法律责任。

（2）重大资产处理

重大资产处理，指企业集团为了调整经营方向或者实施资产重组，处理主营业务所用的关键设备、设施、房屋等固定资产的行为。由于重大资产处置对企业集团的发展有长远影响，一般应编制资产处置方案，明确资产处理的背景、目的、标的物、原值金额、处理条件、时间期限等关键问题，当重大资产处置涉及的资金金额占集团资产比例较高时，要召开股东大会或临时股东大会，由股东大会进行表决。

（3）无形资产评估

企业集团在处置无形资产时，要科学、准确地评估无形资产，这样才能合法、公正地开展处置工作。评估无形资产要统筹考虑无形资产的取得成本、机会成本、市场供需状况、使用期限、技术成熟度和经济效益等因素。

无形资产的评估方法主要有收益现值法、重置成本法和市场比较法。采用收益现值法时，要注意与收益有关的资金规模、配套资产、现金流量、风险因素及货币时间价值；采用重置成本法时，要根据现行条件下重新形成或取得该项无形资产所需的全部费用确定评估值，注意扣除实际存在的功能性贬值和经济性贬值；采用市场比较法时，要注意是否可以找到类似无形资产交易的市场信息，以及过往的、经评估的无形资产交易信息以作参考。

三、资产管控的组织保障

企业集团实施资产管控，必须建立健全必要的管理机构，并赋予各机构相应的管理职能，一般来说，企业集团的资产管控组织分为三个层次，即集团资产管理委员会、集团资产管理部和业务单元资产管理部，各自承担相应的管理职责。

1. 集团资产管理委员会

集团资产管理委员会是集团资产管理的规划和决策机构，对集团董事会负责。资产管理委员会的主要职能包括：①贯彻国家有关资产管理的法律法规，制定集团资产管理战略和基本政策；②负责集团资产管理体制的设计，包括各层级的授权权限和管理范围，资产管理基本制度的确定等等；③负责审定集团下属业务单元存量资产优化、调整方案，业务单元变更、终止时资产核实、价值量评估和终止后资产的调拨、处置方案；④参与集团增量资产投资方向的规划，参与集团下属业务单元重大对外投资项目的审批。

2. 集团资产管理部

集团资产管理部，具体负责集团资产管理日常工作，其主要职能包括：

①负责拟定集团资产管理制度；②负责制定与集团资产管理制度配套的各项工作细则；③负责对下属业务单元资产管理和运营情况进行监督、检查、审计、考核；④负责对下属业务单元上报的项目技改、对外投资、资产租赁等方案进行审查、论证和可行性分析；⑤负责集团下属业务单元重要资产处置方案的审查工作；⑥负责集团及下属业务单元无形资产的评估与处置方案的审核工作；⑦负责集团资产账务及资产档案管理工作。

集团资产管理部有时不单独设立，而是与财务管理部（中心）合署办公。

3. 业务单元资产管理部

业务单元资产管理部，具体负责业务单元的资产管理工作，其主要职能包括：①按照集团授权，组织本单位的资产管理工作；②贯彻执行集团资产管理制度，制定本单位内部资产管理办法并组织执行；③负责单价在一定额度以下、生产用固定资产的构建，拟定单价在一定额度以上、生产用固定资产的构建方案，非直接生产用固定资产购建方案以及报废固定资产处置方案，报集团批准后组织实施；④负责拟定技术改造、基本建设、对外投资、资产租赁等方面的项目实施计划，报集团相关部门批准后组织实施；⑤负责本单位运营资产的维护、保养、管理和核算，保证运营资产的完好和保值增值；⑥负责本单位资产管理和运营情况的统计、分析及上报集团公司的工作。

除非规模较大的企业，一般来说，业务单元的资产管理部门不单独设立，而是与财务管理部门合署办公，或者作为财务管理部门的二级科室。

四、资产管控制度

（1）资产分类管控制度

企业集团的资产大类包括流动资产、固定资产和无形资产，不同类型的资产大类又可细分为若干的子类，同时，不同类型资产在管理过程中还有一个规模的区分，因此，要把集团的资产管理好，首先需要建立集团的资产分类制度，明确本集团的资产类型划分、额度划分，根据不同资产类型的特点，采用不同的管控方法。

（2）资产管控责任制

资产管理是一项复杂的系统工程，且资产的产生、使用、实物管理、账务管理经常分属不同部门，为确保这项工作圆满落地，集团必须建立完整的资产管控责任制度，明确界定资产管理人员的责任范围，明确划分资产管理工作中各职能部门、各岗位、各人员的权限及责任，如此，才能够把资产管理责任落到具体的责任部门、责任人，促进工作的有效开展。

（3）资产管控基本流程

任何类型的资产都有一个完整的“生命周期”，以固定资产为例，从资产的形成，到资产从建设（采购）部门移交使用部门，到使用部门的实务资产管理，相关财务部门的资产账务管理与资产报表，到资产的折旧摊销，再到资产的评估与处置。

鉴于资产管理的专业性，对于集团公司来说，应将上述基本流程以制度的形式规范下来，由下属公司参照执行，或在此基础上，根据自身的业务特点进行修改、完善和调整。

（4）不相容职务分离制度

资产管控需要分离不相容职务，这样的安排，能够有效避免徇私舞弊现象的发生。职务分离制度的主要内容包括：①资产需求与资产采购人员的职务分离；②资产请购与资产审批人员的职务分离；③固定资产验收与固定资产采购、款项支付人员的职务分离；④资产使用或保管与资产登记人员的职务分离；⑤资产盘点与资产使用、保管及账务记录人员的职务分离；⑥资产处置申请与资产处置审批人员的职务分离，等等。

（5）资产管理审计制度

为了确保资产管理工作的依法合规，企业集团有必要建立资产管理方面的审计制度，通过内部审计发现资产管理流程的薄弱环节和存在的问题，帮助下属企业完善资产管理制度，强化内部管理。内部审计部门对资产管理工作进行审计时，应重点关注业务单元资产管理的制度和流程是否完备，是否严格按照程序执行，资产采购、基建项目、技术改造是否履行了必要的审批程序，资产的实务与账目是否相符，资产的使用和保管是否尽职尽责，资产的处置是否依法合规以及履行了必要的审批程序，资产重置过程中无形资产的评估是否合理，流动资产的管理制度和程序是否完备，等等。

案例8-6 长虹集团与APEX公司的恩怨情仇

一、长虹集团概况

四川长虹电子控股集团有限公司（简称“长虹集团”）创始于1958年，公司前身国营长虹机器厂是我国“一五”期间的156项重点工程之一，是当时国内唯一的机载火控雷达生产基地。从军工立业、彩电兴业到信息电子的多元拓展，长虹是集军工、消费电子、核心器件研发与制造为一体的综合型企业集团。

以军工起家的长虹自1994年上市后，曾经历过一段发展的黄金时期，跻身家电巨头行列，一度与青岛海尔并驾齐驱。但如今，它与后者的距离却越来越远。2017年度，四川长虹营业收入776亿元，净利润3.56亿元，同比下降35.76%，而海尔同期营业收入1592.54亿元，净利润69.26亿元，增长37.37%。长虹如今的市值仅173亿，而海尔早已突破千亿，两者已是天壤之别。

在长虹集团的发展过程中，有两大标志性事件直接影响到公司的发展，与APEX公司的巨额坏账，就是其中之一。

二、APEX公司的巨额坏账

2001年初，由于国内市场竞争激烈，长虹将目光放到了国外市场，将海外销售列为战略重点，时任长虹董事长倪润峰选择了APEX公司作为长虹集团进入美国市场的代理商。

遗憾的是，长虹既没有猜中开头，也没有猜中结局。在与长虹合作之前，APEX公司在中国早已劣迹斑斑，此前与其合作的企业至今仍有几千万美金的欠款无法追回，中国五矿集团下属的中国五金制品进出口公司2001年年初就开始在美国加利福尼亚中区联邦地区法院与其打官司，APEX公司拖欠五矿的2200万美元贷款至今仍未偿还。然而，急于走向国际市场的长虹没有仔细考察APEX之前的劣迹，或者说考察到了，但仍然不顾风险，铤而走险。

2001年，满载着长虹梦想的一批批彩电驶出四川，驶出中国，驶向遥远的大洋彼岸。2002年，长虹彩电以海外出口398万台位居国产品牌第一，比起2001年的海外出口12万台，创造了增长32倍的奇迹，其中，通过APEX公司出口的彩电高达320万台。如果只看这份销量数据，长虹与APEX的这次合作无疑是大获成功。然而，有国际市场经验的人，一眼就能看出其中的问题和危机。在没有国际市场基础和经验的情况下，想取得几十倍的销售增长只有一种可能：价格低得惊人和只付货不收款，差不多是送给别人。

有媒体调查发现，长虹和APEX此前签订的合同非常简约，难以厘清双方权利、义务以及潜在风险的分担。此外，长虹和APEX公司的交易，多为APEX以支票作为货款担保。如果APEX蓄意欺诈，使得这些支票无法兑付，长虹的损失就不可避免。正如墨菲定律：如果事情有变坏的可能，不管这种可能性有多小，它总会发生。随后，长虹担心的事情一点点开始发生。

2002年3月26日，“四川长虹”2002年年报显示，“四川长虹”在主业收入比上年减少12亿元的情况下，应收账款增加10.6亿元，比上年应收账款增加了58.2%；

2003年3月5日，《深圳商报》发表《传长虹公司在美国遭巨额诈骗》一文，指APEX公司对长虹公司的高额欠款无法收回，第二天，长虹公司股价应声下跌4%以上，公司市值损失超过6亿元；

2003年11月24日，美国商务部裁定长虹公司倾销成立，倾销幅度为45.87%；

2004年3月23日，长虹公司2003年年度报告披露，截至2003年末，公司应收账款为49.85亿元人民币，其中来自美国APEX公司应收账款为44.46亿元；

2004年7月8日，时任绵阳市副市长赵勇接任长虹公司董事长职务，倪润峰引退。2004年年报显示，长虹当年亏损36.81亿元。

三、长虹事件：资产管控的缺失

长虹事件，为国内企业出口海外的应收账风险提供了一个极端的案例，但长虹并不是第一个被海外代理商欺诈的个案，常有中国企业为了在拓展海外市场进行低价销售，或者甘冒赊账风险，导致最后的不良结果。

家电企业海外销售的付款结账主要是两种方式，一种是信用证方式，另一种就是赊账方式。信用证是一种比较安全的结款办法，而赊账方式对海外代理商或者经销商资金要求不那么急迫，因此也比较容易被进口方接受，但这种方式加剧了出口企业面临的信用风险。对于企业来说，无论采取何种结账方式都无可厚非，关键是要建立一种有效的资产管控制度，一旦发现异常，就要及时采取措施，将损失降至最低。

长虹的失误就在于缺乏有效的资产管控制度，在已知合作伙伴信用欠佳的前提下，仍为了海外业绩的实现，以赊账的方式大量持续发货，且在长达1～2年的时间内，不能有效解决巨额应收款问题，最终导致应收款成为坏账。在这一过程中，没有看到资产管理、财务管理制度发生作用。由此不难发现，长虹的问题表面是海外拓展的失败、坏账的增加，深层次的原因，是制度管理的缺失。

长虹事件，也足以成为其他中国企业的教训。在海外的业务拓展中，不要因为追求销售目标而忽视了经营风险，企业必须建立完善的资产管控体系，对于资产风险尤其是流动资产的风险要严格管控、动态监控、果断处置，避免坏账损失，管控经营风险。

第八节　审计管控子体系

一、审计管控的基本内容

企业集团是多法人的经济联合体，无论企业集团总部还是子公司，都是独立的法人主体。企业集团的审计，既包括集团总部的内部审计、下属业务单元（事业部、子公司或分公司等）的内部审计，也包括集团总部对下属业务单元的审计（对各业务单元而言，由于这一审计不是公司内部审计部门实施，因此可以视为外部审计）。

所谓审计管控，就是企业集团总部对集团内外各类审计工作的管理和控制。审计管控是集团对下属业务单元实行经营管理监督工作的重要组成部分。

企业集团审计管控最大特点是其再控制性。在企业集团管控体系中，集团总部通过战略管控、财务管控、人力资源管控、营销管控等对下属业务单元进行直接管控，而审计管控则可以视为集团对下属业务单元的“再管控”。通过审计管控，集团可以对上述直接管控方案实施的有效性进行评价，找到改善方向，由此，也就起到了“再控制”的作用。

1. 集团总部的审计管控

集团总部负责制定集团的审计战略和审计政策，负责整个集团的审计计划和决策，通常设置专门的审计部门，组织实施审计监督工作。

集团总部可向下属业务单元派出审计人员，开展审计工作。集团总部派出的审计人员直接对集团审计部门负责，而不是对业务单元管理层负责。业务单元管理层对派驻审计人员不具有直接领导权力，派出审计人员不属于业务单元的人员编制，人事关系保留在集团总部。派出审计人员的薪酬、业绩和费用等全部由集团总部负责，业务单元不承担责任。派出审计制度使得集团审计人员具有极高的独立性和权威性，有利于总部对下属业务单元的生产经营情况进行客观、公正的审计。

从审计内容的角度，集团总部从财务审计、经营管理审计、项目审计等三个方面对下属业务单元开展审计管控；从审计目标的角度，总部从审计人员、审计质量、审计信息、审计风险等方面对下属业务单元开展管控。

2. 业务单元的审计管控

对于具有一定规模的业务单元，可以设立相对独立的内部审计部门，在集团审计政策框架内开展工作，接受集团审计部门的业务指导。业务单元的内部审计，以对自身经营管理职责的履行情况进行监督和评价为主要内容，对业务单元负责人负责和报告，同时，也要接受集团审计管理部门的领导和要求。

业务单元的审计部门要制定每年的审计工作计划和目标，集团审计部门可以据此监督考核业务单元的审计工作。当集团总部派驻审计人员到业务单元时，业务单元的审计部门要配合派驻人员，接受上级的监督和审计。

二、审计管控体系

企业集团的审计管控体系包括审计战略管控、审计人员管控、审计业务管控、审计质量管控、审计信息管控和审计风险管控。

1. 审计战略与计划管控

集团总部负责整个集团的审计战略与计划管控，包括审计战略的编制与审计计划的编制调整两方面内容。

（1）审计战略的分类

按照时间划分，审计战略分为年度审计战略和长期审计战略。长期审计战略确定集团审计工作的中长期发展方向、远期目标、方针与政策，通常时间跨度是五到十年。年度审计战略是长期审计战略的细化，是企业集团在未来一年内应该完成的审计目标和计划。集团总部要在制定长期审计战略的基础上，制定完善的年度审计战略，据此开展具体的审计管控工作。

按照业务内容划分，审计战略分为财务审计战略、经营管理审计战略和项目审计战略。

（2）审计规划的编制

集团根据国家审计方面的法律法规，上年度企业审计战略的执行情况，审计人员和经费资源等，编制年度审计规划。审计规划的编制，一般采取审计管理部门与业务部门相结合、内部审计部门与外部审计机构相结合、上级审计部门与下级审计部门相结合的方法。

审计管理部门与业务部门相结合，是指审计管理部门要与业务部门进行沟通，使得审计规划的制定更加符合企业的实际，在实际操作中更加顺利。审计管理部门首先应在收集信息、掌握情况和分析预测的基础上，提出审计规划草案，然后征求业务部门领导的意见，对意见认真分析，对合理意见切实采纳。

内部审计部门与外部审计机构相结合，是指审计管理部门在制订规划的过程中，要参考外部审计机构的工作技术和方法，必要时，聘请外部审计机构协助开展审计工作，实现内外部力量相结合。因此，在制订规划之初，很有必要先与外部审计机构接触，并听取他们对于审计规划的意见。

上级审计部门与下级审计部门相结合，是指上级审计部门在制订全年的审计规划时，要与下级审计部门沟通，使上级的思想与下级的实际情况结合。首先，上级审计部门要提出审计规划的设想，下级审计部门根据上级的设想，结合本部门的实际情况，编制审计规划草案上报，最后，由上级部门综合各方面情况编制总体审计规划。

（3）审计规划的调整

审计规划的调整，是指集团审计部门根据集团经营管理状况以及审计活动主客观条件的变化，对原规划进行修改和补充。

审计管理部门通过对审计计划执行情况的分析，对计划进行修正，使之更加能够满足审计工作的目标，更加富有效率。这种积极的调整能够减少审计工作中不必要的时间和资源浪费，使审计工作始终处于主动的位置。

2. 审计业务管控

审计业务管控是审计工作的核心内容，包括财务审计管控、经营管理审计管控和项目审计管控。

（1）财务审计管控

集团总部要定期检查下属业务单元的财务报表及其有关会计资料，评价业务单元的财务、会计控制系统。

财务审计管控的焦点是资产负债表和损益表，其中，资产负债表显示会计期间截止时的资产状况，损益表显示会计期间的利润或亏损情况。对于资产负债表，审计人员应注重检查编制方法的正确性、报表项目的完整性以及报表所反映项目和内容的一贯性。对于损益表，要结合对成本费用、销售收入、利润分配等有关明细账的检查，核实成本费用、各项收入、投资收益和营业外收支等各项数字是否准确，必要时要检查有关原始凭证。

财务审计，还需要审计财务指标，主要包括判断企业集团盈利能力的指标、偿债能力的指标，以及资产流动性的指标。

集团审计部门还要对集团合并报表进行审计，审核内容包括：合并报表内容的全面、完整性；子公司提供资料的完整性（包括子会计政策差异、母子公司往来业务、债权债务、投资企业资料、子公司利润分配、股权变动资料等等）；母子公司之间会计政策的一致性；母公司对子公司投资会计核算处理的正确性（如母公司对子公司投资收益的处理是否按会计制度规定采用权益法进行核算，母公司与子公司之间以及子公司相互间发生的债权债务是否相互抵销等等）。

（2）经营管理审计管控

企业集团要对集团总部和下属业务单元的经营管理活动进行审计，称为经营管理审计。经营管理审计的对象主要包括生产与运作管理活动、市场营销活动、供应链管理活动等等。企业集团要对这些管理活动进行审计，以避免下属业务单元出现不按集团规定开展工作的现象发生。

（3）项目审计管控

对于企业集团来说，大型项目的投资、建设过程是审计的重点。所谓项目审计，就是对正在进行的、已经完工的项目进行审计。项目审计的内容包括：项目建设手续和前期准备是否完备，项目过程中的重要采购、分包等是否依法履行程序，项目各项成本的发生是否合理，项目建设是否符合进度要求、产生偏差的原因是什么？项目成本是否受控、影响成本的重大因素是什么？项目质量是否存在重大问题？项目过程中的重大决策是否按照规定履行了程序？群众对项目管理团队是否有举报？是否进行了查实，查实后的结论是什么？等等。

3. 审计人员管控

人是一切管理活动的基础，加强审计人员的管控对企业集团的审计管控具有重要的意义。加强审计人才队伍建设，选好人才，用好人才，充分发挥审计人才的主观能动性，可以使得集团的审计工作达到事半功倍的效果。

（1）审计岗位责任制

实行岗位责任制，是规范审计工作责任，提高审计工作效率的重要保障。岗位责任制要明确划分职责权限，如职务、责任、权力等。

审计系统实施岗位责任制，要明确部门职能，并将职能分解到每个工作岗位。在定职能、定部门、定编制的前提下，规定每个工作岗位应完成的工作任务和达到的标准，及其所应承担的责任。要防止各审计部门之间的职责重叠，明确审计人员的汇报关系，避免出现多头领导或无人领导的情况。

建立审计岗位责任制，要尽量把审计工作任务量化，凡是能够计量的工作都要做到定量化、标准化，力求审计工作计划分解准确，责任明确，各司其职，各尽其责。

（2）审计人员的任用

审计人员，应具备相应的任职资格要求。审计是综合性的财经监督工作，涉及面较广，审计人员既要具有审计、财务、会计以及财经法规等方面的专业知识，又要熟悉生产、研发、销售、经营管理等具体业务领域的知识。同时，随着财务和审计法规的不断完善，审计人员还要能够不断更新和补充专业知识，如国际会计准则、公司法、证券投资、电算化以及其他涉及审计工作的技术知识。

审计部门要根据企业集团的审计工作规划，科学搭建审计人才队伍，按照各审计工作岗位所需条件，因事择人，按照德才兼备的标准，遵循用人所长、民主集中、任人唯贤的原则选拔审计人员。

（3）审计人员的考核与培训

对于审计人员的考核，由审计部门或上级审计部门组织，与其他部门的考核相对独立，以避免对审计工作的干扰。对于审计人员的考核，要遵循客观公正、民主公开的原则，以年度审计规划为基准。考核标准要区分层次，不同层次的人员，应有不同的考核标准。考核标准要与每个工作岗位的职责、任务、完成任务的标准结合起来。

鉴于审计工作必须要及时了解政策、法律和企业经营战略的变化，集团要定期对审计人员进行培训。对于审计人员的培训包括两个方面，一是政策信息、专业技能和知识的培训，审计中遇到案例和问题的分享；二是对于公司本身战略规划、组织调整、业务转型、内部管理变革等内容的培训。培训能够使审计人员及时了解集团内、外部工作环境的变化，有效解决审计工作中面临的新问题。

4. 审计质量管控

审计工作质量，是指审计人员按照程序开展工作的结果与审计准则、审计工作标准相比较的差距。审计质量管控就是对审计工作质量的控制，它包括合法性、准确性、客观性、效益性等多个方面，贯穿于审计活动的始终。

（1）审计质量控制

审计质量控制，就是对审计过程和审计结果的质量进行管控。控制措施一般从约束和激励两方面入手，把教育、培训、奖励等建设性措施同监督、考核等约束性措施结合起来。

审计质量控制有多种方法，主要包括工序控制法、关键点控制法、PDCA 循环法、因素控制法等。

工序控制法，是指审计人员在审计过程中，根据程序规范进行对照和检查的方法。审计质控人员利用程序性检查所反馈的信息质量，及时发现审计过程中的偏差现象，并采取措施把偏差控制在一定的范围之内，从而保证实现审计的目标。

关键点控制法，是一种重点控制的方法。运用 80/20 原则，审计质控人员把主要工作放在审计过程中的关键点上，把这些关键点控制好，就能控制好大部分的审计质量问题。

PDCA 循环法，是一种把工作过程分为计划、实施、检查和处理四个标准环节的管理方法。在计划阶段，包括制定质量控制目标和质量控制的活动计划，建立和完善审计质量控制制度；在实施阶段，包括控制计划执行、措施落实；在检查阶段，需要检查审计管控是否按标准进行，考核计划的执行效果；在处理阶段，根据检查结果采取措施，纠正偏差。

因素控制法。任何结果都是有原因的，因素控制法就是一种寻找影响审计质量因素的有效方法，它可以找到质量问题与影响因素之间的联系，把影响因素集中起来，通过解决影响因素来达到解决审计质量的问题。

（2）审计质量考核

审计质量考核，就是对审计活动的质量进行检查、评价、奖惩的活动。审计质量考核有三种方法，自上而下法、抽查法、年终和平时结合考核法。

自上而下法，是指由上级部门对下级部门进行考核。上级审计部门派出考核小组，适当吸收下级单位审计部门的优秀员工（考核本单位时应回避），对下级审计部门的工作质量进行考核。

抽查法，是指上级部门对被考核部门的审计结果进行抽样复查。考核部门可以抽查所有下级部门，也可以抽查部分部门；可以抽查某一部门的全部底稿，也可以抽查部分底稿。最后，根据抽查结果对该团队的审计质量进行评价。

年终检查，是指审计部门在年末或下年初对上一年的审计工作进行全面检查。平时考核是指按月、季对某一方面、某一审计项目的工作进行考核。平时进行考核，可以及时发现问题并进行纠正。年终检查与平时考核相结合，才能使得考核结果更加客观、全面。

5. 审计信息管控

企业集团审计管控的最终反映形式是信息，从某种意义上讲，审计管控就是一个收集、整理、分析、使用和对信息进行再加工的过程，其目的就是为了获取各种有价值的经济活动信息，为企业集团的经营管控服务。

审计信息管控，就是对审计信息搜集、整理、加工、使用、保管全过程的管控。审计信息的形成过程是审计信息的搜集、加工处理和利用的过程。审计信息的搜集是信息活动的始点，信息处理是结果，信息的利用是目的。

审计信息的收集是审计信息管控的基础。审计信息有来自集团内部的信息，也有来自集团外部的信息。对于收集到的信息，要按照一定的要求进行初步整理和分类，然后对信息进行加工和处理，对于信息的来源和真实性，要采取科学的方法进行核实。

为了更充分地利用审计信息，可以建立审计信息档案制度，建立审计信息资料库，完整、全面和长期地保存有价值的审计信息。

鉴于审计结果对被审计单位、被审计人员的巨大影响，要制订严格的审计信息保密制度，明确审计信息可以使用的场合，不同岗位、层级人员所能够接触到的审计信息的内容，并严格执行。

6. 审计风险管控

审计风险有固有风险、管控风险和检查风险。其中固有风险和管控风险一般难以管控，而检查风险是由审计主体行为本身所造成的，可以由审计人员建立一定的风险管理评价体系并通过一些措施来加以管控和防范。

（1）审计风险评估

审计人员在执行审计时，应首先做好审计风险的评估工作。审计风险评估是指审计人员接受审计项目后，在初步了解被审计单位基本情况的基础上，采用一定的程序和手段，评估项目可能存在的审计风险。审计风险是客观存在的，不受审计人员的影响，合理评估审计风险并确定可接受审计风险后，审计人员就可以按照既定目标开展审计工作，以保证最大限度地降低审计风险。

（2）审计实施过程中的风险管控

审计风险的形成既有客观因素的原因，也有主观因素的原因。审计人员需要对审计工作认真负责，高度重视审计风险，采取必要的防范措施，把审计风险管控在较低的范围内。

审计实施过程中，审计人员要遵循审计工作准则，严格按照审计工作程序操作，做到程序合法合规、内容完整、方法恰当。这样就可以有效避免审计工作的失误或重要审计事项的遗漏，降低审计风险。

审计实施过程中，审计人员要选择正确恰当的审计方法。对于内部管控薄弱、财务状况不佳、经营业务繁杂、风险较高的审计对象，要确定重点，适当增加样本量，扩大审计覆盖面，运用多种审计方法和灵活的审计手段，提高审计质量。

审计实施过程中，审计人员要重视审计证据的收集工作。审计证据是形成审计结论的基础，必须保证审计证据的真实性和有效性。无论是实物证据、口头证据、书面证据还是分析复核证据，无论是直接证据还是间接证据，都要在重要性原则的指导下，一丝不苟地根据规范的操作程序进行收集。

审计实施过程中，审计人员要及时进行分析和总结，审计部门要定期召开审计分析总结会，就审计过程中遇到的各种问题进行分析，总结前阶段的查证工作，并根据审计进展情况，修改审计工作方案，调整审计工作重点，以保障审计工作沿着既定的目标顺利进行。

（3）审计报告风险管控

审计人员撰写审计报告要严谨，要持十分慎重的态度对待审计报告，只用客观写实的方法，将有关事项反映清楚，不作评价。审计报告的用词要简明、准确、清晰，定性要适当，揭示问题要明确。

审计报告初稿形成后，审计人员应及时与被审计单位交换意见，让其对审计报告所反映的审计事项予以确认或给予说明，从而保证审计结果的准确客观。

审计处理要适当。审计处理是审计工作重要的一步。在查清审计事实，准确定性的基础之上，审计部门要对审计过程中查出的审计问题，依据国家法律法规和企业集团的相关规定，在授权范围内提出审计处理意见，按照集团规定上报相关领导，通报相关部门及被审计单位，并在后续审计中监督被审计单位的整改情况。

三、审计管控的组织保障

（1）集团监事会

集团公司监事会是企业集团的监督机关，是由全体监事组成，对集团经营管理活动依法进行监督。对于股份公司来说，监事会是法定的必备监督机关，是与董事会并列设置的机构，是在股东大会领导下，代表股东大会行使监督职能的治理机构。

根据《公司法》，监事会负责对董事、高级管理人员执行公司职务的行为进行监督，有权对违反法律、行政法规、公司章程或者股东会决议的董事、高级管理人员提出罢免建议。

（2）集团审计委员会

集团审计委员会是董事会的下设机构，对董事会负责。审计委员会实行双重领导，既要服从于董事会的领导，也要服从于监事会的领导。

审计委员会的主要职责包括：①提议聘请或更换外部审计机构。②监督公司的内部审计制度及其实施。③负责内部审计与外部审计之间的沟通。④审核公司的财务信息及其披露。⑤审查公司的内部控制制度。

（3）集团审计部

审计部是集团总部常设的、负责日常审计工作的机构，从隶属关系上，它可以隶属于总经理、董事会审计委员会和监事会。在集团化审计体系中，集团总部的审计部主要承担规划、协调、监督、服务集团整体审计工作的职责。

集团审计部的主要职能包括：①组织落实集团监事会、董事会及下设审计委员会和总经理的各项审计决策和指派工作；②负责研究制订集团的审计规划方案，具体组织审计规划方案的组织实施；③监督、检查年度审计规划的实施情况；④负责指导集团各业务单元的审计规划和年度计划的制订、实施工作；⑤负责监督各业务单元的审计工作；⑥负责对业务单元的审计工作进行业务指导、人员培训等工作。

（4）业务单元监事会

业务单元如果满足条件，可以设立监事会，主要职责是对业务单元（只要表现形式是子公司）的董事会、经理层经济责任的履行情况进行监督与评价，对其股东大会负责，并接受集团总部监事会的业务指导。

（5）业务单元审计委员会

设有董事会的业务单元，可以设立隶属于董事会的审计委员会，该审计委员会同时接受本层级董事会和监事会的双重领导。

（6）业务单元审计部门

业务单元审计管理部门是业务单元具体负责该审计管理的专业化职能部门。一般而言，业务单元审计部门应实行双重领导，同时接受业务单元审计委员会和集团总部审计部门的领导，特别是在集权型审计管控体系的企业集团中，应以集团总部审计部门的领导为主，业务单元的领导为辅。

业务单元审计部门主要是根据集团的审计要求，配合集团总部做好内部审计工作。主要职责包括：①组织落实集团审计部门的各项决策和指派工作；②根据集团审计部门的要求，负责业务单元审计规划的制订和组织协调工作；③负责业务单元审计方案的落实工作；④配合集团审计部门做好审计管理的监督工作等。

四、审计管控制度与流程

1. 审计管控的制度

集团审计管控制度的建立、完善，为集团审计管控体系建设提供了制度保障。审计管控制度主要包括内部控制审计制度、审计人员资格认证制度、审计报告制度、审计档案管理制度等等。

（1）审计报告制度

建立审计报告制度是集团总部及时有效地获得下属业务单元审计工作信息的重要途径和方法。审计报告，是指业务单元根据集团总部的要求、按规定的格式和内容编制的审计情况及相关分析报告。它是集团总部监测各业务单元审计执行情况的重要手段，也是集团审计决策的重要依据。从对审计报告的要求来说，不是一个简单的研究报告，而是一个具有分析性的、层次清晰、内容详细、表达直观的报告，能够真实反映每一个业务单元的具体审计情况，其主要内容包括业务单元的审计现状、主要问题、改进方案等内容。

审计报告可以是定期的、也可以是不定期的，其中，定期报告包括月度报告、季度报告、半年报告和年报。

（2）内部控制审计制度

内部控制体系，是按照内部控制的规范和方法，结合公司的业务实际，搭建内控标准体系，并对企业实际运行中的风险进行评价，通过修订相关制度及流程，使企业经营风险得到有效控制的一套管理体系。内部控制审计，是审计人员在实施审计过程中对被审计单位内部控制制度的健全性、合理性及内部控制过程的有效性所进行的测试与评价活动。

内控体系建设，是交易所对上市公司的基本要求，也是国家对中央企业、事业单位的基本要求，在集团企业的审计制度建设中，对于内控体系及其执行情况的审计应当作为单独的审计制度出现。

（3）审计人员资格认证制度

审计人员资格认证制度，要求审计人员要取得企业集团内部或外部的、能够支撑审计工作有效开展的资格证书。对于部分企业集团来说，注册会计师、财务分析师、资产评估师、注册管理咨询师等方面的资格证书也可以作为审计人员的资格证明。

该资格是从事内部审计工作的专兼职人员都应具备的。资格认证制度，有助于提高内部审计人员的专业素质和胜任能力，从而更好地开展审计工作。

（4）审计档案管理制度

审计档案，是在审计活动中形成的、具有保存价值的文字、图表、声像等不同形式的工作记录。由于审计工作的特殊性，必须建立审计档案管理制度，明确审计档案的类型、保管形式、保密等级、管理责任、取用规则等。

2. 审计工作流程

审计工作流程，通常包括如下六个步骤。

①审计立项。根据集团董事会、监事会或审计委员会的指示，编制《审计任务书》，审计任务立项。

②审计准备。审计执行部门抽调人员组成审计工作组，了解基本情况，拟定审计方案，下达审计通知。

③现场审计。通过审计见面会、实地现场审计等方式，接收审计资料、审查财务信息、核实审计证据，形成审计工作底稿，提交审计小结。

④编写审计报告。汇总审计工作底稿和审计小结，拟定审计正式报告提纲，撰写审计报告，部门审计会审后修改、完善、上报。

⑤资料归档。对审计报告进行分类整理，建立审计档案，由专职人员负责保管，并做好审计档案的保密工作。

⑥审计总结。由集团审计部牵头，对审计工作进行总结。

案例8-7　通用电气（GE）的审计管控

一、GE 简介

通用电气是一家多元化的科技、制造及服务集团，产品和服务范围广阔，从航空、医疗、运输系统、家电、照明、能源、石油天然气、水处理，到金融、新闻媒体及娱乐等，GE在全球拥有五大业务集团，30多万名员工，客户遍及全球100多个国家。

二、审计组织与管控

GE的审计包括四个层级，最底层是下属企业财务部门自身的审计，重点审查自身经营情况以及财务活动是否符合集团总部规定和政府有关法律法规；第二级是上级部门审计，这是GE的审计特色所在；第三级是注册会计公司的审计，按照美国法律规定，这是必不可少的，否则公司的财务报告得不到政府和公众的承认；第四级是政府审计机关在认为有必要复审时进行审计。

GE集团总部和所属单位都设立审计机构，所属单位审计机构主要对所在单位进行审计，但相对独立于所属单位，直接隶属于集团总部领导，审计人员也由集团总部派出，其薪酬也由总部支付，不接受所属单位的管理和控制。其审计结果实行双重报告，在报给所属单位领导的同时，也直接报告给集团总部审计部。这种审计管控体系，较好地保证了公司内部审计的独立性和权威性。

三、审计目标与特点

GE的审计目标是：超越账本、深入业务。具体来说，GE审计部门的工作重点是发现问题、分析问题和解决问题。审计部门从查账入手，但绝不止于单纯查账，而是用更多的时间和精力去研究业务，包括处理流程和有关策略与措施。审计人员担负着帮助公司决策层和管理层制定战略、改进营销方法、加强日常业务管理，最终提高公司整体盈利能力的重任。

GE的审计特点有两个，一个是共同接受的会计标准和原则，另一个是双重报告系统。GE总部财务部保存有一套国家级的会计标准和原则，每级财务部门的职责就是坚持贯彻这些原则。同时，GE每个产业集团的审计负责人，既要向本企业的负责人报告，还要直接向集团总部的审计副总裁报告。

四、审计人员能力要求与选拔培养

GE 集团总部的审计人员学历背景非常丰富，除了财务背景的人员之外，还有工程、制造、信息和管理等各方面的人才，这些人员都是经过精心挑选才进入总部审计部的，每年离开审计部的人员当中，约 40% 直接提升为中级以上管理人员。

审计部人员选拔十分严格，但是并不过多考虑审计人员原先所学的专业，而是注重其素质和才能，要求每个新人能为审计部门带来他人所没有的或无法做到的新贡献、新思想。进入审计部的人员有着各种各样的学历，而又具有不同的背景，不同的经历和见解有助于问题的发现和解决。尽管审计工作艰苦，但由于对员工个人事业的发展与职务晋升有很大的帮助，这一岗位还是有着巨大的吸引力，因而使审计部有足够的挑选余地。

进入审计部的人员，平均每三个月接受一项新的使命，每次都是不同的审计对象、不同的组成人员、面对不同类型的企业问题。审计人员必须见多识广，观察敏锐，能够互相吸收营养，在对比中发现问题，在研究解决方案时能够将其他审计对象的先进经验融入方案中。

GE 审计部门特别强调成员的密切配合与团队协作，他们把审计小组视为是与被审单位的经理和员工并肩工作的大团队的一员，而他们每个人又是审计小组这个小团队中的一员，团队的工作成果远远胜过每个个体单位作用的总和。

第九节　营销管控子体系

一、营销管控的基本内容

在集团化运作的企业中，单体公司的营销模式只能在业务单元中运用，还远不能解决企业集团的营销管控问题。为确保集团总部营销政策得以落实，营销管控工作能够高效开展，企业集团需要设立包括集团总部和业务单元在内的多层次营销管控模型。

1. 集团总部的营销管控

集团总部在对营销工作进行管控的过程中，既需要对集团总部自身进行管控，又需要对业务单元的营销行为进行管控。

（1）对集团总部自身的营销管控

在整个企业集团的营销管控中，对集团总部自身的管控最为重要，主要包括以下三个方面。

①对营销战略制定的管控。营销战略是集团战略之下的业务职能战略，是实施集团战略的重要手段。它本身不是一个独立的体系，它的实施离不开总部的财务支持、人力支持和战略指导。集团总部要用集团的愿景、使命来作为营销战略的内在驱动，用集团战略来统领营销战略，在深入分析集团内外发展环境，把握市场发展趋势的基础上，设置合理的营销战略目标，并在该目标的引导下，在各业务单元之间、各营销环节之间合理配置资源。

①对营销政策执行的管控。营销战略制订后，必须要建立与之匹配的营销政策体系，包括：如何在有限的资源范围内细分市场、开发和维护有竞争力的产品？如何运用合理的渠道来接近客户？如何以恰当的方式与客户相沟通，让客户愿意更持久地选择我们的产品？等等，营销政策是企业实现赢利的重要保证，也是实现营销战略目标的基础。

企业集团的营销管理者，要定期对市场上营销战略的执行情况进行检查，检查执行情况与预期是否相符，如果没有达到预期，要找出原因并采取措施进行纠正，以保证集团战略和计划的按时完成。

③对营销组织结构的管控。面对职能型组织、产品型组织、市场型组织、地理型组织、矩阵型组织等众多营销部门组织类型的选择，集团的营销管理人员要根据集团发展的外部环境、所拥有的内部资源以及集团整体战略，选择恰当的营销组织形式，以提高营销部门的运作效率，增强集团

的营销竞争能力。

此外，集团还要对总部的关键性市场资源、战略性大客户以及市场信息情报的收集和研究等工作进行组织和管理。

（2）对业务单元营销行为的管控

由于各业务单元是企业集团利益的实现者，业务单元的营销活动直接影响着企业集团总体的收入与利润的实现，因此，总部必然要对业务单元的营销行为进行指导和管控，具体工作包括：协助业务单元设置合理的营销目标，制定与目标挂钩的绩效考核方案，确保营销目标的实现；推动业务单元优化业务流程，提高运作效率；及时掌握业务单元一线销售情况，有的放矢地配置资源，打击竞争者，提高市场占有率；对业务单元营销部门的人力资源状况进行系统摸底，找到营销部门运作中的薄弱环节、管理漏洞以及影响市场销量的主客观因素，等等。

2. 业务单元的营销管控

业务单元的营销管控，主要是对自身产品及业务营销策略的制订，对营销执行过程的动态管理，以便对营销活动中存在的不足进行改进，扩大市场份额，提高市场占有率，将产品和服务推广给更多的用户。

业务单元开展的营销活动主要包括分析营销环境、选择目标市场、制定营销战略、开展营销活动、建设营销队伍等方面，因此，业务单元的营销管控也应从这几方面着手。首先，各业务单元需要定期审视自己的营销战略制定是否合理，能否对实现战略目标起到支撑作用。其次，要定期对营销环境的关键因素进行分析，对营销环境的变化做出预测，从而识别机会和威胁，采取有效对策趋利避害。第三，业务单元还要看自己所采用的营销传播方式是否达到了预期的效果，如果没有，就要进一步考虑，是由于广告、活动的投入不充分，还是其他原因，并尽快做出改善。此外，营销队伍的建设也不容忽视，营销人员的招聘、培养、激励都是营销管控中的重要内容，只有有效提高营销队伍的整体素质，才能真正提高营销业绩。

二、营销管控体系

1. 营销战略管控

营销战略决定着集团市场营销的主要活动和方向，是实现集团整体战略的重要职能战略之一。营销战略起到的是一种“桥梁”的作用，它通过设计恰当的营销方式和行动方案，对外界营销环境做出及时的反应，并与用户建立良好关系，将集团的战略目标具体分解为营销的任务与计划，促进各部门完成计划目标，最终实现集团的整体战略。

当今市场的重要特征就是复杂性与动态性日益增加，有人开始质疑营销规划的必要性，认为“计划赶不上变化”，再周密详细的计划在执行过程中也会因外界环境的变化而不得不进行调整。然而，正是由于市场环境的变化如此剧烈，如果企业集团没有系统的营销规划，必然会在短期利益的诱导下迷失方向。为了应对市场环境的动态变化，合理配置营销资源，避免营销活动的盲目性、随意性，保证营销活动的顺利进行，集团就必须以动态、前瞻性的营销战略规划引领营销工作，增强营销能力，把握不断变动的市场机会。

在对营销战略进行管控的过程中，我们主要从以下三个方面着手。

（1）选择价值创造模式

常用的企业集团价值创造模式包括单线影响、关联影响、职能和服务影响、集团发展活动四种。由于集团总部在这四种价值创造模式中有着不同的侧重点，由此也决定了四种模式下，集团对下属企业营销战略管控模式的不同。

①单线影响。单线影响是指集团总部将业务单元看作利润中心，通过对业务单元的业务直接施加影响，控制并影响每个业务单元的战略与业绩。虽然集团总部通过单线影响能够创造价值，促进业务单元的绩效增长，但是诸如制定不合适的战略目标、批准无价值的投资或任命不称职的管理者之类的错误决策，也会对业务单元造成难以估量的损失。毕竟，集团只对每个业务单元投入了一部分资源，而业务单元管理者却对自身业务的发展

注入了百分百的心血，我们又凭什么认为总部的意见一定是正确的呢？基于此，总部在通过“单线影响”模式创造价值、对业务单元进行管控的时候，一定要注意“有所为，有所不为”的原则，将精力、资源集中于关键点，具体经营决策则要充分授权业务单元，充分听取业务单元的意见，由其管理层自行决定。

②关联影响。关联影响是指集团总部通过对业务单元间的关系施加影响来创造价值。正如大家所熟知的，如果集团内各业务单元之间处于一种协同发展的关系，那么集团的整体利益将远远大于各业务单元利益之和，即产生“1+1>2”的效果。因此，企业集团会通过制定政策、加强指导、转移价值机制等方式，来增强业务单元间的关联性，从而创造价值。

但不可否认的是，现实中也会有很多不尽如人意的情况，有时集团总部也会导致不经济、不公正的关联，这就要求集团总部通过关联影响创造价值的时候，要站在更高的层面来发现、选择关联影响，并作用于业务单元，从而产生综合价值。

③职能和服务影响。通常在集团总部中都会设有一些职能和服务部门，这些部门通过对业务单元提供职能领导和高效服务来创造价值。很多人对集团总部设置此类部门心存顾虑，认为这会造成集团机构臃肿、运作效率低下，这些部门所从事的工作完全可以通过聘请外部专家来完成。因此，如果集团总部设置这些部门，就必须保证业务单元从中的受益要大于维持这些部门运作的成本，集团总部所提供的服务必须能够超过业务单元自身提供的或从外部专家那里获得的收益，只有如此，集团总部的职能和服务部门才算创造了价值，才有存在的合理性。

④集团发展活动。企业集团可以通过收购或出售、联合或分立业务以及合资创建新的业务来改变业务组合，进而影响价值创造。很多企业集团都坚信它们所从事的发展活动能够创造价值，但事实上，有些发展活动也会降低价值，比如所创建的新业务缺乏增长动力，收购的业务得不偿失等，都会对价值创造产生负面影响。因此，企业集团在进行相关决策的时候，一定要慎重评估自己的考虑是否周全，分析是否全面，所做的发展决策是否拥有成功的可能性。

（2）业务组合设计与安排

企业集团在制定营销战略的时候，首先要以市场需求为导向，确定集团的经营范围，设定经营目标。在此基础上，集团营销领导层要对业务组合进行合理分析和安排，确定哪些产品符合市场需求，哪些产品能更有效地发挥集团优势，哪些产品虽然当前销量不大但代表了集团未来的发展方向。以上工作主要通过两个步骤来完成，第一，分析现有业务组合，确定哪些业务需要追加投入，哪些需要减少投入；第二，制定业务增长战略，即考虑需要新增哪些业务。

①分析现有业务组合。企业集团首先要对现有的各项业务进行分类和评估，确定哪些业务是现有业务组合中的主要业务。然后，根据各项业务经营效果的好坏，确定资源投入比例，对盈利的业务追加投入，对亏损的业务则要维持或减少投入，以使集团的资源得到合理配置。

②制定业务增长战略。除了对现有业务进行评估和分析外，集团还要对未来的业务发展方向进行规划，即制定集团的业务增长战略。常用的业务增长战略有密集型增长战略、一体化增长战略、多元化增长战略等，集团要依据自身业务扩展的需要及市场变化形势，制定出有利于促进集团发展的业务增长战略。

（3）设计竞争与合作战略

在当今世界，任何企业集团都不具有"通吃"的能力，要想在专业化程度越来越深的市场中取胜，企业间需要形成一种同盟关系，通过资源共享、优势互补等方式，与竞争对手建立起共赢的竞争合作关系，共同应对外界环境的变化，谋求协调发展。

企业集团要充分认识到，竞争与合作是相互联系、辩证统一的整体，竞争中有合作，合作中也有竞争。不能因为竞争的存在，就对任何有合作意向的竞争对手心存顾虑，一味拒绝合作机会，贻误发展时机；也不能认为双方是合作伙伴，就放松警惕，盲目乐观，忽视应对竞争的准备。只有在竞争中加强合作，在合作中不断提升自身的竞争实力，才能实现持续、健康、稳定的发展。

把握合作机会，结成战略联盟，可以为集团带来单个企业所无法拥有的营销优势，因为战略联盟能够为企业提供一种降低成本、分担风险、缩短产品开发时间、获得新技术与规模经济的新方式，从而能够促进企业成倍地提高营销绩效，这也是企业集团在制定营销战略的时候需要考虑的方面。

2. 营销渠道管控

如同血管是人体新陈代谢的通道一样，营销渠道的畅通与否也在很大程度上影响着企业集团经营的成败。营销渠道最基本的功能就是把产品从生产者手中转移到消费者手中。相信一定会有人问：为什么生产商要放弃直销方式，而把销售方面的控制权授予中间商呢？完全采取直销的方式不好吗？生产商当然有其考虑。首先，对于跨地区的大型企业集团而言，在每个市场区域都采用直销方式需要太多的财务资源，基本上没有企业集团能够承受这种负担。其次，在很多情况下，中间商能够凭借自己的关系、经验、专业知识，更有效地把产品卖入目标市场，这是厂家所做不到的。可见，营销渠道发挥着不可替代的重大作用。在实际运作中，很多人对其认识还存在片面性，有人认为营销渠道越长越好，中间商越多越好，覆盖面越广越好，有人则认为相反。这就要求企业集团要加强对营销渠道的系统规划与管控，使其为营销战略的实现更好地发挥作用。

（1）制定渠道战略

企业集团在确定了目标客户群之后，所要考虑的就是如何去接触他们。为了保证所建立的渠道既能高效运作，又具有一定的灵活性，能够应对市场环境变化的要求，就必须对营销渠道进行系统规划，通常从以下几方面着手。

①渠道形势分析。企业集团不仅要了解自身渠道中有关价格、收益、存货周转等业绩指标的细节，还要比较本企业与竞争对手在货物周转、市场覆盖度和成本变动趋势等方面的差别。这是因为，了解竞争对手使用的渠道种类以及每条渠道中的市场份额，并将数据与自身情况对比，可以分析出每条渠道的相对获利能力、渠道种类的增长速度以及市场覆盖率，这些都是集团制定渠道战略所必须考虑的因素。此外，制定渠道战略，还

需要分析以下趋势：客户购买方式的变化、渠道的新进入者、因采用新技术而增加的市场进入方式，以及渠道获利能力的变化情况，这些趋势都会对判断目前所使用渠道在未来发挥怎样的作用产生重大影响，必须纳入渠道形势分析的范围，将完善、深入的形势分析作为制定渠道战略的重要前提。

②渠道设计。很多企业集团在设计渠道时都容易犯这样一个错误，就是过多地从历史的角度考虑渠道问题，以传统思维方式考虑如何设计营销渠道，而忽视了客户真正想从营销渠道中得到什么。在“顾客就是上帝”的今天，企业必须意识到，设计渠道，实际上就是通过改进渠道来更好地为客户服务。因此，集团相关管理者必须从客户的角度考虑以下问题：渠道中所提供的服务项目有何价值？该为各细分市场提供什么样的渠道或渠道组合？所设计的营销渠道能否满足顾客的需要？顾客对所选择的渠道有什么看法？总之，企业集团在设计渠道时，需要抛开原有的渠道安排，从顾客的角度考虑，什么样的营销渠道能够更好地为客户服务。

③渠道选择。企业集团必须保证所选择的渠道是经济的，这就需要通过判断不同渠道的收入、成本和资金需求情况，来比较不同渠道的获利能力。如果企业集团倾向于选择更多的分销方式，就可以适当地削减固定成本；而如果集团希望与顾客保持尽可能直接的联系，倾向于选择直销方式，则需要进行相当大的先期投资，建立起具有一定规模的销售队伍。管理者要依据实际情况做出恰当的选择。当然，大多数企业集团面临的情况都不会如此极端，往往采用复合渠道，接下来需要考虑的就是哪种渠道安排能够适应集团的战略需求。

④适配集团战略。企业集团所制定的营销渠道战略，必须能够支撑集团整体战略的推进，促进集团达到预期目标，这就要求所选择的营销渠道不仅要适应当前的集团战略，具备可行性，还要适应未来的战略需要，适应未来新产品上市的营销需要。而且，营销渠道作为连接企业与客户的桥梁，要能够随着市场、客户的变化而进行恰当的调整，也就是说，要具备一定的柔性。这一步骤的主要目的在于，把先前选择出的渠道置于这些条件之下，判断以上渠道是否能够适应集团整体战略的要求。

（2）解决渠道冲突

很多企业集团都运用多种分销渠道来销售产品，这就不可避免会出现不同营销渠道覆盖相同目标客户群的情况，也就会产生所谓的渠道冲突。应当说，渠道冲突是激烈的市场竞争中必然的现象。然而，这种冲突也必然会对销售渠道造成影响，进而影响到企业营销工作的整体平衡和安排，因此，必须要通过加强管控，来避免和解决渠道冲突。

①识别渠道冲突隐患。要想解决渠道冲突，首先要辨明哪些渠道之间存在着冲突的隐患，毕竟，有些冲突只是一些表象，并不会对企业造成危害。首先，我们要辨明这些渠道是否服务于相同的客户，新的渠道未必意味着与原有渠道间存在竞争，它们可能服务于未被完全满足的不同的市场需求。其次，要分析那些看似存在竞争的渠道是否有利于对方的发展。有时候，新渠道的出现也能够起到扩大品牌影响，帮助原有渠道提高销售额的作用。第三，要考虑分销商经营业绩的下滑是否是由于出现新的销售渠道而导致的。业绩下滑往往是经销商对渠道进行投诉的前提，但事实上，业绩下降有时是由于管理不善或其他原因，而非新渠道的影响。第四，还要观察和评估，某一个渠道的衰退是否真正会影响到企业集团的利益。有时候，某个渠道的衰退是由于它已不适应时代的要求，必将退出历史舞台，在这样的背景下，企业集团将更多的精力放在新渠道的建设上，反而是正确的选择。

企业集团在解决渠道冲突时，需要辨明哪种冲突是真正有危险的，如果某种冲突的确存在重大危害，就必须采取行动来控制和缓解冲突。

②应对渠道冲突。一旦企业确定渠道冲突存在危害，就要考虑如何应对冲突，减少影响，应对渠道冲突的办法包括以下几种：为不同的渠道提供不同的产品；明确规定各销售渠道的销售领域；明确规定不同渠道的价格政策，使之保持平衡；依据各细分市场的不同情况制定不同的方案；针对不同渠道采取差异化的补贴措施，等等。总之，企业集团解决渠道冲突的关键在于，客观评估冲突来源及其影响，提前窥见端倪、防患未然，采取积极措施应对冲突。

（3）维护渠道

对于任何企业而言，要维护渠道的长期良性运转都并非易事。基于长期渠道管理的实践，一般来说，维护渠道应当从以下几个方面入手。

①合理分配各环节利润。可以把营销渠道看成一条由多个环节构成的营销价值链条，在这个链条中，每个环节紧密相连，任何一个环节的断裂都会引起整个链条的断裂。对于利润分配而言，某个环节分配的多了，其他环节自然就少；利润少了，自然也就没有了销售热情；缺乏销售热情，销售量必然会减少，利润必然会减少，如此恶性循环，该渠道也就会出现危机。因此，为了保证营销渠道的正常运行，在各环节间合理分配利润就显得非常重要，只有渠道中的各环节都有钱赚，各成员都有利可图，渠道才能有效运转下去。

②把握好促销力度。企业追求的是营销渠道的持续、稳定、健康发展，决不能为了追求某一时期的销售额或利润，导致畸形的促销动作，影响到渠道的健康发展。比如，有些企业为了追求当期的高销售量，采取大幅降价等促销手段，虽然当期可能获得较高的利润，但竞争对手为了生存必然竞相杀价，价格战在所难免，最终伤害的企业和渠道的共同利益。科学的做法是，企业要把握好促销力度，保持持久的促销能力，保证能够给予各级渠道成员长期的、持续不断的利益刺激。

③及时推出新产品。任何产品都有其特有的生命周期，当原有产品“老化”的时候，企业就要适时推出新产品，满足客户新的市场需求，形成新的利润增长点，维持渠道的生机和活力。由于新产品面临的竞争者少，产品本身又有新意，对用户能够形成吸引力，必然对渠道形成销售动力，从而使得渠道各环节能够获得相对较高的利润。因此，企业必须要有系统的产品规划，在适当的时间，以适当的形式推出新产品来维护渠道，使营销渠道充满活力，为渠道的持久发展提供保证。

3. 营销协同管控

协同营销是结合企业内外部资源共同开展的营销活动，与常规营销模式相比，它具有资源众多、使用灵活、选择余地广泛等特点。协同营销通常分为水平协同营销和垂直协同营销两类，前者指位于不同行业的企业共同承担营销费用，协同营销传播、品牌建设、产品促销等营销活动；后者指在一个产业的上下游企业之间，通过各自资源的互补所展开的营销合作。

因此，协同营销可以在集团总部与分子公司之间、供应链上下游企业之间共享资源，实现营销协同，在市场竞争中具备更强的竞争优势。具体来说，成功的协同营销，需要把握好以下三个方面。

（1）精选协同对象

正所谓“道不同，不相为谋”，企业集团在开展协同营销中，所选择的协同对象要与自己有着相近的品牌内涵、一致的经营理念、共同的营销目标、相似的目标客户群以及旗鼓相当的企业形象，这是双方开展合作的基础，也是实现双赢的重要前提。需要明确的是，即使企业的竞争对手符合上述所有条件，也不能与其建立协同营销关系。这是因为，商场如战场，如果协同营销活动增强了对方品牌对自己客户的吸引力，就相当于自己丧失了这部分客户，因此，协同营销对象不能选择与自己有直接竞争关系的企业。此外，所选择的协同对象最好具备一定的优势地位，当集团自身的优势不足以形成差异的时候，协同对象能够另辟蹊径地为其创造差别优势。

为了精选出合适的协同对象，企业集团需要确定其营销目标及目标客户群，明确其选择协同对象的标准，看对方是否与自己“门当户对”，分析对方在市场竞争中的优势地位，并评估其差异优势对自身能否产生支撑效果。

（2）控制协同风险

协同营销只是一种合作联盟，它的形式并不正规，随时都有终结的可能，在运作过程中也存在着一定的风险。比如，所选择的协同对象也许与集团的客户群并不重合，那么所做的一切努力都将白费；集团无法控制合作伙伴，今天它与你合作，明天就可能受利益驱动与你的竞争对手合作；集团在协同营销中所做的努力（如推广广告等）并没有起到预期的作用，协同营销没有达到预期效果。

为了有效控制协同营销中存在的风险，合作双方有必要请来中立的第三方，除了监督协作营销的市场效果外，还可以对合作双方的行为进行约束和管理，以保证协同营销活动的顺利开展。

（3）抓住协同的关键点

协同营销能否为企业集团创造差异优势的关键不在于协同营销本身，而在于企业集团对协同营销模式的把握。在协同营销的过程中，企业集团要以最快速度分析处理市场信息，对市场变动做出反应，准确选择协同资源，清晰界定营销目标，处理好与合伙伙伴的协同营销关系。在具体运作中，企业在以下三方面要尤为注意。

①新产品与老市场。有两种方式可以将新产品推向市场，一是用新产品做新市场，二是用新产品做老市场。一般而言，新产品做新市场失败的可能性会大一些。如果企业集团选择用新产品做老市场，必须注意的是，市场需求的变化、购买方式的变化等因素都会直接影响到新产品在市场中的营销策略，企业不能一味依靠过去的成功经验和做法，要在对老市场充分理解的基础上，制定出一套符合新产品推广的个性化策略。

②新老产品之间的协同。当主打产品取得市场成功后，企业往往需要借助品牌力量，顺势推出新产品，这就需要对新老产品进行协同组合。如果老产品市场出现明显的衰退趋势，企业就应对原有产品迅速、低调处理，保证分销商尽快回收资金，并投入到新产品的流通过程中去。在将老产品保持在少量分销渠道的同时，加强对新产品的宣传和促销，将大部分分销商转移到新产品的销售中来，使新老产品在市场上形成合理的组合搭配，以实现业务的平稳过渡。

发挥新老产品之间的协同，还表现为不能让老产品阻挡新产品的开发，有些企业会对主打产品的市场潜力过于乐观，认为该产品会有长期而稳定的市场，忽视了对新产品的开发和推广。为了避免以上情况的发生，企业对新产品的研发和推广必须有前瞻性的计划，不能让老产品成为新产品的绊脚石。

③产品与渠道的协同。有些新产品的推广，企业完全可以运用老产品的渠道，而有些新产品，则必须考虑其与营销渠道的协同性。发挥好二者之间的协同性，对于把新产品迅速投入市场将起到重大作用。对于全新产品而言，企业集团既可以选择直接销售渠道，也可以选择间接销售渠道；对于系列型产品而言，企业集团通常会充分利用原有的品牌、销售渠道来推

广新产品。总之，企业集团要充分考虑新产品的特性，选择与之匹配的营销渠道，以充分发挥二者之间的协同性，取得更好的推广效果。

4. 营销团队管控

营销团队既是与客户接触的“前线部队”，也是实现集团营销目标的主力军，没有营销团队的英勇奋战，再好的营销战略也只是“空中楼阁”。为了取得较好的营销业绩，必须加强对营销团队的管控。

（1）高效营销团队的建立

很多大型企业集团都会在各区域市场设立营销中心，但由于缺乏有效的管理，不少区域市场的营销工作还处于“单打独斗”的层面，没有发挥团队效应。实际上，企业要想打造卓越的营销团队，需要开展大量的工作，包括形成优秀的领导核心，建立起完善的营销工作制度，强化营销团队的培训，建设积极的团队氛围，实现营销团队与个人的完美互动，以及增强团队的执行力。只有满足了这些条件，才能确保营销团队富有积极性，又能发挥团队效应，高效完成营销任务。

（2）营销团队的管理

营销队伍一旦建立起来，相关的管理工作随即展开。对于不同的企业集团、不同的营销渠道模式、不同的营销组织机构，营销团队的管理工作也不尽相同，但就其共性而言，包括以下几方面内容。

①营销团队的文化统一。营销团队在组合之初，还没有足够的时间来培育完善的组织文化，这就要求团队的领导者要想方设法统一成员对于团队价值观的认知，以统一的价值理念将成员凝聚在一起。在团队中，要努力营造平等、自由、互动的氛围，增强成员之间的信任感，推动成员之间及时沟通、交换有关工作的建议和观点，推动团队成员的协同合作，对团队成员给予足够的尊重，满足其自我实现的愿望，增强其对团队的归属感。

②营销团队的沟通机制建设。营销团队的成员在各自领域都有自己的优势，在推广产品、与客户沟通等方面都有自己的一套，因此，在团队成员的合作中，加强彼此间的沟通就显得尤为重要。团队要想获得成功，团队成员必须对某些关键问题达成一致看法。通过整合团队成员所拥有的市

场信息，营销团队可能会发现新的市场机会。在相互沟通中，团队成员可以借鉴对方的经验，加深对产品和市场的理解，有助于提高市场的成交几率。可以这样说，营销团队中沟通的顺畅与否，直接决定了营销团队的整体作战能力。因此，在营销团队的运作过程中，要特别关注团队中沟通机制的建设，以确保团队成员间沟通的畅通无阻，以及团队成员的密切合作。

③营销团队的激励机制。对于任何团队而言，有效的激励都是保持士气长久旺盛的关键，是充分发挥团队成员内在潜力、积极性的重要手段，对于营销团队而言更是如此。

由于营销工作的特殊性，对营销人员的激励不能仅仅采用物质激励的方式，企业必须创建出符合营销工作特色的激励机制。从内在激励因素来看，营销人员通常比较看重营销工作是否拥有足够的自主性，因此，企业一定要给予营销人员足够的尊重，充分发挥其创造力和自主性，推动其在工作中充分发挥自己的才能和潜力。对于很多营销人员而言，来自于工作的成就感可以带给他们很强的自我满足感，因此，通过赋予他们有挑战性的工作，充分实现其自我价值，可以起到很好的激励效果。从外在激励因素来看，高薪无疑是最重要的激励手段，高薪不仅能激发营销人员更努力地工作，还能减少优秀人才被“挖墙脚”的可能。此外，外在竞争也能起到很好的激励效果，在激烈的市场竞争中，营销人员必须尽可能地发挥其全部潜力才能免遭被淘汰的命运，他们的能力也只有在激烈的竞争中才能体现出来。

总之，企业集团要综合运用各种激励手段，构建有效的激励机制，激发营销人员的工作热情，在促进企业营销目标达成的过程中，帮助营销人员实现个人成就，实现个人价值。

5. 职能对接管控

企业整体目标的实现，需要集团内各职能部门密切配合，相互给予必要的支持。现代企业管理理论认为，客户是一切经营活动的中心，企业所有部门的工作都应以“满足客户需求”为目标。然而实际的情况是，由于各部门都有自己的工作重心，未必会在行动中完全认同以上理念，由此，部门间的冲突也就在所难免。为了确保营销工作能够从其他部门获得必要的支持，企业集团非常有必要对不同部门间的职能衔接进行管控。

（1）营销与生产部门的对接

理论上，生产部门生产什么产品，营销部门就应将其销售出去，反之，如果营销部门将用户的需求反映给生产部门，生产部门就应据此调整产品，二者可以通过很好的合作来满足市场需求。而实际操作中，二者依然存在很多的矛盾，比如，生产部门总是希望能以尽可能低的成本，大批量生产产品；而营销部门则希望能尽量满足客户多样化需求，客户需要什么，生产部门就应立即行动；生产部门认为，销售部门只知道以客户满意为目标，不了解实际生产情况；销售部门抱怨，企业的生产组织水平不佳，能力不足，无法及时提供客户所需的产品……

事实上，上述两种观点都有偏颇之处，现代企业集团正逐渐向着“精准营销、敏捷制造”的方向发展，这类企业的赢利能力在很大程度上取决于营销与生产部门之间的有效衔接。为此，一方面，营销人员要了解企业的产品状况和生产能力，尽量以通用型、批量化产品满足客户需求，不能为完成营销任务而无底线地答应客户的定制化、特殊化需求。另一方面，生产部门应尽量配合营销部门，制订敏捷的生产计划，增强生产的灵活性，保证按时完成销售订单的生产。营销与生产部门可以通过建立“营销—运营计划体系”、生产协调调度会等方式加强交流，提高营销与生产之间的有效衔接。

（2）营销与采购部门的对接

采购部门的主要职责是以最低成本购进原材料和零部件，通常都采用大宗购买的形式，而营销部门则希望以多样化产品满足客户的需求，这就要求采购的数量要少，品种要多，批次要多，这必然会引起采购成本的升高，有时还会出现库存积压的现象，营销与采购部门的矛盾由此产生。因此，企业要着手构建营销、采购部门之间的信息沟通平台，保证双方都能及时获取准确的市场信息。此外，还应在两部门之间建立跨部门协调机制，借助外力的干预来协调双方的合作，以保证这两个部门的协同运作。

（3）营销与财务部门的对接

财务部门经常抱怨营销部门将大量资金用于宣传、促销活动，却无法说清这些活动能带来多少利润，他们怀疑营销部门并没有考虑清楚营销投入与利润产出的关系；而营销部门则认为，财务部门把资金控制得太紧，总是拒绝把资金投入到市场中去，正是由于财务人员过于保守，不愿冒风险，才丧失了许多的市场机遇。同样的问题还出现在销售的账期方面，对于很多工业品的营销来说，能否给予客户较长的收款期限，较大的赊销比例，在很多时候直接决定了这宗生意能够成功，而对于财务部门来说，赊销就意味着应收款的增加，回款周期越长，意味着坏账的风险越大，肯定是持反对态度的。

为了解决上述问题，需要科学地制定营销预算，包括对于应收款额度的总体控制规划。在预算执行过程中，营销人员要增强自己的财务素养，按照制度和流程操作，不弄虚作假，针对市场活动中的重大财务问题，及时与财务部门沟通，以便采取合适的对策。而财务人员要发挥专业优势，起到提醒、审核、监督和控制的作用，保障营销资金的合理使用，保持公司财务指标的健康。

（4）营销与研发部门的对接

营销部门与研发部门的矛盾根源在于二者的关注点不同，前者的关注点在于推出对用户有吸引力的新产品，而后者由科技人员组成，关注的是产品的科技含量、技术的先进性等，对于眼前的销售利润并不关注。结果是，营销人员把研发人员看作不切实际的知识分子，而研发人员认为营销人员唯利是图，眼里只有利益。过分关注技术导向的企业，产品虽也有一定的市场需求，但研发费用高、生产成本高，市场推广往往比较困难；过分市场导向的企业，完全依据市场需求推出新产品，产品的市场推广比较容易，但由于只是对原有产品的改进或对现有技术的应用，产品的领先性不强，生命周期通常较短。

为解决两个部门之间的矛盾，实现二者的职能对接，需要加强两个部门之间的合作，加强彼此的理解和尊重，研发人员要通过营销人员及时了解客户需求和市场动向，营销人员也要更好地了解产品的研发进程，研发部门开发的产品要以市场为导向，营销部门要为研发部门提供新产品的信息来源，两部门应共同确定产品规划，根据市场需求制定具体产品的研发计划，并以新产品的经济效益作为两部门共同的业绩考核指标。

三、营销管控的组织保障

营销管控作为集团运营管控中最为重要的部分，为保证其顺利开展，企业集团必须自上至下地设立相应的组织机构，常见的营销管控组织包括集团营销管理委员会、业务单元营销中心、业务单元销售部。

（1）集团营销管理委员会

在集团化运作的企业中，通常会在集团总部设立营销管理委员会，该委员会的主要职责是制定集团整体营销战略，站在集团整体运作的角度，指导集团市场营销工作的方向，确定各项具体工作策略，包括市场细分与选择策略、市场进入策略、市场竞争策略、产品组合策略等等，所制定的营销战略及具体策略，还要满足服务集团战略的要求。此外，营销管理委员会还要对营销战略的实施情况进行监督，通过收集、整理各区域市场的营销业绩情况，对营销战略在下级各业务单元的贯彻执行情况进行监督，分析营销战略是否合理，对于不足之处尽快调整和改善，确保各业务单元在集团总部指导下顺利开展营销工作。

（2）业务单元营销中心

集团各业务单元一般都会根据自身需要设立营销中心。营销中心的下属部门一般包括销售部、市场部、客服部、运营支持部等部门，营销中心的主要职责是根据集团下达的营销任务，结合业务单元对区域市场的预测，制定业务单元的年度营销计划，编制营销预算，拟定市场推广及销售推进计划，并负责上述计划的具体组织实施。

除此之外，营销中心还负责市场调查、客户服务、市场信息反馈等职能，是业务单元开展产品研发、质量改进等工作的重要信息来源。

（3）销售部

作为营销中心的下属部门，销售部的主要职责是依据销售方案，制定产品推广计划并具体实施，达成销售指标。

除此之外，大客户销售模式下的销售部，还承担着与客户沟通，建立和管理客户档案，组织开展售前方案设计与客户交流，组织做好产品安装及现场调试服务，及时处理客户反映问题等方面的职能。

四、营销管理制度与流程

1. 营销管理制度

（1）大客户管控制度

大客户也称关键客户、重点客户，尽管其数量不多，但其销售额往往能占到企业销售额的大部分，他们为集团创造了高额利润，直接影响着集团的经济效益。从某种意义上说，大客户业务的发展，事关企业的生死存亡。因此，企业集团在进行营销管控时，要尤为关注对大客户的管理。一般情况下，企业集团都会把对大客户的管理工作放在集团总部，由专门的团队一对一进行管理，直接向负责营销的副总裁乃至总裁汇报工作。

在大客户管理制度中，企业首先要明确，什么样的客户属于大客户，要从客户的市场影响力、采购金额、采购数量、对质量及服务的要求、对价格的敏感程度以及是否是集团长期合作伙伴等若干个维度建立划分标准。同时，对于不同等级的大客户，采取分级管理体制，以确保总部、下属业务单元都能以最佳的资源对接大客户的需求。

在大客户管理制度中，还要对大客户管理的全过程进行明确的要求和规范，具体内容包括：

①联系的建立与维护。加强对大客户的日常沟通与联系，以登门拜访、电话、信函、e-mail等方式向大客户传递最新的行业动态、企业资讯、产品信息、公司理念等。

②服务承诺制。规定对大客户的服务承诺必须到位，围绕客户需求要适当提供“额外服务”，以提供超越其需求的服务，引导客户的忠诚度，并在此过程中屏蔽其他竞争对手。

③差异化服务。要依据大客户的重要程度为其提供差别化服务，对高等级的大客户进行重点服务，实现“急事急办、特事特办、易事特办、难事妥善办”。

④定期客户走访。集团相关领导应定期对大客户进行走访，了解客户需求，倾听客户声音，更好地维护客户关系。

⑤定期举行大客户分析。集团营销委员会要定期收集大客户信息，定期评估：大客户是否在流失？大客户的满意度是否在下降？并深入分析其中原因，寻找解决途径。

总之，企业集团要通过制定并遵守大客户制度的相关规定，提高对大客户的服务水平，增强大客户的满意度、忠诚度。

（2）营销渠道管控制度

营销渠道是企业集团的无形资产，集团通过中间商将产品分销到广阔的市场，一旦建立起完善的营销渠道，企业集团就可以获得丰厚的回报。为保证企业集团营销体系顺利发展，销售渠道更加畅通，有必要制定营销渠道管控的相关制度，其内容通常包括以下三个方面。

①确定营销渠道的选择标准。企业的营销渠道通常包括直销和经销商两种，对于经销商的选择，集团需要明确选择标准，包括经销商的经营规模、资金实力、销售店面的地点、客流量、在本行业的代理经验等。除了以上硬性条件之外，经销商的社会资源、客户资源、经营动机、管理能力、营销能力等，也是选择的重要考察依据。

②对于营销渠道的考核。对于营销渠道的考核，可以作为营销渠道分级以及升降级的依据，也是督促营销渠道工作，适时进行营销渠道优化调整的依据。

在营销渠道管理制度中，要明确渠道的考核指标，如招商计划完成率、经销商销售任务达成率、营销费用控制率、营销活动规范性、公关宣传效果等，此外，还要以制度的形式规定谁来考核、考核方式、考核周期等。

③对于营销渠道的激励。对于营销渠道的激励力度，是渠道管理工作中的关键因素，企业要明确其激励规则，根据对营销渠道的考核结果或其他约定进行激励，例如，可规定对不同级别的经销商采取不同的供货价格，

不同的市场支持力度；对于业绩突出的经销商给予较高的信誉等级、赊销提货额度，以及更高的返利优惠；对于新产品推广，给予更大的销售折扣与促销支持，等等。

（3）营销绩效考核制度

绩效考核是实施营销管控不可缺少的管理工作，它不仅可以作为激励营销人员的依据，还可以帮助企业发现问题，改进营销，提高业绩。因此，企业需要制定相关的考核制度，定期收集、分析销售业绩，多方面了解营销人员的工作绩效，建立相应的评价指标，在充分考虑区域差异、竞争对手情况等客观因素的基础上，对个人、团队、分公司、大区等不同单位的营销业绩进行科学、客观的评价。不仅要比较当期的营销工作绩效，还要与过去进行对比，与横向可比单位进行对比，从而全面、准确、客观地评价营销团队和个人的业绩，并以此作为激励的依据。同时，一旦出现较长时间内营销绩效无法达成的局面，管理者就要进行分析和反思，看营销战略制定是否合理，营销管理工作中是否存在重大漏洞，并及时进行调整和改进。

（4）营销激励制度

可以毫不夸张地说，营销人员是营销部门中最重要的资源，营销工作进展得顺利与否，在很大程度上取决于营销人员的业务能力和工作态度。他们处于与消费者相接触的最前线，企业的产品需要他们去推广，以客户为中心的服务意识需要他们去传播，同样，消费者的需求与意见也需要他们反馈给相关部门。

由于营销工作的特殊性，营销人员的工作热情对于经营业绩有很大影响，因此，必须建立行之有效的激励制度，以业绩为依据，对营销团队、营销人员给予相应的奖励，或是薪酬激励，或是职位提升，激发其以更积极的态度投入到营销工作中去。

由于企业文化不同、所营销产品不同，有的企业侧重于对营销团队的激励，由团队决定个人的分配，有的企业则崇尚个人英雄，以个人业绩作为激励的主要依据，两种做法各有利弊，需要评估企业的营销特点之后再进行选择。

2. 营销管理流程

（1）市场分析

对于集团的营销管理工作来说，最重要的任务之一就是研究企业所处的市场环境，判断企业及产品所处位置，从中发现新的机会，为管理者的决策提供信息。具体来说，市场分析工作包括营销环境分析、消费者购买行为分析、单位市场购买行为分析等。

①营销环境分析。我们通常把营销环境分为微观环境和宏观环境，其中，宏观环境包括政治、经济、社会文化、技术等因素，是影响到营销工作的宏观大趋势，对于上述趋势的把握，有利于企业建立营销工作的中长期、趋势性思维。微观环境包括对企业市场营销能力有直接影响的供应商、中间商、消费者、竞争者和一般社会公众，为了满足市场需要，企业必须密切关注这部分群体，并制定相应的计划。

企业只有确切地把握好营销环境变化的方向，才能适时调整经营策略，适应正在变化的营销环境，因此，必须对环境分析给予足够的重视。

②消费者市场分析。消费者市场是由为满足个人生活需要而购买商品的个人和家庭组成。对于以消费者市场为主导市场的企业来说，掌握消费者市场的特点，了解消费者的购买行为，是营销人员必备的知识，营销部门要有针对性地制定产品、价格、渠道和促销策略，就必须深刻认识消费者市场的特点，准确把握消费者购买行为。

③单位市场分析。除了消费者市场以外，企业的产品市场可能还包括生产企业、商业企业、政府部门等各类形式的组织，我们称之为“单位市场”。由于单位市场在购买对象、购买动机、购买决策过程等方面与消费者市场有显著区别，对于从事单位市场业务的企业来说，要对自身所服务的单位市场进行深入的调研和分析，充分了解这些差异，才能正确地制定市场营销方案。

企业集团只有在密切关注营销环境变化，了解竞争动态的前提下，才能把握市场需求动向，发现新的市场营销机会，避免可能存在的市场威胁，制定出正确的市场营销战略，比竞争者更好地满足市场需求。

（2）营销目标确定

由于消费者数量众多且需求千差万别，企业要认识到，无论企业规模有多么庞大，都不可能满足所有客户的需要。因此，应当确定营销目标，把营销活动集中在最有可能为之服务的客户身上，而不应处处与人竞争。这项工作主要通过以下三个步骤来完成。第一步是市场细分，即企业集团对自己感兴趣的市场进行细分，充分了解各细分市场消费者需求的差异；第二步是目标市场选择，即在市场细分的基础上，依据自身经营条件和外部市场环境，选择具有吸引力且相对于竞争对手本企业能够提供更有效服务的细分市场，作为目标市场；第三步是进行产品定位，即在所选择的目标市场上，企业根据自身的优势，确定向目标市场所提供的产品，以及相应的营销策略。

（3）营销战略制定

营销的实质是在满足消费者需求的前提下获得利润，为此，企业集团不仅要深入地分析市场营销环境，识别营销机会，还要在此基础上，制定出切实可行的营销战略，并以此为依据，指导企业开展营销活动。

对于一家集团企业来说，首先需要确定集团层面的营销战略，明确集团主要面对哪些客户，提供哪些产品和服务，将来要开展什么业务，同时，需要确定集团的营销目标，如销售收入增长、提高市场占有率、进军国际市场等，都可以作为营销日标的具体体现。接下来，企业集团需要对其业务组合进行分析和安排，确定哪些业务可以使集团扬长避短，发挥优势，从而最有效地利用市场机会。

最后，集团还要指导业务单元制订出本单位的营销计划，以及与营销配套的其他相关规划，如产品研发计划、资金计划、人才计划等，这些计划都是集团营销战略在各业务单元层次上的具体化。

（4）营销策略组合的制订

完成营销战略制定后，企业要做的就是在营销战略的指导下开展市场营销策略组合的设计，也就是通常所说的“4P”，包括如何制定产品策略、定价策略、分销渠道策略以及促销策略，来取得较好的营销业绩。

产品策略是最基本的策略，定价策略、分销渠道策略以及促销策略都是以产品策略为基础的。企业要根据公司发展及竞争需要确定产品组合，既要考虑何种产品组合能够在一定时间内获得可观的利润，也应考虑产品组合如何随市场的变动进行调整。

价格是营销组合中的又一重要因素，能否正确定价，直接决定了企业能否扩大销售、提高市场占有率，然而，价格又是令人捉摸不定的，只有对定价理论、策略、方法和技术有着非常深刻的理解，才可能做出正确的定价决策。

为了保证产品能够从正确的渠道，在适当的时间、地点，以适当的价格供应给用户，企业必须选择恰当的分销渠道，并对选定的分销渠道进行有效的管理。

同时，为了让用户了解企业、了解产品，促进销售目标的达成，企业还要通过市场活动、广告、折扣、赠品、试用等多种市场活动方式，刺激销售，促进销售额的上升。

营销策略组合的设计，是营销任务圆满完成的基本保障，也是日常营销工作流程中最重要的内容。

案例8-8 融创的营销管控

融创中国控股有限公司（以下简称“融创”）是一家专业从事住宅及商业地产综合开发的企业，由孙宏斌于2003年创立，总部位于天津，该公司于2010年10月7日在中国香港联交所上市。

经过多年操作积累，融创在所进入城市产生了强大的市场影响力和品牌竞争力，赢得客户高度认可。截至2018年末，融创及其联属公司实现合同销售金额约4608.3亿元人民币，同比增长27.3%，蝉联行业第四名。

一、融创的营销方法论

融创董事长孙宏斌在个人微博中曾将销售的本质归纳为四点：①找到好的销售员，提高佣金比例；②所有思考和行动围绕“客户是谁，在哪，找出来，成交”；③产品满足客户需求；④客户对产品和服务满意。

基于这个方法论，融创更重视销售团队和渠道，相对不重视策划。在融创的人才体系中，大多数都是通过销售和渠道条线打过硬仗上来的，而策划的成长比较慢。甚至孙宏斌在微博中说："所有的动作都应该指向这些根本问题，所有的奖励都应该对应于解决这些根本问题的效果。很多所谓的调研、策划、文案、活动、广告、培训都因远离这些根本问题而莫名其妙"。

二、简洁高效的营销架构

融创的营销非常直接，注重实效，没有那种拗造型、拉调性的动作，只有围绕找到客户、逼定成交的销售行为。一方面是平时积极整合各类资源，打开所有可用渠道，做好渠道资源的积累，随时为项目输送客户；另一方面围绕项目节点，进行大量人员覆盖，对竞品进行直接抢掠，狼性十足。

融创的营销架构由策划组、渠道组、销售组、销管组组成，如下图。

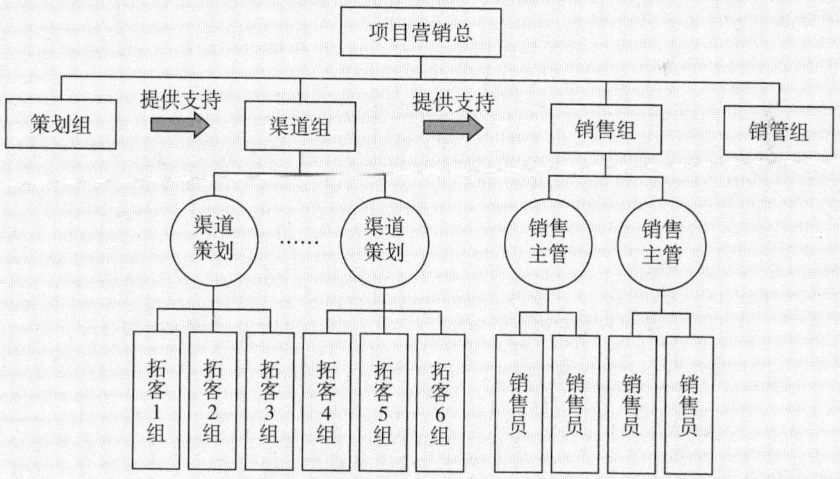

融创的营销架构

策划组。属于公共服务团队，主要负责监督、规范各渠道团队的协作，但不参与各渠道团队决策，为团队提供客户数据、物料、费用、推广等支持。

渠道组。一名渠道经理下辖5～10个渠道策划，渠道策划下辖10～30人销售助理（专员40%，小蜜蜂60%），平均分成N个小组，每组一名组长负责人员招聘和培训，由渠道策划制定周拓客任务和指标，并监督完成。

销售组。一名销售经理统筹销售管理工作，销售主管带领团队完成销售转化指标。

销管组。主要负责渠道带访、中介带访确认、统计，监督管理渠道工作成效，工资及佣金结算等工作。

三、高激励打造狼性团队

融创营销的第一点就是强调销售团队的作用。融创认为，好的销售能够找到更多的客户，有更高的转化率，而且能够卖出更高的价钱。融创作过一个统计分析，发现销冠级的员工售价比最后几名员工的售价高3%，相当于给客户的优惠少了3%，所以给予好的销售足够的激励是一件非常划算的投资。

什么是好的销售，除了人员素质和销售技能外，融创最强调的是"争强好胜不服输，能承受压力"，好的销售团队必须要有狼性。

狼性团队要靠激励和考核来保障。融创的"高佣金+17项奖励"业界少见，比如阶段性拓客指标、渠道资源目标、销售指标、回款指标等等，每个项目每周有8万～10万奖励，完成就能得到，完不成则没有，始终让团队除了薪酬以外还有其他的目标冲刺。

四、细化流程保障执行力

除了激励，融创认为，销售力还需要流程制度来保障。融创有一套工作标准，每人每天有工作日志，分解到每人每天的工作，无论是销售员还是销售管理人员。这个分解从月初的指标分解就要超过这个月的目标，围绕指标分解工作，分解到天，每个人，每个人每天的工作是什么，要拓展多少客户，建立多少商户协会的关系，建立多少名单，每个人每周每天都有一个工作要求，并坚持天天考核。

细化的流程和长期的考核，坚持下来就形成了习惯。每个人清楚地知道每天的目标，不用督促，自己就有紧迫感，当天工作没完成、目标没达到，自己不会下班。

融创的营销管控，结合了目标、组织、流程、团队与激励措施等多个方面，由此使得整个团队目标清晰，斗志昂扬，所向披靡。

第十节 研发管控子体系

在科学技术日新月异的今天，对于任何以研发为动力的企业来说，研发的成功与否、效率高低，都会对企业的核心竞争力产生至关重要的影响。在集团化运作的企业中，管理层次较多，组织结构比较复杂，如何有效地对子公司、分公司的研发活动进行有效管控，如何提高整个集团的研发效率与效益，降低研发成本，是企业亟待解决的重要问题。

一、研发管控的基本内容

有人认为，只要有市场需求、有专业人员、有投入资金，企业开展研发活动就是水到渠成的事情，不需要特意去管理。事实上，研发项目与企业战略、财务、人力资源等一样，需要加强管控，这是由研发活动的特性决定的。首先，企业集团在进行产品研发的时候，需要进行技术创新，其次，市场需求的变化也会对企业的研发工作造成影响，增加研发项目进展的不确定性。基于以上事实，企业集团必须加强对研发的管控。

通常来说，研发管控的主要工作包括研发战略管控、研发规划管控、研发立项管控、项目执行管控、项目验收与考核管控五个主要环节，如图 8-7 所示。

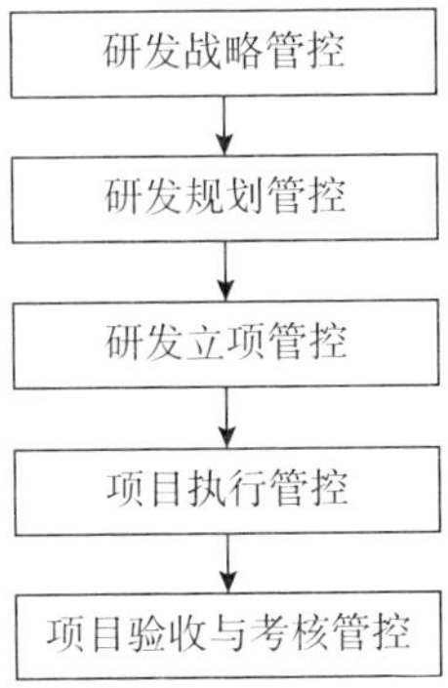

图 8-7 研发管控流程示意图

1. 集团总部的研发管控

作为一家集团型企业，总部在研发管理方面的优势在于对外部环境信息、集团发展方向的把握更为准确，可以调集的资源更为丰富，而业务单元在研发方面的优势则是更贴近市场和客户，对于项目的可行性、市场效益等方面有较好的把握。综合两个层级的特点，偏远期型的、基础型的、共享型的项目，适宜放在集团总部进行研发，而偏市场型的、应用型的、个性化的研发项目，放在业务单元进行研发更为适合。

作为集团总部来说，在研发管控方面扮演三个角色，一是集团研究院（科技中心）的运营方，具体负责涉及集团长远发展的基础科研，可为集团多个业务单元公用的共性化、平台化研究；二是作为集团各业务单元研发管理体系建设、执行的推动和监督者；三是作为集团内优质研发资源（如设备、人才）、研发成果共享的推动者。

2. 业务单元的研发管控

对于具体的业务单元来说，研发管理的核心就是遵循研发管理流程，把项目管理好，运营好。具体来说，就是要做好项目的前期论证和可行性研究，确保项目方向的正确；要管理好项目过程中的进度、质量与成本，对于过程中的偏差及时进行处理；在项目研发进入中后期时，要提前考虑产品的生产与市场投放问题，推动项目早日产生经济效益。

二、研发管控体系

企业集团的研发管控体系，包括了从产品设想到推向市场的全过程，基于研发的全流程考虑，我们将其分为研发战略管控、研发项目规划管控、研发项目立项管控、研发项目执行管控、研发项目验收与绩效管控五个部分。

1. 研发战略管控

研发战略决定了研发工作的主攻方向，在研发战略指引下，企业集团对众多研发项目进行排序，综合考虑资源的支持能力，选择最关键的项目，构建研发项目组合，推动研发为集团的战略服务，常见的研发战略包括进攻型战略、防卫型战略、技术引进型战略、模仿型战略，等等。

企业集团在选择研发战略时，主要基于以下两点考虑。

①与集团战略的匹配性。研发战略是企业集团整体战略的组成部分，它必须服务于集团整体战略，只有这样，研发成果才是企业所需要的，才能推动企业集团尽快实现其目标。企业集团的研发战略要力求重点突出，以提高集团核心竞争力为目标，以市场需求为导向，并有具体研发计划相配套。

同时，各业务单元的研发战略对集团的研发战略要起到一定的支撑作用，这样才有助于各业务单元发挥协同效应，通过资源共享、技术支持等方式增强集团整体的竞争实力。

②与研发规模和投资能力的匹配性。企业选择不同的研发战略，需要以不同的研发规模与投资水平作为支撑。研发规模，通常用参加研发项目的科技人员数作为衡量指标；投资水平，则以研发费用占企业总销售额的百分比作为计量指标。

如企业集团选择进攻型研发战略，则要求具备较大的研发规模和投资水平，防卫型战略次之；相对而言，模仿型战略对研发规模和投资要求比较少。企业集团在选择研发战略时，必须充分考虑本企业所能提供的研发规模和投资水平，从而有效避免研发战略很高、资源无法支撑的问题。

2. 研发资源规划管控

在研发项目开展之前，企业要做到未雨绸缪，尽早规划配置资源。在进行资源规划时，企业需要考虑以下两个方面的问题：一是对于所确定的研发项目，如何使用最少的资源来完成；二是对于已有的研发资源，如何安排以使之发挥最大作用。简单来说，就是既要考虑需要什么资源，又要考虑怎样使用这些资源。

同样的资源用在不同的地方，会产生不同的效果，这就是资源配置问题，只有做好资源配置，才能促进资源之间产生协同效应，以更少的资源做更多的事。因此，在开展项目研发前，要充分考虑项目进展各阶段需要的资源，以及应形成怎样的资源组合，以便做出合理的规划配置。

3. 项目可研管控

企业集团的生产经营中有多方面的研发需求、多个研发项目可供选择，但只有具备可行性的项目才能实现真正“落地”，企业集团要对备选研发项目进行可行性研究，对研发项目中的重大问题（如研发产品的市场前景、技术、资源供应、项目实施计划、投资回报率等）进行深入的调查分析，结合企业的战略目标及当前内外发展环境，确定哪些项目具备现实操作性，从而最终决策哪些项目可以立项研发。

（1）项目可研应关注的四个问题

在进行可行性研究时，研发项目的负责人一定要弄清楚以下几个问题：该项目是否有助于推动企业的进一步发展？是否有良好的技术基础？能否顺利筹集到所需资金？项目成功后是否有利可图？也就是说，不仅要保证企业有能力开发这个项目，还要保证所选项目能给企业带来效益，所开展的项目是企业需要的，市场需要的，这样的项目才有研发的必要性，才能促进企业的发展。

（2）项目可研中的市场化与系统化思维

一项新产品从最初的技术构想、确定研发课题、开发产品到投放市场，需要多个紧密联系的环节，要提高立项研究的质量，就必须建立研发工作的市场化与系统性思维，促进研发部门、营销部门及生产制造部门之间的信息和知识流动。

有关调查研究表明，如果研发部门与市场营销部门之间存在严重的沟通问题，那么68%的研发项目在商业上会完全失败，21%会部分失败；如果研发部门与生产部门之间存在严重的沟通问题，大概有40%的研发项目在技术上不能成功，而在技术上取得成功的项目中，又有近60%的项目在经济上不能获利。研发部门同其他部门间的关联紧密与否，已成为影响研发绩效的重要因素。

因此，在项目可行性研究的过程中，要注重将研发部门与市场营销部门衔接起来，从市场需求中寻找研发课题，确保研发出的产品有足够大的市场需求，在商业上能够获得成功。还要加强研发部门与生产部门间的联系，确保研发出来的产品能够批量生产、质量可靠且具备经济性，能够将研发成果顺畅地转化为企业可盈利的新产品。

4. 研发过程管控

在研发项目的进展过程中，企业要对研发项目的进度、成本和质量等加强管理，如发现实际进展情况与预期不符，应立即采取纠正措施，确保研发项目能够实现预期目标。研发项目的过程管理主要包括进度管理、成本管理两个方面。

（1）进度管理

在项目的开展过程中，由于研发过程中不可预见的技术因素，以及人力、物力供应等因素的影响，实际进度与原有计划出现偏差是比较常见的，这也就决定了研发项目进度管理的必要性。企业集团要随时掌握研发项目的实施动态，检查研发计划的执行情况，对于未按计划开展的工作要心中有数，并深入分析，是什么因素导致计划未按时完成。是因为管理低效、资源供给跟不上，还是制定的计划本身有问题？如果是由于管理、资源等内部问题，企业该如何改进？如果是计划本身的问题，又该如何调整？此外，拖后的进度在后期有没有可能赶得上？这些问题都要进行研究和回答。

（2）成本管理

企业对研发项目的成本管理可分为事前、事中、事后三个阶段进行。在研发项目开展前，要确定研发规模、制定研发活动各阶段所需的成本计划，在进行研发费用分配时，要把最有前景的研发项目和重要环节作为资源分配的重点。

在研发项目开展过程中，要随时监控研发费用的使用情况，在社会经济、技术及企业自身状况发生重大变化时，要及时修改原定计划。

在研发活动结束后，企业要对该项目的投入产出比进行分析，需要注意的是，要以长期的眼光来看待研发成果，某些研发项目的经济效应只有在较长时期才能显现出来，仅以眼前的经济效应来评价研发项目，往往得出的结论是不全面的。

5. 研发绩效管控

企业的研发绩效管理，一直以来都是集团管理者、研发部门管理者、人力资源部门和研发人员共同关心的话题，之所以研发绩效比较难于衡量，主要在于以下三个方面的原因。

①研发部门所从事的工作是创造性工作，带有很大的不确定性，如果说其结果还可以部分量化衡量的话，研发的过程则很难进行评价，特别是生物医药、化工、新材料等领域的研发，过程中发生的变化可能有利于项目成功，也可能发生逆转，并非完全由人工可以控制。

②研发的效益不是单纯的经济指标，既包括降低成本、提高效率、增加财务收入等经济指标，也包括提高集团相关领域技术水平、造福社会、保护环境等社会效益，无法完全用数量来衡量。

③研发的成果最终要推向市场，在市场推广的过程中，成功或失败的原因有时不完全是研发部门所能够控制，一个并不突出的产品，遇到好的市场机遇和推广措施，可能市场表现优异；一项好的研发成果，也可能因为推广不力或时机不好，没有取得好的市场效果，这种情况屡见不鲜。

正是由于研发效益的多样性、复杂性、不确定性，导致对于研发项目的绩效考核成为管理学界的一个难题。当前，企业集团对研发绩效的考核模式主要有以下三种。

①以科研成果为核心的绩效考核模式。该模式以研发团队发表的论文数量、专利授权数量等为绩效考核指标，主要适用于以论文和学术出版物为产出形式的基础研究。

这种模式的优点在于，倡导研发的科研与创新价值，鼓励集团公司的知识积累与科技含量提升，也是集团科研技术水平的标志；但缺点也比较明显，就是与研发项目的市场效益没有关联，与企业管理层想看到的收入、利润贡献指标没有直接联系。但是，由于这些指标具有可数性，容易量化，这种模式仍可作为企业集团研发项目绩效考核的一种补充方式。

②以经济指标为核心的绩效考核模式。企业最关注的，首先是销售额和利润，研发项目的结果对上述指标的支撑作用，往往是企业最关注的，因此，很多企业以研发成果所带来的经济效益作为评价研发项目绩效的主要指标，如项目成果转化形成的销售额、利润，项目实施带来的成本降低、劳动生产率提高，等等。

这种模式的优点在于，对于研发项目的绩效界定准确、清晰，研发团队可以清楚地看到自己的努力与企业效益之间的关系，而其局限性在于过于关注研发的短期、即期、经济效益，忽略了科技研发对于企业长期发展的推动作用。

③多种指标构成的全维度绩效考核模式。研发活动是一个复杂的过程，很多因素都会影响到研发的绩效，因此，越来越多的企业集团发现，很多时候，用单一的指标无法全面反映研发活动的绩效，需要综合考虑多个维度，以使得研发考核更加全面、准确、客观。

其中，多维考核的方向包括研发项目的即期与长期效益，研发过程管理水平，研发成果的创新度与科技含量，项目过程中的人才成长，等等。

6. 研发资金管控

企业集团开展研发工作，最核心的资源之一就是资金，如何准确地把握研发资金的投入，做好研发资金的分配工作，发挥资金的最大效益，是研发资金管控的重要环节。

（1）在集团总部与业务单元之间的分配

研发资金在集团总部和业务单元之间的分配，与集团的发展战略、技术创新体系密切相关。一般情况下，集团总部的研发中心主要从事与集团业务密切相关的核心技术、集团多企业公用的共性技术以及基础研究领域的研发工作，而分子公司的研发中心，则主要从事与当前业务相关的产品或工艺的研发工作，不同业务单元研发部门所从事的研发项目会有很大的差异。

因此，在集团总部与业务单元之间的资金分配，既要保证总部研发中心有足够的资金从事长期性的、基础性的研发工作，也要考虑各分子公司研发系统的实际需求，因为这些需求往往是直接产生生产力和效益、保持企业市场竞争能力的。两者之间的分配，本质上是企业长期目标与中短期发展之间的平衡问题。

（2）在进攻型与防御型项目之间的分配

进攻型研发项目主要用于提高企业集团的市场地位或开拓新市场，而防御型研发项目，则主要用于抵御外界的竞争压力，维持现有的市场份额。如果企业集团没有长远规划及明确的目标，企业的研发项目中将必然充斥大量“救火式”的防御型项目。

按照长期发展的角度评价，企业为应对竞争的确需要有一些“救火式”的防御型项目，但这类项目决不能占主导地位。企业要依据其发展战略及所面临的竞争形势，面向未来，进行系统的业务及产品规划，据此进行研发项目的合理布局，进而决定研发资金的分配方向。如果企业准备采用“技术领先型”战略，在市场中占据主导地位，那么，就应将研发资金更多地分配给进攻型项目；而如果企业准备采用“紧跟领先者”战略，目的在于保持现有的市场地位，就应更多地将资金分配给防御型项目。

（3）在近期、中期、远期项目之间的分配

研发资金在近期、中期和远期项目之间的分配，也是企业研发资金管控的重要内容。如果资金过多地集中于近期项目，虽能满足企业应对眼前竞争的需要，但长期来看，企业会缺乏发展后劲；而如果研发资金过多地集中于中远期项目，集团就很难保持现有的竞争优势。因此，企业集团要保持研发资金在近期、中期、远期项目之间的平衡，首先要保证足够的力量从事中、短期的研发，确保现有业务的市场竞争力。在此基础上，要将一大部分资源集中于长期研发项目，从而对企业的可持续发展与竞争力的提升起到长久的支撑作用。

（4）视企业不同发展阶段确定研发资金的投入

在企业的不同发展阶段，研发资源的投入比例也有所不同。在企业发展早期，资源匮乏，资金不足，只能开展一些实验性的项目，满足经营的基本需要；而进入快速发展阶段，企业的资源拥有量快速增加，就可将更多的资源投入研发，进行较大规模的技术创新。

因此，企业集团要视自身所处的发展阶段、所拥有的发展实力，量力而行，确定对研发工作的资金投入。

7. 研发人才管控

在企业集团研发体系的构建过程中，人才的重要性日益凸显，对研发人才的引进、培养、激励和保留是企业研发体系管理的重中之重，很多知名企业通过技术研发快速增强了自身的竞争能力，其原因之一就是聚拢了一大批高水平的科研人员，并对他们进行了有效的管理与激励。

（1）研发人员的选用与培养

研发人员与企业的行政人员、技术工人有很大的区别，他们所从事的工作重复性、流程化较少，对创新有很高的要求。从事研发工作的人才，一般都拥有较高的科技文化素质，具有较高的知识水平、理论基础和实践经验，都具有开拓精神，不愿墨守陈规，喜欢有挑战性的工作。从研发人员的特征画像不难发现，只有少数人才符合研发工作的要求，因而也就成为企业“最珍贵的财富”。

因此，企业集团在选用研发人员时，要对其经验、能力、素质、成就动机等因素进行综合考量，既要从已取得的成绩中判断——是否具备研发工作所需要的素质，又要考虑其可塑性——其能力是否有较大的提升空间，能否符合技术创新的要求。在当今激烈的竞争中，没有哪项研发项目能由某个研发人员单独完成，因此，在选拔研发人员时，还要特别关注，是否具备较强的团队协作意识与沟通能力，能够与其他研发人员共同探讨、密切配合，共同完成研发任务。

仅仅做好研发人员的招聘工作是远远不够的，还要对其进行必要的培养。在对研发人员进行培养的时候，企业要注意在引导其掌握行业知识、研发技能的同时，培养他们对于研发工作的兴趣，让他们充分感受到研发工作带来的成就感和满足感。

（2）研发人员的激励

由于研发人员的自身定位、自我发展要求以及所从事的工作都与其他员工有很大不同之处，对研发人员的激励也有很强的特殊性，常用的激励方法包括以下三种。

①物质激励。研发成果作为企业集团中最具活力的生产要素，是企业价值创造的来源。对于研发人员的激励，可以结合研发成果的经济效益、社会效益、科技创新以及研发过程管理水平（质量、计划、成本）等方面进行综合考核，按照考核结果，以奖金、绩效工资等方式发放给团队或个人。

除此之外，企业通过制定相应的规定，按照特定的程序，量化一定比例的科研成果收益给相关研发团队或研发人员（以岗位分红、模拟股权、股权期权等形式），可以有效激励研发人员的工作热情，促使其将更多的精力投入到研发工作中去。

②精神激励。与物质激励不同的是，精神激励更能满足研发人员自我发展、自我实现的需要，在较高层次上调动研发人员的工作积极性。精神激励的方式包括标杆激励、授权激励、荣誉激励、情感激励等。例如，在建国七十年大庆之际，国家为屠呦呦、袁隆平等科学家颁发“共和国勋章”，就是对他们多年从事科研工作、为国家做出突出贡献的最高奖励。

精神激励的持续时间比较长，与物质激励手段相配合，往往能起到事半功倍的效果。同时，还有面向全体科研人员宣示企业对于科研人员、科研工作高度重视、激励科研人员在自己的工作岗位上努力奋斗的作用。

③实现自我提升。研发人员与其他人员不同，与升职相比，他们更看重专业知识的积累。企业集团可为表现突出的研发人员提供更多的培训、学习机会，如出国培训、参加专业会议等。此外，企业要努力营造学习型组织的氛围，使研发人员在日常工作中能够不断实现专业进步。自我提升

带来的成就感既可以提升研发人员的技术水平，又能激发他们的工作兴趣，促使其发挥更大的内在潜力来从事研发工作。

三、研发管控的组织保障

研发机构是开展研发工作，并对研发进行管理的重要平台，是企业集团实现研发战略的重要保障，如果没有与研发战略相适应的组织机构和组织管理，那么再好的研发战略也无法实施。

1. 集团总部研发机构

在企业集团中，总部对研发的管控方式也有所不同。一种是采取集中管控的方式，就是在总部设立研发平台或研发中心，对子公司上交的研发创意进行整合，由总部投入人力、物力、财力开展研发工作，这有利于充分利用现有资源，实现基础研究与应用研究相结合、产品设计与工艺设计相结合，极大地提高研发能力和水平。

另一种是采用分散管控的方式，总部不设立研发平台或研发中心，研发工作由各分子公司自行开展，总部仅负责调配所需资源，分子公司负责研发的全面管理工作。这种管控方式，对子公司的研发能力具有较高的要求，适用于子公司所研发产品在技术上具有独立性和完整性的情况，同时，子公司需要具备相对雄厚的研发力量，足够多的研发人才，以及必要的项目管理能力。

2. 子公司研发机构

子公司一般会设立产品研发部门，对产品研发、工艺研发等进行专门管理。在研发部门之下，一般应设立总体部门、各类专业部门和项目管理办公室。总体部门负责产品的总体设计、总装调试等全局性工作，各专业部门（如电气、仪表、机械等）负责各自方向的专业设计工作，项目管理办公室负责对各个研发项目的进度、资源等进行统一管理。如下是某客车制造集团技术研发部门架构图。

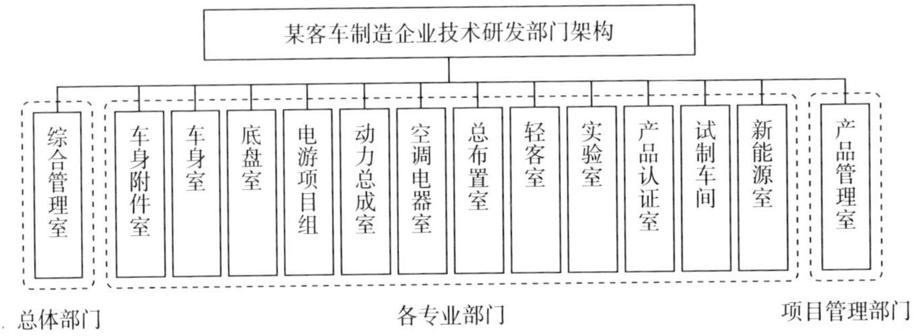

图 8-8 研发体系架构

研发项目的实际组织运作，是矩阵式管理模式。针对各研发项目设立研发项目组，项目组有两种运作方式。

一种是根据研发项目的需要，从所涉及部门中抽出专人组建研发项目组，被抽调人员全职、集中办公，项目结束后，项目组随之解散，人员返回本部门。这种模式的优点在于，项目组集中、专注于某一项目，有利于项目的高效开展，但缺点也是明显的，就是要占用较多的研发资源，因此，一般适用于大型项目、关键重点项目，或者在时限上有严格要求的项目。

另一种是项目成员在本专业部门，根据各项目的需要参与项目工作，每人可以兼职多个项目的工作。这种模式的优点在于，人员在本部门统一管理，便于资源调配，也有利于大家的专业交流，同时，资源利用相对效率较高。其缺点在于，项目组是分散的，效率较低，各成员由于身兼多个项目，彼此进度难免受到影响。

选用何种组织形式，要根据企业研发项目的特点、研发资源的情况、研发人员的成熟度等因素，综合考虑。

四、研发管控制度与流程

1. 研发管控制度

（1）新产品试制管理制度

所谓新产品试制，就是按照一定的技术模式实现产品的样品化过程。

它包括新产品试制的工艺准备、样品试制、小批量试制等一系列工作，并非每一种研发出的新产品都具有大批量生产的可能，大量研发成果最终停止在样品或展品阶段。大批量生产需要考虑工艺基础、技术设施、生产组织等多方面因素，而新产品试制则是对新产品能否实现大批量投产的一种工业化测试，也是对产品设计方案的检验，检验设计方案在生产中能否低成本实现、质量是否可控、产品性能是否稳定等等。同时，这一阶段的样品或样机也会拿到消费者面前进行市场测试，测试市场对其反映，以最终决定是否大批量投入生产。

（2）科研成果专利保护制度

对本企业集团的研发成果实施专利保护，可以保护新技术、新产品长期占领市场，取得更大的经济效益，企业要通过制定行之有效的规章制度，增强研发人员的专利保护意识，形成保护知识产权、维护企业合法权益的大环境。专利制度的建立与完善，要有以《专利法》为核心的配套措施，有法律等部门的参与，使集团研发成果的保护工作有章可循，使相关工作机制得以确立和发挥作用。

（3）研发人员激励制度

在研发机构中，最重要的不是资金，也不是技术，而是研发人才，高素质的人才是企业开展研发活动、满足市场需求、增强企业竞争力的重要保证，因此，要建立相应的激励制度，激发研发人员发挥更大的个人潜力。除了传统的薪酬体制要向研发人员有所倾斜之外，企业还可以采用股权分享等方式，将研发人员的长期利益与企业联系起来，同时，可为表现突出的研发人员提供学习、培训机会，为研发人员建设氛围优越的工作环境，使研发人员产生受尊重、受重视的感觉，从而激发其工作热情。

2. 研发管控流程

研发管控的主要流程包括研发战略管控、项目规划管控、研发立项管控、项目验收与考核管控等主要环节。

（1）研发战略管控

企业集团在开展研发工作前，需要确定研发战略，把握好研发的整体方向。研发战略要与集团战略紧密相关，这有两方面含义：一是研发战略要服从集团战略的整体要求，并反映集团整体战略；二是研发战略的资源分配要反映出集团的战略方向。在实际操作中，常出现研发战略与资源分配脱节的现象，在进行战略管控的时候，要注重解决研发资源的优化配置问题。

一个全面的研发战略规划，必须分析各种投入、构想、规划和资源要求，包括顾客的要求、市场的反应、研发性质与组合、资源需求和阶段划分等内容。为了使研发战略规划能够得以落实，还必须使研发战略规划同集团整体战略规划相衔接，所确立的研发战略要能得到管理层的共识。

（2）项目规划管控

在项目规划管控方面，企业集团有两方面任务：一是提出研发设想，二是分配预算。

①提出研发设想。在企业集团开展研发活动的过程中，确实有一些研发人员的奇思妙想是靠运气、“灵机一动”得来的，不过，通常情况下，研发人员还是要采取积极主动的态度，通过各种渠道，寻找有研发价值的项目，确定开展研发活动的大致方向。比如，以消费者为关注点，分析消费者的潜在需求和未来需求；从产品功能角度出发，考虑如何改进产品以增加其功能、用途；再比如，从市场环境出发，分析未来产品发展方向，考虑如何填补市场空白，等等。为了做好这项工作，企业集团每半年或一年都要组织各销售区域相关负责人员，通过发放调查问卷或委托当地专业市场调查公司的形式，深入了解消费者需求、竞争对手产品情况、市场空白领域等信息，研发机构依据所获得的信息，提出新产品研发的设想方案。

②分配预算。企业集团有四种分配研发预算的方式：一是确定预算总额，对研发项目的数量不做限制；二是不确定预算总额，但研发项目的数量是确定的；三是不但确定研发预算总额，还要将每个项目的预算额确定下来；四是各研发项目由子公司单独进行，集团总部不对研发项目进行预算安排。

预算决定了研发设想能否最终纳入立项评审，企业集团要根据自身实际情况，做好研发预算的分配工作。

（3）研发立项管控

在上一阶段，企业集团只是有了最初的开展研发工作的想法，但还没有确定具体的研发项目，事实上，并不是有了好的设想，就一定有好的市场。研发项目开始之前，必须进行严格的立项研究，包括市场研究和可行性分析两部分工作。

企业首先要开展市场研究，对拟研发的新产品所面临的市场环境进行深入分析，综合考虑顾客的消费习惯、对新产品的期望、当今市场的消费水平等。在此基础上，再进一步开展可行性研究。既要分析企业是否具备开展该项目的资源、能力，又要分析该项目完成之后是否能为集团带来经济价值。相关负责人员要依据可行性研究成果，选择最优方案，并将可行性研究结果以技术建议的形式提交给集团决策部门。

运用市场研究和可行性分析，企业可以有效地传递市场和用户的需求到研发部门，避免投资于不恰当的研发项目所造成的损失。

（4）项目验收与绩效管控

新产品试制出来后，要对其进行验收和鉴定，这是一项重要的评价工作，主要评价新产品的性能、采用标准、技术水平、生产工艺条件，评价是否具备投产条件、产品投产在安全环保等方面能否达到要求，并预测该产品的市场前景、经济效益和社会效益。对新产品的评价实际上贯穿于开发过程的始终，但验收阶段的评定最为重要，它不仅有利于进一步完善产品的设计，消除可能存在的隐患，也可以避免产品批量投产后带来的经济损失。

项目验收主要是针对研发成果，而绩效考核则针对研发团队和个人。

研发绩效考核，主要是针对设定的研发目标，评估研发的质量、进度、成本是否满足预定的要求。在考核开展过程中，要及时与研发人员沟通，帮助研发人员了解哪些工作需要改善，还需要学习哪些知识，掌握哪些技能。很多人只把研发绩效考核当作收入分配的计算手段，忽视了考核对日后研发工作的指导作用。事实上，开展考核的目的不仅仅是评价研发任务完成得怎样，依据研发成果该给研发成员多少回报，更重要的是通过绩效考核寻求研发工作中的改进点，对其进行优化和完善。

案例8-9 海尔集团的研发管理

创立于1984年，崛起于改革开放浪潮的海尔集团，在短短十几年间从青岛走向全国，从中国走向亚洲，从亚洲走向了世界。能取得如此快速的发展，并非偶然，海尔在研发和创新方面的努力，是其傲立于世界企业之林的重要原因。

从某种意义上说，海尔的创业和发展史俨然就是一部技术创新史，其研发体系的发展，经历了以下三个阶段的关键历程，这一历程也印证了海尔从国内小厂发展为国际知名企业所走过的道路。

一、技术引进与吸收阶段

1984年，海尔集团刚刚成立，还是一个资不抵债、濒临倒闭的小厂。为了谋求一条生路，在厂长张瑞敏的带领下，海尔与德国利勃海尔公司签订技术引进合同，由此拉开了海尔研发和技术创新的序幕。

在此阶段，海尔集团成立了以吸收德国先进电冰箱技术为主要任务的技术科，先后派出40多名技术人员到德国参加培训，进行现场学习，以保证其生产线的安装和电冰箱的生产达到国际水平。在此过程中，海尔初步掌握了电冰箱开发的关键技术，培养了过硬的技术人才，并积累了宝贵的技术研发经验。

1987年，海尔将技术科改为独立的电冰箱研究所，这一调整大大提高了产品的研发速度。高起点的技术引进、有效的技术消化与吸收，使得海尔集团在1988年摘取了中国冰箱产品的首枚金牌并入围全国500家最大工业企业。

二、自主研发阶段

海尔集团充分意识到，提高企业竞争力的关键在于增强自主研发能力。为了增强技术储备，海尔在1992年斥资1.6亿元建立海尔集团技术中心，形成三级开发体系，其中，一级的综合研究中心主要负责中长期的基础技术和核心技术研发，二级的四个基础技术应用研究中心主要负责中短期的新产品及关键技术研发，三级的具体产品开发中心主要负责开发短期新产品。

自技术中心成立以后，海尔的新产品研发效率大大提高快，平均6～7天开发一个新产品，4～5天出一项专利成果。

为了给海尔研发提供持续的动力，海尔与国内的25所高等院校的120位教授建立了联合性开发网络，并先后与复旦大学、上海交通大学、浙江大学建立了5个博士后工作站。这一方面为海尔的发展提供了高科技人才，另一方面还可有效借助高校的技术研发能力。

为了保证自主研发有充足的资金，海尔集团确立了科技投入优先原则和科技投入有效运行原则，规定企业每年用于研发的经费不得低于销售收入的4%，并由有关部门负责人组成的“技术创新工作委员会”专门对科技开发资金的使用情况进行检查和监督，对资金应用是否到位、应用是否有效等进行评价。

三、研发国际化阶段

在具备一定的自主研发能力之后，海尔开始注重整合国际研发资源，提高其产品竞争力。目前，海尔已建立了遍布世界各地的科技研发网络。通过其国际化信息网络，海尔能够及时获取国际最新科技信息、市场信息，并充分了解各区域市场的法律法规。而国际化的科研网络，则帮助其实现产品的二次设计，以适应各国市场的具体要求。

海尔研发的国际化大大提高了其技术水平，极大地推动了海尔走出国门、参与全球市场竞争的步伐。目前，海尔已通过世界最严格的6种质量标准，海尔实验室也达到了世界领先水平，并获得了全球最主要的6家认证机构的等效许可。

研发活动是海尔集团不断增强其核心竞争力的重要武器，如果没有创新精神，没有从市场需求选择研发项目的理念，没有将研发设想付诸行动的强烈事业心，海尔集团是绝不可能在仅仅20多年，从一个负债170万元的小厂发展成年收入2600多亿元的大型企业。对于海尔来说，研发不仅仅是满足市场需要的手段，更是增强竞争力、培育核心优势的重要保障。

第十一节 供应链管控子体系

随着经济全球化的不断深入，市场竞争日益激烈，市场竞争也从企业之间的竞争演变为企业所拥有的供应链之间的竞争。单体企业纵向一体化，使得企业间形成“链”式关系；企业集团横向一体化，使得供应链的“链”式结构向“网”状联盟转变，供应链上下游企业变得越来越紧密。

从某种意义上说，企业之间的竞争尤其是制造企业之间的竞争，本质上就是营销能力、研发能力与供应链能力的竞争。对于某些以代工为主要业务的制造企业来说，质量控制、供应链管理几乎就是企业管理的全部内容。

一、供应链管控的基本内容

供应链管理是一种集成的管理思想，是用系统的观点对供应链上的物流、信息流和资金流进行设计、规划、控制与优化的管理活动。供应链管理既涉及企业内部，也涉及到企业外部的相关合作者，如供应商、仓储物流商、分销零售商等。

（1）集团总部的供应链管控

供应链管控的集成性，决定了企业集团在这方面大多采用集权管控模式，集团总部在供应链管控中居于主导地位，依据集团的整体战略进行供应链规划，确定供应链管控模式，制定集团统一的供应链政策，规范供应链流程，监督各业务单元对总部供应链政策的执行情况，重点职能包括供应链战略管控、采购管控、供应商管控、库存管控和供应链信息共享管控。

（2）业务单元的供应链管控

对于运营管控型的集团企业，各业务单元一般是在集团总部供应链的整体规划和统一安排之下开展计划、采购、物流等方面的工作。对于战略管控型、非相关多元的企业集团，业务单元在供应链管理方面拥有较大的自主权，但在重大采购、供应商管理、外包商管理等方面，仍然要接受总部的统一管理。

二、供应链管控体系

一般来说，企业集团的供应链管控体系主要包括供应链战略管控、采购管控、供应商管控、库存管控、供应链信息管控、供应链绩效管控等主要内容。

1.供应链战略管控

企业集团要从战略的高度审视其供应链管控能力，将供应链战略作为集团战略的重要组成部分。从集团供应链管控涉及的范围来看，除集团供应链、子公司供应链之外，还会延伸到集团级供应商、集团级分销商和重点客户群，可见，集团供应链战略的制订，不仅仅是集团内部的事情，而是要综合考虑集团内外部因素，实现内外部供应链的优化整合。

（1）供应链管控的目标

企业实施供应链管控一定有其目标，一般来说，供应链管控的目标包括降低成本、快速响应与柔性生产。

①企业开展供应链管理，整合了集团内外的资源，把一些分散的工作集中操作，可以有效降低管理成本和生产成本，而集中采购原材料则可以提高议价能力，这些环节都可以促进成本的降低。

②通过整合供应链上的物流与分销商，企业可以快速地把产品送达并销售给客户；通过与零配件供应链的信息共享，企业能够根据客户的订单快速生产出产品，实现快速响应市场的目标。

③柔性生产是针对大规模生产的弊端而提出的新型生产模式。通过对

供应链系统的优化，企业可以与销售商、供应商实时分享信息，根据客户的订单组织配件供应、排产、物流和交付，及时跟踪和了解原材料和中间产品的完成情况并据此调整生产计划，从而可以高效率、低成本地满足客户多样化的要求，这在传统的供应链模式下是难以实现或无法达到经济规模的。

（2）供应链的战略定位

对于多个企业联合所形成的供应链，企业要根据自身的能力和企业利益进行供应链战略定位。

如果企业集团是供应链的核心企业，可以根据自身战略要求构建供应链，然后对链内企业进行选择，并设计链内的信息控制、物流控制和资金控制方式。如果仅仅是供应链上的非核心企业，由于管理能力和市场规模的不足，可以有选择地参与某个供应链，选择时要考虑供应链战略是否与自身战略一致、参与的成本、供应链的稳定性等因素。

（3）供应链模式选择

根据企业集团与供应商之间的契约关系，供应链模式可以分为四种，企业可以根据自身的特点进行选择。

①直线一体型供应链。企业的大部分生产、经营活动都在集团内部完成，即将产品研发、生产、销售、物流配送、售货服务等完全内部化运作，只是向供应商进行简单的原材料采购。在这种模式下，企业对供应商的依赖最低，通常不向上游企业采购，即使有也是临时性、特殊性采购居多。

②标准外包型供应链。企业常态化地大量外购标准化产品或服务，替代内部生产。由于企业需要的产品和服务基本上都是标准化的，会有很多供应商提供，这样就有一个充分竞争的市场，企业具有较高的议价能力。在这种模式下，企业集团对供应商有所依赖，通常能够在市场上以合理的价格采购标准化的产品和服务。有时，为了降低成本和保持产品供应的稳定性，企业也会与符合资格的供应商签订长期供应协议。

③混合外包型供应链。企业除了外购标准化的产品和服务之外，还外购定制的产品和服务。由于外购的是定制的产品和服务，企业和供应

商都要进行专用资产投资，他们之间有较高的合作程度。在这种模式下，交易双方都进行了特殊的关系投资，供应链中的组织界限变得模糊，相互之间的依存度也更高，由此导致供应链对双方激励的一致性程度也较高。

④充分外包型供应链。企业最小化产品和服务的生产，完全依靠第三方供应。这种模式下，企业集团遵循专业化分工的原则，只保留具有核心优势的产品和服务，而把大量非核心的产品和服务外包出去，对外部供应依存度很高，与供应商之间的合作更接近于企业联盟的形式。

2. 采购管控

采购是企业生产经营过程中的基本环节，通过科学的采购管控模式，可以大量简化直接和间接物料的购买过程，快速有效地完成采购任务，同时，又能减少人工作业量，使得专业采购人员能够将精力集中在战略性货源组织和物品管理上。

采购管控可以分为两种形式，集中采购和分散采购，这两种采购形式在企业集团中可以同时存在，只是侧重点有所区别。

（1）集中采购

集中采购是采购的一种实施形式，企业集团为了获得采购的规模效益，将具有批量规模的采购项目纳入集中采购目录中，由集中采购机构统一控制或开展采购活动。

集中采购强调采购资源的集中控制，企业集团控制着采购资金和供应商。集中采购模式下，集团设置专门的集中采购管理机构，统一确定供应商，统一制定采购政策规范，建立统一的采购过程控制体系并集中进行控制。

集中采购，本质上是一种采购上的规模优势最大化手段，其优点包括：有利于整合采购资源和采购队伍，保证采购质量；有利于实现原材料或半成品的规模采购，降低进货价格和交易费用，节约采购成本；有利于提高与供应商的谈判能力，选择有竞争力的供应商，获得较优的价格和服务，实现长期合作。

企业集团实施集中采购，首先要建立集中采购中心，并任用专业采购人员；其次，确定集中采购目录和采购限额，集中采购目录通常包括战略性资源、大宗物品、定期采购物品等；再次，严格审核供应商，选择合适的供应商并纳入备选供应商库；最后，制定合理的采购规范和流程。

集中采购包含以下几个业务环节：采购物品需求调查与汇总，申请采购，选择供应商，询价和比价，订单下达，采购物品入存管理，采购结算，物品使用调拨。在实际应用中，可以根据使用情况进行灵活调整。

根据集中采购是否统一订货、是否统一收货、是否统一结算，可将集中采购区分为四种类型。

①集收集结模式。集团集采中心集中订货、集中收货、集中结算，然后根据需求向下属业务单元进行内部调拨。具体程序如下。

下属业务单元提出采购需求，经过需求汇总和平衡后，由集团采购中心确定供应商和价格等，集中采购。

集团采购中心根据订单收货入库，并根据下属业务单元的需求将物品调拨给它们。

集团采购中心与供应商进行采购结算，确定采购成本。

集团采购中心与各业务单元之间，根据内部调拨记录定期进行内部结算。

②分收集结模式。集团集采中心集中订货，下属业务单元分别收货，集团集中采购中心先与供应商结算，然后再与下属业务单元进行内部结算。具体程序如下。

集团下属业务单元提出采购需求，经过需求汇总和平衡后，由集团采购中心确定供应商和价格等，集中采购。

采购订单的收货方为集团下属业务单元，下属业务单元根据订单收货入库并将收货情况反馈给集团采购中心。

集团采购中心根据下属业务单元的入库记录和发票情况与供应商进行采购结算，确定采购成本。

集团采购中心与各业务单元之间根据入库记录定期进行内部结算。

③分收分结模式。集团集中采购中心集中订货，下属业务单元分别收

货、分别与供应商结算。具体程序如下：

集团下属业务单元提出采购需求，经过需求汇总和平衡后，由集团采购中心确定供应商和价格等，集中采购。

下属业务单元根据订单收货入库，根据发票与供应商结算，确定采购成本。

④统签合同分别采购模式。集团集中采购中心统一与供应商签订合同，下属业务单元各自向供应商订货、收货、结算。

（2）分散采购

分散采购是与集中采购相对应的采购模式，是指采购活动由需求方各自进行。分散采购模式下，集团下属业务单位自行选择供应商，独立开展采购活动，采购过程的控制按职能环节分散在各职能部门。

分散采购是对集中采购的一种补充与完善，采购对象主要是那些小批量、单件、价值低的物品，在经营费用中所占的比重较小。

分散采购有其优势，能适应不同地区市场环境变化，物品采购具有相当的弹性；能够及时进行存货补充，对市场反应灵敏；各业务单元拥有部分采购权，有利于提高效率，调动工作积极性。

企业集团在进行采购管控时，可以结合集中采购和分散采购的特点，对不同类型、不同金额的物品采用不同的采购方式，以实现集团利益的最大化。

3. 供应商管控

企业集团的供应链管控中，对供应商的管控处于重要的位置，是提升供应链管控能力的重要环节。

（1）供应商分类管理

供应商可以分为战略供应商、优先供应商、考察供应商、消极淘汰供应商、积极淘汰供应商和身份未定供应商等，对于供应商的分类管理，有助于企业分清战略合作伙伴，对不同的供应商采取不同的策略。

战略供应商，通常是对公司有战略意义的供应商。这些供应商可以提供技术复杂、生产周期长的产品，并且可能是唯一的供应商，他们的存在对企业集团的正常发展起着至关重要的作用，供应商的替换成本非常高。

对战略供应商，企业集团应着眼长远利益，积极培养与供应商的长期合作关系。

优先供应商，提供的产品或服务具有可替代性，企业集团可以在其他供应商处获取，但倾向于使用优先供应商，这是与战略供应商的根本区别。企业集团一般根据供应商的总体绩效选择优先供应商，包括产品价格、产品质量、交货时间、技术能力、服务水平、流程管理等。绩效较好的供应商能够带给企业更大的效益，因此，也是优先选择的对象。

考察供应商，当企业集团初次向供应商采购产品时，面临的供应商一般是考察供应商。此时，企业对供应商还不了解，需要有一个考察期限。考察期限结束后，根据供应商的表现决定是升级为优先供应商，还是降为淘汰供应商。当然，对于已经成为优先供应商的合作企业，如果其绩效下滑，也有可能会被调整为考察供应商。

消极淘汰供应商，属于企业集团需要结束供应关系的供应商，它们将不会再得到新的产品订单。企业集团不用主动结束与这类供应商的关系，随着供应产品的结束，消极供应商就自然而然被淘汰出局。

积极淘汰供应商，也是企业集团需要结束供应关系的供应商，它们不但得不到新的订单，就是现在的订单也要尽快取消。对这类供应商，企业集团要采取合适的方式处理，防止出现极端事件。

身份未定供应商，要视情况尽快确定其身份。企业集团在对这类供应商分析评价后，要么把它们升级为考察供应商，要么把它们定义为消极淘汰供应商或积极淘汰供应商。

（2）供应商选择和评估

企业集团要选择合适的供应商，首先应对供应商进行评估。

首先，需要调查供应商的质量保证体系，调查的内容包括供应商质量体系的完整性、有效性、员工的参与度。例如，供应商有无健全的质管部门；质管人员的职责是否清晰，是否经过严格培训后上岗；是否定期进行质量评审工作，是否有完整详尽的质量评审记录，质管人员是否积极主动参与评审工作等。

其次，需要调查评估供应商的生产、开发等能力，包括供应商的设计开发能力、现场生产管理能力、生产工艺技改能力、对不合格产品的控制能力以及采购、存储管理能力等。调查评估的项目包括：是否有独立或合作设计开发产品的能力；生产现场是否进行自检、首检、互检、巡检；主要工序有无简洁实用的作业指导书；有无专门技术改造人员对生产工艺和流程进行研究改进；是否对不合格品进行了标识、隔离、记录、评审和及时处理；对采购物料是否进行了分类管理；是否有一整套严格的进货检验控制制度；仓储是否整洁有序；检验人员是否尽职，等等。

最后，企业集团要定期考核与复核供应商，依照市场需求的变化情况，从价格、品质、交货、协调等方面对供应商进行定性与定量的考核评估，关键指标包括退货率、逾期率等。为了能与合格的供应商建立长期、双赢的合作伙伴关系，企业有时还须定期或不定期地到供应商处进行监督检查，或设监督点对关键或特殊工序进行监督控制。

（3）供应商绩效评估

企业应注重对供应商的绩效评估，与供应商建立合作互赢关系。对供应商绩效评估包括五个步骤。

①确定评估策略，划分考核层次。一般来说，对供应商的评估包括月度考核、季度考核和年度考核。月度考核主要以产品质量和交货时间为主，一般针对核心供应商及重要供应商；季度考核主要以产品质量、交货时间和成本为主，针对大部分供应商；年度考核主要以产品质量、交货时间、成本、服务和技术为主，针对所有供应商。如此分类的目的是抓住考核重点，对战略供应商，进行关键指标的高频次评估，以尽早发现合作过程中的问题；对于大部分供应商则主要通过季度考核和年度考核来不断检讨，通过扩充考核要素进行全面评估。

②供应商分类，建立评估准则。确定评估策略和划分考核层次之后，要对供应商进行分类，进一步建立评估细分准则。这一步骤的重点是，对供应商供应的产品进行分类，对不同类别的供应商建立不同的评估细则，包括不同的评估指标和每个指标所对应的权重。例如，某企业对供应商进行季度考核，考核表设定了成本、质量、交货时间和服务四个主评估要素，然后对每个要素设定了相应的权重，针对每个主评估要素，又分别设定了

具体的评估指标以及相应的权重。

③根据评估结果，划分绩效等级。基于评估结果，对供应商的绩效表现划分等级，比如，将供应商绩效分成五个等级，这样就可以清楚地衡量每家供应商的表现，然后针对评估结果，采取不同的处理策略。

④建立二维分析图，定位新的采购策略。根据供应商的绩效表现，对供应商进行重新分类，有针对性地调整采购战略。以供应商绩效和考核期所采购金额为轴，可以制作一个二维分析图，X 轴表示供应商绩效，Y 轴表示本期采购金额，这样就可以对供应商重新进行分类，根据这个分类可以重新定位采购策略。例如，绩效表现不好，但采购金额不大的供应商都不是一些关键供应商或不可替代的供应商，对于这部分供应商，可以采用更换供应商的策略加以调整。

⑤传递改善目标，督促供应商进行改善。对于希望继续合作但本次表现不够好的供应商，企业要协助其尽快设定改善目标。企业集团可以将评估结果反馈给供应商，让供应商了解其表现不足的地方，集中精力，聚焦改善。

4. 库存管控

库存管控的目标，是在满足生产及客户要求的前提下，尽可能降低库存，提高库存周转率，提高供应链的整体效益。衡量库存管理的主要指标包括库存成本、库存保证度、缺货次数等。库存管理的主要方法包括自动库存补给法、供应商管理库存法、制造商管理库存法以及联合库存管理法。

（1）自动库存补给法

制造业企业对有多种用途、低价值的物品多采用这种库存管控方法。自动库存补给法能够提高订货和补给流程的效率，并给供应商更多的自由空间去直接对采购商的要求做出反应。企业集团要与供应商就特殊商品的配送数量、固定的存放地点等达成一致。所有包装袋中每一个都装有要配送的一定数量的商品，并被存放在仓库的箱子中，当生产过程中需要更多的产品时，就使用其中的袋子。供应商经常检查采购商的仓库，补充袋子，履行开票手续。

（2）供应商管理库存法

供应商管理库存法，是一种供需双方密切合作交付货物的方式，其主要思想是，供应商在企业允许下、在企业内部设立二级仓库，确定库存水平和补给策略，拥有库存控制权。由供应商设计与开发库存系统，不仅可以降低供应链的库存水平，降低成本，企业还可以获得高水平的服务，改善资金流，与供应商共享需求变化的透明性和获得更高的用户信任度。这种方式体现了企业集团与供应商之间的合作性、互惠性、目标一致性的原则。

（3）制造商管理库存法

对于大型零售企业集团而言，可以采用制造商管理库存法，将自己的物流中心或仓库的管理权交由制造商代为管理，但仍掌握所有权。这样，零售企业集团可以不从事具体的物流活动，并且由于双方不用就每笔交易的条件（如配送、价格问题等）进行谈判，从而大大缩短了商品的订货、进货、检验、保管、分拣、备货、销售等环节的时间。这种方法成功实施的案例是沃尔玛与宝洁。宝洁公司拥有沃尔玛的销售和库存数据查看权限，可根据沃尔玛的销售和库存数据制定高效的生产和出货计划。

（4）联合库存管理法

联合库存管理法是为克服供应链系统中各节点企业独立运作库存所导致的需求放大现象，是提高供应链同步化程度的有效方法。在这种方式下，仓库应由供应商所有，但建在采购商使用的地点。需求预测和补充存货的权利取决于供应商，供应商和采购商共建信息系统，双方相互开放、共享资源。

联合库存管理体现了战略供应商联盟模式下的新型企业关系。它强调多方同时参与，共同制定库存计划，使供应链过程中的每个库存管理者（供应商、制造商、分销商）都从相互之间的协调性考虑，保持供应链相邻两节点之间的库存管理者对需求的预期一致。任何相邻节点需求的确定都是双方协调的结果，库存管理不再是各自为政的独立运作过程，而是供需连接的纽带和协调中心。

5. 供应链信息共享

供应链上的许多问题都可以归结为供应链上的资源或信息共享问题。信息共享不仅使得链上企业可以更好地安排生产作业及库存配送计划，降低供应链的整体成本，还能促进合作企业间的相互信任，加快供应链对市场变化的响应速度。

企业集团内部的信息传递十分复杂。由于集团内各业务单元的业务差别以及运作环境的不同，不同业务单元可能处于不同的供应链之上，这样的局面，一方面给供应链的管理带来了复杂性，但也由于各业务单元分处不同供应链而具有潜在的、巨大的共享价值。因此，企业集团需要通过相关机制的建设促进集团与下属各业务单元之间供应链资源的共享，这样做不仅可以增强整个集团生存和发展的安全系数，还能够实现集团整体供应链优势的倍增。

（1）供应链上应当共享的信息

供应链上的共享信息分为不同的层次和内容，其中，信息共享层次包括战略信息层、管理信息层和作业信息层，信息共享内容包括订单信息、库存信息、生产信息、产品信息、营销信息和物流信息。

①订单信息。订单执行信息对供应链管控十分重要，因为如果订单执行延迟又没有补救措施的话，会对企业造成严重损失。因此，及时掌握订单的执行状态，快速地对供应链运作过程中出现的问题作出反应，才能提高供应链的执行效率。

②库存信息。库存信息是供应链管理的基础，共享库存信息是供应链成员间最常用的协作方式，通过获取供应链的库存信息，可以有效降低整个供应链的库存水平。

③生产信息。供应链上游企业的生产信息，影响到了下游企业的库存、生产和销售计划。因此，共享生产信息，可以有效消除供应链上每个企业生产的盲目性。

④产品信息。供应链下游企业的产品信息，决定了上游企业的生产计划。因此，建立顺畅的产品信息共享渠道，可以有效减少上游企业生产安

排上的无计划性。

⑤营销信息。营销数据可以反映销售趋势、顾客偏好和顾客分布，供应链成员通过共享这些数据，可以加快协同，共同满足客户的个性化、差异化需求。

⑥物流信息。物流信息涉及到企业与分销商和终端客户之间的供需关系，并且，物流信息也会影响到企业的生产和销售活动。

（2）供应链信息的共享方式

根据供应链上成员企业对信息共享的需求和特点，可以将信息共享分为三种方式。

①点对点共享方式。点对点共享方式，是指供应链上成员企业间通过自身建立的内部信息系统，一方企业直接把对方企业传递来的信息存放在自己的信息系统中。在这种方式中，信息直接从提供方传给需求方，不需要经由其他数据转换或储存中心，即共享信息在两个信息系统之间进行两两传递。

②信息集中管理方式。信息集中管理方式，是将供应链中的共享信息集中在一个公共数据库中，各企业根据权限对其进行操作，完成与多个合作企业的信息共享。按照公共数据库的提供者，这种方式分为第三方模式和信息平台模式两种。

第三方模式，是指由第三方信息企业提供公共数据库。第三方企业可主动地从外部其他信息来源收集、加工与供应链相关的信息，向供应链成员企业提供信息服务。这需要第三方人为地介入信息处理过程。

信息平台模式，是指用信息平台取代第三方信息企业，企业内部信息数据库和信息平台数据库间的数据传输和处理由计算机自动完成。信息平台服务商只对平台运行进行日常维护或根据用户的需要开发新的功能模块，不提供具体的信息服务，共享信息的要求和种类由供应链上的节点企业自行确定。

③信息综合共享方式。这种方式综合了点对点方式和信息集中管理方式的优点，对不同信息共享区域采用不同的信息共享方式，通常以一个主要的信息平台为核心进行构建。随着第三方物流的兴起，其与供应链成员

企业的信息交换更为频繁，因此，企业集团可以构建以物流信息平台为核心的综合共享信息平台。根据供应链管理中共享信息的特点，可以构建不同的综合共享信息平台，满足不同的功能要求。

6. 供应链绩效评价

供应链管理模式是通过前馈的信息流和反馈的物流及信息流，将供应商、制造商、分销商以及最终用户联系起来的一种管理模式，这与单体企业的管理模式有很大区别。为衡量供应链整体的运作绩效，方便决策部门及时了解供应链整体运作状况，应该采用更适合于供应链绩效评价的指标和方法。

（1）供应链绩效评价指标

供应链是指从最初供应商开始直至最终用户为止的整条供应链。供应链绩效评价指标，要能反映整个供应链业务流程的绩效，并且要具有评价的客观性和可操作性。

①产销率指标。产销率是指在一定时间内已销售出去的产品与已生产的产品数量的比值。该指标又可以分为供应链节点企业的产销率、供应链核心企业的产销率和供应链产销率。

该指标反映整个供应链在一定时间内的经营状况，其时间单位可以是年、月、天。该指标反映了供应链的库存水平，其值越接近1，说明供应链库存量越小；该指标也可反映供应链资源（人、财、物、信息）的有效利用程度，其值越接近1，说明资源利用程度越高。

②产需率指标。产需率是指在一定时间内，节点企业已生产的产品数量与其上层节点企业对该产品的需求量的比值。

该指标反映的是供应链整体的生产能力和快速响应市场能力。指标值大于或等于1，说明供应链整体生产能力较强，能快速响应市场需求，具有较强的市场竞争能力；指标值小于1，说明供应链生产能力不足，不能快速响应市场需求。

③总运营成本指标。供应链总运营成本，是供应链通信成本、供应链库存费用及各节点企业外部运输总费用的总和。

④核心企业产品成本指标。供应链核心企业的产品成本，综合体现了

供应链的管理水平。首先根据核心企业产品在市场上的价格确定出该产品的目标成本，然后再向供应链上游追溯到各供应商，确定出相应的原材料、配套件的目标成本。各个企业要想获得利润，必须使目标成本小于市场价格，如此，供应链才能得以发展。

（2）供应链绩效评价方法

供应链绩效的评估方法包括现金到现金的周转时间、供应链库存数量、闲置时间、供应链总成本。

①现金到现金周转时间。现金到现金周转时间是对现金使用效率的评估方法。现金到现金周转时间，是将花费在库存上的成本转化成销售收入所需的时间，通过将库存周转天数与未清的应收账款天数相加，然后减去未清的应付账款天数计算得到。

②库存数量。库存数量是工厂、配送中心、批发商、零售商处的全部成品的库存数量，是各个环节的总库存。这里的库存包括生产商和供应商所持有的原材料和零部件，这些半成品库存可折算为成品，并作为一部分记入全部供应链库存中来。

③库存闲置时间。库存闲置时间是指库存闲置不用的天数，是与库存被有效地利用或配置的天数相对而言的。闲置的库存对一个组织的生产力没有任何贡献，闲置时间反映了潜在的无生产性库存。

④供应链总成本。供应链总成本是供应链上所有公司生产成本的总和。如果供应链管理的目标是降低总成本，那么，只要总成本的降低大于供应链中某一个或几个成员成本的增加，则供应链作为一个整体就是有效的。

三、供应链管控的组织保障

集团供应链管控组织有三种类型：集团下属物资公司、集团采购与物流中心、业务单元采购或供应链部门。

（1）集团下属物资公司

有的企业集团专门成立了物资公司，作为一个独立的公司进行运作，统一为集团公司及下属业务单元开展集中采购工作，物资公司与集团及下属各业务单元之间采取内部结算方式。

这种组织模式的优点是市场化程度高，但需要明确以下几个问题，即：哪些物资由物资公司采购，哪些由集团公司、下属业务单位自行采购？如何合理确定内部结算价格？如果物资采购中出现损失，责任如何界定？

（2）集团采购物流中心

作为集团的职能部门，采购物流中心受集团委托，汇总集团及各业务单元的采购需求，制定集团总体采购计划，实施物资集中采购，并协助开展物资的仓储、划拨、物流安排。集团与下属业务单元之间，根据采购和物流服务的实际金额进行结算。

（3）业务单元采购部（或供应链部）

业务单元的采购部或供应链部，是业务单元内设的管理部门，负责本单位的采购或供应链管理工作。该部门的职责分为两个方面，一是对于集团统一安排的大宗采购、集中采购的物资，负责统计本单位需求，上报集团采购中心或物资公司，并协调发货和物资验收工作；二是执行本单位负责的零星采购工作。

采购部因为业务单元有时需要临时采购或零星采购，这样的采购一般都是分散采购，不需要集团总部统一完成，业务单元采购部门的职责之一就完成这些分散采购。另外，业务单元采购部门还要统计自身的采购需求，上报集团公司的采购中心，并管理收到的代采物资。

（4）供应链联盟

所谓供应链联盟是以供应链为合作基础的企业战略联盟，是供应链上的两个或多个企业之间为实现供应链的战略目标、通过各种协议而结成的优势互补、风险共担的松散型网络组织。每个供应链联盟都会有一个占主导地位的企业，即核心企业，围绕核心企业还有供应商、服务提供商、分销或零售商等多家企业。

供应链联盟虽然不是传统意义上的组织架构，但也是供应链系统有效运转的一种虚拟的组织保障。

四、供应链管控制度与流程

1. 供应链管控制度

（1）供应商选择制度

企业要制定供应商选择制度，设置规范的流程遴选供应商，制定相应的选择指标体系，全面考评备选供应商。供应商评价指标体系是企业对供应商进行综合评价的依据和标准，不同行业、企业、产品需求、经营环境之下，对供应商的评价指标是不同的。集团要结合自身的特点建立供应商选择与评价标准，合理确定指标权重，采用层次分析法、专家打分法等方法，对供应商的能力进行评价，并最终确定供应商名单。

（2）供应商认证制度

供应商认证制度，是一种对供应商生产运营体系稳定性、可靠性进行评估和认证的制度体系，需要由多个专业团队执行高密度的现场审计和交叉评价。供应商一旦通过认证，就可认定其工作过程和方法已经全部在质量体系的控制范围之内，企业也就不再需要频繁地对供应商的原材料、半产品、产成品开展检验工作，大大降低了管理成本。

对于获得认证的供应商，企业还要组织周期性的复检，以避免供应商出现质量下滑或服务水平降低的风险。

（3）公开招标制度

企业集团在进行采购时，多数会采用公开招标方式。通过公开招标进行采购，可以避免采购活动中的人为因素，大幅度降低企业的采购成本。对于企业集团来说，必须编制本集团公开招标方面的管理制度。企业公开招标制度必须符合我国《招标投标法》的有关规定，同时，也要结合本企业的实际，对于何种物资或服务需要招标、如何履行招标程序、集团/业务单元各自管辖的招标金额等，要进行明确的说明。

（4）供应商考核制度

为了确保供应商能够持续提供优质服务，以及根据市场情况、合作情况，站在集团的角度对供应商队伍进行动态管理，需要建立针对供应商的绩效考核制度。通过定期考核，客观评估供应商的合作效果以及生产服务能力，据此对供应商重新定位，实行分类管理和动态调整。

2. 供应链管控流程

（1）采购管控

采购管控是供应链管控的第一步，它是沟通生产需求与物资供应的桥梁。企业在进行采购时要做到五个恰当：恰当的数量、恰当的时间、恰当的地点、恰当的价格、恰当的来源。企业集团在采购管控时，也要重点关注以上五个方面，从收集采购需求、选择供应商、向供应商订货、确认订单、接收货物等各环节加强管控。

（2）库存管控

企业要规范库存管理活动，对出库、入库、盘库等操作活动进行详细描述和要求，同时，要合理确定库存水平，使其维持在合理范围之内，减少因库存而占用的资金。

（3）销售管控

对于销售环节的管控，可以视为是供应链管控的前端延伸，只有把产品销售给客户，供应链活动才视为结束；反之，任何销售环节产生的问题，最终会影响到供应链各环节的利益，因此，企业集团要重视建立与分销商、零售商的伙伴式合作关系，促进顺畅出货，控制销售风险，通过销售端的拉动，提高供应链的综合运转效率。

（4）客户服务管控

对于客户服务环节的管控，可以视为是供应链管控的后端延伸。这里所指的客户，可以是最终的消费者，也可以是渠道成员，如分销商、零售商等。对于终端消费者的服务如果处理不好，会影响到产品的口碑；对于渠道的服务如果处理不当，则在很大程度上会直接影响到销售，并立即反映到供应链环节中来，因此，加强客户服务管控，采取多种方式倾听客户声音，及时处理客户不满，帮助客户解决问题，满足客户需求，本身也是对于供应链体系最大程度的支持和保障。

案例8-10 华为的供应链管控

华为技术有限公司成立于1987年，是由员工持股的高科技民营企业，从事通信网络技术与产品的研究、开发、生产与销售，为电信运营商提供光网络、固定网、移动网和增值业务领域的网络解决方案。目前，华为的产品和解决方案已经应用于170多个国家和地区，服务全球1/3的人口。

1998年8月，成立仅十年的华为与IBM公司合作启动了“IT策略与规划”项目，开始规划华为的业务变革和流程再造项目，其中就包括集成供应链管理项目，且被作为重点项目。

一、集成供应链体系的导入

集成供应链管理，也称ISC（Integrated Supply Chain），它要求把公司运作的每个环节都看成是供应链上的一部分，不管是在公司内部，还是在公司以外的合作伙伴那里，都要进行有效管理，从而提高供应链的运作效率和经济效益。

在做ISC变革之前，华为公司曾经进行过ISO9000认证，同时也有一个简单的订单流程和一套基本的MRPII系统支撑。那个时期还没有供应链的概念，华为内部将部分业务称为“制造部”，以生产、采购为主要职责，并没有涉及包括预测、计划、生产、采购等在内的整个链条。

通过深入的研究，华为将本次供应链优化的目标确定为：通过对供应链中的信息流、物流和资金流进行设计、规划和控制，保证实现供应链的关键目标：质量好、成本低、服务好，快速响应客户需求。

二、华为基于ISC的组织变革

2003年，华为完成了整个ISC体系的业务建设；2004年，整个供应链体系的业务指标有了大幅度的提升。

在采纳了ISC流程之后，华为对生产系统的组织架构进行了全面调整，把原来的生产部、计划部、采购部、进出口部、认证部等8个部门合并，成立供应链管理部，由公司的高级副总裁担任部门总裁。通过这个部门的设置，将供应链管理视为公司降低成本及库存，提高供货质量、资金周转率、供货速度以及工程质量的有效手段。

三、供应链变革的效果

华为供应链在变革后达到了超出预期的效果。订单的运作周期由原来的的2个月缩短至2周，之前一个月做一次的生产计划，变革后变成一天做一次，而对客交付率更是在2003年就已经达到60%。

在建造新的自动化仓库之前，华为60000平方米的生产中心，几乎一半的空间（26000平方）用于存储货物，而西门子德马泰克帮助华为建立的立体仓库，使华为能够将原来被占用的空间释放出来，满足新的生产要求。新的仓库仅用了13000平方米的空间，存储了与原来相同数量的货物，节省了一半的存储空间。在产量大幅度提高的同时，保持仓库总运营成本没有发生变化。

通过供应链的管控，华为的库存和订单准确率从96%提高到99.5%，过去使用的人工系统在信息传输周期为2天，也就是新货物进入后详细信息要两天后才能传到ERP系统，系统优化之后，通过使用无线数据通信，新的货物在不到一天的时间里就能使用，大大加快了存货的周转时间。

通过这次变革，华为也明确了要从供应链上获得成本优势，而不是像血汗工厂那样靠压榨工人来获利，并按照这样的思想开展组织和体系的建设工作。这就是我们所看到的“华为人的收入比其他企业高”背后的原因：华为的生产成本比别人低很多。

第十二节　信息管控子体系

信息技术的飞速发展不仅丰富了现代企业集团管控的内涵，也对企业的信息管控模式提出了全新的要求，传统的信息管控方式、流程体系、组织结构等已经很难适应新时期信息管控的要求，探讨新形势下企业如何开展信息管控，不仅仅是企业信息化建设的需要，也是企业跟上时代节奏、塑造新时期核心竞争力的必然要求。

一、信息管控的基本内容

企业集团进行信息管控的目的是提高集团的管理效能和整体运作效率，充分发挥信息资源的有效性、及时性和共享性，高效利用先进的信息传输技术，从而使信息在可共享的范围内创造出更大的使用价值。在集团的信息管控过程中，与集团相关的信息和信息活动，是进行管控的客观对象，企业集团需要以信息流代替常规管理中的物质流、价值流，遵循信息活动的固有规律，建立起相应的管控方法和体系，实现集团的各项管理职能。

1. 集团总部的信息管控

在信息管控过程中，集团总部与业务单元的区别在于，总部的关注点不在于怎样具体收集、分析和使用信息，而在于站在集团整体发展的角度，如何构建企业的信息管控架构，如何将下属企业的信息管控纳入一套科学的体系，具体来看，集团总部的信息管控工作，至少要包括以下三个方面的职能。

①推动信息基础设施建设。企业集团的信息管控本身就是一个信息采集、传播、创新和应用的过程，这就必然要求企业集团全面使用计算机技术、通信技术等现代信息技术，而信息基础设施建设就是规划和建设这些软硬件系统的过程，所建立的信息系统必须有助于信息在总部与业务单元之间的传递、流通。由于业务单元自身地位的局限性，没有哪个业务单元能够承担这样的重任，这就要求集团总部要承担起这个职责，推动信息化基础设施的建设，加强对业务单元的引导和支持，为开展信息管控奠定基础。

②推进企业的信息化改造。要加强企业集团的信息管控，就必须推进

企业的信息化改造。所谓信息化改造，不是仅仅对硬件或软件的投资，而是企业管理观念的转型，由人为命令向流程化、组织化、信息化运作的方向转型。

如果忽视改造不合理的流程、规范、标准，现代化的信息技术设备就会加剧这种不合理。这就要求集团总部从管理模式、思想观念、技术设备、组织机构等方面来对整个集团进行信息化改造，加强集团的信息化建设，为集团实现信息管理创造必要条件。

③传播信息管控理念。不少企业集团对加强信息管控还不够重视，还没有意识到及时获取优质信息、科学管理运营信息对集团正确决策的重大作用。因此，集团总部有必要对业务单元进行引导，促使其充分意识到开展信息管控的重要性，转变观念，加大对信息管控的重视程度。毕竟，如果集团各级业务单元对于信息管控都没有概念，集团的信息管控是不可能成功的。

2. 业务单元的信息管控

业务单元与总部的信息管控职能具有明显的不同，主要包括掌握市场信息、与总部开展信息沟通两个方面。

①掌握市场信息。业务单元基于生产经营活动的需要，通过各种渠道，了解和掌握产品的市场行情，分析预测市场发展趋势，摸清消费者的需求、购买倾向，为产品的更新换代等提供市场信息。此外，通过获取竞争者的相关信息，研究竞争形势，比较分析自身优劣势，进而确定自身竞争战略，为制定生产计划、科研课题、应用新工艺、引进新技术等提供相关信息。

②与总部进行信息沟通。作为集团总部的下属，业务单元的生产经营活动离不开总部的指导，但是总部对各业务单元的情况未必会了解得很清楚，这就需要业务单元定期将生产经营的相关信息汇报给总部，并将总部的指示如实传递给业务单元各部门，据此调整业务方向，开展生产经营活动。

二、信息管控体系

1. 信息战略管控

任何一家企业都必须将信息资源管控与集团战略联系起来，在集团的各层面上识别和管理信息资源，并借此构建竞争优势。信息管控概念的提出，确立了将信息资源作为管理资源和竞争资源的新观念，强调信息资源在组织管理决策和竞争战略中的作用。因此，非常有必要探讨如何通过制定相关战略，实现信息资源的合理开发与有效利用，以增强竞争实力，获得竞争优势。

在战略层面，信息管控的内容包括信息技术管控与信息资源管控。

（1）信息技术管控

信息技术战略管控指的是企业集团要对集团内支撑信息技术应用的基础设施以及在此基础上作用于业务与管理活动的信息系统进行统一的规划、设计、选用、实施及调整。同时，还要对信息技术战略与集团战略的关系、信息技术与集团业务的匹配关系等作出分析和界定。

集团的信息技术战略，应当在集团长期战略目标牵引之下，确定集团信息技术的应用计划，并将其与集团战略规划相融合，才能通过信息技术的应用，支持企业集团完成其战略目标。

（2）信息资源管控

信息资源管控指的是，要对集团内部的信息资源管理方式、标准和流程进行规划，其中，战略信息资源的识别和管理是最为重要的内容。企业要在广泛的一般信息资源的基础上提炼出集团决策所必需的、关系到集团发展全局及远期规划的信息资源。这些重要的信息资源支撑着集团的运作，维系着集团的命运，决定着集团的未来。相关部门要围绕集团发展战略，对所获取的重要信息进行深入分析，并将信息资源产品传递给需要它们的用户，最大限度地发挥信息资源的价值。

进行信息战略管控必须以集团战略规划所确定的长远经营目标、发展行动纲领、内外约束条件等作为依据。此外，还要了解集团当前的信息管控现状，包括集团信息系统的开发和应用情况，信息资源的开发和应用情况，信息技术和设备的使用情况，信息管理部门的人员配备及资源投入的情况，等等。总之，进行集团信息战略管控的目的，就是使集团能够更好地处理信息技术、信息资源与集团的经营管理活动相适配的问题。

2. 信息收集管控

信息收集是进行信息管控的重要前提，无论是市场信息还是技术信息，都是企业集团进行生产管理、技术研究、战略制定等活动的依据。通过收集相关信息，可以使企业了解外部市场情况，顺应社会经济和技术发展趋势，在研发新产品、引进新技术、制定新政策等方面进行相应的调整。

由于集团总部与业务单元的自身定位具有明显差异，二者在收集信息过程中有着明确的分工。

（1）集团总部的信息收集职能

由于总部把握着集团整体发展方向，比较关注国家的宏观经济政策。国民经济计划中有关发展方向、经济结构、金融财政、货币投资等方面的信息，是企业制定战略的重要依据。企业集团在编制生产计划的时候，既要考虑到未来较长时期内国民经济走势以及经济发展趋势对本企业的影响，同时，还要掌握企业所在行业和领域的市场行情，最终，根据对整个国民经济发展方向的判断，对本行业发展趋势的理解，协调本集团的经营活动，加强企业集团与国家经济发展之间的协同性。

在企业集团中，与业务单元相比，集团总部更能够把握全局，因此，只有由总部承担起研究国民经济发展方向、动态及相关信息的重任，才能支持集团管理层做出正确决策，对业务单元的日常经营提出切实可行的建议。

（2）业务单元的信息收集职能

与集团总部不同，业务单元关注的是如何收集与本企业相关的信息，为本企业的经营管理活动提供依据。其中，市场信息在众多信息中是与业务单元关系最为紧密的，业务单元要密切关注，及时获取本企业产品在流通、需求和消费等方面的信息，研究产品在销售渠道各环节中的流通情况，从而改善自身的销售能力，寻求新的销售市场。此外，还要搜集竞争对手的相关信息，通过比较分析，判断自己的竞争优势，并跟进竞争对手的发展动态，调整自身的经营对策。

此外，还要及时收集与本企业业务相关的、别人已取得的科技成果的相关信息，这对本企业的生产经营活动非常重要。这些信息可以为企业集团引进新技术、新工艺，研发新产品提供新的思路，有助于企业及时采用新技术降低产品生产成本，提高产品质量，增强自身市场竞争力。

3. 信息分析管控

收集信息是为了有效地加以利用，从收集到利用之间还有信息分析这一步，这一环节不仅是信息管控过程中不可缺少的，也是至为重要的步骤。企业集团进行信息分析，就是要根据其研究的问题，从定性和定量两方面对所获取信息进行加工和推理，并得出相应的结论。信息分析既是企业集团决策过程的一部分，也是其决策的基础。集团总部主要侧重于分析宏观经济形势、国家相关政策等对集团发展战略的影响，而业务单元则需要分析外界环境产生了哪些变化，本企业的经营决策需要如何调整。以下从宏观、中观、微观三个层面入手，看具体如何进行信息分析。

（1）宏观经济信息分析

任何企业集团的市场营销活动都是在一定的宏观经济环境中进行的，不同的宏观经济环境会对企业集团的发展方向、战略规划造成显著的影响。集团通过对与自身相关的宏观经济信息进行收集和分析，制定集团的发展战略、营销策略和营销计划。富有经验的集团高层管理者，总是会密切关注和及时预测宏观经济环境的变化，通过科学的手段来分析和评价因为环境变化而对集团可能产生的影响，以及时采取措施应对。

（2）行业竞争信息分析

企业对于是否继续深耕一个行业、进入或退出一个行业的决定，很大程度上取决于对该行业成长空间和竞争强度的看法。企业必须在获取相关信息的基础上，对重点行业的发展情况作出判断，包括对行业的生命周期、发展现状、发展趋势、行业结构、产业政策、发展前景等做出深入、详细的分析，通过以上分析和研究，能够帮助企业选择和进入比较理想的行业进行发展，有助于企业集团合理规划和调整业务组合，减少集团的发展与投资风险。

（3）竞争对手信息分析

企业在目标市场进行营销活动的时候，不可避免地会遇到竞争对手的挑战，对相关信息进行深入分析，可以帮助企业及时采取应对措施，增强自己的竞争实力，巩固市场优势地位。在竞争日趋激烈的市场环境下，企业必须像关注客户一样去关注竞争对手。通过收集和分析竞争对手的信息，企业可以确定其优势、劣势所在，从而确保自己发动的进攻更为准确，而在受到竞争者攻击的时候，也能开展有效的防御。

通过深入分析竞争对手的相关信息，企业集团需要明确，目标市场中的哪些企业才是自己的竞争者；他们所追求的目标是什么——是扩大市场占有率，还是获取领先地位；他们的主要战略是什么——是低成本，还是高品质；他们的优势、劣势是什么；假如本企业提高或降低价格，竞争对手会采取什么样的行动。这些信息都是企业必须回答的、有关竞争对手的问题，通过对这些问题进行分析、评价，并和本集团的相关情况比较，就可以发现自己的优势，弥补自己的缺陷和不足，向竞争者发出更有力的挑战，同时也可以对竞争者的行动采取更加积极的反击。

4. 信息协同管控

与单体企业相比，企业集团要更加重视信息协同的重要性，因为不仅业务单元的职能部门之间需要及时传递相关信息，有业务往来的业务单元之间、总部与各业务单元之间也要及时互换信息。企业集团的信息协同水平，对高效利用信息有着重要的影响；缺乏高水平的信息协同，信息的时效性、适用性就无从实现，集团领导者也就无法依据有效信息做出正确决策、指导企业的经营管理活动。

正如先前所说，在企业集团内部，信息的传递分为三种情况，即业务单元内职能部门间的信息传递、有业务往来的业务单元间的信息传递以及总部与业务单元间的信息传递。无论哪种情况，传递信息的目的都是为了让相关部门能够及时获取所需信息，在决策的时候能够更全面地考虑问题。这就要求企业集团在进行信息协同管控的时候，要通过各种手段提高集团内部门对信息协同的重视程度，加快信息协同系统的现代化建设，减少信息传递过程中存在的障碍，确保信息在集团内部的顺畅流通。

而信息反馈也是信息传递的方式之一，在企业集团中，无论是集团总部还是业务单元管理层的管控能力都是有限的，任何一个决策方案的制定都不可能是十全十美的，况且外界市场环境也在不断发生变化。要提高集团的管理水平，就必须及时掌握反馈信息，根据市场环境的变化及时调整和修改方案，以消除管控过程中的偏差，使其更加符合集团内外环境的要求。

三、信息管控的组织保障

由于信息管控工作的重要性日益凸显，企业集团中一般都会设立相关的组织机构，专门从事信息的收集、分析和传递工作，为集团各层级的生产经营活动提供信息资源的支持与服务。受集团体制与经营环境等因素的影响，中小型企业集团一般采用集中模式，即设置一个信息管理部门集中、统一管理集团信息；对于大型企业集团而言，大多采用集分模式，即在集团总部设立信息管理部门的抓总部门，同时在各业务单元设置与之对应的信息管理部门。

1. 集团信息管理委员会

不少企业集团都设有信息管理委员会，委员会与其他部门并列，位于集团最高管理层的领导之下，在企业集团的信息管控过程中担当着组织协调的作用，负责制定集团信息管控的总体方针与政策，组织专门人员制定集团信息化总体规划与分段实施计划，包括确定信息技术应用的方向和目标，根据集团资源情况制定适宜的信息战略，审批信息系统开发规划，并对信息主管部门的工作进行支持、监督和指导。

信息管理委员会的成员应包括集团高层领导及各业务部门的负责人，

这些负责人对自己所负责领域中信息的需求最为清楚，最有发言权。此外，还应包括一些高级信息技术专家，他们对信息技术专业方面的问题把握比较准确，将这些人员吸纳进入委员会，有利于把握好集团信息基础设施建设的方向。

2. 信息管理中心

信息管理中心是集团的常设部门，负责制定关于集团信息资源开发、利用的总体规划；负责集团管理信息系统的开发、维护和运行管理；制定、修订和执行集团信息资源管理的标准、规范和规章制度；参与各类应用软件和应用系统的开发和维护，建立和管理相关数据库；监督、指导信息技术应用成果的验收、鉴定；负责集团内外部的信息交流，做好信息服务工作；参与集团基本信息设施的建设和维护，并负责为信息资源开发和管理人员提供专业技能培训。

信息管理中心同时具备信息的开发和管理职能，它不是单纯的技术服务部门，而是在相关主管人员的直接领导下，对企业集团整个业务活动的主线——信息流进行管理的部门。它既要从生产、财务、供销等业务职能部门获取原始数据并进行分析处理，又要将信息反馈给这些部门，以供其在决策时作为依据或参考。信息管理中心本身与这些业务职能部门相独立，但其信息内容与它们紧密相关，因此，必须要与上级单位、企业领导层、各部门、各业务单元保持密切的联系与沟通，为集团创造良好的信息应用和管理环境。

3. 信息管理部

在业务单元层面，随着信息管控需求的日益增加，信息管理工作逐渐从企业内的某一部门中独立出来，不再是财务、生产、销售、人事等部门的附属机构，而成为与这些部门并列的集信息技术管理与应用于一体的职能管理部门。信息管理部的主要职责是收集、传递、处理和反馈业务单元内外的各类信息，目的是让业务单元管理层能够充分应用上述信息于生产经营活动，同时，将信息反馈集团总部信息管理部门，实现信息的协同，为上级集团的决策提供有力的支撑。

在信息管理部之下，根据企业规模和业务需要，可以设立不同的科室。以某集团的下属工厂为例，信息管理部之下就设立了系统开发科、系统运行科、信息设备科和信息资源科。系统开发科负责信息系统应用软件的开发组织工作；系统运行科负责各类信息系统的运行管理工作；信息设备科负责各类信息化设备的领用与使用问题解决；信息资源科是核心科室，负责本厂各类信息的类型划分，以及各类信息的收集、处理、存储、分析、传递等工作。

需要明确的是，信息资源的管控工作，不仅仅是信息管理部门的工作，而是贯穿在整个企业的日常经营活动当中，无论是哪个层面的信息管控机构，都应在充分发挥自身信息管控功能的同时，促使集团内各领域人员积极、主动地参与到信息管控工作当中去，推动信息管控工作的顺利开展。

四、信息管控制度与管控流程

企业集团需要针对自身的信息管控活动，制订出相应的规章制度，以此来规范集团的信息管理活动，提高信息服务质量，优化信息资源配置，实现信息资源的高效管控。

1. 集团管控制度

（1）信息分级共享制度

信息共享制度的确立，是为了在信息管控过程中最大限度地应用信息，获得信息的潜在价值。对于企业来说，信息的共享可以弥补某些部门在信息获取方面的不足，增强和挖掘信息的潜在价值。同时，通过令集团总部、兄弟单位及时获知业务单元的具体经营信息，有利于推动资源共享，提高决策的质量。所谓的信息共享，并不是将所有信息在所有应用部门进行共享，这是不现实的，也是不合理的。一方面，有些信息具有保密性，不应向过多的人员透露；另一方面，也没有必要将集团内的所有信息都进行共享。因此，信息共享是有条件的，只能在有限的范围内进行。

为此，企业集团必须出台专门的制度，明确什么样的信息应共享，应在什么范围共享，如何共享。要以制度的形式将信息共享方式（如局域网、集团内刊等方式）、信息共享周期（如要求业务单元按月或按季度上报信息）、共享范围等确定下来，确保信息能够及时地在规定范围内共享，充分发挥其价值，为决策提供必要依据。

（2）信息保密制度

在高度竞争的时代，企业的竞争对手也在以各种形式收集和研究企业的信息，因此，企业要用制度的形式对信息保密工作进行规范；要增强信息工作者的信息保密意识，避免因人员调动、私人交往不慎等原因，将集团的核心机密外泄。对于竞争对手的信息收集活动，企业应建立健全的信息安全责任制，严格按照“谁主管，谁负责”，“谁主办，谁负责”的原则，落实责任，明确责任人，细化工作措施和流程，确保信息的使用安全。在互联网上公布的信息，需经相关领导审核批准；集团内的工作机密、内部资料等应作为内部事项管理，未经批准不得擅自发布。

集团要通过制定相应的保密制度，指导、监督各业务单元的保密管理工作，协助各业务单元信息管理部门对拟发布信息进行保密审查。此外，还要对网上发布的信息进行经常性的保密监督和检查，发现问题要立即采取补救措施，查明原因，并协助有关部门对违反规定造成网上泄密的事件进行查处。

（3）首席信息官制度

所谓首席信息官制度，就是由集团经营决策层中的首席信息官全面统筹负责集团信息管控工作的一种组织安排。集团中首席信息官的出现，是企业对于信息和信息化高度重视所形成的一种全新的管理岗位。首席信息官不同于一般的信息技术部门或信息中心负责人，他们已经进入集团的最高决策层，是相当于副总裁或副总经理地位的高级管理人员。

要保证首席信息官制度发挥预期效果，企业必须有较高的信息管理水平，对于信息系统的建设和统一有强烈的诉求，同时，对于信息的价值在企业各层级有普遍的共识，只有具备了这些条件，才能在首席信息官制度下，全面推进企业集团信息管理工作水平的提高。

（4）信息存储制度

企业集团从浩如烟海的信息源中获取有用信息必然要花费不少时间、精力，可有些信息的当前作用并不明显，但其在日后却很可能对集团制定决策发挥巨大作用，这就需要企业集团建立必要的信息存储制度，将信息分类储存起来。除了此类信息需要储存外，为集团决策提供依据的信息也需要储存起来，这是为了满足日后查询的需要。

信息存储制度包含以下内容：信息存储标准，即什么样的信息需要存储；信息存储形式，即针对不同类型的信息，选择不同的存储形式，如数据库或文件等存储形式；信息存储期限，如果信息库过于庞大，不仅不利于后期信息查询，管理起来也不方便，这就需要针对不同类型的信息，充分考虑其时效性，确定其存储期限，定期对信息库进行清理。

2. 信息管控流程

（1）企业信息化规划编制流程

企业信息化规划的编制是一项系统工程，涉及企业内外部环境、业务诉求、投资金额、技术指标、信息技术等诸多因素。一般来说，系统化地开展企业信息化规划研究，可按照如下步骤进行。

①企业外部环境分析。集团企业开展信息化建设，开展外部环境分析是必不可少的环节。首先，应对集团主要产业的发展现状、发展特点、发展方向，以及信息技术在行业发展中的作用进行分析；其次，还应分析并掌握信息技术本身的发展现状、技术特点和发展趋势。此外，如有可能，也需要了解竞争对手对信息技术的应用情况，包括选用产品、投资金额、实现功能、应用范围、实施手段、成效与教训等等。

②企业战略分析。企业信息化建设的目的是服务战略的实现，要开展信息化规划，首先要洞察企业的发展目标、业务方向与具体诉求。同时，还应理解企业发展战略在业务结构、核心竞争力、组织架构、市场营销、运营管理、企业文化等方面的具体要求，明确这些要求与信息化之间的关联，从而确定信息技术应用的驱动因素，使得信息化建设能够实现与企业战略紧密配合。

③企业现状分析与评估。对企业现状的分析与评估，应从企业的业务能力现状和企业 IT 能力及现状入手。企业业务能力分析，主要是对企业业务与管理活动的特征、各项业务活动的运作模式、业务活动对企业战略目标实现的作用等方面进行分析；而信息化现状分析是对企业基础网络、数据库、应用系统状况的诊断，以及分析当前信息化配置对企业未来发展的支撑能力。

④企业关键业务流程分析与优化。该环节主要分析专项信息化系统所涉及的流程是否完备，哪些流程不合理或与企业战略目标不相符合。企业应辨识在现有环境中能够助推企业目标实现并使企业获得竞争力的业务驱动力及关键流程，并基于企业现状及业务逻辑优化相关流程及管控权限，将信息系统的开发部署与企业内部业务流程的再造充分融合，这将成为信息化建设能否成功的关键。

⑤信息化需求分析。需求分析是在企业战略分析与现状评估的基础上，结合企业的业务发展方向与实际需求，对信息化建设过程中涉及的专项模块进行分析。一般而言，需求分析的对象包括：系统基础网络平台，应用系统，信息安全，数据库，企业经营发展过程中所需要的各类专项系统，各类信息系统中涉及的流程、流经部门及岗位等。

信息化需求分析阶段，应重点对信息化的总体架构进行研究，从系统功能、信息架构、系统体系三个方面进行规划。同时，对企业在当前阶段切实需要的信息系统进行需求论证，使企业的信息化建设具有良好的性价比、兼容性、实用性，既能够兼顾到远期发展，也能够解决现实问题并迅速产生效果。

⑥信息化建设任务分解。该阶段需要分析整个信息化过程中的资源投入和可能面临的问题，将整个信息化过程分解为相互关联、互相支撑的若干子项目，定义每个项目的目标、边界范围、业务实现内容、优先次序以及预计的时间、成本和资源投入，并对每个项目进行分派，选择项目的实施部门或小组，确定每个项目开展的过程与管理手段。

⑦信息化保障体系分析。集团层面的信息系统建设需要完备的保障体系，以保障项目的顺利实现。针对信息化体系建设，企业在顶层必须有高

层领导的重视与支持，要有专项的资金投入，以及专业化的信息化人才，这是推动信息化规划有效落地的必要条件。针对每一个具体项目，也需要进行保障性分析，以业务发展中面临的实际问题为导向，为项目配备足够的人力、资金与管理资源，以实现项目的顺利落地。

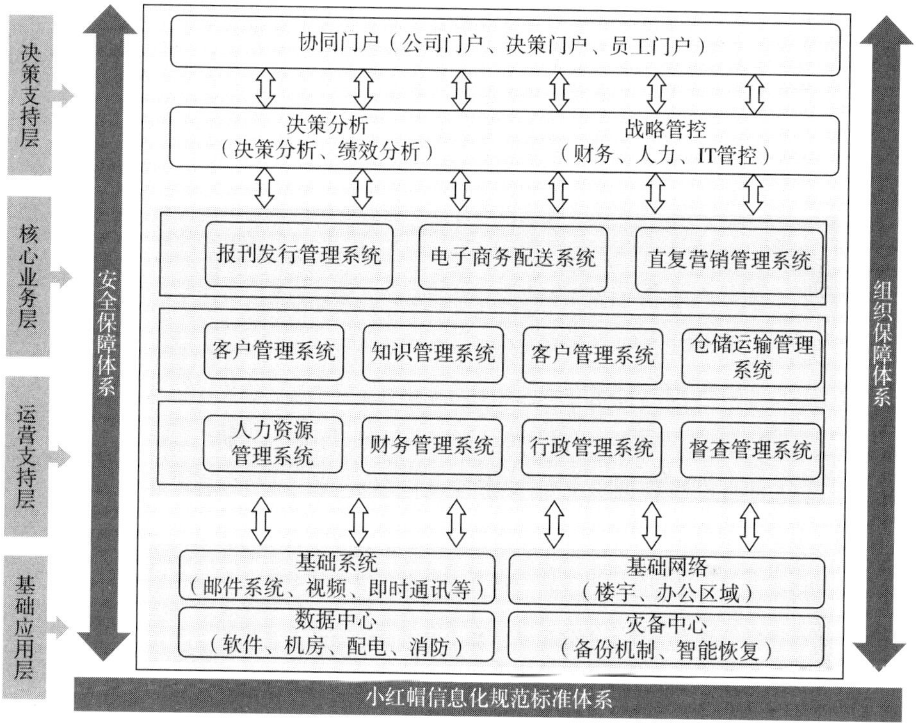

图 8-9 某企业信息化需求分析后形成的信息化蓝图

（2）专项信息系统建设需求论证流程

企业信息化规划会涉及诸多专项信息化系统，如决策分析系统、战略管理系统、客户服务系统、仓储管理系统、知识管理系统、协同办公系统、人力资源系统、财务管理系统等等。各信息化系统因其专业性不同，在企业中解决的问题与涉及的业务范畴不同，其建设过程中均需要进行专项的需求论证，以使得企业开发的信息化系统能够与企业的发展阶段进行匹配与吻合。

信息化系统建设的专项需求论证应建立在企业信息化规划的基础之上，

并且至少要经过专项信息化系统的架构分析、功能分析以及技术分析等三个层面。架构分析是指专项信息化系统中应该包含的可实现的功能模块，如人力资源系统上常见的招聘管理、绩效管理、薪酬管理、培训管理等模块；功能分析是指各模块围绕企业实际需求，分析各模块所应该达到的目标或实现的功能；而技术分析则是探究信息化系统开发的系统架构、所应该采用的开发语言、数据库、技术兼容性、网络安全等问题。下面以常规的人力资源管理系统为例，对其功能需求进行分析。

人力资源管理系统是为了满足企业人力资源各核心职能管理的需求而开发的系统。因此，目前行业流行的人力资源管理系统主要围绕“组织架构、岗位编制、员工信息、薪酬管理、绩效管理、招聘管理、培训管理、人事管理”等人力资源管理的核心模块展开。在具体实施过程中，各模块的需求一般会涵盖以下内容。

①组织架构管理。能够实现集团本部部门及下属机构的组织框架设计，建立多层次的组织结构，可实现对各级部门或机构的名称、负责人、联系方式等信息的编辑与管理，并能够实现部门的新建、合并与删除。

②岗位编制管理。可实现集团部门及各级机构的岗位配置管理，岗位名称可进行修订、增加或删除，岗位编制可进行设定，并且各岗位可实现工作分析编辑、岗位说明书存储及修订等方面功能。

③员工信息管理。员工信息记录企业在职员工的基本档案及相应的处理信息，包括员工个人档案、经历、历次任职、历次职称晋升和聘任情况、党团、历次奖惩、历次考核、教育以及各种人事变动信息等。员工信息管理应该具备严谨的权限设置功能，并与员工自助系统关联，自助系统具备审批流程，部门主管可以通过自助系统实现对员工申请的审批工作。而且，系统应按权限提供所有人事信息的自定义统计、自定义查询、下载、打印等功能。

④薪酬管理。薪酬管理是人力资源管理系统的核心模块之一，各企业根据自身的需求可在薪酬模块实现自定义设置。系统中薪酬管理包括薪酬基本信息的设置（其中包括银行报盘设置，员工个人账户设置，薪资等级设置，员工薪资等级设置，各类补贴发放设置、社会保险、税率表设置、

员工税表设置等），薪酬方案设置（其中包括薪资项设置、福利项设置、员工薪酬方案设置等），薪酬计算（其中包括个人工资计算、个人所得税计算、社保计算、银行上报盘、员工薪酬查询、薪酬查询统计与分析等）。而且，系统可根据每年的薪酬预算，控制各级各项薪酬的发放，并在系统中给出提醒。

⑤绩效管理。绩效管理是人力资源管理系统的另一重要核心模块。系统一般应实现不同部门及下属机构可设置不同考核方案和考核标准，以及在相应的考核周期内不同考核者与被考核者之间的评价，而且可根据考核结果进行评级进而与员工的绩效工资挂钩，最终可生成不同部门、岗位及员工的历史考核结果汇总报表。较为先进的系统应提供多套绩效考核方案供用户自行选择，如目标管理、KPI 指标考核、平衡计分卡等。

⑥招聘管理。招聘管理一般会涉及从职位分析、招聘计划到人员筛选、面试评分、录用的全过程管理，被录用人员资料可直接转入企业正式的人事系统档案库。系统通常支持对以往面试者简历资料、来源渠道、联系信息等内容的存储。同时，可设置不同的测试方案，根据不同的面试者设置不同的达标分数，并建立测试题库，为面试者的测试考核提供支撑。

⑦培训管理。培训管理通常实现从培训需求调研、计划制定、培训过程管控、培训师资、课程管理等各模块的在线管理。定制化的人力资源管理系统可制定员工的教育培训发展计划，并对培训过程进行监督与管理，从而实现培训人员、培训课程、培训师资、培训评估的全员与全过程管理。

⑧人事管理。人事管理一般涉及三方面的内容，一是考勤、加班及休假等考勤管理。员工应通过自助系统提交加班、休假申请，部门主管和企业领导可通过自助系统实现对申请的审批工作。同时，系统应能够提供员工加班休假情况的统计和查询。二是人员调转入离管理。职务变动、入职、离职、退休、辞退等的有关手续均可通过系统完成，并自动处理相关的人员档案、薪资、保险及合同等信息。系统也可根据设定自动提醒人员退休信息。三是员工的因公出境管理功能。包括出入境情况、护照、通行证等管理，以及员工因公出国（境）情况的基本记录等。

在专项信息化项目的整体开发过程中，通常要经过以下五个步骤。

①项目定义阶段。该阶段的主要工作是根据企业的项目解决方案和企业情况，解决项目做什么，如何做，谁来做的问题。在此阶段，应做好专项信息化系统的业务需求研究，并制定相应的实施方案与实施计划。

②业务蓝图阶段。业务蓝图主要是在掌握企业人力资源管理目标体系及管理现状的基础上，参照同行业先进经验及标准业务流程，将企业管理业务流程转化为在系统中可处理的业务流程，该阶段的主要任务在于业务流程的梳理与优化。

③蓝图实现阶段。该阶段是将企业的业务蓝图，通过建立符合业务处理特征的系统环境，实现业务蓝图，从而确定企业实际业务的处理规范，并以此为基础，建立新系统业务应用框架、业务运行、业务规程、数据准备方案、系统上线方案等一系列内容，最终完成信息化蓝图的转化与开发工作。

④上线准备阶段。该阶段主要为系统上线建立符合系统运行所必需的静态基础数据，完成系统上线前的人员和环境准备等工作，主要有：企业组织结构、职位职务体系、职业新信息、角色分工、系统权限及人员等基础信息；以及全面上线所需要的网络硬件、软件环境等。

⑤系统上线阶段。在此阶段，主要完成系统初始化任务，对初始化数据进行核准、确认，以确保系统能够正常运转，安全稳定运行。

案例8-11 联想集团的信息化之路

联想集团有限公司（以下简称“联想集团”）成立于1984年，由中科院计算所投资20万元人民币、11名科技人员创办，主要生产台式电脑、服务器、笔记本电脑、打印机、掌上电脑、主板、手机、一体机电脑等商品，发展至今，已经成为一家在信息产业内多元化发展的大型企业集团，国际化的科技公司，是全球电脑市场的领导企业。

伴随着联想的发展，其信息化管理水平也在不断进步和升级。

一、90年代末期的困境

这个时期的联想集团，业务发展比较快，原有的管理方式已经力不从心。而那时的国内企业信息系统的应用还是刚刚起步，缺少成熟的产品，也没有太多成熟的经验可以借鉴，只能是“摸着石头过河”。

联想和信息化之间从一开始并不那么亲密无间。联想初期的信息系统可以用“分散、孤立”来形容，业务部门根据各自的需要建立了40多个系统，信息孤岛严重，难以集成。比较典型的是财务管理和业务管理脱节，信息口径不一致，信息严重滞后（一般滞后1个月）且真实程度令人怀疑。因为数据不准确，难以支持决策，造成的后果是管理效率低下，甚至一定程度的管理失控。

在这一阶段，联想集团还只是把信息化当作可以利用的工具，两者之间还只是一种“利用”关系。

二、实施ERP，重塑信息管理

面对这样的困境，联想集团高层拿出了置之死地而后生的勇气，决定彻底打破原来的信息化建设模式，重塑与信息化的关系，实施ERP，对现有系统进行全面升级改造。

ERP是企业资源计划系统（Enterprise Resource Planning）的简称，是由美国Gartner公司于1990年提出的，作为资源制造计划系统（MRP Ⅱ）的下一代产品，ERP除了具备MRP Ⅱ已有的生产资源计划、制造、财务、销售、采购等功能之外，还有质量管理、实验室管理、业务流程管理、产品数据管理、存货、分销与运输管理、人力资源管理、定期报告等其他新的管理功能。

经历了坎坷的改革之路，ERP系统逐步替代、整合了联想原来林林总总的信息系统，并使信息系统的应用达到了管理的高度。联想和信息化之间的管理关系也给联想带来了丰厚的回报。

①财务绩效透明化。使财务管理真正成为企业管理的核心。信息化做到了企业运作过程中所有环节的人、财、物变化都可通过财务绩效体现；财务信息化实现了集成、共享、实时、精准。

②客户满意度上升。推动服务创新，提高客户满意度。通过构建客户信息数据库，客户的每次购买行为也被记录下来，随时可调阅该名客

户的购买及被服务记录，以便于向客户解答；企业也可以运用该系统主动向客户了解购买需求及对产品和服务的满意度。

③沟通效率提高。通过信息化、无纸化办公，简化了工作流程，节约了成本，提高了工作效率；通过信息化手段搭建了网络交流平台，营造了新型的企业文化。

④决策风险受控。信息化建设的效果不仅仅是提高效率，更重要的是解决了决策中的不确定性和风险，为企业的大规模运作提供了有力的保障，提升了风险防范能力。

⑤运作成本减低。实施 ERP 后，平均交货时间、存货周转天数、集团结账天数、平均打款时间等都大幅降低。企业运作成本降低，利润大幅增长。

三、让信息化融入联想的血液

对财务、供应链、客户关系管理等核心业务流程的信息化改造，使得联想集团逐步成长为多元化、国际化的大型企业集团：44 个独立核算法人单位、15 个独立核算事业部、179 个利润中心、32 个职能部门、1400 多个成本中心、12000 多名员工。每月产生 20 多亿的营业额、4 万多张订单、三四千笔费用。经营领域也从 90 年代末的联想品牌电脑，发展到 IT 消费类产品、笔记本电脑、大型服务器、系统集成以及互联网业务等诸多领域。脱离了信息化的有力支撑，同步管理如此多的业务、产品、人员、组织机构，难以想象。作为中国顶尖的 IT 企业，联想在信息化道路上走了二十几年，而信息化也使联想功成名就，给联想带来了巨大的成功。

现在的联想集团已经确立了集中资源、集中控制的集团型信息管理模式，基础网络、信息系统、信息资源管理均由集团总部统一构建和维护，并摸索出了适合自己的一套信息化建设步骤，并不断对企业的信息系统进行优化和升级。

现在的联想集团，信息化已融入血液之中，已成为集团企业文化和员工工作生活中不可或缺的主题。

第九章

管控机制设计

第一节　机制的定义与概念

一、机制的基本概念与内涵

《辞海》中，“机制”一词的解释是：机器的构造和动作原理，生物学和医学在研究一种生物的功能（例如光合作用或肌肉收缩）时，常以“机制”指其内在工作方式，包括：生物结构组成部分的相互关系及其间发生的各种变化过程的物理、化学性质及其联系。可见，机制是维持某一系统或组织正常开展工作而存在的一种运转方式，小到一个细胞内部的新陈代谢，大到一个国家或政体的运行，都需要机制的支撑。

老子曾提出过“无为而治”，后世经过演绎，大多认为该理念倡导的是一种开放性的组织结构，任由组织自我运转而无需采用任何手段进行干预，这背后驱动组织运转的，就是机制。所谓无为而治，恰恰是古代哲学思想对于机制的朴素解释。

现代管理理论奠基人之一亚当·斯密认为，基于“经济人”假设，一个国家的政治法律制度制约着经济的自由度和个人的行为特征，进而作用于经济绩效。在斯密体系中，经济人的自利即是其行为理性的保证。一方面，斯密指出，建立合适的法律结构和完善的政治制度十分重要；另一方面，他也指出：国家作为整个社会有机体的一部分，应仅仅提供一种框架，使人们可以最大范围地自由行动，他认为，这样的结构会自动地实现社会经济的发展目标，并成为一种“无为而治”的状态。

著名管理学家哈耶克是一位对经济自由和个人主义推崇到近于极端的学者，在他看来，完全的经济自由和真正的个人主义能够产生出一种行之有效的秩序机制，即“非强制性惯例”。个人宁愿遵从惯例相互协作，而不愿意政府干预。

以上理论的核心，都是所谓的“无为而治”。事实上，在经济体系运行过程中的“无为而治”并不是对组织的无所作为或不作为，而是在制度体系框架之下，依靠组织内部的自我调节能力，形成一套与组织制度相适应的柔性秩序，这种秩序就是机制。

二、企业的管理机制及其作用

现实中企业存在这样的现象：企业的制度与流程等刚性管理体系看起来并不完善，然而，公司的运行却有明确的规矩和逻辑，依靠多年形成的文化氛围以及老板的人格魅力，企业仍然能够有效地运转。

例如，我们所熟知的河南商业企业——胖东来商场，并没有太多的管理制度，但企业运行状态良好，坪效很高。究其原因，胖东来经过多年的经营，内部已经形成了一套隐形的管理机制——胖东来信奉“公平、自由、快乐、博爱”的文化信仰，企业把“创造爱、分享爱、传播爱”作为使命，将“你心我心，将心比心；遇事抱吃亏态度；不是自己的坚决不要；不要急功近利，要从一点一滴的小事做起”等作为企业准则，对用户承诺“用真心换真心，不满意就退货”，诸如此类的理念已经融入公司的做事风格与员工的行为体系，规范着企业的运作准则和员工的言行举止，并在更深的层次管理和推动着公司的运行和发展。

再比如，全球知名的科技公司谷歌，聚集着全世界顶尖的科技工作者与科研团队，如何将全球不同文化背景、不同生活背景、性格差异巨大的员工凝聚在一起，一直是谷歌致力于解决的问题。

在谷歌，很多事情都有比较灵活的处理机制。如在招人环节，谷歌会采取“平级面试”方式招聘部门负责人，因为谷歌认为，招一个与自己价值观差异太大、能力不匹配的人进来当你平行部门的负责人，会给你做事带来困难，从这个角度来说，你会更关注此人的能力、与公司文化的匹配度等。

再比如，在时间安排方面，谷歌会给员工留有足够的自由度，不硬性规定他们的时间，使得员工对自己的工作具有较强的自主权。但是，对于每一个岗位来说，需要承担相应的责任，以及在一定的时间点输出必要的成果。

基于以上分析，我们可以认为：企业的管理机制是隐形的制度，而制度是显性的机制，两者之间是互补的关系，一般来说，企业要依靠有形的制度，外加自身的文化黏性与柔性机制，以保障公司的良好运转。对于强文化的企业，比如有些创始人个性鲜明的科技公司，在初创阶段流程和制度可以弱化，但运行机制（如价值观、任务分派、工作评价等）一刻也不能少。随着人员和规模的扩大，文化的影响力不再这么直接，最终也必须要建立相应的制度和流程，实现文化、制度与机制的同步作用。

第二节　机制与制度的区别与联系

一、机制与制度的区别

要理解机制的作用，首先要明白“机制”与“制度”的区别。

制度管理是以规章制度为中心的刚性管理，它强调的是工作中不折不扣的执行规章制度，而机制管理则以人为中心，是企业中存在但不成文的“潜规则”，因此，机制比制度更具有灵活性。

制度的刚性，其本质是尊重制度的权威性，制度一旦确立，就应成为人人自觉遵守的规范。诸葛亮说：“有制之兵，无能之将，不可以败；无制之兵，有能之将，不可以胜。”“军令如山”，古代用兵作战讲求严格的军事素养，而素养的养成，靠的就是制度的约束。同样，在企业的管理实践中，严格遵照制度处理各方面的矛盾，是最直接、最有效的方法，因为制度面前人人平等，不讲特殊，从而避免了人情和利益的冲突。

但是，制度只能对企业管理中的常态性、公开性事务进行约束，难以对企业运转过程中的所有问题全面覆盖，这就要求企业内部存在一套自我适应的潜在约束，用以指导企业中非常规事务的管理，这种潜在约束即机制，机制采用非强制性方式将组织意志转化为个人思维方式和行为，其最大特点在于，它不依靠完整的制度和规章，而是依靠一套约定俗成、行之有效的做事方法引导和约束员工的言行。

二、制度与机制的联系

制度的刚性与机制的柔性是企业管理过程中不可或缺的双刃剑，两者各有优缺点，在实际工作中两者是相互影响、相互渗透的关系。刚性的制度是管理工作的前提和基础，没有规章制度的企业必然是无序和混乱的，机制也就丧失了存在的基础。而柔性机制则是刚性管理体系的润滑剂，缺乏柔性，刚性的制度就难以处理复杂多变的问题。同时，由于建章立制往往晚于问题的出现，这时如果机制没有发挥作用，也就出现了管理上的“盲区”，对于企业的风险和伤害都会非常大。

因此，在现代企业中，制度与机制的有机结合才是高质量管理的最佳形态，应当“刚柔并重”，不断探索两者的最佳结合点。

三、为什么企业需要在制度之外还需要机制

（1）机制是解决非常规问题的重要手段

集团在多元化发展过程中，随着经营范围的不断扩展，规模的不断增加，会出现越来越多在以往制度、流程或决策事项中无法覆盖的事项。并且，在各业务发展之初，由于业务的不稳定性、多变性以及复杂性，难以在短期内形成规范的制度以便对具体工作进行有效约束。于是，既往的经验、成型的惯例、企业文化导向等因素往往会自我融合，并适应、生成某些机制，成为集团多元化发展中解决临时性、复杂性、非常规性问题的重要手段。

（2）机制是刚性制度管理的重要补充

企业的运行包罗万象，既包括常规性事务，又包括非常规性事务；既有相对透明的公开性事务，又有不适宜公开的事务。而刚性管理体系只能对明确化、规范化的流程进行约束，并进而固化成为人人均须遵守的准则。

显然，刚性管理体系难以覆盖企业管理的全部。对于不适用于制度管理的情形，或者制度管理不够全面的情况，通过推行和使用柔性机制，恰恰可以作为制度的有力补充。

（3）机制应用的灵活度更高

刚性管理体系的运用有利于明确员工个体之间以及员工与组织之间的关系，易于维持组织的正常秩序。但是，严格的规章制度必然会降低组织的灵活性，影响组织与外部环境的协调；同时，绝大多数刚性管理体系往往将员工置于消极被管理的状态，而不是主动参与管理与决策。与之相反，作为管理工作的“润滑剂”，柔性机制能够不断地对刚性制度无法约束的事项进行渗透，对于刚性制度所带来的负面影响进行平衡，从而为企业的正常运转提供必要的秩序保障。

第三节　集团管控的十三种关键机制

一、决策机制

1. 决策机制的内涵

决策机制是企业在享有充分信息的前提下，对生产、经营等活动做出方向性抉择的机制。决策机制包括决策主体的确立、决策权划分、决策组织与决策方式等多个方面。决策机制在企业经营中处于主导地位，不仅是设计其他机制的基础，还贯穿于其他机制运行的始终。

健全的决策机制是有效决策的前提，其衡量标准在于是否与决策的运行规律相符合。

2. 决策机制涵盖的内容

健全而有效的决策机制至少包括如下要素：决策的权力机构、决策的责权利关系、决策程序、决策的组织保证。

①决策的权力机构。企业决策必须要明确决策主体，也就是权力机构。企业决策的事项或简单或复杂，涉及领域随市场调整而不断变化。为提高决策的有效性，促使决策程序与职责分工更加明确，必须规定企业中各事项的决策主体。同时，企业的决策权力应适当分散化，以确保决策的民主性与风险的可控性。权力的过度集中增加了决策风险的不可控性，也不利于发挥员工的积极性与创造性。

②决策的责权利关系。决策者的行为由责任约束，由权力保证，由利益推动。为了确保决策行为的科学、合理，要建立与权力结构相适应的责任范围及利益结构，实现决策权利的 逐级分解与下放，从而正确处理决策过程中的责权利关系。

③决策程序。决策的程序，在相当大的程度上决定了决策的效率与质量。程序过长，虽然控制了风险，但降低了决策效率，容易丧失战机；程序过短，不利于充分收集各方意见，也会给决策带来风险。

一个科学的决策过程大体上要经过信息收集、预案提出、初步决策、高等级审定、落地实施、动态调整等环节。

④决策的组织保证。决策主体要行使决策职能，除了要有权力保证之外，还要依托组织保证。与决策有关的组织元素，既包括决策动议的提出者、决策支持信息的提供者、企业的决策层，也包含行业协会、咨询顾问、第三方机构等外部组织。决策组织为决策提供数据、出谋划策，进行方案评估、论证和选择，为决策者做出正确判断提供有力的支撑和保障。

3. 典型案例：复星的决策机制

复星集团成立于 1992 年，是上海第一家民营高科技企业集团。经过 26 年的发展，已从一家自有资金不足 10 万元的小型科技咨询公司发展成为资产总额超过人民币 5000 亿元，涵盖医药、房地产、钢铁、商贸流通、金融等产业领域的大型集团化公司。

复星的经营理念是“决策、搭台、修正、共成长”。可见，决策已经纳入复星的经营价值观体系，并且围绕“决策”形成了自身独具特色的管理机制。

在决策权限方面，复星采取分工授权的决策管理方式。集团制定重大经营发展战略时，股东需参与，把握整体发展趋势，做到“慧眼识产业”。在经营管理层面，将决策权下放给经营管理层的专业团队，这使得决策都是由利益相关者和团队最熟悉业务的人员来拟定，集体智慧大于个人智商，从而使得失败的绝对值降到最低。

在决策能力方面，复星的决策管理能力很大程度上得益于多年来形成的一套严格的审核标准和流程。例如，在每笔投资前，复星集团都要完成四份报告——资本运营报告、行业趋势研究报告、投资论证报告、风险及对策报告，这四份报告是集团赖以决策的依据。

在投后管理方面，投资完成后，复星通常会派2~3个董事到投资的企业，找出行业关键指标，系统对标国内行业前五的公司，找差距，定目标，并通过设计经营者参与分享机制，激发管理团队的潜能与活力。

二、战略审视机制

1. 战略审视机制的内涵

所谓战略审视，是指对企业战略方向和执行路径进行动态监控，发现问题并实施调整的过程。企业战略的制定受到内部资源条件禀赋及外部宏观环境的影响，因此，当外部的社会环境、经济条件、技术趋势、客户需求等发生变化时，就有必要对企业的战略进行审视，对企业的发展方向、产品特征、技术要素等进行评估和分析，看是否与当初制订的战略方向保持一致。如果产生了偏差，要分析偏差产生的原因，并据此决定是否对战略进行调整和优化，典型的原因包括：

战略的长期稳定性与战略环境的多变性之间产生矛盾。如果不定期对战略行动方案进行调整，就会严重脱离实际和偏离战略目标，导致严重后果。

战略方案制定时的主观因素与预期目标存在偏差。由于主观偏好、预测方法等方面的原因，在战略制订之后在工作实践中，总会出现实际情况与预期目标不一致的情况。一旦出现这种偏差，就必须进行纠偏。

战略执行出现偏差。在战略实施过程中，由于各种因素的影响，战略的执行未达预期效果，且是由于内部运作的原因造成，在这种情况下，就要定期进行回顾，以及时发现问题，采取弥补或纠偏措施。

企业的外部发展环境出现重大机会窗口。企业的发展需要随时捕捉战略机会，对于相当多的行业来说，变幻莫测的市场环境中蕴含着大量的商机，必须随时对战略进行审视，不断加深对环境的认知与理解，才能够迅速抓住机会，发掘其中的价值，为企业发展提供新的动能。

2. 战略审视的内容

战略审视过程一般包括信息收集与分析、战略复盘、差距评估、战略调整及干预等环节，既要对执行结果与战略目标的差距进行分析，也要对执行过程与发展路径的偏差进行评估，并发现各环节存在的不足。

战略审视中会发现，战略发展路径与战略目标一般存在两种关系，一是企业战略目标与方向本身没有问题，但是战略的发展路径出现偏差，这种情况下，需要重新对达成战略目标的各职能战略、战略执行力、员工综合能力等各方面因素进行全方位梳理，重新设计战略路径，战略路径的实施通常需要配套相应的激励机制并进行定期跟踪反馈。二是企业战略发展目标与方向随着内外部环境的变化，已经不适应当前的发展。该种情况下，需要企业以归零心态对战略进行重新梳理，重新制定适合企业长远发展的目标与方向。

在战略审视之后，根据对既有战略的调整幅度，可分三种情况：

①局部调整。当战略环境某一影响因素发生变化时，只需要对与该局部相关的战略进行调整。这种修订不影响总体战略的可持续性。如对集团下属某个业务单元进行战略修订，则需报集团管理层审批。

②分项战略修订。分项战略修订，是在总体战略不变的前提下，对个别业务和个别部门的战略进行局部性修订。例如，当企业的经营环境快速向好、业务规模快速膨胀的时候，就需要对企业的人才战略规划进行修订，

以确保人才的引进和培养，从而保证经营目标的实现。

③总体战略修订。当宏观环境、国家政策、行业政策以及企业所面临的市场环境、科技环境等发生重大变化以至于严重影响到企业的生存与发展时，企业的总体战略必须进行重新研究和调整，这种情况发生的几率不高。总体战略的修订是一件非常严肃的工作，必须履行相应的程序和办法。

3. 典型案例：华为务虚会推动战略审视落地

华为技术有限公司于1987年在深圳创立，经过30年的发展，现已成为全球领先的信息与通信技术解决方案提供商，在电信运营商、企业、终端和云计算等领域构筑了完备的解决方案。截至2017年，公司销售收入达到6000多亿元人民币，净利润达475亿元，员工约有18万人，业务遍及全球170多个国家和地区，服务全球三分之一以上的人口。

华为的重大战略性决策都是经过慢慢发酵而成，务虚会在决策过程中发挥着重大作用，而且，每一次的务虚会均是对企业战略、经营发展方向的重新审视。华为的一位高管甚至直接说出："务虚会就是老板的思想发动机。"

那么，华为的务虚会又是怎样召开的呢?

华为务虚会每次确定一个主题，地点大多选在风景区，一般持续两天时间。

第一天上午采用"头脑风暴"方式，畅所欲言，下午开始聚焦到务虚会主题，围绕主题进行开放式讨论，任正非和EMT成员都只是话题的平等参与者，而不是主导者。参会的每个人都敢于和任正非或其他高管争论。

第二天进一步聚焦到几种代表性的观点进行深入讨论，并形成会议纪要。如果到时还无法形成定论，还需将纪要下发相关部门高管层听取意见和建议，并经过反复论证，最终定论。

华为通过对每次务虚会设定相应主题并组织公司高管进行讨论，实现了对公司战略的定期重新审视，在这一过程中能够及时发现战略路径是否发生偏差，以及市场是否存在新的战略机会点，并针对上述情况制订相应的策略与措施，从而确保企业能够规避风险，把握机会，健康稳定运行与高速发展。

三、资源分配机制

1. 资源分配机制的导向

资源分配机制，是指企业根据战略期的经营需要以及确立竞争优势的要求，对其所掌握的各种资源进行分配的机制，其目的是形成战略所需要的经营结构或运营体系。资源分配机制对于企业捕捉市场机遇、打通发展路径、构建核心竞争优势具有极其重要的作用。

企业资源分配导向应遵循以下原则。

①支撑企业战略目标。实现企业战略需要资源的协同配合与有效支撑，而企业的运行时时刻刻都需要资源进行保障，战略支撑的资源需求与企业运行的资源需求不可避免会发生冲突与矛盾。在资源分配过程中，要考虑战略性资源与保障性资源的统一协调，尽量使两者之间不要发生冲突；一旦需要做出选择，保障企业战略发展所需要的资源则应放在首位。

②向重点领域倾斜。企业资源必须服务于企业的发展，不同方向、不同模式、不同发展路径、不同特征的产品，所需要的资源也是千差万别。企业资源应当向哪些领域倾斜，是关乎企业生存发展的重大问题。就一般原则而言，企业资源应避免均衡分布，而是要集中投入到重点发展领域，为核心业务做好支撑。

③向高绩效团队倾斜。人才的竞争是企业之间最重要的竞争，也是企业发展中最为关键的因素。没有核心人才的企业，其可持续性发展必然受到制约。而且，企业资源效用的发挥需要依靠人才的作用，同样的资源数量及禀赋条件，在不同的人员或团队手里其发挥的价值也必然不同，为了将企业资源的利用率最大化，公司的核心资源应向绩效表现好的团队倾斜。

④适度平衡。资源分配的过程，从某种程度上来说，便是企业对于内外部发展进行审视，进行资源投入与再平衡的过程。毋庸讳言，企业资源分配应采取聚焦战略，确保战略性目标优先得到发展，但是，也不可否认，企业的健康、有序运转是各项经营管理工作包括战略实现的基础和前提，为此，各项保障性职能与辅助性措施不可或缺。因此，企业在进行资源配

置时，在突出重点的前提下，也应照顾到企业正常运转所必需的资源投入，做到适度平衡。

2. 资源分配机制发挥作用的方式

①通过控制资金流向发挥作用。企业的正常运转需要“实物流、资金流、信息流”的三流合一。而资源的分配，则是对这三种因素现有布局的重构。无论是实物资源，还是资本资源，都会根据企业发展战略、年度重点工作等进行有计划的分配。企业的重大决策、战略转变等均会影响到企业资源在各业务板块、各管理职能方面的投入，这种投入就其本质而言就是资金在不同形式资源之间的转化。因此，通过控制企业资金的流向（如流向固定资产、流动资产或无形资产），就可以影响到企业的业务布局与经营发展状况。

②通过为人才匹配资源发挥作用。企业的价值创造必须通过人才的智慧与劳动才能实现。然而，在资源分配的过程中，许多企业的分配机制并没有使得优质资源流向人才，或者使资源禀赋与人才的能力进行有效的匹配，从而既浪费了资源的价值创造空间，又影响了企业人才的工作积极性。因此，资源分配时必须要将资源与人才进行双向匹配，从而激发出人才的活力，进而释放企业资源的最大价值空间。

③通过推动资源共享发挥作用。资源共享机制是指集团及各业务单元在资源共享过程中自我调节、协同发展、相互平衡的机能。在集团型企业内部，实现通用性资源的共享能够为企业有效节约成本、提高效益、营造企业整体的竞争优势。

对于集团企业来说，要致力于构建资源共享机制，发挥人的主观能动性，让企业分配的资源在各主体之间能够有机协同与共享。

④通过对接激励机制发挥作用。激励机制是确保企业资源分配后能够转化为成果的必要措施。企业的资源分配是输入，为保证从资源到成果的转化，必须建立相应的激励与考核机制，使得资源持有者能够对资源转化成果负责。这种激励与考核一般包括三个层次，即个人层、团队层和组织层。无论从事什么活动，不同层次的组织和人，其目的只有一个，就是追

求效用价值的最大化。

3. 典型案例：福特汽车的资源规划与分配

福特（Ford）是世界著名的汽车品牌，是美国福特汽车公司（Ford Motor Company）旗下的众多品牌之一，是世界上最大的汽车生产商之一。一直以来，福特公司非常强调三种资源的规划与分配。这些资源的分配是针对福特公司的顾客、设施、设备和雇员，具体如下。

（1）营销资源规划与分配

①福特在经营层的资源规划方面采取了差异化战略，针对公司顾客的营销资源规划与分配，是在顾客心中创造一种福特公司等同于高质量的印象，这项任务被赋予最高的优先级。

②福特公司的营销资源是由“最佳伙伴”计划所支持的。在这个计划下，福特全球范围内的雇员、分销商和供应商在保证质量水平和顾客满意度方面起到了越来越重要的作用。由于日本竞争者的加入，美国制造商预计到在1994年将总共损失6个百分点的市场份额，福特公司预计损失大约一个百分点。根据此信息，福特公司把重点放在了顾客的满意度的提升上，这体现了福特对汽车销售价值链上资源的再分配，以提升顾客满意度，从而确保福特汽车的市场份额。

（2）制造资源规划与分配

①与福特的营销资源规划相伴的，是在新设施和设备上的投资。技术的开发和设施的现代化对福特来说是重要的战略推动力，因此，福特致力于采用自动化技术，削减人工费用，提高产品质量。

②在制造资源管理的许多方面，福特充分应用了精益生产的思想。在Wayne装配厂的Escort设备上，福特在布局上把它的新冲压和主体设备靠近装配设备，通过运用准时化生产思想，提高整体的生产效率，通过进一步的自动化改善质量，通过项目管理机制，运用相互配合和沟通确保按时完成工作并保持在预算之内。

（3）人力资源规划与分配

福特公司致力于物质激励与教育相结合的人力资源规划与激励方案，

并得到了雇员的支持。公司引入了一套以每年利润为基础的奖金制度，通过利润分享计划，鼓励员工更加努力地工作，以实现公司利润最大化，个人收益最大化。

同时，公司注重人才培养与企业发展战略的有机结合，重视人才的开发与员工素质的培养，注重营造公司发展所需要的企业文化氛围。

四、计划预算机制

1. 计划预算机制的基本内涵

计划预算机制是指利用系统分析、预测与预算方法，将目标分解、计划拟定、预算编制、跟踪控制等活动融为一体，旨在提高计划与预算的可执行性与执行效果的一套管理机制。计划预算机制是目标管理的核心，也是集团企业最重要的运行机制之一，各分子公司必须依照集团的发展战略编制计划、预算并组织执行，以保证实现集团提出的年度经济目标。

2. 计划预算遵循的原则

①实事求是、科学合理原则。各单位在充分考虑实际情况的基础上拟定计划和编制预算，既要符合实际，又要有适度的前瞻性，应稳健、谨慎地对资源投入和经济产出进行估算和预测。力争计划与预算体系的真实、准确。

②实时监控、动态管理原则。各子公司在执行计划预算的过程中，应按期进行数据的分析、更新、调整等工作，使得计划预算能及时根据执行情况做出的调整，为未来的经营管理活动提供明确的目标指引和工作指导。同时，坚持持续改进的理念，不断总结计划预算工作中的经验与教训，逐步健全和完善计划预算管理体系。

③严格执行、审慎调整原则。计划和预算是保证经济目标实现的重要手段，应依据预算科目的重要程度和敏感程度，对预算调整实行分级管理，严格审核批准程序。原则上，计划预算调整不应对年度经济目标造成

较大影响。

④前后对应、科目一致原则。预算科目是对未来需完成经济事项的具体内容进行分类而得到的项目。经济活动结束后的决算科目，必须与预算科目保持一致，以高效、准确地归集数据，对计划和预算的执行情况进行同口径的客观评价。同时，日常会计核算所使用的科目体系，也应尽量与计划、预算科目保持一致。

⑤充分沟通、上下结合原则。预算编制过程，也是上下级之间就工作计划、经济目标和资源投入等重要问题相互沟通、协商、达成共识的过程。因此，计划预算编制时，由基层部门开始，自下而上逐级编制、汇总，形成计划和预算草案，上报集团公司，集团的计划和预算管理部门，结合集团总体计划、预算要求，对业务单元的计划和预算提出修改意见，业务单元再次组织论证、修改之后，再行上报。这样的上下沟通和循环有时要开展不止一轮，其目的在于上下之间达成共识。

⑥责任明确、执行有力原则。实行预算责任人制度，可以将预算编制与执行的最终责任明确到人。各预算编制单位的负责人（子公司总经理和中心总监）是本单位预算的责任人。预算编制、调整完成后，须经责任人签署确认。一般来说，预算执行的结果应纳入集团对责任人的年度业绩考核，且作为主要内容。

3. 典型案例：上海宝钢的计划预算管理

宝钢计划预算管理的组织体系包含“预算管理决策层”“预算管理归口部门”“预算管理执行责任部门”三层组织，对各级组织的机构类别、成员范围、职能分工等都有明确的界定。

宝钢计划预算管理的制度体系包括“预算管理制度”和“预算管理实施细则”两类指导性规范。其中，预算管理制度对预算的定义及分类、预算管理组织、管理流程、预算监督、预算执行报告、预算考核等问题都进行了明确规定；预算管理实施细则则对预算编制、预算执行和控制、预算调整和追加、预算考核等活动如何开展而进行了详细的规定，是预算管理的操作规程。

同时，宝钢拥有完备的预算管理流程，由预算编制、预算执行、预算考核与分析、预算修正与改进四个阶段构成。在每年的 7 ~ 8 月份启动预算调查工作，向公司领导提交并报告年度预算、计划大纲。9 月份开始布置年度预算工作，年度预算编制正式开始。10 ~ 11 月份进行年度预算编制、审核、汇总和平衡。12 月份开展分预算和总预算报审、修改、审定和印发。如遇生产经营规模扩大导致业务量增加或出现新的业务，导致预算项目需要追加或新增，需要实行逐项审批、逐级审批。预算编制通过“自上而下”和“自下而上”两种方式互动完成。

预算修正和改进的目标是引导管理行为长期化，促进公司战略目标的实现，宝钢的预算调整是通过编制季度滚动预算来实现的，季度滚动预算是公司各部门经营控制和考核评价的基础。

宝钢的预算执行注重过程控制，预算目标的分解、落实、考核等一系列活动都纳入到公司的各项管理活动中，属于预算管理的“事中控制”；预算考核与分析是预算有效实施和完成的保障，这方面宝钢建立了相应的考核要求与分析方法，实现了预算的“事后控制”。

宝钢的计划预算管理，结合了公司的重要战略目标，通过在年度预算计划中滚动评估和落实安排战略指标并匹配对应的重点工作和措施，实现了年度预算计划与战略规划在管理上的无缝链接，通过预算的形式将战略进行了固化和量化，从而成为了战略目标实现的机制保证。

五、报告机制

1. 报告机制的基本内涵

此处所指报告是指根据企业经营管理需要而编制的、供企业管理者或决策者使用的书面文件。而报告机制是指下级将需要向上级请示的事项、汇报的内容、重要紧急情况等以文本方式定期或非定期上报的活动。

报告机制的核心问题是报告的传递效率与质量。就其本质而言，报告是企业内部的一种信息传递方式，这种信息传递路径一般是由企业的下级单位或某事项的具体执行者发起，向该事项的主管单位、管理部门或上级领导传递。报告自下而上进行传递，经上级审阅后，是否需要进行反馈一般由报告的性质决定。如属于常规性事务的例行汇报（如财务报告），一般不需要进行专门反馈。如报告属于请示、重大紧急事件处置方案等，则需上级明确处理意见并进行反馈。

报告一般由该报告事项所涉人员（主要是管理人员）发起，并直接呈报给相应的主管领导，因此，报告的传递效率相对较高，但是报告事项的处理必须按照公司内部的业务规范及流程开展，因此，其办结效率具有不确定性。同时，作为信息载体，报告的撰写质量直接影响到审阅人的判断，如报告质量不高，也可能导致决策者做出错误的判断，进而影响公司的正常决策。

2. 报告机制的价值及作用

①上下级之间的正式沟通方式。管理沟通一般分为正式沟通与非正式沟通。报告作为文本形式的沟通方式，属于正式沟通的范畴。因此，在报告机制设计时，应该就报告的形式、格式、时间及时限、内容、使用对象等问题进行明确，使得沟通双方在既定的、双方均较为明确的框架内进行信息互动，从而避免浪费双方时间，提高双方的沟通效率。

②上级掌握下级工作状况的手段。报告因其承载的内容不同而体现出不同的价值。通过设计下级单位定期向集团总部报告工作的机制，能够强化下级单位在报告期完成工作的动力。同时，上级单位通过报告的形式，能够及时、快速地了解到下属企业的业务开展情况、需报告事项的进展或带处理问题的结论。

③上级对下级工作监督指导的工具。通过报告，下级将隶属于本职范围内的工作情况报告给上级，上级通过检查下级提交的报告，形成对下级工作完成情况的监督。同时，也可通过报告了解到下级工作的完成情况以及在工作中遇到的问题，从而对其工作中的疑惑或困难提供的指导、支持和答疑，有助于下级单位在工作过程中及时纠偏，促进其更加快速有效地完成相关工作。

3. 典型案例：美国航空的自愿报告机制

由于美国具有较长久的民航发展历程，航空运输业极为发达，美国的自愿报告体系也相对较为成熟，除了独立于FAA的航空安全报告系统ASRS（Aviation Safety Reporting System）系统外，为了鼓励对航空安全信息的报告，FAA还成立了航空安全行动报告计划（Aviation Safety Action Program，缩写ASAP）与自愿披露报告计划（Voluntary Disclosure Reporting Program，缩写VDRP）。

① ASRS报告系统。早在20世纪70年代，美国开始建立自愿报告系统，后来发展成为ASRS。该系统独立于联邦航空局，由国家航空航天局（NASA）管理。当认为航空安全受到威胁的时候，飞行员、空中交通管制员、客舱乘务组、航空器维修工程师、地面工作人员和其他航空运行相关人员都可提交报告。提交到航空安全报告系统的报告会严格保密，所有报告在输入数据库前均隐去了识别标记。所有员工和组织的名字以及可能会透露身份的日期等都会被删除或概括化。航空安全报告系统主要被用于识别和记录安全趋势，提供信息促进事故预防，对于任何涉及航空犯罪、航空事故等方面的事件，ASRS将转至有权处理部门。

② ASAP报告计划。ASAP报告计划是由FAA发起的与有关航空公司、维修企业等单位的联合行动计划，该报告计划的目的是为了鼓励员工主动报告可能存在的违章行为和不安全信息，给员工提供另一个渠道报告他们所担心的安全信息而不担心遭到报复。ASAP建立在互相合作与信任的基础上，确立了以另一种合法纠正行为的方式来替代惩罚性的执法措施，如书面反馈、建议等。

③ VDRP报告计划。VDRP报告计划也是FAA主持的一项激励计划，FAA认为，要保持航空安全，最重要的是运用激励措施，帮助航空合格证持有者改正缺陷，其目的是“鼓励遵守联邦航空管理局的规章，培养安全营运的习惯，促进内部评估程序的制定”。该报告计划允许航空公司的执照持有人，自愿向联邦航空管理局披露明显违反某些规章的行为，由于航空公司自行披露了违法并提交了“全面解决”问题的计划，它会收到一份整改函，而不是处罚。

六、会议机制

1. 会议机制的内涵

会议是现代管理的一种重要手段。会议机制是指通过召集与某项主题有关的人员开展会议而商讨或决策某些事项的管理活动。优秀的公司往往会有相对系统的会议管理机制，并通过会议的形式协调各项业务开展过程中遇到的问题，推动公司重大事项的决策及落实。

（1）会议类型

企业的会议按照组织的不同层级可以分为不同的类型，不同级别或类型的会议其召开频率、参会人员、主办部门等均有区别，通常来说，企业的主要会议类型包括：

①公司级会议。指涉及面较广、影响程度较深、公司核心领导参与的会议，包括总经理办公会、党政联席会、年度工作总结会、年度安全生产会、年度营销会、职工代表大会、经营分析会等。

②联席会议。指因营销、计划、质量、成本、进度等专项问题，需要跨部门进行沟通与协作的会议，包括质量协调会、专项问题沟通会、供产销平衡会等。

③部门会议。指部门内部定期或不定期召开的各项会议，包括周例会、月例会、专题会以及内部的各种讨论会等。

④其他会议。指无法明确界定的各种会议，包括临时会议、片区会议、接待会、专题座谈会、问题分析会等。

公司各类会议的频次安排、主要参会人员、主办部门及常规主持人如下表 9-1 所示。

表 9-1　　公司各类会议安排

会议类性	会议名称	会议频次	参会人员	主办部门	主持人
公司级	总经理办公会	例行	总经办成员	行政管理部门	总经理
	党政联席会	例行	党政联席会成员	行政管理部门	党委书记
	经营分析会	例行	经营分析会成员	行政管理部门	总经理

续表

会议类性	会议名称	会议频次	参会人员	主办部门	主持人
公司级	职工代表大会	每年 2 次	公司主要领导、部门负责人、职工代表	行政管理部门	党委书记
	年度工作报告（总结）会	每年 2 次	部门（含门店、车队）负责人及以上	行政管理部门	总经理
	年度安全生产会	每年 2 次	总经理、生产相关领导、部门负责人及职工代表	行政管理部门	主管领导
联席会议	专题会	视情况而定	视情况而定	发起部门/专题业务相关部门	总经理/主管领导
	工作协调会	例行	视情况而定	发起部门/专题业务相关部门	总经理/主管领导
部门级	部门月例会	每月 1 次	由组织部门根据情况确定相关人员参加或列席	本部门	部门负责人/主管领导
	部门周例会	每周 1 次		本部门	部门负责人/主管领导
	临时会议	/		本部门	部门负责人/主管领导
其他	其他会议	/	视情况而定	相关部门	视情况而定

（2）会议程序

会议召开一般要遵循相关的程序，在程序的不同环节，均需要关注影响会议有序进行的各项关键要素。

①确定会议议题与议程。召开会议前，主办部门应与相关领导沟通，确定该次会议的议题、出席或列席人员并确定会议议程安排。

②发布会议通知。除部门级会议或临时性会议外，一般应以书面或电子公文形式发布通知。会议通知应提前拟定，并于会议召开前 2 天左右发送至参会人员。会议通知应包括时间、地点、参会人员、议题、议程安排等内容。参会人员接到通知后，应充分准备。如有必要，应提供发言主题的书面材料。

③会务管理。会议召开前，主办部门应制定签到表，会议服务部门应准备会议现场所需设备并进行调试，同时做好会议期间的后勤服务。

④会议召开。会议召开过程应严格遵循会议纪律。常规性会议应严格控制时间，发言言简意赅，切忌长篇大论，发表与会议议题无关的言论。对于重要会议，主办部门应做好会议纪律管理及录音、影像工作。

2. 会议机制的作用

会议是一个公司或团队协调运转的必要环节。如果将公司比作一台运转顺畅的机器，那么会议就是连接这台机器各部位之间的电缆。一台机器需要通过电缆的连接才能正常运转，同样，一个公司也需要通过各种会议进行沟通和交流才能正常运营。会议的作用可以归纳为以下五个方面。

（1）传达经营策略

公司的经营理念需要通过会议的方式下达，进而统一员工的思想意识与步调。比如，公司今年开始要派发红利给所有的员工，并且要根据每位员工完成指标的多少而有所不同，这是领导者的一种激励策略，这种策略就需要通过会议隆重宣传，以充分吸引员工，激发员工的工作热情。

（2）告知任务目标

达成某些事项的告知是会议的一大功能。比如，公司今年的业务目标是达到一亿营业额，就需要通过会议将该目标清晰准确地传达给各个相关部门，并定期召开会议，对目标的完成情况进行分析和总结，对下一阶段如何达成目标进行不是，从而促使大家明确各自任务，努力完成目标。

（3）集思广益解决问题

集思广益、共同解决问题是会议的又一重要功能。当经营管理中遇到问题而没有对策，一时之间也拿不出解决方案时，可以通过召开相关人员的研讨会议，让大家基于各自的经验和优势，贡献自己的想法，从而集思广益，找到解决问题的方法或线索。

（4）头脑风暴激发创意

一个拥有良好的人员配备和产品的公司，如果没有足够的创新意识，依然不能称之为好公司，而会议恰恰是产生创意的一种良好方式。通过组织专门的创意会议，采用世界咖啡等催化创意的方法，能够激发会议参与者的良好创意，从而转化为公司未来的业务计划或产品设计方案。

3. 典型案例："七个凡是"——三星电子的会议管理

三星电子是韩国三星集团旗下企业，是一家跨国企业集团。作为世界一流的电子企业，三星电子在半导体、电信、数码媒体、数码整合技术等领域是全球的领先企业。作为全球规范化管理最高的企业之一，三星电子在会议管理方面也极具特色。

①凡是会议，必有准备。会议最大的成本是时间成本，在三星电子，永远不开没有准备的会议，重大会议有事先检查制度，没有准备好的会议必须取消。在会议前，必须把会议材料提前发给与会人员，与会人员要提前看材料并做好准备，决不允许进了会议室才开始思考。

②凡是会议，必有主题。在三星电子，开会必须有明确的会议目的，为会议准备的 PPT 前 3 页必须显示会议主题。会议的主题要事先通知全体与会人员。

③凡是会议，必有纪律。在三星电子，开会要设一名纪律检查官（一般由主持人担任），在会议前先宣布会议纪律，对于迟到要处罚，对于会议不按流程进行要提醒，对于发言带情绪要提醒，对于开小会、私下讨论、态度恶劣、攻击他人要进行提醒和处罚。

④凡是会议，必有议程。在会议之前要有明确清楚的会议议程，会议运营人员要在会前书面发给各参会人员，使他们能够了解会议目的、时间、内容，能有充分的时间准备相关资料和安排好相关工作。每一项讨论必须控制时间，不能泛泛而谈。

⑤凡是会议，必有结果。在三星电子，会议主持人要设置时间提醒，比如，还有 20 分钟，还有 10 分钟，还有 1 分钟，会议监督官有权打断那些偏离会议主题的冗长发言。会议的决议要形成记录并当场宣读确认。没有确认的议题可以另外讨论，达成的决议要马上进入执行程序。

⑥凡是会议，必有训练。三星电子有专门针对如何开会的培训，对每个层级的员工都有足够的"会议训练"，包括如何开会、如何主持、如何记

录、如何追踪、如何对待分歧、如何会场汇报等。这些必要的训练会让公司的会议变得高效。

⑦凡是会议，必有记录。三星电子每次开会都要有一个准确完整的会议记录，每次会议要形成决议，会议的各项决议一定要有具体执行人员及完成期限，如此项决议的完成需要多方资源，一定要在决议记录中明确说明，避免会后互相推诿，影响决议的完成。

七、契约化管理机制

1. 契约化管理的内涵

契约化管理就是运用相对固定、清晰的契约，平等约定各层级、各方面的职责、权利、利益及相关关系。这种约定应该是紧扣主要关系而非琐碎庞杂。因此，契约应有核心契约、从属契约之分，核心契约应该是对双方责任、权力、利益的规定，其他要求都应作为从属契约。

契约化管理认为，在管理运作中，任何一个层级、部门、管理人员都只对有约定的行为和事物负责，而不对其他未经约定的行为承担责任，例如：上级只能在约定的范围内对下级行使管辖、约束的权力而不能在约定之外进行干预，下级也只是在约定的范围内对上级负责；同样，相同层次的机构之间也是通过契约限定各自的分工和管理界面，任何一方只在约定的范围内行使职权并对他方负责。

2. 契约化管理的作用

市场经济的一个重要特点是法治精神，而法制精神的基础就是契约精神。广义的契约化管理是指根据法律法规、企业制度，采用书面契约的形式明确双方的责任、权利和义务，从而规范双方行为，实现有效监督，因此，契约化管理是一种具有刚性约束力的管理模式。

实行契约化管理是企业走向市场化过程中的必然选择。伴随着市场经济的不断深化，企业的经济结构、组织形式、内在关系都在发生深刻的变化，多法人、多投资主体的趋势越来越明显，多经济主体的经济关系和交往日益复杂，需要企业调整和优化传统的管理方式，有效传递市场压力和风险，形成企业内部的市场化氛围，促进企业内部的公平交易、规范管理。

就国有企业而言，2015 年 9 月国务院颁发《关于深化国有企业改革的指导意见》，《意见》明确提出："推行企业经理层成员任期制和契约化管理，明确责任、权利、义务，严格任期管理和目标考核。"当前，全国各省市已有大批国有企业相继建立了管理层的契约化机制，其核心在于改变了以往上指下派、行政命令式的管理方式，形成了按契约办事的市场化模式，在理顺企业与经营者之间的权责利关系方面实现了突破。实践证明，契约化管理在强化国有企业活力和发展动力、提高经济效益和运行质量等方面发挥了重要的作用。

3. 典型案例：西山煤电对下属公司的契约化管理

西山煤电是山西焦煤集团的核心子公司，是全国最大的炼焦煤生产基地，所属子分公司 209 个，涉及煤炭、电力、焦炭化工、建筑建材、物流贸易、餐饮服务等若干领域。自国务院颁布相关政策文件后，西山煤电对下属公司 WL 公司进行了契约化管理变革并取得了较好的效果。

本次契约化改革具体包括以下五个方面的措施。

①对主要负责人实行契约化管理。按照优先、自愿原则，西山煤电选聘了 WL 公司的董事长（总经理）和党委书记为"契约化管理负责人"，约定任期三年，一年一聘，并与二人签订了《年度契约化管理合同》，合同中明确了经营目标、经营政策、双方权利义务、薪酬待遇及考核等内容，首次以合同的形式确定契约目标，落实契约责任。

②给予经营者充分的用人权。双方约定：经营班子组建方面，在限定 9 人范围内由契约管理负责人自主确定领导干部职数；除总会计师、纪委书记由西山煤电委派外，其余人员均由契约化管理负责人自主选聘；未被选聘的处级干部由西山煤电另行安排；机构设置和科级干部选聘权力全部下放给契约化管理负责人；特殊需求的专业人才允许自主外聘；对富余人员，西山煤电在内部需求中优先安排，完成转岗分流指标超额部分的 50% 由西山煤电

接受安置。

③给予经营政策方面的支持。对公司以前年度欠西山煤电资金、跨期费用、内部煤供应等事宜进行协调，政策上先行给予支持；对必要、正常的资金需求由西山煤电优先保证；放开物资采购权，WL公司可以自主采购。

④在薪酬激励方面设立对赌机制。在西山煤电指导性工资指标外，完成经营目标后利润超额部分允许WL公司按50%计取奖励，其中，领导班子按超额的5%计取；完不成经营目标，不予兑现经营班子绩效薪酬。

⑤设定刚性绩效底线。按照合同约定，年终未完成经营目标，契约化管理负责人自动解聘。除不可抗拒因素，契约合同条款不得修改，指标不予调整。

实施效果：实行契约化管理后，WL公司的经营管理状况发生了巨大的变化。班子选聘后处级干部由11人减至9人，取消了原部室处级建制，全部变为科级，将科级机构由原来的45个调整合并为25个，副科级以上干部由81人减至54人，机关人员由76人减至41人，2017年转岗分流职工101人。

实行契约化管理后，立足"契约精神"，WL公司实行了一层对一层负责的合同式管理，能者上、庸者下、平者让；采用目标倒算的办法，倒逼费用指标管理，将指标和权利下放到基层单位，让基层充分享有经营自主权，在生产组织、产能达效、产品结构调整、盘活资产、后勤市场化运作、成本费用定额管理等方面制定了切实可行的措施，确保完成全年增收节支任务。

2017年底，WL公司减亏2.06亿元，实现利润700多万元，全年扭亏目标顺利实现。

本次契约化管理改革的成功之处在于，一是授权比较充分，"三项制度"改革取得有效突破，尤其是契约人可自行组建经营班子，稀缺人才自主外聘，绩效分配自主决定等方面授权力度较大，上下两级的责权利关系得以理顺；二是改革托底政策与服务同步跟进，有效保障了改革措施的快速落地；三是聚焦扭亏脱困大目标开展契约化管理，有效传递了压力，使得脱困目标初步实现。

改革方案的不足之处在于，在任期内远期目标的设计方面、在管理制度和责任体系的建设创新方面还有待完善。

八、竞争机制

1. 竞争机制的内涵

竞争是商品经济的产物，只要有商品经济存在，就必然存在竞争。竞争机制是商品经济最重要的机制之一，尤其是作为集团企业，在企业之间、企业内部建立竞争机制，有利于激发员工工作积极性、全面提升企业业绩。因此，内部竞争机制也被称为“赛马机制”，它能够帮助企业发现人才、激发活力。

2. 建立有效内部竞争机制的措施

①创造良性竞争氛围。企业应在内部宣扬良性的竞争文化，通过在企业内部形成“争前恐后、奋勇争先、不甘落后”的局面，激发各企业以及员工的荣辱意识与自尊心，进而提升各主体的竞争意识，激发组织活力。需要注意的是，在营造竞争机制的过程中要对员工加以正确引导，避免因为竞争而导致嫉妒或其他不良影响。

②搭建内部竞争平台。在员工中引入竞争机制的目的，是要做到人尽其才，为此，管理者必须为员工提供各种竞争的条件，尤其要给每个人以充分的竞争机会，包括人尽其用的机会、培训的机会、成长锻炼的机会、获得提拔的机会以及将功补过的机会等。

当企业内部的竞争成为常态化机制后，应使内部竞争系统化与标准化，让制度推动竞争机制的有序发展，形成比、学、赶、帮、超的良好态势。

③建立竞争考核机制。竞争必然会存在优劣和输赢之分，针对优劣输赢建立相应的考核评价方式，是竞争机制的核心所在，最直接表现就是业绩排名，其中，近年出现的“末位淘汰制”即是其中手段之一。该方式虽能营造竞争氛围，但也给员工带来巨大压力，在末位淘汰的压力下，为了

避免被淘汰，员工就会加倍努力工作。当然，如果运用不当，也会在公司内部造成恐慌，引发一系列负面效应。

④建立标杆对比机制。引入竞争机制，应树立明确的标杆对象，让员工时时看到差距。给员工和组织设立标杆，能够促使员工和组织找到自己和标杆的差距，并积极向标杆靠拢。企业不仅要在内部树立标杆，也要在外部树立标杆，有了参照对象才会有斗志，有了斗志才会有竞争意识。

3. 典型案例：A 钢构公司引入竞争机制

（1）公司现状及存在问题

A 公司是一家专业生产钢结构产品的公司，老板从最初带着七八个老乡跑工程发展到现在，年产值已经超过 2 亿。当初的手下已经成为公司的创业元老，分布在各个重要部门，买车买房，每年享受公司的奖金福利。日子好了，但当初的创业激情却没有了。

以生产车间为例，两条生产线的主管都是公司六年以上的老员工，而产线工人大多也是跟随公司多年的老人。他们经验丰富、能吃苦，在公司遭遇困难、工资待遇较低的时候能够与公司同甘共苦、不离不弃。但现在业务好了，待遇上去了，大家工作的积极性、主动性、纪律性却越来越差，比如公司为了满足客户交期需要加班，工人却提出晚上去聚会；公司制定新的技术要求和质量检验标准，工人却仍然凭经验做事；公司引入工厂 5S 管理，工人却认为太麻烦；公司开展员工培训提升技能，工人觉得没必要也不去参加。

如此带来的结果是：一方面，公司业务快速发展；另一方面，车间主管、工人等却死气沉沉，没有干劲，缺乏活力。

（2）改革及引入竞争机制

面对上述情况，直接从奖惩制度或规范流程入手，恐怕都难以取得成效。一边是公司的发展，另一边是老员工的情面，二者相互矛盾又都无法割舍，与其艰难选择，不如让结果说话。经过内部认真讨论并与相关机构咨询研讨后，公司采取了如下措施。

①车间新投资的第三条生产线，从生产主管到产线工人全部从外部引

进，其管理规范和流程制度全部按新标准执行。

②工厂实行产线承包制，公司按有效产量与各生产线单独结算成本收益，结算周期以半年为单位。利润为正，产线主管与核心技术骨干参与产线利润分红，同时，产线主管工资上调一级；利润为负，没有分红，产线主管工资下调一级。

③一年之后，对三条产线的产能、效率、质量、成本进行全面评估，排在第一的产线主管升任生产总监，负责整个车间的生产管理，有权对另外两条产线进行整改和人事调整。

（3）实施效果

通过内部竞争，辅以结果导向的利益分配机制，一段时间后，高下立判。在明显的生产成果差距与收入差距面前，有觉悟的产线负责人迅速向新标准靠拢，而冥顽不灵的负责人，用不着公司出面干预，其下属的员工从个人利益出发也纷纷向其施加压力，促使其不得不改变。

来自竞争产线的压力，来自产线内员工的压力，来自个人收入差距的压力，让原来一潭死水的生产车间重新焕发生机、充满活力，这就是竞争机制的魅力。

九、激励机制

1. 激励机制的内涵

人力资源是企业的第一资源。在当今社会，离开人才企业将寸步难行。研究表明，有效的激励机制是企业管好和用好人的一把利器，可以统一员工的思想、观念、行为，激励员工奋发向上，共同为本企业的发展贡献力量。

作为激励机制，就是激励主体采用各种激励手段促使客体的思想和行为发生变化的过程。

2. 激励机制的主要形式

在运用激励机制方面，企业经常存在的问题包括：忽视企业人才的多样性，激励机制单一，不注重长期激励，激励随意性强，缺乏制度保障，正负激励不匹配，等等。美国学者劳伦斯·彼得（Laurence J.Peter）在对员工晋升的相关现象研究中指出：单纯的“根据绩效决定晋升”的激励机制是片面的，有必要建立科学的激励机制，实现全面、系统和有针对性的激励。一般来说，企业常用的激励机制包括以下方面。

①物质激励。主要通过物质刺激的手段鼓励员工努力工作，其主要形式包括工资、奖金、津贴等。研究表明，企业在物质激励手段上普遍缺乏系统性和多样性，在报酬形式上多采用“底薪+奖金”的万能报酬方式，年薪、股票期权、利润分成等物质激励占比较少。实践证明，薪酬制度的合理性、公平性是物质激励的基础，直接影响到员工的切身利益和积极性。

②目标激励。组织目标是通过内部各个组织及每一个个体的努力来实现的，目标具有引发、导向、激励的作用，企业管理者可以通过将组织的总目标按阶段分解成若干子目标，以此调动员工工作的积极性。当然，运用目标激励时也应注意以下几点，如目标设置合理、可行，与员工个体的切身利益密切相关；目标实现的难度要适当；目标内容要具体明确，有定量要求；既要有近期的阶段目标，也要有远期的长期目标，使员工能够看得见工作的阶段性、可行性与合理性。

③信任激励。信任能够唤起人们最宝贵、最有价值的忠诚度和创新动力。而信任激励就是激励主体运用自己的信任、鼓励、尊重、支持等情感对被激励对象进行激励的一种模式，是最持久、最“廉价”和最深刻的激励方式之一。实践证明，管理者一个期待的目光，一句信任的话语，一次真诚的问候，都有可能使员工自信起来，走上成功的道路。员工能否勤奋努力、坚持不懈地工作，与管理者的信任程度有密切的关系。只有信任员工，帮助员工树立自信心，才能最大限度地发挥员工的积极性和创造性，提升员工的业绩水平。

④情感激励。任何人都有情感诉求，情感是影响人们行为的最直接因素。情感激励通过建立一种人与人之间和谐良好的感情关系来调动员工的积极性。这就要求企业的领导者要及时了解并主动关心员工的需求，以建立起一种正常、良好、健康的人际和工作关系，营造出一种相互信任、相

互关心、相互支持、团结融洽的工作氛围，使被管理者处处感到自己得到重视和尊重，从而增强对企业的归属感。

⑤行为激励。员工的行为常常会受到他人的影响，在员工中树立榜样有利于企业形象的提升，如通过宣传优秀或模范员工的行为激发其他员工的情绪，引发员工的内省与共鸣，从而起到强烈的示范作用，并进而影响其他员工的行为。

⑥奖罚激励。奖罚激励是企业管理中最常用的激励方法，表扬、赞赏、晋级和批评、处分、开除等都是奖励和惩罚的常见形式。比如，赞赏是一种由外在动力转化为内在动力的较好形式，不受时间、地点、环境的限制，管理者给员工的一个极小的赞许，都会激励员工以饱满的精神状态投入工作；再比如：有的企业采用积分制管理，每人每月有1000分，对于做得不好的方面，采取立即记录和扣分的方式，这就让员工能够清楚明白地指导，哪些方面做得不好，今后如何改进。实践证明，奖罚措施如果应用得当，会发挥较大的激励效应；但如果应用不恰当，也会引起员工的不满、怨愤以及行为上的消极对抗。

⑦竞争激励。竞争在企业中是不可或缺的环节，竞争激励则是企业管理者设计竞争环节，鼓励进步、鞭策平庸、淘汰落后的重要激励手段。美国哈佛大学的心理学家戴维·麦克里兰提出：人不仅具有权利需要、关系需要，还有成就需要。在企业中，不乏有高成就需要的人，对胜任和成功有强烈的要求，合理的竞争激励机制能够让具有成就需要的人全身心投入工作并在竞争中获得成就感。

⑧危机激励。随着竞争的日益激烈，企业面临的环境更加多变。作为企业的管理者，必须适时地向员工灌输危机意识，让员工意识到企业面临的生存压力，从而可能对他们的工作、生活等方面带来不利影响，以此来激励员工自发努力工作。

随着经济结构的调整与转型升级，企业面临的竞争日益加剧，人才已成为企业确立竞争优势、把握发展机遇的关键，作为企业的管理者，不仅要依靠规章制度进行管理，也应因地制宜，善用激励机制，促进员工工作投入度、满意度与归属感的提高。

3. 典型案例：美的集团“激励机制的弱化，比一亿元投资失误更可怕”

美的集团于1968年成立于广东顺德，是一家以消费电器、暖通空调、机器人与自动化系统、智能供应链（物流）为主业的科技制造集团。目前，美的旗下拥有美的、小天鹅、威灵、华凌、安得、美芝等十余个品牌，员工总数12.6万人。

随着组织规模的迅速扩张，集团的决策层越来越感觉到，企业的人力资源管理水平是进一步稳固与发展的决定性因素，因此，采取了一系列旨在提高企业核心竞争力的激励措施，并收到了十分显著的效果。

①物质激励。美的集团的薪酬激励有一个鲜明的特色，即承认关键人物的关键作用，在薪资分配上采取重点倾斜，也就是向中高层干部、技术骨干倾斜，高层采用具有绝对竞争力的薪酬制度，中层采用适度的薪酬激励机制。这些人的收入与一般管理人员拉开较大的差距，与生产工人的差距则更大。这样的分配制度很好地体现了知识及能力的价值，体现了关键人力资源的作用。

②情感激励。美的采用情感激励，对职业经理人充分尊重、包容并注重挖掘其专业价值，把他对组织的贡献尽可能最大化，这样，可以使其在自身才能得到充分发挥的同时实现自我价值，既提升了职业经理人对自我的认同感又得到了外部的认可，树立了经理人的行业形象与影响力，充分满足了经理人的自尊需求。

③竞争激励。美的在人才选拔上的特点是，提倡在公开、平等的基础上公平竞争，在选拔中特别是注重员工的发展潜力及综合素质。在干部选拔的形式上，美的制定了《干部竞聘办法》，对所有空缺岗位基本实现公开竞聘，真正做到了机会开放，岗位开放，为员工提供了公平竞争的机会。在提供公开公平晋升平台的同时，美的也非常注重对人才的管理能力培养，为他们安排众多的专业培训以及MBA学位课程，这一企业福利可以培养员工的竞争力，增强其对自我工作能力的自信，对于提升企业的归属感起到了很好的作用。

十、变革推动机制

1. 变革的内涵

变革推动是指企业在运行过程中，由于内外部因素的变化，为确保企业目标的实现所必须开展的局部或全局性变化，以及变革之后的推动和落地实施过程。一般来说，企业进行变革的原因可以归纳为以下三个方面。

①外部环境的变化。企业外部环境的变化是企业进行变革的首要原因，如：国民经济增长速度的变化、产业结构的调整、政府经济政策的调整、竞争观念的改变、科学技术的发展引起产品和工艺的变革、互联网技术的发展对传统经营模式的挑战等等，外部环境的变化必然要求企业做出适应性调整。

②内部条件的变化。企业内部条件的变化主要包括：技术条件的变化，如企业实行技术改造，引进新的设备，要求技术服务部门的加强以及技术、生产、营销等部门的调整；人员条件的变化，如人员结构和人员素质的提高等；管理条件的变化，如实行计算机辅助管理、实行人员的优化组合，等等。

③企业发展的需求。企业处于不同的生命周期时对组织的要求也各不相同，如小企业成长为中型或大型企业，单一品种企业成长为多品种企业，单厂企业成长为企业集团等，都需要进行变革。

2. 变革的目的与核心

有这样一句话：变革可能失败，但不变肯定失败。企业变革的动力源自全球竞争的环境，也源自企业内部成长过程中的组织问题，变革的目的是降低交易成本，提高运营效率，加大竞争优势。

变革的核心在于创新。所谓创新，就是打破既有的思维习惯与做事方法，站在一个全新的视角去审视当前的组织运行状况，并能够采用新的方法、新的技术、新的流程去改变现状。

3. 推动变革的常见方式

事物是变化发展的，在每一个时期里，只有随着时间和环境而变化的组织才能顺应潮流和形势的需要，当前推动企业组织变革的主要有以下几种方式。

①划小经营单位。划小经营单位、责权利一体化还有一种说法叫“阿米巴”经营模式。所谓“阿米巴”（Amoeba），在拉丁语中是单个原生体的意思，因其形体变化不定，故而得名“变形虫”。变形虫最大的特性是能够随外界环境的变化不断进行自我调整以适应生存环境。在“阿米巴”经营模式下，企业组织也可以随着外部环境变化而不断“变形”，调整到最佳状态，以适应市场的变化。

要让“阿米巴”落地、实现企业员工“人人都是经营者”，前提是实现独立核算与核算单元最小化。对于一个组织来说，对外要集团化、多元化、产业链化，对内则需划小、划细核算单元，唯有如此，集团才可以精细化运营。在此情境下，每一个个体的努力与否，都会得到准确响应，及时评价和反馈，就会使得集团虽然大但仍然保有灵活性。

②企业重组。广义的企业重组，包括企业的所有权、资产、负债、人员、业务等要素的重新组合和配置。狭义的企业重组是指企业以保值增值为目标，综合运用资产重组、负债重组和产权重组等多种方式，优化企业资产、负债和产权结构，以充分利用现有资源、实现优化配置的过程。

通过企业内部各种生产经营和管理活动的重新组合，以及从外部获得发展所需要的各种资源，逐步培育和发展企业的核心竞争能力，是企业重组的最终目的。

③上下游整合。产业链上下游之间进行的整合也叫纵向整合，其主要目的是控制某种资源以保障生产经营活动的有序开展，如：收购上游原材料供应商或拥有下游销售渠道等。整合上下游资源主要包括向下区域性合作、横向平行合作和直接持有主体公司股份三种方式。这三种与上下游的合作方式，定位和功能各不相同。企业应当通过合作、股权等方式把供应商、经销商绑定在一起，这样，企业与其他竞争对手的竞争就不仅仅是单个公

司的竞争，而是整个产业链的竞争，由于你的供应、营销体系与对手完全不同，也会使得你的格局、高度和竞争力完全不同。

4. 典型案例：苏宁重大战略转型的组织变革

在 20 多年发展历程中，苏宁经历了多次规模不等的调整和变革，大的变革有三次，其核心原因在于以下三个方面的变化。

①市场环境的变化。随着互联网时代到来，电子商务拥有了越来越大的规模和影响，对传统零售行业的压力也越来越大。

②顾客需求和购买行为的变化。日益丰富的商品市场与日新月异的技术发展使得顾客的购买需求以及购物方式较之前发生了很大的变化。

③经营技术的变化。随着电子商务、支付手段等多种技术的成熟，电商已经替代传统零售业，成为重要的商业经营模式。

影响最深远的重大战略调整和变革大体有三次。

（1）1993 ~ 1999 年，从“批发—零售”的组织变革

组织架构的设计和运行必须基于战略目标，满足战略的要求，组织的变革必须与战略目的相匹配，与行业和自身特色相挂钩。在第一次变革中，苏宁建立了大规模的分销体系，物流体系，售后体系，不仅使得改革能够与自身配套，还可以保证在长期竞争与大规模战略扩张中处于优势。

（2）2000 ~ 2008 年，从“分店—连锁”的组织变革

苏宁的第一次变革是因为市场上出现了供过于求的情况，为了求生存，苏宁第一次开始自建零售终端体系。而苏宁的第二次变革则从“因时而动”转向“因我而动”，是因为自身的需要，需要从内部变革获取更多的利润，使得苏宁能够领先于市场。

（3）2009 至今，从“单渠道—全渠道”的组织变革

苏宁的第三次变革具有明显的“间断式”变革特征——从零售业务模式为主转变为平台业务模式为主，从传统零售企业转型为互联网企业。

由于第三次变革带有很强的革命性、颠覆性，它使苏宁的未来发展与之前的实践和方向发生了非常大的变化，因此，其组织变革的剧烈程度也非比寻常：通过压缩运营层级、设置多事业部，提高了组织对市场的响应速

度；通过打通、整合内部资源的组织设计，显示了鼓励、促成团队协作的思路；通过“店商 + 电商 + 零售服务商”的模式，实现了内部组织运营体系的大融合，从面对消费者的前端产品展示到后台的管理系统，真正让线上线下两大渠道结合落地。

苏宁倡导“定期四清运动”，通过开展定期的清理活动，让“清理变革的障碍”不仅仅是一句口号，而是每一位员工的自觉行为，令每一位员工都能够与公司的价值观保持一致，为强有力的变革创造良好的组织氛围。

十一、跨职能协同机制

1. 跨职能协同的含义

跨职能协同，顾名思义，是指协调两个或以上的职能、部门或个体协同完成某一目标的过程。企业不论大小，在运作一个项目或研发一款产品的过程中往往都需要这样的协同环节，跨职能协同机制就是为了保障上述活动而建立的运行方式。在实际运行过程中，这种机制可以组织文化的方式，也可以制度、规则或考核的方式进行推动和安排。

2. 跨职能协同的常见模式

（1）基于流程的矩阵管理模式

矩阵式管理是常见的组织结构形式，与直线式管理相比，以其灵活、有效的特点而被大多数组织所接受。矩阵式管理中的每一个成员都有两个上级，一个是原有职能体系中的上级，另一个是具体业务流程的负责人。也就是说，矩阵管理中的员工是双线汇报模式。站在流程的角度所组成的团队或部门，就是跨职能团队。

矩阵式结构的优势在于，它能使人力、设备等资源在不同的产品和服务之间进行灵活的分配，使得组织能够适应不断变化的外界要求。在矩阵式组织中，关键组织成员的角色定位非常重要，这些关键组织成员包括高层领导者、矩阵主管（职能经理、产品经理）和员工。其中，高层领导者的职责就是维持职能经理和产品经理的平衡，推进共同解决问题与信息共享。

虽然矩阵式结构受到越来越多的青睐，但这种复杂结构对管理也有较高的挑战性。一方面，由于下属接受两个主管的同时领导，不自觉的员工会利用这个机会钻空子，造成主管对他的管理真空化；另一方面，由于员工接受双重领导，经常会体会到焦虑与压力。因为两个直接经理的命令经常会发生冲突，这时，双重主管的员工必须能够面对这些矛盾的指令、形成综合决策以确定自己的时间和资源分配。

（2）服务项目的项目管理模式

项目管理起源于20世纪60年代的重工业和国防工程，早期主要着重于项目的预算和进度，主要应用在一次性独创任务的完成方面。最初的项目管理只是一种兼职工作，并不是一个职位，在许多企业中项目管理并不重要，很难得到全公司的支持。后来，管理层才逐步意识到资源统筹的复杂性和项目效率问题。与此同时，科技和市场日新月异，传统组织结构很难应对这种变化，项目式组织或其他临时性组织开始逐步兴起，这些替代性组织能够快速应对企业内外部不同程度的事态发展，进而成为现代企业管理中跨职能协同的一种主要方式。

项目组织的设置是通过企业内部横向和纵向的工作流程，配置和使用企业现存资源，并不打破传统的纵向管理模式，而是要求各职能部门相互横向交流。通过组织内部横向与纵向工作流程的共同运作，使整个组织的工作协调完成。在这种模式中，部门主管依然对纵向工作流程负责，而项目经理则要对横向流程负责。也可以说，项目经理的首要任务就是横向协调各职能部门之间的各项活动。

（3）服务质量管理的CFT（多方论证小组）模式

CFT是英文Cross Function Team的缩写，意为跨功能小组或多方论证小组，最早由美国克莱斯勒汽车公司在1980年代末期提出，是为推动价值链管理而采用的一种管理活动。因为成效卓著，其后由美国三大汽车公司（通用、福特、克莱斯勒）进行模仿，后经整合成为QS品质标准中所倡导的手法。在国内最先提出时并未确定名称，只是一套针对程序设计方面落实Cpk》1.67（等于5Sigma管理）的品质标准提升方法，其后命名为“迈向

PPM 的过程管理”，后经实务经验累积之后，正式命名为 CFT。

3. 典型案例：日产复兴计划

日产（NISSAN）是日本的一家汽车制造商，由鲇川义介（Aikawa Yoshisuke）于 1933 年在神奈川县横滨市成立，目前在二十个国家和地区（包括日本）设有汽车制造基地，为全球 160 多个国家和地区提供产品和服务，公司经营范围包括汽车、船舶设备的制造、销售和相关业务。

1999 年，由法国汽车公司雷诺收购了日产 36.8% 的股份，日产实质上已经破产，并有高达 300 亿美元的债务。在戈恩及一个由法国和日本人共同组成的执行委员会的领导下，公司于 1999 年 10 月启动了一项名为“日产复兴计划（NRP）”的扭亏战略。

在这项计划中，时任总裁兼首席执行官戈恩大刀阔斧地对机构和人员进行了裁减，同时启动了六项重大改革措施：①根据公司愿景设定切实的发展目标；②成立跨职能工作组（CFT），由其推动组织结构和业务流程变革，改变传统思维，制度化新行为；③通过详尽的分析，确认实现目标的行动步骤；④管理流程上，高层领导广泛介入行动，以保证 CFT 工作组更好地完成目标；⑤根据目标建立严格的业绩评估，并对不足的表现做出迅速反应；⑥与雷诺结盟，获取宝贵的经验和规模效益。

其中，九个全球性的跨职能工作组（CFT）起到了非常关键的推动作用。这些 CFT 由执行委员会成员领导，中层管理人员参加，存在于职能机构之外，专门负责转型事务并向执委会直接汇报，分别负责在各自的领域中改进组织与业务流程，为新思维、新行为的发展创造条件。

在转型过程中，公司的人员变动很大，转型后的公司高层只有 3 名是前戈恩时代的管理人员，组织结构也发生了巨大变化，形成了新的机构矩阵。NRP 实行两年后，公司大规模降低了成本，停止了在本土市场的份额下降并恢复赢利。更为重要的是，整个决策程序和管理文化开始赢得员工的信任和支持，为旨在追求增长的“日产 180 计划”创造了条件。

日产的转型可谓是近年来亚洲最为成功的企业转型案例。在戈恩的领导下，短短几年间，日产从破产的边缘逐步恢复到巅峰状态。

十二、内审机制

1. 内审机制的内涵

内审是内部审计的简称，是指企业内部审计人员对企业内部控制的有效性、财务信息的真实性和完整性以及经营活动的效率和效果等开展的一种评价活动。内部审计有助于强化企业内部控制、改善企业风险管理、完善公司治理结构与决策机制，促进企业目标的实现。通过集团层面的内部审计，能够对下属企业的各项经营管理活动实施独立检查和评价，为总部提供各种重要信息，有利于集团决策方案的选择，从而保证集团公司的既定发展战略、发展目标、管理制度以及管理流程得到各下属企业协调一致的实施，并达到预期效果。

企业集团的内部审计具有多层次性和再控制性。首先，集团的内部审计包括总部内部审计、下属业务单元（事业部、子公司或分公司等）内部审计、总部对下属业务单元的审计，这体现了集团内审的多层次性。在企业集团管控体系中，总部通过战略管控、财务管控、人力资源管控等对下属业务单元进行管控，而内部审计则是对各项管控效果的复核，这体现了内部审计的再控制性。

2. 内部审计的目的

内部审计的主要目的是对组织中各类业务和控制进行独立评价，以确定是否遵循既定的或公认的方针和程序，是否有效和经济地使用了资源，是否有利于支撑组织目标的实现。

对大型上市公司或集团公司而言，其经济活动受到国家、社会、企业及公众投资者的关注。而各方关注的焦点，不仅局限于会计信息所体现的当前资金实力与盈利能力，更直指企业的未来预期。在公司治理中，各方都希望在企业内部能够产生一种权力制衡机制，实现资本风险最低，管理绩效最大，经济效益最好，社会形象最佳。内部审计正是基于以上背景的一种有益尝试。

3. 内部审计的常见内容

企业集团的内部审计通常包括财务审计、经营管理审计和项目审计。

财务审计是对集团总部和下属业务单元的财务报表及会计资料进行审计，评价业务单元财务、会计控制系统的运行情况。

经营管理审计是对集团总部和下属业务单元的生产与运作管理活动、产品营销管理活动、供应链管理活动等进行审计评价，防止出现不按照集团制定的管理制度开展工作的现象。

项目审计是对正在进行或已完成的项目进行审计，包括审计项目可行性分析、项目进度控制、项目成本控制、项目未来收益情况、项目质量情况等。

4. 典型案例：美国通用电气公司的内部审计机制

美国通用电气公司（GE）成立于 1892 年，是世界上最大的多元化服务性公司，从飞机发动机、发电设备到金融服务，从医疗造影、电视节目到塑料，GE 致力提供多项技术和服务。GE 的历史可追溯到托马斯·爱迪生，他于 1878 年创立了爱迪生电灯公司。1892 年，爱迪生电灯公司和汤姆森—休斯敦电气公司合并，成立了通用电气公司（GE）。当前，GE 拥有员工近 300000 人，在全世界 100 多个国家开展业务。

（1）GE 内部审计目标与内容

GE 的内部审计包括两类，一是下属企业财务部门自己的审计，重点审查自身经营情况和财务活动是否符合总公司的规定；二是总公司一级的向下审计。

GE 为其内部审计部门规定了标新立异的工作目标：超越账本、深入业务。这一目标的执行使得他们在检查和改善下属单位的经营状况、保证投资效果符合公司战略目标、培养企业管理人才等方面开创了极为成功的范例。

（2）GE 的财务管理原则

①会计标准和原则。GE 的财务部门提供了一个基本的会计结构，各企业围绕此结构运行，有助于建立统一的会计标准和原则，审计主要监督的就是各下属企业是否认真遵守了这些标准和原则。

②双重报告原则。每个产业集团的财务负责人既要向本企业负责人报

告，也要直接向总公司的财务副总裁报告。

（3）GE 内部审计的特点

①具有独立性和权威性。内部审计部门直接向总部的“第三把手”报告，增加了内部审计机构意见的分量和权威性，内部审计人员自己也觉得“说话的声音格外响”，审计工作也往往因此更能得到被审计部门或企业领导的积极配合。

②人员选用严格，组成结构合理。GE 选用内部审计人员时，并不过多考虑审计人员原先所学专业，而是注重人的素质和才能，他们要求每个新人能给审计部门带来他人所没有的或无法贡献的新思想。进入审计部门的人员有着各种各样的学历背景，而且见解往往与众不同，不同的经历和见解有助于问题的发现和解决。有幸入选的审计人员大多能保持这一机构传统的献身精神，他们工作专注，有极高的自觉性、积极性和创造性。

③工作安排独具匠心。平均每三个月，审计人员便接受一项新使命，每次都是不同的审计对象，不同的组成人员，不同类型的业务问题。审计人员互相吸收营养，往往在对比中就能发现问题。在设计解决方案时，自然又会将其他审计对象的好的经验融入方案，无形中提高了内部审计的效率和效果，促进了内部审计价值的实现。

十三、立标推广机制

1. 立标推广的内涵

所谓立标推广，就是建立标杆、全面推广。立标推广能否在企业落地生根、开花结果，关键在于标杆管理的推进策略。在推行标杆管理时，企业要清醒地认识到：标杆管理只是企业绩效持续改善的工具，并不能直接产生作用，必须与其他管理方法（如绩效考核、流程优化等）结合使用，标杆管理才会发挥强大的催化作用。因此，在推进标杆管理的同时，更要引进各项管理工具集成到现有的管理中来，而不是用标杆管理代替其他管理。否则，标杆管理不仅不能取得应有的效果，还有可能影响到企业现有的管理体制。

立标推广并不是一个新生词汇，好比一家企业要研发制造一款新产品，要进行产品调研、设计研发、制造产品样机、产品试验验证、产品小批生产、生产工艺流程设计、批量生产等一系列环节，在这一过程中，产品跟谁对比，定义这个产品要做到什么程度，规定产品功能、材料与外观等要素与标杆企业的差距，明确产品的推广策略等，都需要进行规划，整个过程应用在管理层面，就是立标推广。

2. 立标推广机制及其作用

立标推广，通俗地讲就是程序化、规范化和制度化的“比、学、赶、帮、超”，但是跟谁比、学什么、怎么赶、谁来帮、怎么超，需要建立一套规范的运行流程和工作机制。因此，我们将立标推广机制总结归纳为对标、追标、立标、推广、评估五个核心过程，以及准备流程和组织流程两个支持流程，“5+2”模型较好地解决了立标推广规范化、制度化的问题，既简单明了，又抓住了立标推广的本质，满足了立标推广的需要。

立标推广机制能够很好地促进优秀管理经验的传播，企业应根据实际情况建立“立标文化”与“立标制度”，使企业无论从大的管理理念还是部门的建设与改善，都能够通过立标推广机制“时时找标杆、处处立标杆、人人创标杆”，始终追求更优的运营、更高的开发水平、更大的企业效益。

3. 典型案例：国家电网的创一流同业对标

2005 年，国家电网决定在全系统内开展“创一流同业对标”工作，这是继企业升级、安全文明生产双达标、创一流供电企业等活动之后，国网公司为适应“一强三优”战略目标的要求，全面提升企业综合素质与经营绩效、全面增强企业核心竞争力的又一重要管理创新举措。

（1）建立同业对标指标体系

为开展此项工作，国家电网建立了“创一流同业对标”指标体系，按照企业类型和业务特点分为区域电网公司、省电力公司、地市供电企业、超高压输变电企业、超高压管理处五类，实现了“用指标评价企业，用业绩考核企业”，以地方供电企业为例，指标分为“基本信息”和“评价指标”两类，共计 115 个项目。其中，国网公司 79 项，省公司在国网公司基础上增加 36 项。

基本信息指标共计 31 项，主要反映企业规模、电网和设备规模以及设备装备水平，作为对标比较和企业发展、科技投入、管理提升的参考。

评价指标主要反映安全、质量与效益，分为安全管理（12 项）、资产经营（3 项）、营销服务（22 顶）、电网运行（39 项）、人力资源（4 项）、技术改造与科技进步（4 项）六类，并按终端指标到过程指标的顺序形成了不同层级的树状指标体系。

（2）建立同业对标评价办法

同业对标评价方法是实现“用指标评价企业，用业绩考核企业”的根本手段。在对标指标数据分析的基础上，采用正态分布法、四分位法等统计学方法确定指标数据分位点和得分，避免了人为打分所带来的结果随机性与不可重复性，确保了评价结果的客观、公正。

（3）建立同业对标工作程序

创一流同业对标工作是一项长期的系统工程，也是一个持续、反复，循环、递进的过程，国家电网设计的对标工作程序，按照现状分析、标杆选定、对标比较、最佳实践和持续改进五个步骤开展工作。

①现状分析。通过分析现状，梳理管理标准和业务流程，分析存在的问题，确定对标内容和对标方向。

②选定标杆。按照同业对标指标体系，结合本单位现状和存在的问题，确定标杆单位。

③对标比较。与选定的标杆进行对标，找出指标和管理上的差距，分析原因，制定改进措施及实施方案。

④最佳实践。按制定的改进措施与方案实施整改工作，并对整改结果进行评估。在评估的基础上积极转化和推广对标成果、完善管理平台和指标体系。

⑤持续改进。在部分或全部达到和超越对标企业后，应动态调整对标标杆，与更先进、更优秀的企业对标。

通过以上项目的实施，国家电网在提升企业综合素质、增强核心竞争力等方面都取得了良好的成效。

第十章
制度建设与内控风险管理

第一节　制度的定义与内涵

一、制度的基本概念

《辞海》中“制度”存在两种解释：一种是“要求成员共同遵守的、按照一定程序办事的规程或行动准则”，例如：工作制度、财务制度；另一种是“在一定的历史条件下形成的政治、经济、文化等各方面的体系”，例如：社会主义制度、资本主义制度。可见，按照《辞海》的定义，制度的概念有狭义与广义之分：狭义的定义是指规程或准则，也就是我们通常所说的制度；广义的定义是指体制，也就是由众多关系和准则构成的社会系统。在管理学领域，主要是将制度作为实现管理目标的手段，重点研究制度体系设计、框架搭建、内容建设以及制度落实，探讨制度权威缺失的原因和确立措施。

本书中的“制度”是基于管理学领域的概念，具体可以定义为：在一定条件下形成的、企业内部的经济和管理关系，包括企业经济运行和发展中的规定、规程、标准、行动准则等。

二、企业制度的类型

现实企业中，制度无论是从文件形式还是内容上都存在多种不同形式。按照制度文件的形式分类，主要包括章节型制度文件、标准化制度文件、作业标准类制度文件、流程类制度文件和公文类制度文件等各种类型。按照制度的层次和内容分类，主要包括产权制度、组织制度、管理制度等各种类型。

1. 按文件形式的制度分类

（1）章节型制度文件

①章节型制度文件的定义。章节型制度文件是指以分章列条式（条款式）作为正文结构，对复杂、丰富、多层次的文件内容进行系统、规范、全面阐述的制度性文件。章节型制度文件是企业规章制度中最常见的一种文件形式。

章节型制度是一类制度文件形式的总称，主要包括条例、章程、制度、规则、规定、办法、守则、须知、公约等。另外，标准、准则、规范、补充规定等也属于规章制度。各种不同类型的规章制度，适用不同的范围、不同的需要、起着不同的作用，其制发者也不相同。

章节型制度文件有包括较简单的条款式和较复杂的分章列条式两种体式。对于内容层次关系仅有一层或二层、篇幅较短、相对简单的规章制度，宜采用条款式；对于内容层次在三层或以上、篇幅较长、相对复杂的规章制度，宜采用分章列条式，各层次分别用篇、章、节、条、款、项、目等表示。

②章节型制度文件的特点。行文的严谨性。章节型制度多数是比照相关的法令、政策编写，行文风格严谨。

逻辑的严密性。章节型制度的章节逻辑严密，规范。

内容的规范性。章节型制度的内容相对规范，每个章节所表述的要点基本固定，表述方式规范。

（2）标准化制度文件

①标准化制度文件的定义。基于标准化的制度文件，是指根据一定的原则和程序，参照国际标准，按照我国有关法律、法规和标准的要求，结合不同行业、企业的实际情况编制而成的、具有标准化特色的制度文件。

②标准化制度文件制定原则。基于标准化的制度文件，制订时需遵守以下原则。

第一，符合我国有关法律法规，遵循国际惯例，做到先进、合理、经济、可靠。

第二，以相应国际标准（包括即将制定完成的国际标准）为基础，除非这些国际标准由于气候、地理或技术等原因无效或不适用。

第三，优先采用国际标准中通用的基础性标准、试验方法标准。

第四，参照国际标准中的安全、卫生、环保标准制定制度，应以保障国家安全、保护健康、保护人身财产安全、保护环境等为目标。

第五，应尽可能与相应国际标准的制定同步，并可以采用标准制定的快速程序。

第六，条件允许的情况下，制度制订应与技术引进、技术改造等相结合。

第七，应尽可能采用一个国际标准，当必须采用几个国际标准时，应说明该标准与所采用国际标准的对应关系。

第八，应充分考虑本企业的实际情况。

（3）作业标准类制度文件

①作业标准类文件的定义。作业标准类文件是指导员工生产作业的执行性、操作性规范性文件，其常见形式为《作业标准书》（作业指导书），它强调对生产作业过程中关键环节的描述与管控，强调各岗位工作的量化、标准化与精确化，以此来保证工作的质量与效率。

作业标准的原理是从系统论管理思想出发，按照标准化的原则，依据工业工程的原理，将现代管理方法和手段引入岗位和作业程序研究，以最大限度地节约时间和资源，减轻人的劳动强度，提高工作效率。

②作业标准的内容和要求。一般来讲，作业标准的内容包括生产任务、作业方法和工作评价三个方面。

生产任务。要力求定量化，以企业或车间的方针目标为中心，将岗位工作具体化，并转化为岗位人员的具体目标任务和工作量，主要包括生产过程的工艺技术、产量、质量、消耗等指标，以及设备、安全、环保、费用核算等管理事项。

作业方法。要力求规范化，根据岗位的目标任务和工作量，优化作业内容、程序，规定标准的作业程序与时间，主要包括作业程序、路线、动作、时间等。

工作评价。要力求制度化，建立对应于岗位目标任务及操作标准、体现考核要求的岗位经济责任考核制度，主要从目标完成结果、技术水平高低、劳动强度大小、工作责任和效率、生产消耗等几个方面检查、考核及实施奖惩。

（4）流程类制度文件

①流程类文件的定义。所谓流程，是一个或一系列有规律的活动，这些活动以确定的方式发生或执行，从而导致特定结果的出现。一般来讲，流程具有目标性、内在性、整体性、层级性、结构性和动态性等特点。

一个完整的流程体系包括六个要素，即资源（流程的输入资源）、活动（流程中的若干过程）、相互作用（流程的结构，例如串行还是并行，哪个活动先做哪个活动后做等）、结果（流程的输出结果）、对象（流程所面向的客户）和价值（流程所能够创造的价值）。

通过流程管理，企业能够实现权责分明、组织简化、效率提升、风险受控等目标，流程体系对于其文件有特定的要求，一般来说，流程文件包括流程框架（清单）、流程图、流程说明、表单等。对于企业来说，流程文件同样发挥着管理文件的效力，因此，也是制度类文件的一种典型形式。

②流程文件的制定原则。

责权对应原则。流程管理要努力实现责权利对等，在此前提下，在流程的执行过程中，就可以将部门的绩效考核与流程的目标和执行状况结合起来，以促进部门绩效任务的达成与流程的协同运转。

全员参与原则。在制定流程文件时，应致力于员工观念的转变，鼓励所有员工作为流程管理的一员亲自参与到流程的标准化、规范化工作中去，并切身感受其成效，从而变流程管理为一项全员了解、全员参与、全员支持的工作。

持续长效原则。建立包括定期评估在内的有效机制，确保流程优化可以持续开展，流程管理可以作为一项长期工作，从而对公司的运营管理切实发挥作用。

重点监控原则。流程管理从流程的分级分类开始，基于以上分类，要突出重点，首先关注核心流程，对核心流程开展专项优化。在核心流程优化与完善的基础上，再逐步延伸到其他流程，最终实现流程管理水平的整体提升。

（5）公文类制度文件

①公文类制度的定义。公文类制度文件是指按照特定的体式和程序编制的制度或文件。根据不同的作用及应用场景，公文包括通知、决定、批复、请示、报告、通报、函件、会议纪要等多种形式；具体到行文关系来看，公文又可分为上行文、平行文及下行文三种类型。公文一般具有规范性、工具性、时效性、保密性等特点。

无论从事何种工作，作为企业的一名职业经理人都要学会起草公文，使用公文传达命令、组织活动、协调关系、处理事务，从而使得各项工作正确、高效地开展。

②公文的写作原则。公文写作前，首先应明确本次行文所面对的对象、所要传递的内容和所要达成的意图，在此基础上，选择适当的行文体例，规划好篇章结构，再开始动笔编写，这样的公文才能适当、适用、有效。

特别需要说明的是，公文初稿编写完成之后，要进行内容上的“三查三改”，文字上的“三查三改”，体式上的“五查五改”。

第一，内容上的“三查三改”。

查立意。看公文的立意是否明确、完整、突出；修改观点错误、浮泛空洞、文不切题、含混冗杂、不合逻辑之处。

查政策措施。看措施、规定、办法、意见是否符合政策，切实可行；修改矛盾抵触之处及不求实效的官话、套话、大话和空话。

查材料。看材料是否具体、真实、典型，修改一般化、概念化和不实之处。

第二，文字上的“三查三改”。

查篇章。看是否明确、紧凑、合理，改杂乱无章、上下脱节、主次详略不当。

查行文。看是否精炼、合乎语法和逻辑，改用词不当、啰嗦累赘、逻辑错误。

查文字。看是否规范，改错别字、生造词语、滥用简称、标点错误和文面款式毛病。

第三，体式上的“五查五改”。

查文种、标题、主抄送单位、附件、附加标记五个方面，看是否有问题，如有，即行改正。

2. 按制度内容层次划分

按照制度的内容层次分，可以初步划分为产权制度、组织制度和管理制度三类。

（1）产权制度

产权制度，本质上是企业所有权、经营权与财产权的安排方式，是企业制度的核心，决定了企业财产的组织形式和经营机制。缺乏明确的企业产权制度，就没有法人制度。只有建立法人治理结构，实现所有权和经营权的分离，才能建立责权清晰、权力制衡、管理科学的组织形式。

企业产权制度的发展经历了三种形态，即业主制产权制度、合伙制产权制度和公司制产权制度。业主制产权制度是最早出现的企业产权制度形态，合伙制产权制度是由于业主制企业的扩张而形成的、与业主制无本质区别的企业产权制度。公司制产权制度是一种现代企业产权制度，其突出特点是企业投资者对企业负有限责任。

（2）组织制度

组织制度，是企业组织运行的基本制度，它规定了企业的组织指挥系统，规定了各部门及其成员的职责与权限，明确了人与人之间的分工与协调关系。历经多年发展，现代企业已经形成了一整套的组织制度范式，包括：

①治理体系。企业所有者、经营者和生产者之间通过权力机构、决策机构和监督机构，形成各自独立、权责分明、相互制约的关系，并通过法律和公司章程得以确立和实施。一般来说，企业分别建立股东会、董事会和监事会三大机构，股东会是企业的最高权力机构，董事会是企业的决策机构，总经理由董事会聘任，负责日常经营管理活动，全面领导公司的生产经营工作。

②组织体系。完整的公司制组织体系应包括一个合理的组织机构，一套合理的职能安排，一个合理的权力分配体系。在组织设计的过程中，应充分考虑组织设计原则、职能分析、结构框架、管理规范、反馈修正等要素，并遵循目标一致、责权利统一、精干高效等原则。

（3）管理制度

管理制度是对企业各项活动的规范和要求，是企业生产经营活动中共同遵守的规定和准则的总称，包括公司章程、经营理念、公司目标与发展战略、公司组织架构、各部门职能划分、岗位职责等，也包括与日常工作相关的制度、流程、条例、守则、规程、程序、办法、标准等制度性管理文件。

管理制度是企业的内部法律，是企业规范运作的重要基础，它既是对员工行为的规范要求，促使员工个人的活动符合公司的需要，同时，也是维护员工共同利益的一种强制手段，是实现企业目标的有力措施和重要保障。同时，管理制度既要有一定的稳定性，也要根据外部环境的变化而不断修正和完善，从而实现稳定性和动态性的有机平衡。

三、企业制度与管控的关系

（1）企业制度是管控理念与管控模式的重要载体

不同的企业，其管控理念与管控模式也不尽相同。企业在发展经营过程中，选择与战略目标、经营模式、人员素质等相适应的管控模式至关重要，而更为重要的是如何将上述管控理念与管控模式落地。在集团管控的过程中，制度能够将企业的管控理念与管控模式清晰、准确地呈现出来，固化下来，为企业管控理念的宣贯与实施提供了可视化的载体。

（2）企业制度是实现企业有效管控的重要手段

集团企业的管控方式分为财务管控型、战略管控型、运营管控型等多种形式，管控方式决定了制度设计的管理宽度与深度。按照集团与下属公司不同类型的管控方式，控制的紧密程度不同，集团对下属公司业务范围、经营策略、人事安排、财务控制等的管理方式和监督检查机制均存在差异，且集团对不同类型下属公司的管控也因下属公司的成熟度、区域范围等因素存在不同。集团要实现有效的管控，必须在制度设计中充分考虑不同类型下属企业的实际，通过有差别的制度体系达到有针对性、有目的性、有效性的管控。

（3）企业制度是降低企业管理随意性的重要依据

在企业管理实践中，往往部分企业显现出来的自我意识与随意性较为突出，企业的管理者喜欢以个人好恶或直觉进行管理。这样的决策虽然灵活，但是缺乏严谨性，规范化程度不高，决策程序与期望结果也往往存在较大的差异。而且，缺乏制度的约束，很多管理职能或业务活动往往无章可循、无规可依，工作程序与规范经常因领导层的意志而改变，即使同一领导，也会因不同时间、不同地点、不同场合做出不同的决策。制度建设的目的就是消除不利于企业稳健发展的“直觉”，将企业的运行规则、员工需共同遵守的法则，以制度的形式进行固化，减少管理者的随意性，实现真正意义上的规范化管理。

（4）企业制度是提升企业运营效率的重要支撑

任何无序状态下的企业行为都可能导致整体运行效率的下降。因此，在企业的经营管理过程中，员工共同遵守规章制度和工作流程就成为企业高效运转的先决条件。通过有成效的制度设计，能够将常规性事务以明确的规章制度形式固化下来，成为后续企业活动开展的依据。同时，也可以帮助企业的高层管理人员抽出更多的时间和精力聚焦于非常规性事务的处理与管控，为企业带来更多的价值贡献，这有利于企业整体运营效率的提升。

（5）企业制度是规范企业合法合规经营的重要保障

规章制度不仅仅是企业规范化管理的基础，也是预防劳动争议和合作纠纷的重要手段。企业制度作为国家法律法规在企业内部的延续，对于企业运行管理的各个方面均有详细、具体的要求。尤其是全面风险管理与内控管理体系的导入，使得企业的合法合规性得到了极大提高。通过对法律法规的承接，企业得以接受政府有关部门的指导、约束、监督和管理，从而确保了企业在现行的法制框架内运行，保障了企业的正常运行和发展。

四、企业制度体系建设的前提条件

建设一套完备的制度体系，需要有如下四个方面的前提条件。

（1）明确发展战略是制度体系建设的基础

企业的战略指明了企业的发展方向。为实现战略目标，企业会采取一系列的行动和措施来提高工作效率、降低企业成本、增加市场份额、提高企业竞争力。企业的制度必须响应经营活动的变化而调整，以改善企业运营管理中与战略不相适应的方面，一成不变的制度体系必然成为战略的限制因素。

制度作为保障战略执行效果的重要手段，其灵魂必须与战略的要求相匹配。一切与战略目标冲突或不利于战略实现的制度，都应及时废止或修改，以确保制度与战略的匹配性。在实际工作中，制度管理部门应根据企业的战略目标，围绕生产、经营、管理活动去推动制度体系的建设、执行与更新。因此，明确发展战略是企业制度体系建设的基础，制度体系建设必须要服从企业战略的要求，并为战略的实现提供强有力的服务和保障。

（2）管控模式选择是制度体系建设的前提

对于集团型企业来说，制度体系是母公司与下属企业之间的“黏合剂”。不同类型的管控模式，其管控的方式与侧重点也存在较大差异。“财务管控型”的管控模式，意味着总部更多关注下属企业财务方面的表现，以加强财务控制为主要的管控手段；“战略管控型”的管控模式，除了对下属公司进行财务控制之外，还要对下属企业的战略规划以及与战略规划相关的重要经营管理活动进行管控；而“运营管控型”的管控模式则侧重于直接插手下属企业的重要经营管理活动。不同的管控模式没有高低优劣之分，但不同的模式意味着企业控制的重点、控制的深度有所不同，与管控模式密切相关的管理制度、规范、规则、程序等也会相应有所差异，因此，管控模式的选择是制度体系建设的重要前提。

（3）组织结构设计是制度体系建设的保障

企业组织架构的划分通常是按照企业的业务和管理职能来进行的，不同的组织单元承载着不同的业务或管理职能。制度是体现组织职能运行程序的具体载体，组织行使的一系列职能最终都要以制度的形式固定下来，并通过制度的形式划分责、权、利关系，规定工作流程和规范。因此，制度是实现组织职能落地的重要工具之一。

企业经营环境、经营产品、经营范围、全员素质等因素会经常发生变化，这些因素的变化会相应地引发组织结构、部门职能、岗位设置等方面的变化，进而导致执行企业制度、规范或规则的主体发生变化。相应地，制度、规范、规则也必然会因执行主体的变化而相应地进行修改或完善。

（4）企业文化建设是制度体系建设的灵魂

如果说规章制度是企业“硬规则”的话，企业文化就是企业的“软规则”，它与规章制度相互影响、相辅相成、相得益彰。一个企业的规章制度必然要与企业文化相一致，才能体现企业文化所反映的价值追求。并且，企业的规章制度不可能包罗万象、涵盖所有层次和业务环节，这时候，就需要有一个良好的企业文化氛围作为制度体系的补充和延伸，来弥补规章制度的不足或遗漏，为规章制度的贯彻执行营造一个良好的氛围。

只有在制度体系中浸润企业文化的核心理念，以企业文化的核心理念统领制度建设，用制度来展现企业文化理念的内涵，文化与制度才能做到宽严并济，知行合一。从这个角度讲，制度是固化企业核心理念的重要载体，企业文化是引领制度体系建设的管理灵魂。

第二节 制度体系建设

一、制度体系评估

1. 制度体系评估的内涵

制度体系是一个复杂、开放的系统，涉及企业经营管理的方方面面，制度之间存在着多种内在关联，既有单体制度，也有制度集合，更有制度群体。同时，制度又与企业外部环境发生着错综复杂的联系，制度管理非常分散，涉及的责任相关者较多，管理的专业性也较强。面对这样一个复杂、开放的体系，科学的评估是梳理现有制度、查找制度体系存在问题的出发点和关键环节。

制度评估是在对制度体系进行清晰划分，掌握制度内涵、功能、特性和价值的基础上，建立评估模型，明确评价维度（指标）和评估内容，选择评估方法，开展科学评估并找到关键问题并进行改善的过程。

2. 制度体系评估的维度划分

制度体系的评估主要包括四个维度，即：制度的完整性、系统性、规范性和可操作性。

①制度的完整性评估。完整性评估的重点是：制度体系是否健全；制度在纵向的深度和横向的广度方面是否足够；解决问题的具体规定和措施是否全面；是否存在“盲点”或“盲区”等。

②制度的系统性评估。系统性评估的重点是：制度体系文件的层次是否清晰；各项制度之间是否存在矛盾；制度之间的配套性、关联度是否足够，接口是否清晰；整个制度体系是否缺少必要的支持性文件，如作业标准、作业指导书、岗位操作手册等。

③制度的规范性评估。规范性评估的重点是：制度文件的编制格式是否规范；是否与国家的法律法规相符合；是否遵循科学的管理原则，是否充分考虑到企业各项经营管理活动的发展特点与客观规律；制度管理是否有明确的权责划分及考核指标，检查措施是否完善等。

④制度的可操作性评估。可操作性评估的重点是：制度内容是否具有针对性；制度中涉及的定义和范围等用词是否过于宽泛，是否存在歧义；是否与企业的现状相适应，具有较强的可执行性；是否与企业文化相符合；是否对实际工作具有指导意义等。

3. 制度评估模型的建立

制度评估模型是评价制度体系现状及改进方向的标尺。以某制度评估模型为例，该模型按照“制度结构”“制度质量”两个维度进行评价，其中，制度结构维度包括完整性、系统性两项内容，是对企业整个制度体系结构的总体评价；制度质量维度包括规范性、可操作性两项内容，是在对每个制度（或抽样选取制度）进行逐一评价的基础上计算平均得分。

所有指标的评价均依据对应的评估标准（内容）和评分方法打分，满分 100 分，指标权重由该指标在制度管理中的重要性决定，指标得分是在专家打分的基础上进行统计和计算来确定，如表 10–1 所示。

表 10-1　某企业制度评价模型样例

评价维度	评价指标	评价标准（内容）	分值	评分方法
制度结构	完整性	制度是否覆盖公司职能管理的各个环节	20	评估数 – 缺失数 / 评价数 ×20
	系统性	制度是否形成比较强的关联和支撑关系，无交叉、重复	25	专家组评分
制度质量	规范性	名称规范、内容完整、层次清晰、文字准确、格式标准	25	基于统计数据的评价，问题个数 / 评价个数 ×25
制度质量	可操作性	主体明确、流程合理、权责清晰	30	基于统计数据的评价，问题个数 / 评价个数 ×30
	总分数		100	

4. 制度评估结果及优化建议

（1）制度评价

在分别对制度结构、制度质量进行评分的基础上，可以得到对一个组织制度管理水平的整体评价。

（2）制度管理分级

基于对企业制度管理状况的评分，结合对各种类型企业制度管理实践大数据的积累和分析，可以对企业当前所处的制度管理水平进行界定。基于管理水平的差异，分为简易期、积累期、系统期、优化期、常青期五个等级，不同等级具有的特征如下。

①简易期的制度管理。根据企业的需要随时制订和使用，制度较少、较为零散，无系统考虑，一般由办公室等行政部门和各业务部门各自负责，缺乏统一管理。

②积累期的制度管理。随着企业业务规模的扩大和复杂化，形成了数量较多的各类制度，也有专门的人员和机构牵头负责，但制度体系尚不系统，制度形式、内容、发布程序等尚不规范。

③系统期的制度管理。已经建立了规范的制度体系框架，对制度进行了分级分类管理，制度形式规范，制度发布程序完备，具有制度管理的专责部门和定期的修订完善机制。

④优化期的制度管理。制度管理已经较为完备，可能存在制度、流程、内控、程序文件等多种形式的类制度文件并行，制度过多，交叉重叠，影响到工作效率和企业经营决策。

⑤常青期的制度管理。已经针对企业特点找到了最佳的制度管理模式，并不断自我优化和创新，使得企业能够在制度规范性与流程效率之间取得最佳的平衡。

（3）制度优化建议

针对制度管理的状态，结合企业所处的发展阶段，可以形成最终的评估意见，并提出相应的改进与优化建议。

表 10-2　　制度优化建议

序号	制度管理状态	优化建议
1	简易期	搭建简单的制度框架，规范制度内容及形式
2	积累期	建立分层分级的制度体系框架，规范制度内容、形式及审核流程
3	系统期	优化制度框架，推进“多标一体”工作，加强制度管理部门的能力建设，实现制度修订常态化，推动制度管理信息化
4	优化期	采取业务流程优化、业务流程再造等方式简化流程，采取评审、整合等方式压缩制度数量，达到精简高效实用的目标
5	长青期	—

二、制度体系框架搭建

1. 单体企业的制度框架搭建

（1）单体企业制度管理中的常见问题

①制度管理缺乏明确分工。很多企业制度体系混乱的主要原因就是制度归口管理不到位，日常工作中经常发现制度不完善或制度缺失的现象，却没有明确协调处理、监督与改进的主责部门。

②内容交叉、重叠甚至冲突。大多数企业的制度采取职能部门制订、分管领导签发的方式，这种程序容易导致制度发布的“本位主义”。由于缺乏部门间沟通，制度在制订中带有浓厚的部门色彩；同时，由于各部门各自为战，也容易导致政出多门、制度内容交叉重叠甚至矛盾的情况，导致执行部门或个人无所适从。

③层次结构不清晰。多数企业的制度管理层级不清晰，甚至没有分层分级。各个主体发布的制度文件混杂在一起，重要性、管理内容、适用范围大小不一，彼此没有承接关系，体系较为混乱，接收制度的部门或个人不容易发现制度的核心和重点，在完成一项工作需要具体查阅制度的时候重复劳动。

④可操作性不强。由于制度制订的专业能力不足，以及制订过程中缺乏必要的信息收集与科学论证，很多企业在制度管理中采取“摸着石头过河”“错了不行再重来”的做法，再加上制度制订中的部门主义，结果就是制度的可操作性不强，大量制度颁布后因为无法实施而不了了之。

（2）单体企业的制度建设原则

①战略导向原则。制度是规范企业行为、保证企业行为围绕战略展开的重要手段之一，因此，企业的制度建设必须贯彻战略导向原则，并跟随企业战略、业务模式的变化做出相应的调整。

②组织匹配原则。制度体系的建设应考虑企业的组织结构，在组织结构变动的同时，应对配套制度进行修订，调整相应的职责与权限，实现制度与组织的匹配。

③系统性原则。制度建设应围绕企业运行的各大系统，考虑各系统之间的衔接，形成全面系统、相互支撑的制度体系，要明确制度体系建设的归口管理部门以及各专业领域制度建设的责任人。企业制度体系建设要有明确的操作指南，从而保证制度建设工作层次清楚，内容明确，关键事项不留白。

④可操作性原则。在制度的制定过程中要充分考虑可操作性，并根据企业运行的实际需要，面向具体的管理对象和工作制定有针对性的实施细则，使具体工作在执行过程中行之有据，有法可依，保证企业各层面的制度能够落到实处。

（3）单体企业制度框架搭建方法

单体企业制度框架的搭建，要清晰界定制度体系内涵，分析内外部环境对制度建设的影响，在此基础上，借鉴标杆企业的经验对制度进行分级设计，同时，基于企业主业务链条与辅助支撑职能模块的划分进行制度的分类设计，从而形成“横向到边，纵向到底”的制度框架，作为制度体系建设的基础。

①界定企业制度体系的内涵和外延。首先，处于不同发展阶段的企业，对于制度的需求是不同的。初创阶段的企业，最核心的问题是生存问题，所谓的企业管理基本靠创业团队成员的沟通协调，严苛的制度反而会束缚企业的活力。随着企业规模逐渐变大，各种规章制度的建设成为必然，并逐渐构筑形成管理体系。因此，在企业发展的不同阶段，对于什么是制度、需要哪些制度要有一个科学合理的设计。

其次，从企业制度的内容来看，通常包括产权制度、组织制度和管理制度三类，其中，产权制度是企业制度的基础和核心，组织制度和管理制度分别在组织和流程两个方面对企业的运营管理起到规范作用，在企业制度框架的搭建过程中，要参照上述分类考虑制度的层级问题。

更进一步，由于业务流程的不同，企业制度又可具体分为市场营销制度、采购管理制度、生产管理制度、工程管理制度、物流管理制度、经营企划管理制度、人力资源管理制度、财务管理制度、行政管理制度等。制度建设中，应具体划分哪些板块，涵盖哪些制度模块，也需要事先讨论和明确。

②分析内外部环境对制度建设的影响。企业的制度体系依托于特有的环境，带有强烈的个性特征，而决定这一特征的是企业的竞争环境、战略目标、商业模式、组织氛围、业务及管理流程等内外部环境因素，其中：企业的外部环境因素包括政治环境、社会环境、技术环境、经济环境、产业特点及发展趋势、法律法规等，企业的内部环境因素包括企业战略、管控模式、组织结构、企业文化、职能与流程安排等。

对于企业内外部环境因素的分析，有利于在制度框架的设计中充分考虑其影响，从而使得制度框架的设计更加具有前瞻性、适用性与可延展性。

③参考管理层级，建立纵向的制度分级。根据制度的管理范围和适用对象，纵向上对制度进行分级。制度级别的多少，取决于企业的规模、组织结构、原有制度的层级划分以及业务管理的需要。例如：采用事业部制管理的企业，制度体系至少应包括公司级制度、事业部级制度两个层次；而规模较小、业务较单一、人数在200～300人的生产制造企业，其制度仅需包括同一层次的制度、规定、操作细则即可。区分制度层级时，应明确各层级制度的边界、相应的起草、审核与批准主体。

④参考业务流程与管理职能，建立横向的制度分类。广义上讲，企业的制度包括业务管理制度和职能管理制度两大类。

根据企业的主业务流程对经营活动进行分类，可以确定业务管理制度的框架。一般来说，业务管理制度包括市场营销管理、研发管理、生产管理（项目管理）、供应链管理、安全管理、质量管理、物流仓储管理等若干二级模块。

根据企业的管理职能，可以确定职能类制度的分类。一般来讲，企业的核心职能包括战略管理、计划管理、风险管理、资产运营、财务管理、审计监察、内部控制、人力资源管理、信息管理、公共关系管理、基建管理、党群工作、企业文化建设等。因为每个企业的管理职能不尽相同，管理职能的重要性也不尽相同，这就需要根据企业实际情况确定职能管理制度的二级模块，应做到无交叉、无遗漏、无重复，并全面覆盖职能管理领域。

在二级制度模块确定之后，需要针对二级模块的职能或工作任务建立若干相互联系、密切配合、系统完整的制度集合。以人力资源管理为例，一般情况下，人力资源管理制度应包括岗位管理、薪酬社保管理、绩效考核、招聘管理、培训管理、干部聘任、劳动合同管理、考勤管理等内容，结合企业的实际，可在上述内容的基础上进行归集和增减，从而建立具有企业特点的三级制度模块。

⑤形成制度体系框架。经过纵向分级和横向分类，可初步形成企业的制度体系框架，如表 10–3 所示。

表 10-3　制度体系框架示例

横向分类 / 纵向分级	业务管理制度						职能管理制度								
	研发管理	市场营销管理	生产管理	供应链管理	质量管理	售后服务管理	行政办公管理	财务资产管理	人事劳资管理	规划计划管理	制度标准管理	法务审计管理	工程基建管理	党群工作管理	纪检监察管理
基本制度															
程序文件															
补充规定															
操作细则															

“纵向到底、横向到边”是检验一个制度体系框架是否满足要求的基本准则，制度框架既要能够涵盖从公司基本制度到基础操作细则的全部管理内容，又要能够覆盖从业务到管理的各个模块，由此，才能够满足公司的业务需求。

2. 集团企业的制度框架搭建

（1）多级企业制度管理中的常见问题

①管控思路不清晰。多级企业的制度管理存在多个管理主体，其中，集团或控股公司对集团制度建设负责，二三级单位对本单位制度建设负责，但是上级单位是否应对二三级单位的制度建设给予规范、指导、检查甚至代为设计？这个问题没有标准答案，而是取决于上级单位对于下属企业的管控模式。

众所周知，对下属企业的管控模式包括运营管控、战略管控、财务管控三种主要类型以及介于三者之间的若干过渡类型，集团管控模式的选择直接决定了集团是否应当干预下属企业的制度建设，以及干预到什么程度。现实中的集团企业往往没有清晰的管控思路，在制度建设过程中，常常出现应该管的事情没有通过制度进行约束，而不该管的事情却进行了干预的现象。

②缺乏分类管理思想。在制度管理方面，不同类型二三级企业的管理方式也存在不同。同一集团的多家二三级企业，由于其业务性质、规模、成熟度、对集团业绩的关键性等多个因素的不同，集团对其制度管理的思路也应有所不同。对于成熟的、大型的、管理相对完备的企业，在制度管理方面宜采取指导、要求的方式；而对于刚刚成立的小型企业，则很可能需要直接派人帮助其先建立一套制度，在使用中再逐步完善。

③制度管理的体系化、系统化不够。目前，仍有众多的多级企业未开展系统的制度体系建设工作，所使用的制度都是各级企业根据日常运营管理的需要而制定和颁布的，并未形成系统化的管理制度体系，对制度体系的建设也没有长远的考虑。随着各级企业制度颁布越来越多，制度之间的衔接、配合存在较多的问题。

④制度管理的规范性不足。多级企业的制度管理往往缺乏组织保障，没有具体的责任部门，缺乏对制度建设的管理规范，制度的立、改、废等缺乏相应流程，也没有监督考核机制，导致颁布的大量制度没有得到有效的执行。同时，管理制度作为一种特殊文体，制订程序、格式和文字表述均有严格的要求，由于多级企业制度管理主体的多元化，往往导致制度形式的规范性不强，大量制度中存在名称使用不规范、行文格式不规范、内容表述不清晰等问题。

⑤制度的贯穿性、一致性不好。制度管理主体的多元化导致上级单位制度与下级单位制度不相衔接的情况时常发生。一方面，上级发布的制度在下级没有得到贯彻，下级相关配套制度中的表述与上级的要求不符；另一方面，由于上下级的博弈关系，下级单位在制度建设方面与上级单位“捉迷藏”，管理思想明显不一致。以上现象导致的直接结果就是，上级企业的管控要求和政令虽然通过公文和制度的形式下达了，但在下级企业却没有

得到响应或者变相衰减。并且，由于很少企业将制度执行情况纳入考核，导致制度的执行力、约束力、威慑力大打折扣。

（2）多级企业的制度建设原则

多级企业的制度体系建设必须坚持以下五个原则。

①战略导向原则。多级企业的制度体系建设，要以支持企业集团的总体发展战略为目标，重点加强与战略实施密切相关领域的制度建设，且制度体系必须根据集团、各二三级企业的战略目标、业务模式的变化做出相应的调整。

②合理管控原则。对于多级企业，总部或上级企业应建立科学的管控模式，有所为有所不为。对于应当严格管控的职能，必须通过制度体系管控到位；而对于上级决策明显效率偏低、远离决策现场容易出现误差的事项，就应放权给二三级单位自主决策，总部制度中就不必体现。

③依法合规原则。对于非全资的下属企业，制度的设计和发布必须符合下属企业章程及公司治理结构的要求，如按照公司章程，部分制度要经下属企业董事会通过后、由下属企业发布，就不宜以上级发文的形式推动，而应考虑以下属企业主管部门参照上级来文编写，然后报请总经理办公会、董事会批准的方式，使制度的发布过程依法合规。

④整体优化原则。多级企业制度体系的优化要着眼于集团的发展大局，从集团整体的层面考虑问题，综合考虑各级企业的定位、管控模式、下属企业的差异性等因素，既要考虑集团总部层面的制度建设，也要考虑下属企业的制度建设，包括关键单体制度的优化与完善，从而形成全面系统、相互支撑的集团化制度体系。

⑤稳健务实原则。制度的演变是一个动态的、与企业发展相适应的过程。在制度建设过程中要考虑管理的复杂性，不宜一蹴而就，而要本着积极稳妥、讲求实效、分步实施、持续推动的原则，在确保实效的基础上稳步推进。

⑥有效落地原则。多级企业的制度建设工作，不求一步到位，但求扎实落地。在制度建设的过程中，要坚持制度的优化与实施、监督、检查相结合，尤其要关注关键制度的上下贯通，下级制度与上级制度在同一关键

问题上的表述要一致，以确保政令畅通。

（3）多级企业制度框架的搭建方法

多级企业制度框架的搭建，要明确制度管理的内容、体制和机制，在此基础上，对上级企业对二三级企业的管控模式进行明确，并以文本的形式进行固化；在此基础上，建立横向的制度分类和纵向的制度分级，进而形成完整的制度框架结构。

需要特别说明的是，作为总部的制度管理部门，承担着双重的职责，一方面是为履行总部职能、保证总部各项活动有序开展的制度管理工作，另一方面是为确保集团制度建设工作全面开展而对下级企业开展的有关于制度建设的规划、指导、监督和服务工作。

①明确集团制度管理的内容、体制和机制。对于多级企业的制度管理来说，首先需要明确的是集团制度管理的内容、体制和机制。

首先，对于哪些是制度管理的范畴，需要明确界定。一般来说，制度是指企业所有规则性管理文件的总和，只要所规定内容针对企业生产经营活动和行为且具有规则性，都应当被视为是制度，包括程序文件、管理标准、红头文件、会议纪要等，这些文件尽管归口部门不一、约束力不一、形式不一、审批机构不一，但从企业层面来讲，都是被认可的管理规则。对于企业集团来说，由于涉及本级也涉及大量的二三级企业，上述文件的数量巨大，是否都要纳入制度管理的范畴，需要考虑多种因素，包括管理能力、工作量、现实可行性，等等。

其次，需要明确集团与各级企业的制度管理组织与职责。对于各层级企业来说，要明确本层级的制度主管部门以及制度管理的基本权限，包括：谁发起，谁起草，谁审核，谁批准，谁发布，谁监督执行等。一般来说，制度统筹管理的工作放在办公室、总裁办公室、总经理室，也可放在企业管理部、综合管理部、经营企划部、改革发展部等部门。从上下政令畅通的角度考虑，制度建设与管理工作最好放在一个部门之内，以便于工作协调。

②划定制度的重要性级别。多级企业的制度按照重要性一般分为如下四个等级。

基本管理制度。规定企业根本性质、原则及运行机制的制度，包括企业的组织形式、权力的行使以及义务的承担，如《公司章程》《董事会议事规则》等。基本管理制度在企业制度中具有最高的效力，一般由出资人代表或股东会审批。

核心管理制度。规定企业基本运行规则、以确保企业实现核心功能的制度，如《投资管理制度》《总经理工作细则》等，一般由企业管理部门起草，总经理办公会审批。

重要管理制度。规定企业重要管理职能实现方式的制度，一般由责任部门起草，企管部门审核，分管领导审批。

一般管理制度。对核心管理制度、重要管理制度进行解释、补充、支持、细化、指导具体工作开展的制度，一般由业务主管人员起草，部门负责人审核，企业管理部门复核即可发布。

③明确多级企业的管控模式。制度的本质是落实管控思想，不同的管控模式体现为不同的控制重点和控制方式，财务管控模式，意味着总部更多关注下属企业财务方面的指标，而不会过多关注下属企业的具体经营活动；战略管控模式，企业除了加强财务方面的控制之外，还要加强对下属企业战略规划、经营计划的控制力度；运营管控模式，总部直接参与下属企业的关键业务活动（如研发、采购、安全生产等）。不同的管控模式意味着总部控制的重点、控制的深度、控制的内容均有所不同，这种不同最终必然要通过制度体系的管理显现出来。

因此，在多级企业制度建设的起始阶段就要明确上级对于下级企业的管控模式。在管控模式的选择方面，需要综合考虑下属企业的规模、行业特点、成熟度、对集团的影响等，同一集团针对不同下属企业可能有不同的管控模式。针对管控模式，还要具体形成相关的管控文件，如《权限分配表》《授权手册》等，上述文件是多级企业进行制度框架设计的基础性文件。

④基于制度等级和管控模式，建立纵向的制度分级管理机制。对于多级企业来说，制度采取分级管理是共识，但如何进行分级，则需要根据管控模式确定。对于不同类型的管控模式，上级对于下级企业的制度管理权限大致划分如下，见表 10-4。

表 10-4　　管控模式与制度管控力度关系表

制度等级	运营管控型	战略管控型	财务管控型
基本管理制度	需要上级审批，或上级代为制订	需要上级审批，或上级代为制订	需要上级审批，或上级代为制订
核心管理制度	需要上级审批，或上级代为制订	需要上级审批，或上级代为制订	上级备案或授权下级处理
重要管理制度	需要上级审批，或上级代为制订	上级备案或授权下级处理	下级企业自行制订
一般管理制度	上级备案或授权下级处理	下级企业自行制订	下级企业自行制订

同时，由于上级企业对下属企业的出资情况不同，按照《公司法》的要求，上级企业对下属企业制度管控的模式也应有所不同。

对于全资、直属企业，在规章制度建设上可以实行相对集中管理的模式，全资企业需要严格落实母公司的各项规章制度，并根据自身实际情况建立细化的配套管理办法和实施细则。全资企业自行制定的制度，不得与上级企业的基本管理制度、核心管理制度、重要管理制度相冲突，其自行制定的制度统一归口本企业的制度主管部门，并上报母公司总部归口部门备案。

对于控股及参股企业，在规章制度建设上应以业务指导为主，按照法理，应当通过参控股企业的股东会、董事会来贯彻母公司的意图，而不宜采取直接下文的方式。参控股企业应按照现代企业制度的要求建立本企业的制度体系，按照公司章程、董事会议事规则等基本管理制度的要求，对本企业的核心制度、重要制度等进行审核，由本企业的制度主管部门负责发布和组织实施。

对于三级企业，二级企业也可参照上级的管理模式，建立和推行制度分级管理体系。

⑤基于多级企业的业务流程和管理职能，建立横向的制度分类。前文已述，单体企业的制度包括业务管理制度和职能管理制度两大类，对于多级企业来说，由于其往往是下属企业的投资主体，对下属企业还有管控的职能，因此，其制度体系的横向构架应体现管理型总部的特点，应包括产权管理制度、组织管理制度、职能管理制度、业务管理制度等维度，每个

维度之下又有若干模块。

产权管理制度。包括企业章程、出资人协议、董事会章程、董事会专业委员会议事规则、股权转让协议等一系列与企业产权相关的制度、文件。

组织管理制度。包括下级企业组织设立批准函，下级企业领导人任命、撤销函，本级组织架构调整方案，部门职责，部门负责人任命等与组织、关键人相关的制度文件。

职能管理制度。与单体企业类似，包括风险管理、资产运营、财务管理、审计监察、人力资源管理、信息资源管理、公共关系管理、基本建设管理、党群工作、精神文明建设和企业文化建设等模块。

业务管理制度。业务管理方面的情况相对复杂，主要包括战略管理、计划管理、投资并购、关键经营决策、风险控制以及其他与重大事项相关的报告、申报及管理制度等。由于管控模式的不同，业务管理制度的模块设计也有所体现，上级企业选择全面授权的，业务管理制度基本没有，选择战略干预、结点把控的，业务管理制度体现在关键环节，会有一定数量。

⑥形成制度体系框架。基于以上分级、分层和分类，可以形成覆盖多级企业全局的制度体系框架，如表表 10–5 所示。

表 10-5　某集团公司制度体系框架（示意）

纵向分级 \ 横向分类		产权管理制度	组织管理制度	职能管理制度	业务管理制度
母公司制度	基本管理制度	例：公司章程、董事会议事规则……			
	核心管理制度	……	例：组织机构管理，人员任命……	例：关键人事、财务制度……	例：下属企业经营计划及目标管理……
	重要管理制度	……	例：定员及编制管理制度……	例：重要人事、财务制度……	例：下属企业重大招标及采购管理办法……
	一般管理制度	……	……	例：人事、财务管理的规定、细则等……	……

续表

横向分类 / 纵向分级		产权管理制度	组织管理制度	职能管理制度	业务管理制度
二级单位制度	基本管理制度	……	……	……	……
	核心管理制度	……	……	……	……
	重要管理制度	……	……	……	……
	一般管理制度	……	……	……	……
三级单位制度	基本管理制度	……	……	……	……
	核心管理制度	……	……	……	……
	重要管理制度	……	……	……	……
	一般管理制度	……	……	……	……

检验一个多级企业的制度体系框架是否满足要求，有三个通用的检验标准：第一，看其分类、分级、分层标准是否与企业现行的管理思想、组织职能、管理习惯相符合；第二，看其是否符合行业通行的管理架构或管理标准，是否代表先进的管理模式；第三，看其能否得到各级单位的认可，能否促进各级的管理规范化与效能提升。

三、制度编写

1. 编写要求

（1）命名规范要求

制度命名的标准格式为：企业名称 + 管理事项 + 分类名称。

①企业名称。如本制度覆盖至多级企业整体，则使用“××集团”；如仅覆盖至多级企业总部，则使用“××集团总部”；如适用于某二级企业，则使用“D公司”，企业名称要尽量使用全称，不使用缩略称谓。

②管理事项。指需本制度具体管理与明确的事项。对于工作事项的描述应简洁明了，一般不超过十个字。

③分类名称。分类名称包括管理制度、管理规定、管理办法、实施细则、工作条例等，不同分类名称的使用要严谨规范。暂行、试行的说法一般不出现在名称中，但可以在名称后加“（试行）”字样，并需在附则中注

明试行时间，试行期结束后，经调整，再颁布正式文件。

（2）制度编写要求

作为企业管理的基础性文件，制度的编写有其特定的要求，主要包括以下五个方面。

①形式规范，清晰易读，表意清楚。从形式方面，制度的行文格式必须规范，文本清晰易读，在制度的意图表达方面必须清晰明确，应能使读者明白：制度要求什么，如何做，谁来做。

②开门见山，文字准确，语言简练。叙述风格上，制度文本应充分考虑阅读者的接受和理解能力，简洁明了，不绕弯子，篇幅应尽量短。制度文字要准确、规范，避免采用修饰性的、语义模糊的语句，关键词要符合企业的业务特点、适用习惯和政府有关规定。

（3）逻辑严密，考虑周全，不留死角

行文逻辑上，制度文本的逻辑应严密，不应存在前后重复、逻辑颠倒的情况。在对工作内容与工作流程进行描述的时候，应尽量考虑周全，做到“横向到边，纵向到底”，将所有可能的情况列举清楚，并给出明确的处理方案。

①主体明确，流程合理，权责清晰。可操作性方面，必须对事项的执行主体作出明确规定，明确制度执行各环节的主体责任，必须就事项的流程进行清晰的界定，既要考虑工作效率，又要考虑监督控制，工作要明确落实到部门或岗位。

②行文稳健，朴实无华，文字洗练。从制度的文风方面，要求行文稳健、朴实，不用华丽的、带有感情色彩的文学语言，文字的前后风格要保持一致，文字宜精炼、准确，不用含糊的语句和表述。

2. 编写规范

（1）层次与编序规范

制度的层次和编序应符合以下规则。

①章。是制度内容划分的基本单元，应使用数字从“一”开始对章进行编序，编序应从“总则”一章开始，一直延续到“附录”之前，如：“第

一章 总则”……“第 N 章 附则”。标题应置于序号之后，并与以后的条文分行。

②节。是章的细分，编写方法同上，如：第一节、第二节……。节可给出标题，标题应置于序号之后，并与其后的条文分行。

③条。是节的细分，编写方法同上，如：第一条、第二条……。条一般不列标题，序号后为正文内容，有无标题全文应统一。

④款。是条的细分，用带括号的序号标注。如：(一)(二)……。同一条文中有两个以上（含两个）的款项时，才可细分序号，款以下的条文不再进行细分序号。同一制度文件中，尽可能避免采用款的细分序号，款不列标题。

⑤段。是款的细分，是制度正文内容的自然段落，表示一段独立的内容或对前一内容的补充。段可以在章、节、条、款内独立使用，不设序号。

⑥列项。一个句子中有不同并列的几个分项时，用分行列举的格式来表述，每一分项前应加破折号（——）或圆点（·）。如果需要识别时，则在每一项加上后带半圆括号的小写英文字母序号 a、b、c……。列项可以在章、节、条、款内独立使用。

⑦附则。作为制度正文的最后一章，以段的形式表述，不设立序号。

⑧附件。是对制度内容具有解释性、参考性、指示性的记录、图表、清单、文本，以及业务相关的标准、规范等，与制度正文具有同等效力。应按条文中提及附件的次序编排序号，编制“附件清单”。附件序号由“附件”和随后表明顺序的阿拉伯数字组成，从“1”开始，例如“附件 1”，仅有一个附件时，不进行数字编序。

⑨附录。作为制度外的引用或支持性文件，按制度条文涉及的先后次序对每一个附录文件编排顺序，其序号由“附录”和随后表明顺序的阿拉伯数字组成，从“1”开始，例如“附录 1”，仅有一个附录文件时，不进行数字编序。

⑩图表。在制度正文、附录、附件等内容中，需添加图表时使用。

如同一类别中有多个表，需要对表编排序号，序号采用从 1 开始的阿拉伯数字编序，如：表 1、表 2……。表的编序放到表的前一行还是后一行，需进行统一。

如同一类别内容中只有一个表，不进行数字编序，直接写表的标题。

同一类别内容中有多个图，需要对图进行编序，图的序号采用阿拉伯数字序号，从1开始，如：图1、图2……。

如同一类别内容中只有一个图，不进行数字编序，直接写图的标题。

⑪附注（脚注）。

正文及附件或图表内容需进行附加注释文字说明时使用，应位于需附注说明内容段落结束后。当只有一个附注时，在注释说明文字前，标识"注："后进行说明。当有多个附注时，在"注："后按注释顺序，用数字加以区别。如："注：1."，每个附注单独成段。

（2）字体与版式规范

①页面版式规范。制度的页面和版式，页面设置为A4纵向，上边距2.4cm，下边距2.3cm，左边距2.8cm，右边距2.5cm，左边装订，装订线0.3cm。

页眉上边距1.5cm，为公司LOGO及中英文名称，左对齐。页眉式样为：

页脚下边距1cm，以小五号仿宋GB2312字体及西文Arial数字字体，"第X页　共Y页"的式样插入页码，居中。"第X页"与"共Y页"间空3个字符。页脚式样为：

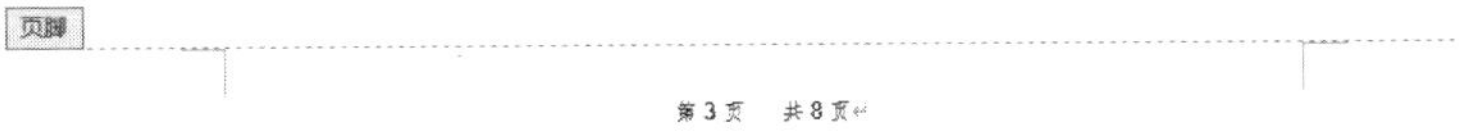

②文本格式规范。

封面。汇编或独立印发的制度可设封面，封面内容包括"D公司"字样和LOGO、制度中文名称、文件编号、版次、发布日期、发布单位等信息。

制度名称。位于正文首页第一行，小二号宋体加粗居中，单倍行距，段前0.5行，段后0行。与正文间空一行，行距：固定值10磅。

目录。采用自动生成方式，目录标题置于目录页第一行居中，三号黑体加粗，与目录内容间空一行，2 倍行距。目录内容为小四宋体加粗，两端对齐。

标题。正文各章、节、条、款序号及标题均为小四号黑体加粗，序号与标题间空 2 个字符间距。款及无标题的条的正文与序号间空 2 个字符间距。

正文、段落。正文、段落中的中文字体使用小四号宋体，数字及西文为小四号 Times New Roman 字体，英文词组第一个字母需大写。每段落两端对齐，固定行距 22 磅，段前、段后 0 行，缩进左、右 0 字符。

数值。正文叙述中 10 以内的数值，按习惯使用中文书写形式（一、二、三……）中文年份中数字零记为"○"，带有计量单位的数值，统一使用 Times New Roman 字体阿拉伯数字，计量单位采用法定计量单位。

终结线。在制度条文结束后加一条粗实线"————"，作为终结线，置于正文结束后、附件前，与正文间空一行。居中，粗细 1.5 磅，长度 4cm。

③附加文件格式规范。

附件。附件使用小四号仿宋 GB2312 字体及西文小四号 Times New Roman 字体，固定行距 22 磅，标题行可加粗。

附录。附录使用小四号仿宋 GB2312 字体及西文小四号 Times New Roman 字体，其他内容采用与制度正文一致的页面、版式规范。

附注（脚注）。进行附注时，应位于需附注说明内容字段后，以下标的形式进行标识，标识采用中文宋体和阿拉伯数字 Times New Roman 三号加粗字体。对附注内容进行说明时，应在进行标识的段落结束后或图表下方进行说明描述。当只有一个附注时，在注释说明文字前，标识"注："后进行说明。当有多个附注时，按注释顺序，以"注：+ 阿拉伯数字 + 全角圆点"：的格式编排序号，"注"与"1."间空一字符。附注说明统一采用中文小五号仿宋 GB2312 和数字西文小五号 Times New Roman 字体。每个附注单独成段，并编定序号。

④图表格式规范。图表的序号和标题位于图表上方，序号与标题间空

一字符。采用四号宋体及 Times New Roman 字体，加粗居中。图表如带有编号，则编号位于图表与标题之间，五号仿宋 GB2312 及 Times New Roman 字体，左对齐。如同时需表述数值单位，则与编号同格式同行分列两端（居中，以空格分移）。

图表内部文字为五号仿宋 GB2312 字体，数字采用 Times New Roman 字体居中，表头文字加粗。

当图表需要转页接排时，应将格式设置为“允许跨页断行”“在各页顶端以标题行形式重复出现”，表头跨页在随后的各页上重复表头序号，在序号或空一字符标“续”，加以明确。

⑤版本、印次及装订规范。制度的版本及印次以“大写英文字母 + 两位阿拉伯数字”进行标识，其中版本标识以英文字母“A”开始代表第一版，顺序推排，印次以“01”开始代表第一次印刷，顺序推排。版本与印次代码间空一字符。

制度文件一般采用竖版左边装订，钉角距左边 1.2cm，书钉两钉角中心与上下页边的距离为 7cm。

3. 编写程序

一般来说，一项制度从起草、编写到实施的完整过程，包括资料收集与研究、内容结构设计、起草编制、征求意见与修改完善、会签、审定等一系列活动。

（1）资料收集与研究

编写一项制度之前，对企业此方面现有的制度及其运行情况进行分析，对影响制度建设的外部环境及政策环境进行分析，是制度编写的先决条件，主要的工作包括如下内容。

①通过与企业负责人以及本项制度建设的发起人、发起部门交流，了解本制度设计的定位、目标以及要通过制度解决的关键问题。

②由于很多制度涉及国家法律法规、行业政策以及上级单位规定等，在制度设计之前，应对国家、行业政策以及上级组织的要求进行深入研究，以避免走弯路以及出现大的方向性问题。

③通过研读企业的制度资料，熟悉、了解企业在此方面已有的规定，以及在制度执行方面面临的问题，查找是否存在某些业务领域的制度空白、交叉重复、矛盾冲突，只有对制度运行现状有深刻的理解，才能制定出契合本企业需要、科学合理的制度。

④在一线从事实际工作的人员、特别是从事某项工作时间较长、富有经验或业绩卓越的人员，他们对本专业工作情况最为了解，对应该怎么做、如何能做好具有立足现实的判断力，听取他们的意见，对于制定扎实落地、可操作性强的制度具有重要意义。

⑤制度制订之前，如有机会与同业或标杆企业交流，借鉴其实践上卓有成效的操作程序和经验，不但能完善本企业的制度，还能对管理水平的提升大有裨益。但是需要注意：成功企业的经验往往只能作为借鉴，还要结合企业实际有针对性地消化吸收。

（2）内容结构设计

在充分研究的基础上，需要对制度的内容结构进行系统设计。在制度设计的过程中，要明确该制度的设计目标、影响范围、职责分工、执行程序、控制活动、考核奖惩等问题。制度设计的深层次问题是公司各项活动的管理机制的优化、调整与重构，因此，在设计制度时，必须考虑企业经营策略、业务运行机制、人员能力素质、工艺技术水平等各方面的影响因素。

（3）起草编制

首先要明确制度的起草部门与负责人。然后，基于前期的诊断研究及框架设计开始制度编制工作。在编制过程中，应使用企业统一的制度编写模板，在语言风格、形式、格式等方面尽量一致。对于不明确的职责分工、流程及管理机制等问题，起草人可先根据自己对业务的理解提出初步思路，供后续讨论确定。需要注意的是，制度的起草负责人一定是对该制度的运行环境较为熟悉的人员，且具有系统客观的分析能力与较强的文字功底。

（4）征求意见与修改完善

制度初稿完成之后，起草部门需邀请分管领导、相关部门与制度的拟使用单位进行评审，看制度的设计思想与理念是否正确、制度结构是否全面合理、制度内容是否符合设计目标、职责权限是否明确、业务流程是否精简高效科学合理、检查与考核机制是否客观、与其他制度是否存在冲突、执行过程中是否面临不确定性因素，等等。讨论中，各部门应就以上问题达成一致意见，对于未能达成一致意见的问题，应由相关领导平衡各部门意见并进行决策。在此基础上，针对讨论意见，由起草部门对制度进行修订。在修订过程中，如有问题，各部门应及时沟通，确保修订后的制度能够满足各利益相关方的诉求。

（5）会签

制度初稿修订完成后，由制度起草部门组织各相关部门领导进行会签。在认真研读制度的基础上，各部门领导出具会签意见。会签工作一般应在约定的工作日内完成，特殊情况需延长时间的，需向起草部门说明。总经理具有会签文件的最终定夺权，在文件会签表上标注最终意见。

（6）审定

如制度等级有要求，会签完成后，还要由制度起草部门根据权限上报总经理办公会或董事会进行最后审定。审定工作将确定制度的颁布日期、试行日期及解释单位等事项。审定工作结束后，制度编写工作即使告完成，进入发布阶段。

四、评审与修订

1. 制度评审的维度

制度编写质量的好坏，直接影响到对业务的推动及规范作用，对制度进行评审是确保制度有效指导业务开展的重要环节。

制度评审的维度包括完整性、系统性、规范性与可操作性等四个方面，各维度的评价指标及评价标准如表 10-6 所示。

表 10-6　　制度内容评价指标及相关标准

评价维度	评价指标	评价标准
完整性	主体完整	制度中涉及业务的相关主体无遗漏
	内容完整	制度中涉及业务的内容不存在缺失，无漏项
系统性	定位准确	制度定位精准，编写内容能够紧密围绕制度定位展开叙述
	框架合理	制度的框架结构逻辑性强，具有很好的体系性
	层次清晰	制度中内容具有显著分类分级思想，逻辑严谨，层次清晰
	风险受控	制度管理内容与方法具有较强的严谨性，能够有效防范公司的业务风险
规范性	合法合规	制度中规定内容及行为规范与现行的法律法规、上级要求不存在冲突
	格式标准	制度的基本构成要素齐全，格式符合制度文本编写要求
	名称规范	制度中部门名称、领导称谓、专业术语等名称标准规范
	文字准确	制度语句通顺、语言简练、表述准确、用词精准，能够阐述制度所要表达的含义
	附件完备	制度内容中提及的流程图和重要表单等附件完备，且标准统一
可操作性	主体明确	制度中涉及事项的责任主体界定清晰明确
	权责清晰	制度中涉及的责任主体权责划分存在清晰、合理、完备，不存在权责“真空”与冲突地带
	逻辑合理	制度各章节之间层次分明，衔接流畅，条理清晰，无相互矛盾之处
	流程合理	制度中流程设计科学合理、环节衔接有序，能够有效指导实际业务开展
	契合现实	制度内容符合公司的实际情况，具备执行的条件

2. 制度修订的原则与程序

（1）制度修订原则

在制度修订时应遵循以下三项原则。

①辩证统一原则。管理制度既要有稳定性，又要有灵活性。一方面，要根据生产经营活动的需要对制度进行适时更新，不断用最新、最适用的制度替代陈旧的制度；另一方面，制度不能朝令夕改而令人无所适从，也不能因为原有的制度存在问题就全盘否定，而是要在具体分析的基础上不断完善，使之在实践中逐步趋于合理。

②先立后破原则。对制度的修订、废止要采取先立新、再破旧的程序。在条件尚不成熟，新制度尚未出台之前，应继续按原有制度执行，待新制度正式建立后再逐步废除旧的制度，以保持企业管理制度的连贯性、稳定性，确保企业生产经营活动的正常开展。

③消除例外原则。现代企业的外部环境和经营活动都在不断变化，在出现“例外”和“偶然”的情况下，管理者要善于运用标准化原理，用管理制度指导对“例外”与“偶然”事件的处理，并适时将例外、偶然事件纳入常规管理，使其成为制度管理的一部分。

（2）制度修订程序

制度的修订有三种情况。

①在制度试行期间，通过定期和不定期的审查，以及发起者、使用者、监督者的信息反馈，对制度试运行中发现的问题进行修订。

②制度颁布且运行一段时间之后，业务背景、组织架构、人员等与当时制度颁布的环境已经相去甚远，制度适用环境已经不存在，需要进行修编。

③大规模的战略调整、并购整合、组织与流程再造之后，整个制度体系已经不适用于当前的情况，需要进行系统的设计和修订。

视情况不同，制度修订应采取类似或等同于制度编写的程序：①收集制度修订诉求、国家行业法规、部门意见、员工建议等信息；②修订内容，形成制度修订草案；③针对修订稿，组织部门讨论，听取领导意见，对修订稿进行修改；④领导会签及上报总经理办公会或董事会；⑤定稿及发布。

特殊情况下企业可随时对制度进行修订。如无特殊情况，企业制度也应在每年年末审视、修订一次。一般来说，每隔三年，企业要对制度体系进行一次全面、系统的审核与修订，以确保制度与公司发展战略与经营模式的吻合。

第三节　制度体系的落地与执行

一、制度发布与宣贯

1 制度发布的规范性要求

（1）制度发布形式

制度拟制完毕，在正式发布时需要进行处理，使其具备规范、完整的形式，包括：封面、目录、标题、正文、附则、附录等，以上要素结合起来构成了一个完整的制度。

（2）制度封面设计

制度封面一般由标题、制度编号、发布日期、实施日期、编制、校对、审核、形式审查、审定人员姓名等组成；应采用公司统一的格式。

（3）颁布通知拟制

由制度主管部门按照公司统一的公文格式拟稿，颁布通知要求言简意赅，应包括对制度发布重要性与必要性、核心内容、适用范围、落地实施等方面的解释与要求。

2. 制度发布方式

制度的发布方式多种多样，不但可以作为文件印发，也可以张贴或悬挂在某一岗位或工作现场，以随时提醒员工，互相监督。实践中可以采取的制度发布方式如下。

①内部培训法。制度制订之后，组织全体员工进行培训学习，并保留具有员工签名的培训记录。通过内部培训的方式，既有助于员工对制度的深入了解，也可以了解员工对制度的看法和意见，有利于制度的贯彻推行。

②传阅法。规章制度制订后编印成册，供员工进行传阅，让员工在阅读之后签字确认，以证明已阅读和了解此制度。

③入职登记声明法。在入职时，向劳动者提供相关规章制度让其阅读，如不存在反对意见，则签字声明本人已阅读相关制度并遵照执行。

④员工手册发放法。企业可根据需要制作专门的《员工手册》，将关键制度内容嵌入，发放给每一位员工，并在最后一页附注《员工接受书》，内容如下：“本人确认已阅读了由 × 年 × 月 × 日起生效的公司《规章制度》，清楚了解规章制度的全部内容，并同意接受此制度的要求。”，由员工签字确认。

⑤劳动合同约定法。在与员工签订的《劳动合同》中增加企业规章制度的关键内容作为合同附件，确认员工已阅读、理解企业的规章制度并承诺遵守。通过上述方式公示的企业规章制度，合理合法且具有法律效力，且有确确实实的员工签名证据。

⑥规章制度考试。由公司组织专项考试，以规章制度内容作为考试大纲，挑选重要条款设计试题，组织员工进行开卷或闭卷考试，加深员工对规章制度的理解。

⑦意见征询法。公司在已有制度的基础上，下发制度文本，面向员工征询修改意见，保留员工意见的签名和书面资料，提高员工对于制度的理解与接受程度。

⑧网站及公告栏张贴法。在公司内部设置的公告栏、白板上张贴供员工阅读的制度文件，供员工随时阅览。由于制度的发布对象和执行主体都是内部员工，通过公司网站发布制度，也可以确保新制度通知发布到位。

⑨邮件法。将制度用电子邮件、微信等方式发给公司每一位员工，通知员工阅读规章制度并回复确认。

⑩责任人推进法。制度发布时明确相关责任人，要求责任人在规定时间内宣贯落实。

上述十种方式是当前普遍采用的制度发布方式，除以上方式外，公司还可以通过在企业内部刊物开设“管理制度”专栏、企业制度建设情况及违规案例通报、组织员工参加制度执行力研讨会、开展“制度学习周”活动、组织“管理制度知识竞答比赛”等多种多样的形式，宣传和推广制度，达到制度发布的目标。

3. 制度发布注意事项

选择适当的制度发布方式后，在发布过程中还要注意以下三点：

①寻求最佳公示方式。企业应根据自己的特点如硬件设施、企业文化、人员素质等，选择适合本企业的最佳公示方式，以达到使所有人员熟知规章制度的目的，减少由于对规章制度不熟悉而导致的争议。

②保留公示证据。规章制度在公示的过程中应注意保存公示证据。在劳动仲裁中，如果用人单位无法证明规章制度已向劳动者公示，该制度是不能作为劳动仲裁的有效依据的。一般来说，上述发布方式都能达到一定程度的传播和告知目的，但从法律角度而言，公告栏张贴、意见征询、责任人推进这三种制度发布方式存在一个共同的问题，就是收集证据很难，在发生纠纷时无法举证。因此，公司在选择制度发布方式时，应综合考虑发布的便捷性与有效性，在二者之间取得平衡。

③新老员工一视同仁。需要说明的是，通过制度发布活动使员工不断提高执行制度的意识，知道什么可以做，什么不可以做，这样的培训不仅对新员工是必须的，对于老员工也同样适用，多次的制度培训、宣贯并不是无意义的，而是非常有必要。形成制度宣传和培训的持续机制并贯彻执行下去，对于提高制度的执行力非常重要。

4. 制度的宣贯

制度建立的最终目的是执行，在“颁布”与“执行”之间，最重要的一个过程就是制度的宣贯，只有将制度内容告知并使员工接受，才能使员工有效执行。

（1）制度宣贯的内涵

所谓宣贯，即宣传和贯彻，通常是指政府、上级机构、母公司等对颁布的法律、条令、政策、制度、规定等进行充分的宣传，统一人员思想并进而在行动中进行落实的过程。

具体到制度的宣贯，是指通过组织、开展制度的学习、宣传和贯彻工作，使广大员工熟悉和掌握制度的内容、条款与规定，从而不断提高遵守制度、执行流程的自觉性，形成按制度、流程办事的风气，有效规范生产经营行为。同时，针对制度的薄弱环节，加强建设，加强督导，加强执行力检查，从而实现管理标准化与规范化，促进生产经营行为的规范和工作效率的提升，为实现企业持续、稳定、健康发展提供保障。

（2）宣贯的作用

加强制度宣贯，是提高制度执行力的重要举措，在企业制度建设和管理中发挥着非常重要的作用。

①开展制度宣贯，是提升企业基础管理水平的根本。作为企业内部运作的秩序和规则，制度从大处着眼、小处着手，从细微处理顺企业运作机制与相应的规则与标准，实现企业管理的标准化、流程化和专业化、只有通过宣贯，让员工了解制度，才能自觉地按照制度办事，提高效率，控制风险，进而推动企业的基础管理水平。

②开展制度宣贯，有助于员工明确岗位职责，实现自我管理。制度宣贯能够促进员工对制度的理解并内化为自己的行为规范。在宣贯过程中，通过对制度每个环节的剖析，能够帮助员工明确自身在制度规定事项中的职责，将制度的要求转化为自身的工作和行为规范，从而增强责任承担意识，加强自我约束，提高工作的主动性、积极性与创造性。

③开展制度宣贯，是提升企业内部监督水平的重要保障。制度作为企业全体员工共同遵守的行为准则，是企业规范运行的保障。企业要加强内部的监管水平，必须让员工首先了解制度，也就必然要加强对员工的制度宣贯。只有将制度宣贯真正做到“入脑入心”，才能实现真正的“依法治企”，人人熟知的制度内容是企业实现内部监督的基础。

（3）宣贯的实施

制度的宣贯是一项系统性工作，需要做好一系列的计划和准备工作。一般来讲，制度宣贯工作遵循以下步骤开展。

①根据企业实际及制度宣贯的具体要求，合理制定制度宣贯方案。

②确定各制度的相关责任部门与责任人，要求责任人在规定的时间内提报宣贯落实计划。责任部门、责任人要通知本制度涉及的部门和人员，

并提出针对制度学习的具体要求。

③对于不需要集中宣贯的制度，责任部门要督促各涉及部门或人员自行学习，并严格督促执行，遇到问题及时沟通。

④对于需要集中宣贯的制度，由责任部门或责任人提报需要参训的具体部门或人员、时间安排、地点安排等，设计宣贯培训计划，提报综合管理部门并组织安排培训。

⑤为确认制度的宣贯培训效果，综合管理部门（制度建设专员）需对制度宣贯的效果进行检查，检查内容包括：责任部门、责任人是否了解该制度，是否按公司的要求组织实施了培训，是否按照制度的要求执行并留有记录，等等。

⑥综合管理部门的制度建设人员，在组织和参与制度宣贯时，要对制度的核心内容重点介绍并强调，同时要明确未来检查的标准，以便督促执行。

另外，在制度的宣贯工作中，还要注重宣贯成效的监督和检查，以确保制度宣贯能起到应有的作用。对于宣贯工作不扎实、宣贯成效不明显的单位或部门，要重点督促甚至点名通报，以确保宣贯的成效。对于一些重要的制度内容，宣贯时应有公司高层人员参与，以引起责任部门与责任人员的重视。

二、制度的执行

制度重在执行，没有执行，再好的制度也只是一纸空文，但在现实中，“重制度文件，轻制度执行”的现象却普遍存在。制度在执行的过程中，需要持续检查和监督其执行效果，建立系统、科学、有效的监督手段是确保制度执行的有力保障。

1. 制度执行不力的原因

对于大多数企业来说，不缺乏制度建设能力，而是缺乏制度执行的力度，其结果是，一方面，各种规章制度不断出台；另一方面，大量规章制度不能有效执行，制度束之高阁，不能发挥作用。归纳而言，导致制度执行不力的原因包括以下方面。

（1）制度制订质量不高

制度本身不健全、不完善，脱离实际，可操作性差，在执行过程中问题重重，难于落实，是制度执行不力的重要原因之一，突出的现象包括：①单纯从制定者的好恶出发，不调查，不研究，脱离实际，贪大求全。②对制度的重要性认识不足，照搬、照抄，稍作修改，应付检查。③不考虑制度的可执行性，成为“写在纸上，挂在墙上”的摆设。④制度建立后，数年如一日不修订、不完善，已不适应新形势、新情况和新任务的要求，难于执行甚至无法执行。

（2）制度执行不严格

有制度不执行，是制度管理中最常见的问题，这方面的原因包括：

①领导及管理干部带头违反制度，挑战制度的权威性，从而使得制度的公信力受到影响。

②企业内部缺乏法制氛围，员工对制度执行的认识不到位，违法违纪得不到严格的纠正和惩处，违纪收益高且成本低，造成对制度的普遍漠视，企业内部没有形成执行制度的良好氛围。

③制度的执行对于企业长期有益、大局有益，但对具体的部门和个人会带来较大的工作量，对于局部和短期的收益、便利性会带来影响，导致部门、个人利益与公司利益的博弈占了上风。制度形同虚设，最终沦为一纸空文。

（3）缺乏约束与监督

缺乏约束与监督，是有制度不执行的重要原因，这方面的常见表现包括：①有的企业虽建立了制度，但督促检查职能缺失，没有落实制度督查的责任部门与责任人，没有建立相应的督查制度。②制度中没有对可能出现的违规行为做出明确的处理规定，遵守与不遵守制度并没有相应的奖惩标准，挫伤了员工遵守制度的积极性。③制度检查时紧时松，缺乏严肃性。领导重视时，检查督促严格，执行较好；领导不督促，检查马上停止，制度形同虚设。相当多的制度在制订之初执行有力，但一段时间后渐渐无人问津，最终归于沉寂。

2. 制度执行的监督手段

在激烈的市场竞争中，执行力直接决定了企业的兴衰与成败，而科学完善的规章制度是保障企业高效运行和执行的基础。强化对企业制度执行的监督，就是保障执行力的最直接、最有效的手段。

（1）效能监察制度

所谓“效能监察”，就是在明确各部门工作职责的基础上，对重点工作（监察事项）的运行计划、效率和质量进行跟踪、监督，从而提高企业运行效率的一种管理活动。企业可根据组织结构的复杂性和人员规模，设置一级或两级效能监察机构，定期对公司的重点工作、下属公司的运行情况等进行检查和评估。相对于财务稽核、审计、监察、内控等部门，效能监察的重点是工作效率和制度执行情况。对于发现的问题，一般性问题可由行政部门负责处理，对于涉及安全、法务、经营、投资决策、重大质量缺陷等方面的问题，可由公司相关专业部门负责。

（2）无为问责制度

“无为行为”是指不履行或不正确、及时、有效履行职责，或因主观努力不够等导致工作延误、效率低下的行为。对于企业来说，应当树立“无为就是过”的理念，对于部门和单位出现的无正当理由未完成下达任务、不履行或未认真履行工作职责、导致影响公司整体工作安排的行为，应建立“无为问责制度”，采取诫勉谈话、通报批评、书面检查、公开道歉等方式，达到惩戒不作为、提高制度执行力的效果。

（3）责任追究机制

通过建立环环相扣的责任追究机制，对不同层级、不同岗位的员工明确岗位责任；对于重大事项或工作，明确流程各环节的管理责任，建立相应的责任确认标准与奖惩机制，让执行不到位、有过错者为其行为的结果埋单。

（4）工作复命制度

对上级安排的任何工作，不管完成与否，被安排人都要在规定时间内向命令发出人复命，以保证事事有落实、件件有回音，这就是工作复命制度。当执行人在执行过程中发现有困难、无法按时完成时，应在规定时间内通过公开、正常的程序向主管领导反映，否则就没有理由不完成任务。工作复命制度，是促进公司指令执行、强化执行力、提高工作效率的重要手段。

（5）绩效考核制度

绩效考核是提高制度执行力的有效途径，绩效考核体系应围绕企业的整体经营规划而建立，所设计的关键绩效指标（KPI）要能够最大限度地调动员工的积极性。同时，绩效考核中的负向指标、扣罚指标、否决指标，应与企业的制度要求紧密结合，以促进制度的落地与执行效率为目标。

3. 提高制度执行力的对策

总体而言，如何提高制度的执行力是企业普遍面临的问题与难点，对于这一问题，应当从以下四个方面考虑，追求系统性、根本性的解决之道。

（1）提高制度制订的科学性与合理性

好的制度必然是严谨、规范、简洁而适用的。在制度制订的过程中，通过对实际工作的深入了解，充分征求广大员工的意见，开展针对制度内容的、跨部门的研讨等活动，可以使得制度的制订更加符合使用环境的要求，有利于制度落地及效用的发挥。制度建设既要注重实体建设，又要注重程序建设，尤其要在制度细化和程序操作上下功夫，做到原则性与灵活性、适应性与适度性的有机平衡，充分体现以人为本与可操作性。

（2）加强宣贯，营造制度执行的良好氛围

制度颁布后，应通过系统宣贯使员工最大化了解制度、理解制度、认知制度。应把制度作为一项重要的学习内容，将员工对制度的掌握程度作为员工考核的重要依据，激励员工自觉学习制度。同时，要求全体员工具备“四种能力”，即学习能力、创新能力、协调管理能力、执行能力，将公司的文化理念与制度建设相融合，引导员工不断提高法制意识、规则意识，养成遵守制度的习惯。

在加强制度学习时，可以运用诸多违规案例作为反面教材、开展警示教育，使大家充分认识不执行制度对集体与个人的危害，营造良好的制度建设氛围。

（3）确保制度作用有效发挥，领导起带头作用

制度执行与否，领导的率先垂范很关键。合格的领导就是要严格要求自己，严格遵守制度。企业领导层要带头贯彻执行制度，要站在强化公司治理、促进公司科学发展的高度，把贯彻执行制度作为提升管理的基础。只有领导带头遵守制度，从自身做起，才能很好地管理和教育员工，员工才会心服口服，从而认同制度的权威性。

（4）健全监督机制，加强制度执行情况跟踪，确保制度的严肃性

制度一旦确立，就必须保证其权威性和严肃性，维护制度的严肃性是保障制度执行力的关键。公司层面要建立制度执行的检查与监督机制，对各部门制度执行情况进行跟踪监督、定期考核；在制度执行过程中，还应建立部门之间、员工之间相互监督的制衡机制，发现违规情况及时举报，并对举报人给予奖励，对知情不报者给予相应处罚，以保障制度执行的严肃性。

（5）保持制度稳定性与动态性的平衡

一方面，制度出台后要相对稳定，不可朝令夕改；另一方面，对于确实不适应形势发展的制度，不能墨守陈规，该修订的要及时更新，该废除的要坚决取缔，确保制度不脱离实际。要善于结合实际不断完善制度，坚持从实践中来，到实践中去，立足当前、着眼未来，创造性地制定一些操作性强、预见性高的制度，从而推进制度建设向规范化、科学化迈进。

从更深的层次来说，制度的出台和实施一定要科学合理，员工容易接受，这样才能使得制度不仅停留在文字版本上，而是能够深入人心，形成广大员工共同的价值取向、道德风范与工作习惯，并通过持之以恒的制度建设推动公司向前发展。

第四节　全面风险管理体系

任何一家企业在生产经营过程中均面临着内外部环境的不确定性，从而使得企业在追求效益最大化的同时承受着巨大的风险，这种不确定性能够对企业利益形成潜在的破坏，在遭遇风险的同时也可能面临着机遇。开展风险管控能够提高企业处理不确定性事件的水平，规避风险、把握机会，降低风险管理成本，增加企业价值创造力与经营管理收益。

一、风险管控的基本内容

在我国，全面风险管理通常引用国务院国资委制定的《中央企业全面风险管理指引》中的定义作为准则，即全面风险管理是一个企业围绕其总体或个体的经营目标，经过企业在其经营管理的各环节及活动中实施风险管理的基本过程，培育优良的公司风险管理文件，构建并完善全面风险管理体系，进而为实现公司风险管理的总体目标提供合理保证的过程和方法。

全面风险管理认为，企业风险具有以下五个方面的特征。

①不确定性：风险具有不确定性，是事件本身的不确定性，但在不确定性存在的同时，事件也具有客观性；②条件性：企业风险是在一定具体条件下的风险；③时限性：企业风险是一定时期内的风险，随时间的延续而变化；④风险结果的损益性：企业风险的结果既可能造成损失，也可能收获利益；⑤风险发生的关联性：企业风险具有“多米诺骨牌效应”，可能会引发其他风险的产生。

1. 集团总部的风险管控

集团总部是整个集团全面风险管理的统筹单位，负责制定集团的风险管控规划、风险管控规章管理制度，并监督总部和下属单位的风险管理及执行情况。集团总部一旦发生重大风险事故，往往会对整个企业集团造成致命性的危害，因此，集团总部的风险管理非常重要。

总部风险管控应遵循分级分类原则。在风险的纵向管理方面，应包括；集团总部的风险管控、各业务单元（包括分子公司、事业部等组织）的风险管控以及下属业务单元的分子公司的风险管控等多个层级。总部应在顶层设计方面完善风险管理规划与风险管控制度，为下属业务单元的风险管理制定可行的政策依据，并提供必要的业务指导与工作监督。在风险的横向管理方面，集团风险管控应按照不同的业务活动及职能进行细分，并采用流程管理、作业活动要素判定等方式识别经营过程中的风险，对风险进行定性与定量分析，形成集团公司风险管理数据库，为集团开展风险管控提供先决条件。

集团总部应设置风险管控的专职部门，如风险管理委员会、审计部、风险合规部等，对集团总部及下属业务单元的风险管控事项进行统筹管理，促进集团风险管控措施的有效落地。

2. 业务单元的风险管控

业务单元一般设立相对独立的风险管控部门，在集团总部风险管控的政策框架内开展工作，并接受集团总部风险管理部门的业务指导。业务单元的风险管控部门，对本单元经营管理活动中应履行的风险管控职责进行监督和评价，并定期向集团总部对口部门报告。

业务单元的风险管控部门应制定年度风险管控目标，明确年度风险管控计划，并依据计划严格执行。同时，做好风险管控工作的监督与考核。当集团总部派驻风险管控人员到业务单元开展工作时，业务单元风险部门应配合上级工作，主动接受上级的监督与检查。

二、风险管控体系

集团的风险管控体系包括战略风险管控、财务风险管控、市场风险管控、运营风险管控、法律风险管控等方面的内容。

1. 战略风险管控

战略风险是指内外部不确定性因素对企业实现战略发展目标和实施发展规划的影响。为减少上述影响，企业要结合市场情况保持企业的核心竞争优势，选择适宜的产品组合，抓住发展机会，规避市场损失等方面的风险。

（1）战略风险来源

企业战略风险可能来源于企业内部，也可能来源于外部，主要来源如下。

①外部的竞争压力。外部的竞争压力主要来自市场中的竞争对手，竞争压力不仅要求企业与其相适应，也会引发企业关键资源与竞争能力的变化，对企业的战略实施造成一定的影响。

②战略资源相对薄弱。战略资源一般包括管理资源、技术资源、市场资源、资产资源、人力资源等，作为支持战略的要素，战略资源是有形资产和无形资产的组合，是各项职能战略协同效应的体现。战略资源的匮乏，将严重影响集团价值链上各项职能的发挥，无法建立协同性竞争优势，使公司在整体战略上处于一种相对不足的弱势地位。

③竞争能力不足。战略资源和战略能力之间存在着对应关系。战略资源在一定机制下会形成竞争能力，竞争能力在与市场相互作用过程中产生竞争优势。管理控制的能力和管理水平达不到要求，就会成为薄弱环节，构成风险。

④领导者素质欠缺。领导者主要是指组织的管理层和核心管理人员。领导者的能力必须与战略相匹配，才能达到战略的既定目标。

⑤战略定位不准确。战略定位是产生风险的一个重要因素。定位关乎企业使命、发展方向、战略目标等顶层设计，决定着企业的资源投向、竞争优势、能力分配等，战略定位的失误将会对集团企业造成严重的损失。

（2）战略风险特征

战略风险是指由战略行为带来的，影响战略目标实现的不确定，一般来说，战略风险具有以下特征。

①全局性。评价战略优劣的重要标准之一是看战略是否有助于实现组织的长期目标和保证长期利益的最大化，即战略关注的是长远利益，而非短期利益。因此，战略管理的长远性要求企业根据外部环境和内部条件的变化，对关乎生存的战略问题进行系统化关注，一旦战略出现失误，其影响也必然会是全局性的。

②长期性。企业战略的制定着眼于企业未来的生存和发展，只有面向未来的战略才有可能保证企业的基业长青。并且，企业的战略具有相对稳定性，一旦战略出现问题，必然会对企业的长期经营发展造成冲击。

③动态性。企业战略的长期性与全局性增加了企业战略管理的复杂度和难度。企业必须根据内外部环境的变化及时修正原来的战略规划，使战略有效指导企业行为。这种随环境变化的不断调整决定了企业战略的动态性。

（3）战略风险管控策略

为有效降低战略风险对集团经营造成的影响，需要对风险进行控制，并根据风险的性质及管控目标采取不同的管理策略。

①回避策略。回避策略是指以放弃或拒绝承担风险来回避损失的一种风险管控方式。通过回避策略，可以有效地避免战略风险导致的损失。但是，由于回避策略是一种消极的应对策略，在回避风险的同时也容易失去重要的市场机会。

②减弱策略。减弱策略是指通过减少战略风险发生的机会或削弱损失的严重性以控制战略风险的损失。回避策略和减弱策略均对风险采取了相应的规避措施，但是两者存在一定区别，即回避策略是将战略风险发生的概率降低为零，而减弱策略并不排除风险发生的可能性。

③转移策略。风险转移是指企业以付出一定的经济成本（如保险费、盈利机会、担保费和利息等），采取某种方式（如参加保险、信用担保、租赁经营、套期交易、票据贴现等）将风险损失转移给他人的一种风险应对方式。风险转移能够规避在战略管理过程中出现失误而给企业带来的灾难性损失。

④风险自留策略。如果企业自身实力能够承担风险损失，可以采取风

险自担和风险自保等方式自行消化风险损失。风险自留策略是在战略风险发生之后再处理其风险；风险自担就是直接将损失摊入成本或费用，或冲减利润；风险自保就是企业预留一笔风险金或随着生产经营的进行计提风险基金，如呆账损失、大修基金等，该策略适用于损失较小的风险。

2. 财务风险管控

财务风险管控是指企业在财务管理过程中对存在的各种风险进行辨别、衡量、评估，提出有效解决对策并进行防范控制、使企业的财务活动得到保障、避免相应的经济利益受到损失的管理活动。一般来说，企业的财务风险管控主要包括以下活动。

（1）投资风险管控

投资风险是指在投资过程中由于各种不确定性因素而导致的无法实现预期收益的风险。企业集团因生产经营而进行投资，但是由于市场需求的不断变化，企业最终获得的效果与投资时的预期并不一定符合，两者之间往往存在一定的偏差，这种偏差就会造成投资活动的风险。企业投资过程中，应进行充分的前期策划与调研，评估投资过程可能会面临的风险，并制定相应措施避免这种不确定性转化为现实，降低财务风险发生的概率。

（2）筹资风险

筹资风险是指由于宏观经济环境、资金供需市场等环境变化导致资金到期无法抽还本金或偿付资本成本的可能性。影响筹资的因素包括以下方面：宏观方面，会受到财政政策和货币政策的影响；微观方面，会因企业自身制定的筹资方案存在缺陷，未能对重要风险进行评估而受到影响。在进行筹资风险分析时，利率、汇率、财务杠杆、再融资能力、购买力等因素都将会影响企业筹资能力以及在未来将会面临的风险，需要在筹资前期进行系统的评估，以便有效控制风险。

（3）经营风险

经营风险是指企业在生产经营过程中，由于企业管理者决策失误或管理不善，导致企业出现经营困难、资金周转不利等情况，进而影响到企业预期收益的风险。经营风险往往由多种因素导致，存在诸多不确定性，企业应建立全面风险管理意识，强化内部管控措施，以管理的规范化、标准化、精细化来规避经营过程中可能发生的风险，提升经营风险应对能力。

（4）收益分配风险

收益分配风险是指由于收益分配而可能给企业的经营管理带来的影响，即由于收益取得和分配而对资本价值产生影响的可能性。收益分配一般包括留存收益分配和股息分配两个部分。如果企业扩张速度过快，需要添置大量资产，企业将会留用大部分税后利润。但是，如果企业利润率很高而股息分配严重偏低，也会影响到企业股票价值，从而出现资本价值贬值方面的风险，必须注意两者之间的平衡。

3. 市场风险管控

市场风险是指未来市场上各项因素如利率、汇率、原辅材料价格、商品价格等的不确定性对企业实现目标的影响。这些市场因素可能直接对企业产生影响，也可能通过竞争者、供应商或消费者间接对企业发生影响。企业在生产经营过程中，应随时收集市场信息并进行分析，时刻关注上述因素的变化情况，及时采取措施，将风险控制在一定范围。

4. 运营风险管控

运营风险是指包括供应链管理、运营资源调配、关键人员流动、法律合规、监督检查等在内的各项运营活动的不确定性对公司目标的影响。主要的运营风险因素包括：由于业务或管理流程不稳定而给企业造成的风险，员工在从业能力、职业道德等方面的缺失给企业造成的损失，管理系统不完善性或协同不足而对企业造成的风险，受市场竞争影响出现超越企业预期的变化而给企业造成的风险，等等。加强管理制度建设，提高运营管理的规范性，是抵抗运营风险的最有效方式。

5. 法律风险管控

法律风险是指由于企业外部法律环境发生变化或法律主体的作为及不作为而对企业产生的负面法律责任或后果。法律风险往往会给企业带来重大经济或商誉损失。法律风险管控应以事前控制为主，在对自身目标、状况及其所处环境进行充分了解的基础上，围绕企业的总体目标、结合企业及所处行业特点、企业外部因素等，充分利用法律所赋予的权利，采取综合及系统的手段避免或降低法律风险导致的不利后果。

三、风险管控的组织保障

1. 企业集团的董事会

企业集团的董事会在全面风险管理方面履行的职责包括：①审议并向股东大会提交企业风险管控年度工作报告；②确定企业风险管理总体目标、风险偏好、风险承受度，批准风险管理策略和重大风险管理解决方案；③了解和掌握企业面临的各项重大风险及风险管理现状，做出有效控制风险的决策；④批准重大决策、重大风险、重大事件和重要业务流程的判断标准或判断机制；⑤批准重大决策的风险评估报告；⑥批准内部审计部门提交的风险管理评价报告；⑦批准风险管理组织机构的设置及其职责；⑧批准风险管理措施，纠正和处理组织及个人超越风险管理制度做出的风险性决定；⑨督导企业风险管理文化的培育；⑩全面风险管理的其他重大事项。

2. 集团总部全面风险管理委员会

当企业达到一定规模时，董事会可下设风险管理委员会，该委员会的召集人应由不兼任总经理的董事长担任；董事长兼任总经理的，召集人应由外部董事或独立董事担任。该委员会成员中需要有熟悉企业重要业务及管理流程的董事，以及具备风险管理知识或经验、具有一定法律知识的董事。风险管理委员会对董事会负责，主要履行以下职责：①提交全面风险管理年度报告；②审议风险管理策略和重大风险管理解决方案；③审议重大决策、重大风险、重大事件和重要业务流程的判断标准或判断机制，以及重大决策的风险评估报告；④审议内部审计部门提交的风险管理监督审计报告；⑤审议风险管理组织机构设置及其职责；⑥办理董事会授权的有关全面风险管理的其他事项。

3. 风险管理部门

企业应设立风险管理部门，履行风险管理职责。该部门对总经理或其委托的高级管理人员负责，其主要职责包括：①研究提出全面风险管理工作报告；②研究提出跨职能部门的重大决策、重大风险、重大事件和重要业务流程的判断标准或判断机制；③研究提出跨职能部门的重大决策风险评估报告；④研究提出风险管理策略和跨职能部门的重大风险管理解决方案，并负责该方案的组织实施和对风险的日常监控；⑤负责对企业全面风险管理的有效性进行评估，研究提出全面风险管理的改进方案；⑥负责组织建立风险管理信息系统；⑦负责组织协调全面风险管理的日常工作；⑧负责指导、监督有关职能部门、各业务单位以及全资、控股子企业开展全面风险管理工作；⑨开展风险管理的其他有关工作。

4. 其他职能部门及各业务单位

企业其他职能部门及各业务单位在全面风险管理工作中，应接受风险管理部门和内部审计部门的组织、协调、指导和监督，主要履行以下职责：①执行风险管理流程；②研究提出本部门或业务单位的重大决策、重大风险、重大事件和重要业务流程的判断标准或判断机制；③研究提出本部门或业务单位的重大决策风险评估报告；④建立本部门或业务单位的风险管理信息系统；⑤培育部门风险管理文化；⑥建立健全本部门或业务单位的风险管理内部控制子系统；⑦开展风险管理的其他有关工作。

四、风险管控制度与流程

1. 风险管控的制度

企业要对风险进行全面管控，应坚持经营战略与风险策略一致、风险控制与运营效率及效果相平衡的原则，针对重大风险所涉及的业务及管理流程，制定涵盖各个环节的全流程控制措施。对其他风险所涉及的业务流程，要把关键环节作为控制点，采取相应的控制措施。

①内控岗位授权制度。对内控所涉及的各岗位，明确规定授权对象、条件、范围和额度等，任何组织和个人不得超越授权做出风险性决定。

②内控报告制度。明确规定报告人与接受报告人、报告时间、内容、频率、传递路线、负责处理报告的部门及人员等。

③内控批准制度。对内控所涉及的重要事项，明确规定批准程序、条件、范围、额度、必备文件以及有权批准的部门和人员及其相应责任。

④内控责任制度。按照权利、义务和责任相统一的原则，明确规定各有关部门和业务单位、岗位、人员应负的内控责任和奖惩制度。

⑤内控审计检查制度。结合内控的有关要求、方法、标准和流程，规定内控审计的对象、内容、方式、程序、审计责任部门等。

⑥重大风险预警制度。针对重大风险制定应急预案，进行持续不断的监测，及时发布预警信息，并根据情况调整控制措施。

⑦重要岗位权力制衡制度。内控体系明确规定不相容职责分离，授权批准、业务经办、会计记录、财产保管、稽核检查等职责需要分别设立，不得兼任；内控所涉及的重要岗位，可设置一岗双人、双职、双责，相互制约；明确该岗位的上级部门或人员对其应采取的监督措施和应负的监督责任；将该岗位纳入内控审计的重点，等等。

⑧考核评价制度。具备条件的企业应把各业务单位风险管理、内控体系建设与运行的情况纳入绩效考核与评价。

2. 风险管控的流程

通常来看，风险管理的流程包括如下五个步骤。

（1）收集风险信息

风险信息的收集是进行风险管控的先决条件，没有充分而准确的风险信息作为支撑，风险管理的抓手也就不存在，风险管理也就无从谈起。

实施全面风险管理，企业应广泛、持续不断地收集与本企业风险和风险管理相关的内部、外部初始信息，包括历史数据和未来预测。应把收集初始信息的职责分工落实到各有关职能部门和业务单位。企业风险管理信息的收集应进行明确分工，由风险管理归口部门统筹，各部门主要收集与本业务单元具有关联性的信息。在初始信息收集方面，应重点关注以下内容。

①在战略风险方面，企业应收集的信息包括：宏观经济政策、经济运行情况、国家产业政策、本行业基本状况；科技进步与技术创新方向；市场对本企业产品或服务的需求；与企业战略合作伙伴的关系，未来寻求战略合作伙伴的可能性；本企业主要客户、供应商及竞争对手的情况；本企业与主要竞争对手相比的实力与差距；本企业发展战略规划、投融资计划、年度经营目标、经营战略以及编制战略、规划、计划、目标的有关依据；本企业对外投融资活动中曾发生或易发生错误的业务流程或环节；国内外企业战略风险失控导致企业蒙受损失的案例。

②在财务风险方面，企业应对行业平均指标或先进指标进行收集，并重点关注如下信息。

本企业相关的行业会计政策、会计估算、与国际会计制度的差异及调节（如退休金、递延税项等）等信息；本企业负债、或有负债、负债率、偿债能力；本企业现金流、应收账款及其占销售收入的比重、资金周转率；本企业产品存货及其占销售成本的比重、应付账款及其占购货额的比重；本企业制造成本和管理费用、财务费用、营业费用；本企业产品毛利率、净资产收益率、投资回报率；本企业成本核算、资金结算和现金管理中曾发生或易发生错误的业务流程或环节。

③在市场风险方面，企业应重点关注的信息包括：产品或服务的价格及供需变化；能源、原材料、配件等物资供应的充足性、稳定性和价格变化；主要客户、主要供应商的信用情况；税收政策和利率、汇率的变化；潜在竞争者、竞争者及其主要产品、替代品情况。

④在运营风险方面，企业应重点关注的信息包括：产品结构、新产品研发；新市场开发、市场营销策略，包括产品或服务定价与销售渠道，市场营销环境状况等；企业组织架构、业务流程、组织效能、企业文化，高中层管理人员和重要专业人员的知识结构、专业经验；对现有业务流程和信息系统

运行情况的监管、评价及持续改进能力；（如使用大宗材料）期货等衍生产品业务中曾发生或易发生失误的流程和环节；质量、安全、环保、信息安全等管理中曾发生或易发生失误的业务流程或环节；因企业内、外部人员的道德风险致使企业遭受损失或业务控制系统失灵的教训或案例；给企业造成损失的自然灾害以及除上述有关情形之外的其他纯粹风险的案例。

⑤在法律风险方面，企业应重点关注的信息包括：国内外与本企业相关的政治、法律环境；对企业有所影响的新的法律、法规和政策；本企业签订的重大协议或有关贸易合同；本企业发生重大法律纠纷案件的情况；本企业与竞争对手的知识产权情况；员工道德操守的遵从性。

（2）进行风险评估

对照企业的各项重要业务及管理流程，以及收集到的风险信息，开展风险评估。风险评估应组织有关专业部门和业务单元自行实施，也可聘请有资质的风险管理专业中介机构协助实施。

风险评估包括风险识别、风险分析与风险评价三个步骤。风险识别是指查找企业各业务单元、各项重要经营活动及其重要业务流程中有无风险，有哪些风险。风险分析是对辨识出的风险及其特征进行明确的定义和描述，分析风险发生可能性的高低、风险发生的条件。风险评价是评估风险对企业实现目标的影响程度、风险的价值等。

进行风险识别、分析、评价，应将定性与定量方法相结合。定性方法可采用问卷调查、集体讨论、专家咨询、情景分析、政策分析、标杆比较、管理层访谈、由专人主持的工作访谈和调查研究等，定量方法可采用统计推论（如集中趋势法）、计算机模拟（如蒙特卡罗分析法）、失效模式与影响分析、事件树分析等。

进行风险定量评估时，应统一制定各风险的度量单位和度量模型，并通过测试等方法，确保评估系统的假设前提、参数、数据来源和定量评估程序的合理性与准确性，并根据环境的变化定期对假设前提和参数进行复核和修改，将定量评估结果与实际效果进行对比，据此对有关参数进行调整和改进。

风险分析应包括风险之间的关系分析，以便发现各风险之间的自然对冲、风险事件发生的正负相关性等组合效应，以便于从策略层面对风险进行集中管理。企业在评估多项风险时，应根据风险发生可能性的高低和对目标的影响程度进行评估，绘制风险坐标图，对各项风险进行比较，据此确定对各项风险的管理优先顺序和策略。

企业应对风险管理信息实行动态管理，定期或不定期实施风险辨识、分析、评价，以便对新的风险和原有风险的变化进行重新评估。

（3）制定风险管理策略

风险管理策略是指企业根据自身条件和外部环境，围绕企业发展战略，确定风险偏好、风险承受度、风险管理有效性标准，选择风险承担、风险规避、风险转移、风险转换、风险对冲、风险补偿、风险控制等风险管理工具的总体策略，以及确定风险管理所需人力和财力资源的配置原则。

一般情况下，对战略、财务、运营和法律风险，可采取风险承担、风险规避、风险转换、风险控制等方法。对能够通过保险、期货、对冲等金融手段进行转移的风险，可以采用风险转移、风险对冲、风险补偿等方法。

企业应根据不同业务特点统一确定风险偏好和风险承受度，即：企业愿意承担哪些风险，以及风险的最低限度和不能超过的最高限度，并据此确定风险的预警线及相应采取的对策。确定风险偏好和风险承受度，要正确认识和把握风险与收益的平衡，纠正忽视风险、片面追求收益的做法；同时，也要防止单纯为规避风险而全面放弃发展机遇。

企业应根据风险与收益相平衡的原则以及各风险在风险坐标图上的位置，进一步确定风险管理的优选顺序，明确风险管理成本的资金预算和控制风险的组织体系、人力资源、应对措施等安排。

企业应定期总结和分析已制定的风险管理策略的有效性和合理性，结合实际不断修订和完善。其中，应重点检查依据风险偏好、风险承受度和风险控制预警线的实施结果是否有效，并提出定性或定量的有效性标准。

（4）提出和实施风险管理解决方案

企业应根据风险管理策略，针对各类风险或每一项重大风险制定风险管理解决方案。方案一般应包括风险解决的具体目标，所需的组织领导，所涉及的管理及业务流程，所需的条件和资源，风险事件发生前、中、后所应采取的具体措施以及风险管理工具（如关键风险指标管理、损失事件管理等）。

采用风险管理外包解决方案，应注重成本与收益的平衡、外包工作的质量、自身商业秘密的保护，以及防止自身对风险解决外包产生依赖性等，并制定相应的预防和控制措施。

企业制定风险解决的内控方案，应满足合规的要求，坚持经营战略与风险策略一致、风险控制与运营效率及效果相平衡的原则，针对重大风险所涉及的各项业务及管理流程，制定涵盖各环节的全流程控制措施；对其他风险所涉及的业务流程，要把关键环节作为控制点，采取相应的控制措施。

（5）风险管理的监督与改进

企业应以重大风险、重大事件、重大决策、重要管理及业务流程为重点，对风险管理初始信息、风险评估、风险管理策略、关键控制活动及风险管理解决方案的实施情况进行监督，采用压力测试、返回测试、穿行测试以及风险控制自我评估等方法，对风险管理的有效性进行检验，根据变化情况和存在的缺陷及时加以改进。

企业应建立贯穿于整个风险管理流程、连接上下级、各部门和各业务单位的风险管理信息沟通渠道，确保信息沟通的及时、准确、完整，为风险管理监督与改进奠定基础。

企业各有关部门和业务单位应定期对风险管理工作进行自查和检验，及时发现缺陷并改进，其检查、检验报告应及时报送企业风险管理部门。

企业风险管理部门应定期对各部门和业务单位的风险管理工作情况和有效性进行检查和检验，包括：对风险管理策略进行评估，对跨部门和业务单位的风险管理解决方案进行评价，提出调整或改进建议，出具评价和建议报告，及时报送企业总经理或其委托分管风险工作的高级管理人员。

企业内部审计部门应至少每年一次，对包括风险管理部门在内的各有关部门和业务单位开展风险管理工作的情况进行一次全面的监督和评价。监督评价报告应直接报送董事会或董事会下设的风险管理委员会和审计委员会。此项工作也可结合年度审计、任期审计或专项审计工作一并开展。

企业可聘请有资质的风险管理中介机构对企业全面风险管理工作进行

评价，出具风险管理评估和建议专项报告。报告一般包括以下几个方面的内容：①企业风险管理的总体目标；②企业风险管理的基本流程与风险管理策略；③企业重大风险、重大事件和重要管理及业务流程的风险管理及内部控制系统；④企业风险管理组织体系与信息系统。

案例10-1　S机场集团管控及制度体系建设

一、案例背景

S机场集团隶属中国民航总局，于与2002年正式成立，是一家跨地域、多元化的大型国有企业集团。公司全资、控股成员企业30多家，管理资产规模超过1700亿元，员工5万余人，在机场管理、服务、保障、建设等方面构建起一体化的发展平台，并在地产、物流、证券、酒店、旅游等领域有了较大发展。

集团公司拥有若干职能部门、直属单位与成员企业，其中，集团公司的全资子企业、控股子企业、可实质性控制的参股子企业，称为成员企业；集团内不具备独立法人资格的直属经营部门，称为直属单位。

集团公司的组织架构，如下图所示。

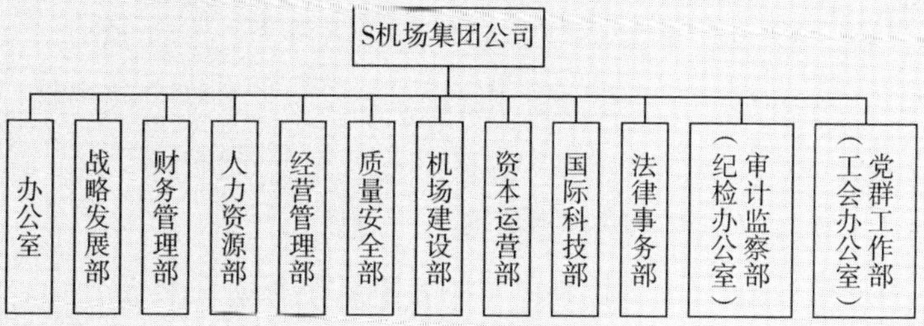

S机场集团组织架构

随着集团成员企业数量的增加，集团业务范围的拓宽，对于成员企业如何实施有效的管控，成为S机场集团迫切需要解决的问题。

二、管控模式设计

基于集团的管理现状，借鉴外部先进企业的管理经验，S机场集团建立了有自身特色的“3-5-3”管控体系，集团以资本为纽带，合理界定母子公司的责权利关系，对成员企业按照“3-5-3”管理模式实施管理。

“3-5-3”管控体系的“3”是指三种权力，即：集团公司对成员企业的重大经营决策权、经营者选择权、资产收益分配权。“5”是指五项管理，即：集团公司对成员企业的战略规划管理、财务管理、投资管理、经营绩效管理和信息管理。第二个“3”是指三种关系，即：集团公司与成员企业之间的股权关系、行政关系和党群关系。

1. 母子公司职责定位

集团公司是集团的核心企业，是集团的战略中心、投资中心、绩效与风险管理中心。集团公司负责集团的政策和行业研究、战略制定与管理，负责集团资本投资项目的决策、过程监控和效果评估，负责集团经营绩效考核和风险控制。

成员企业、直属单位是集团的利润中心或成本控制中心，在集团公司制定的发展战略框架之内，负责把自身业务做精做深，形成各自专业领域的市场竞争力。

2. 母子公司管控原则

集团公司对成员企业、直属单位通过“四大原则”实施管控。

股权第一原则。集团公司是成员企业的股东，首先通过“内部程序”形成股东意志，而后再通过“法定程序”保障和落实股东权益。

对口指导原则。集团公司职能部门对成员企业相应职能部门的工作实施对口业务指导，避免出现信息孤岛，确保管理链条顺畅。

母子同规原则。《S机场集团管理宪章》是集团公司与成员企业共同遵守的基本准则。集团公司出台且适用于成员企业的规章制度，成员企业必须遵照执行；成员企业的规章制度不得与集团公司制度相抵触，重要制度须报集团公司批准后执行。

无折扣执行原则。集团公司的决策一经出台，成员企业必须执行和遵守，决不允许以任何借口和形式拖延、推诿、阻碍执行。

3. 针对不同成员企业的分类管理

集团公司根据持股比例和控制力度的不同，对成员企业实行分类管理。

集团公司原则上实行三级管理。子企业对其所属企业（即集团公司的三级公司）的管理，原则上按照集团公司对二级子企业的管理方式进行。任何层级的新设企业，必须经集团公司批准。

对于直属单位和全资子企业，集团公司直接委派经营负责人、财务负责人。

对于控股子企业和有实际性控制力的参股子企业，集团公司依法委派董事、监事。集团公司的决策意志通过委派的董事来体现；集团公司的监管目标通过委派的监事来实现；由集团公司推荐该企业的经营负责人、财务负责人，责成集团公司委派的董事通过董事会法定程序进行聘免。

对于无实际性控制力的参股子企业，集团公司通过委派董事、监事和推荐高级管理人员，参与该企业的经营管理并行使监督权利，确保股东权益不受损害。

对于集团公司持有干股的、扶持型的子企业，其党群关系直属集团公司。集团公司不参与分红，但在该公司发生危害公共安全、损害集团利益等情况下，有权行使"一票否决"。

三、制度体系建设

针对上述管控模式，S机场集团要通过一系列规范的制度，确保"3-5-3"管理模式的有效实施。其中，由集团本部梳理、制定"3-5-3"管控体系的核心制度，各成员企业、直属单位以此为参照，优化、完善本企业的对应制度体系。

1. 管理宪章：管控模式的具化文本

为了确保管控模式能够以文本的方式明确、固化下来，以作为集团及成员企业制度建设的参照，S机场集团根据管控模式研究的成果，编制了《S机场集团管理宪章》，以《宪章》的形式界定了集团公司总部和下属成员企业的责、权、利关系，明确了集团公司总部管理的基本原则和侧重点。集团公司主要行使重大经营决策权、经营者选择权和资产收益分配权；实施战略规划管理、财务管理、投资管理、经营绩效管理和信息管理；掌握股权关系、行政关系和党群关系三种关系的管理，按规定对所属全资企业、控股企业、参股企业的有关国有资产和国有股权行使出资人权利，对有关企业中国家投资形成的国有资产和国有股权依法进行经营、管理和监督，并相应承担保值增值责任。集团成员企业将致力于走专业化道路，把业务做精做深。

2. 集团本部核心管理制度建设

基于以上管控模式和《管理宪章》，集团开展了系统的制度建设，围绕“3-5-3”管控体系，形成核心文件31个，后增至56个，部分制度如下表所示。

首都机场集团3-5-3管控体系核心制度列表

序号	一级分类	二级分类	文件名
1	三项权利	重大经营决策权	重大经营决策管理规定
2		经营者选择权	管理人员任期考核办法
3		资产收益分配权	收益分配管理规定
4	五项管理	财务管理	全面预算管理规定
5			资金结算中心管理规定
6		经营绩效管理	年度经营计划与绩效考核管理规定
7		投资管理	固定资产投资管理规定
8			权益性资本投资管理规定
9			资本运营管理规定
10		信息管理	信息管理规定
11		战略规划管理	战略规划管理规定
12	三种关系	股权关系	财务总监委派管理办法
13			成员企业董事会规范运作指导意见
14			股权监控日常管理规定
15			外派产权代表管理规定

续表

序号	一级分类	二级分类	文件名
16	三种关系	行政关系	公文管理办法
17			会议管理办法
18			通用安全管理规定
19			外事工作管理规定
20		党群关系	另有文件汇编
21	全局管理		S 机场集团公司宪章
22			总经理办公会议事规则
23			总经理奖励基金管理规定
24			总经理调研制度
25			党组会议事规则
26			咨询委员会议事规则
27			行政督办制度
28	其他管理	经营管理	采购管理规定
29			统计管理规定
30			土地资源管理规定
31			无形资产管理规定
32		内部监控	法律事务管理规定
33			风险与危机管理指导意见
34			内部审计管理规定
35			企业负责人经济责任审计实施办法
36			重大投资及基建审计实施办法
37		人力资源管理	管理人员轮岗交流管理规定
38			劳动用工指导意见
39			离退休人员管理指导意见
40			培训指导意见
41			人才信息管理办法
42			人工成本管理办法
43			人力资本指导意见
44			人力资源信息报表制度
45			人员派遣制度
46	其他管理	人力资源管理	外聘专家（顾问）管理规定
47			薪酬指导意见
48			招聘管理规定
49			职位管理办法

3. 成员企业、直属单位制度建设

各成员企业、直属单位以集团制度体系为参照，优化、完善本企业的对应制度体系。为了推进这项工作，集团专门组织了各成员企业董事长、总经理、财务总监等高级管理人员进行《企业治理结构与制度建设工作》的专题培训，并在集团内部确立了试点单位和标杆企业，供其他企业参照学习。

四、实施效果

多种性质的成员企业并存，是集团型企业较为普遍的情况，尤其对于国有控股集团、国有资本投资及运营公司而言，这一情况更为常见。在这样的前提下，集团总部如何确保对按照现代企业制度建立的股份制企业进行“有效管理”，是很多集团企业面临的问题，而“有效管理”的背后在于集团总部所确定的管控模式以及与之相符的制度、流程、标准能否在下级企业得到很好的贯彻和执行。在这方面，S机场集团所提出的“3-5-3”管控模式，以及“内部程序＋法定程序”的管理机制，有效地解决了这一问题，使得集团总部在尊重现代企业制度的同时，有效地行使了出资人的权利。

集团公司制度体系建设系统性强，通过“3-5-3”管控体系的56个核心制度，达到了对母子公司管控模式的有力支撑。各成员企业均制定了与之对接的制度文件，并在每一职能领域都形成了比较完整的体系文件。例如：在国资管理领域，集团相关部门建立了经营编码、预算、报告、审计、评价、考核等6个体系为核心的“6S”国有资产规划经营管理体系，以及配套的一系列规章制度，并通过建设信息系统，强化了核心管理制度的“电子化”执行。

在管控模式和制度体系的有力保障之下，该集团的业务取得了较快的发展，集团战略目标得以迅速展开。

案例10-2 三鹿集团败于运营风险管理失控

2008年12月25日，河北省石家庄市政府举行新闻发布会，通报三鹿集团股份有限公司破产案处理情况。至此，经中国品牌资产评价中心评定的、价值高达149.07亿元的“三鹿”品牌，灰飞烟灭。

反思三鹿事件不难发现，造成三鹿悲剧的，三聚氰胺事件只是一个导火索，而事件背后的运营风险管理失控才是真正的罪魁祸首。“随着企业的快速扩张，田文华头脑开始发热，出事就出在管理上”。河北省某退休领导如此评价（注：田文华，前三鹿集团董事长）。

一、高层管理人员风险意识淡薄

对于乳业而言，要实现产能的扩张就要实现奶源的控制。为了不丧失奶源的控制，三鹿在有些时候接受了质量低下的原奶。据了解，三鹿集团在石家庄收奶时对原奶要求比其他企业明显偏低。对于奶源质量的要求，乳制品行业一般认为巴氏奶和酸奶对奶源质量要求较高，UHT奶次之，奶粉对奶源质量要求较低，冰激淋等产品更次之。因此，三鹿集团祸起奶粉，也就不足为奇。

另外，为了争夺市场，三鹿率先挑起价格战以提高销量，尽管三鹿的销售额从2005年的74.53亿快速增长到2007年的103亿元，但公司从未与上游环节进行有效的磋商，上游要想保住利润就必然会牺牲奶源质量。

二、经营管理存在巨大漏洞

作为与人们生活息息相关的乳制品企业，加强质量管控的核心在于保证原奶质量，然而在实际执行中，三鹿将大部分资源聚焦到了保证原奶供应，而不是原奶的质量，“奶牛＋农户”饲养管理模式在执行中存在重大风险。

乳业在原奶及原料的采购上主要有四种模式，分别是：牧场模式（集中饲养百头以上奶牛统一采奶运送）、奶牛养殖小区模式（由小区业主提供场地，奶农在小区内各自喂养自己的奶牛，由小区统一采奶配送）、挤奶厅模式（由奶农各自散养奶牛，到挤奶厅统一采奶运送）、交叉模式（是前面三种方式交叉）。三鹿的散户奶源比例占到一半，且形式多样，要实现对数百个奶站在原奶生产、收购、运输环节实时监控是不可能的任务，只能依靠最后一关的严格检查，加强对蛋白质等指标的检测，但如此一来，反而滋生了层出不穷的作弊手段。而三鹿集团的反舞弊监管明显不力，负责奶源收购的工作人员往往被奶站"搞"定，这样就形成了行业"潜规则"，不合格的原奶就这样在商业腐败中流进了企业。

此外，贴牌生产为三鹿带来了快速的规模扩张，也给产品质量控制带来了巨大的风险。在个别贴牌企业的管理上，三鹿的管理并不严格。

三、危机处理不当导致风险失控

另外，三鹿集团缺乏足够的协调应对危机的能力。在危机发生后，面对外界的质疑和媒体的一再质问，仍不将真实情况公布，引发了媒体的继续深挖曝光和曝光后消费者对其不可恢复的消费信心。

2007 年底，三鹿已经先后接到农村偏远地区反映，称食用三鹿婴幼儿奶粉后，婴儿出现尿液中有颗粒现象。到 2008 年 6 月中旬，又收到婴幼儿患肾结石去医院治疗的信息。三鹿于 7 月 24 日将 16 个样品委托河北省出入境检验检疫技术中心进行检测，并在 8 月 1 日得到了令人胆寒的结果。

面对如此巨大的事故，三鹿并没有对奶粉问题进行公开，而其原奶事业部、销售部、传媒部各自分工，试图通过奶源检查、产品调换、加大品牌广告投放和宣传软文，将舆论封杀于无形。甚至不惜采取弄虚作假的恶劣手段：

2008 年 7 月 29 日，三鹿集团向各地代理商发送了《婴幼儿尿结晶和肾结石问题的解释》，要求各终端以天气过热、饮水过多、脂肪摄取过多、蛋白质过量等理由安抚消费者。

对于经销商，三鹿集团也同样采取糊弄的手法，隐瞒事实，进而造成了不可挽回的局面。

从2008年7月10日到8月底的几轮回收过程中，三鹿集团从未向经销商公开产品质量问题，而是以更换包装和新标识进行促销为理由，导致经销商响应者寥寥。正是召回的迟缓与隐瞒真相耽搁了大量时间。大规模调货引起了部分经销商对产品质量的极大怀疑，可销售代表拍着胸脯说，质量绝对没有问题。

在2008年8月18日，一份标注为“重要、精确、紧急”传达给经销商的《通知》中，三鹿严令各地终端货架与仓库在8月23日前将产品调换完毕，但仍未说明换货原因。调货效果依然不佳，毒奶粉仍在流通。

而三鹿集团的外资股东新西兰恒天然在2008年8月2日得知情况后，要求三鹿在最短时间内召回市场上销售的受污染奶粉，并立即向中国政府有关部门报告。三鹿以秘密方式缓慢从市场上换货的做法引起了恒天然的极大不满。恒天然将此事上报新西兰总理海伦·克拉克，克拉克于9月8日绕过河北省政府直接将消息通知中国中央政府。

将企业的经济利益置于消费者的生命安全之上，首先说明了企业的价值观存在重大的偏差，在此基础上，由于缺乏系统、严格的内部控制与风险管控机制，导致“三鹿事件”成为民族制造业的耻辱，也被永远地记入了历史。

参考文献

[1] 日本和平经济计划会议垄断白皮书委员会编．日本垄断企业集团 [M]. 北京：商务印书馆，1983

[2] 国家体改委，国家经委，关于组建和发展企业集团的几点意见 [J]. 经济工作通讯，1988（04）：36–37

[3] 国家工商行政管理局．关于印发《企业集团登记管理暂行规定》的通知 [EB]. 北京：1998.www.fdi.gov.cn/1800000121_23_68745_0_7.html

[4] 丁安华．从美国企业兼并收购活动看企业集团的扩张和发展 [J]. 开放导报，1994（01）：42–46

[5] 李敏，毛蕴诗．美日企业集团的异同——成长历史及追求经济效率方式的比较 [J]. 学术研究，1998（08）：4–8

[6] 王喜权．韩国大企业集团运行对我国组建企业集团的启示 [J]. 北方经贸，1998（04）：74–76

[7] 李源潮．中国企业集团的现状与发展趋势 [J]. 中国社会科学，1991（02）：17–32

[8] 袁华娟．石化工业大并购：BP 并购阿莫科 [J]. 国际经济合作，1999（11）：35–39

[9] 法约尔．工业管理与一般管理 [M]. 迟力耕，张璇译．北京：机械工业出版社 .2015

[10] 乔雪莲．母子公司管控模式及其影响因素的研究现状及述评 [J]. 现代管理科学，2010（12）：99–102

[11] 张文魁．大型企业集团管理体制研究：组织结构、管理控制与公司治理 [J]. 改革，2003（01）

[12] 丁敬平．如何确定集团公司管控模式 [J]. 中国电力企业管理，2005（10）：102–105

[13] 集团管控模式：从“三分法”到“三维度”[J]. 现代国企研究，2012（07）：22–27

[14] 王丽敏，肖昆，韦福雷．集团管控模式及手段匹配问题研究 [J]. 会计之友，2015（12）：43–45

[15] 李林江 . 国有企业集团管控三维度探析——法人治理、微观控制和价值管理 [J]. 市场论坛，2015（01）：27–28
[16] 刘明忠 . 新兴际华集团：董事会建设为基础，法人治理与集团管控一体化 [J]. 现代国企研究，2011（05）：17–20
[17] 黄黎明 . 也谈企业的人治管理与治理结构 [J]. 山西财经大学学报（4）：34–35
[18] 佟西玉 . 集团管控：走出集权与分权的怪圈 [J]. 企业管理，2018（11）：60–62
[19] 刘华 . 企业集权度及其影响因素的定量研究 [J]. 技术经济，2007（02）：26–31
[20] 林慧婷，王茂林 . 集团管控与权力配置——以我国某煤炭企业集团为例 [J]. 现代管理科学，2014（12 期）：106–108
[21] 黄少明 . 点石成金——香港长实系公司重组对上市国企资产经营的启示 [J]. 经济管理，1997（05）：57–60
[22] 汤谷良，王斌，杜菲，et al. 多元化企业集团管理控制体系的整合观——基于华润集团 6S 的案例分析 [J]. 会计研究，2009（02）：55–62+96
[23] 池国华 . 华润集团的 6S 管理体系 [J]. 经济管理，2006（21）：88–90
[24] 朱华建 . 集团化商业企业管控的借鉴——以香港华润、上海复星等五企业为例 [J]. 湖北社会科学，2011（02）：87–89+93
[25] 林慧婷，王茂林 . 集团管控与权力配置——以我国某煤炭企业集团为例 [J]. 现代管理科学，2014（12 期）：106–108
[26] 弓丽娜 . CAH 集团战略解码体系研究 [D]. 哈尔滨工业大学，2012
[27] 徐鹏，陈欣，白贵玉 . 中国企业集团管理研究现状之评价 [J]. 科技管理研究，2014，v.34;No.314（16）：233–237
[28] 肖太庆，钟美瑞 . 企业集团管控影响因素与管控满意度关系的实证分析 [J]. 湘潭大学学报：哲学社会科学版，2014（38）：62
[29] 王钦，张云峰 . 大型企业集团管控模式比较与总部权力配置 [J]. 甘肃社会科学，2005（03）：213–215
[30] 杨利敏 . 企业集团管控模式的选择及构建 [J]. 财经界（学术版），2015（06）：72.
[31] 肖太庆 . 省属企业集团管控模式选择理论分析框架及概念模型构建 [J]. 湖南社会科学，2014（6）：148–151
[32] 刘青山 . 借势“双百行动”，老凤祥再谋腾飞 [J]. 国资报告，2019，52（04）：88–92.

[33] 石力华：从老凤祥看国资老品牌如何改革创新 [EB]. www.ljzfin.com/news/info/50575.html
[34] 郝瑾 . 大型企业集团总部功能定位与价值创造研究——以海航集团为例 [J]. 现代管理科学，2015（9 期）：103–105
[35] 陈洁，张军 . 企业集团财务职能定位与财务管控模式选择 [J]. 财政研究，2010（10）：65–67
[36] 何玉明 . 集团管控体系下的人力资源管控——Z 集团母子公司人力资源管控设计实践 [J]. 企业管理，2011（7）：51–54
[37] 张瑞珠 . 集团化企业的现代企业制度建设 [J]. 财经研究，1996（09）：58–59
[38] 倪学鑫 . 完善企业制度与建设现代企业——以安徽国有控股重点企业为主要对象的研究 [J]. 江淮论坛（2）：24–33
[39] 蔡亚杰 . 企业集团内部控制与风险管理 [J]. 中外企业家，2014（10Z）：74–75
[40] 王小龙 . 着力构建覆盖财政资金分配、管理、使用全流程的长效内控机制 [J]. 中国财政，2018（1）：10–13
[41] 李玉明 . 集团企业关键业务流程内部控制优化 [J]. 财会通讯，No.709（17）：109–111
[42] 孙东生，王凤霞 . 基于顾客满意度的企业业务流程优化模型研究 [J]. 商业研究，2008（04）：66–69
[43] 杨海燕，李磊，韩非 . 基于 ESIA 法的科技计划项目管理流程优化研究 [J]. 科研管理，40（04）：259–266
[44] 段芳芳 . 基于企业战略管理的内控审计 [J]. 中国审计，2010（09）：49–50
[45] 杜晓兵 . 基于 ERP 管理模式下的内部控制体系研究 [D]. 2015
[46] 苏志强，何力军，王硕 . 金控集团多元化经营下绩效考核障碍与优化建议——基于子公司风险管控的视角 [J]. 学术论坛，2015（07）：65–69
[47] 王志伟 . 财务困境及其与资本结构、公司治理结构的关系 [D]. 复旦大学，2004
[48] 王斌，解维敏，曾楚宏 . 机构持股、公司治理与上市公司 R&D 投入——来自中国上市公司的经验证据 [J]. 科技进步与对策（6）：84–88
[49] 李平 . 中国非国营企业集团治理结构特征——浙江乡镇企业集团现行治理结构 [J]. 中国农村观察（01）：3–7
[50] 课题组 . 企业集团的产权结构与法人治理结构研究 [J]. 经济与管理研究，2003（5）

[51] 宋泾溧，林润辉，曹萌．母公司治理结构与子公司股权进入模式的关系——基于中国企业集团 FDI 的实证研究 [J]. 现代管理科学（3）：24–26

[52] 钱婷，唐孝文．国有企业集团混合所有制改革治理完善路径研究：基于“集团治理”概念框架的分析 [J]. 管理现代化（4）

[53] 田锦川，刘其先，郭大鹏．基于多层需求动机的央企领导体制改革探索——以某中央企业集团为例 [J]. 中国人力资源开发，No.339（21）：24–30

[54] 郝瑾．大型企业集团总部功能定位与价值创造研究——以海航集团为例 [J]. 现代管理科学，2015（9 期）：103–105

[55] 王凤彬，赵民杰．企业集团管控体系 [M]. 经济管理出版社，2012

[56] 应可福，薛恒新．企业集团管理中的协同效应研究 [J]. 华东经济管理，2004（05）

[57] 刘天卓，崔浩，陈晓剑．企业集团决策机制的双层演化模型 [J]. 运筹与管理，2006（1）：158–161

[58] 宫巨宏．企业集团全面预算管理内容体系构建 [J]. 中国流通经济，2006（6）：37–40

[59] 熊斌．企业激励机制研究 [J]. 企业经济，2003（6）：35–36

[60] 王永斌．企业集团内部审计的定位与职能 [J]. 中国审计，2007（17）：59–60

[61] 孟志新．基于风险管理的内控制度体系建设 [J]. 科技与创新，2016（19）：63–64

[62] 陆冬生，刘亮．集团母子公司财务内控制度设计思考 [J]. 财务与会计，2008（03）：48–48

[63] 白华．内部控制、公司治理与风险管理——一个职能论的视角 [J]. 经济学家，2012（03）：48–56

[64] 陈关亭，黄小琳，章甜．基于企业风险管理框架的内部控制评价模型及应用 [J]. 审计研究（6）：95–103

[65] 孙娜，王保平．企业集团持股模式、管控系统与契合绩效的研究——基于 210 家企业集团的经验数据 [J]. 会计研究，2017（04）

[66] 黎群，章彩云．企业集团母子公司文化管控的影响因素 [J]. 经济与管理研究，2016（11）：125–134